三村翰評論集

建築 都市 文化

井上書院

はじめに

語るということは、そうたやすいことではない。古来「雄弁家」と称される者は、聴衆の心を巧みに捉えるような話術を心得る者を指してきた。しばしば聴衆は、その話術に酔いしれ、言説そのものというよりも、語る人物その者やその個性的な性格に自らの命運や、時には命さえも委ねてきた。そしてしばしば多くの悲劇が繰り返された。

その時の、その場の一時的な雰囲気を高揚させるような「語り」は、政治的なあるいは宗教的な扇動にも似て、聴衆の「知」よりも「情」に訴えることを目指すから、その語り口はつねに声高で扇情的になる。それはむしろ「言説」というよりも「発語」というにふさわしい。ほんとうの「語り」の難しさは、語を発する術にあるのではなく、どのように「説」たりうるかという意味や思想の深みにこそあろう。声高に語ることは、だからそれほど難しいことではない。「語る」ことの本義は、声低くしかし確かに己が思念を披瀝して、聴く者の「知」に届くようなメッセージを発することである。それゆえ、私たちが個的であれ集団的であれ、相互に知のレベルにおいて啓発し、理解し合うには、「声低く確かに」語ることの肝要さをまず了解することから始まるにちがいないのである。

もとより、「語る」ことは、音声としての語を発することにとどまらない。人類が文字を発明して、不可視で時間性に縛られた「発語」を超え、文字の連なりとしての「文章」を記録して半永久的に存続する資料としての「文書」を造り出したことは、「語り」のあり方を根本的に変える一大革命であった。爾来数千年、私たちは可視的で時間を超越した「記録された文字資料」としての文書の恩恵に浴して、個的にも社会的にも知を育んできた。文字・活字がその長い歴史のなかで膨大な量の文書となって蓄積され、「文化」を築いてきたことはいうまでもない。その文字・活字文化が文化総体に占める役割は決して小さくない。

文字・活字文化の形成においてもっとも重要なことは、それぞれの文書に記された「言説」が読む者を啓発して、生きる糧や方途の具体像を呈示したり、さらには思念形成を促して新たな「言説」を産み出させたりという、覚醒的、起動的な位置と役割を担ってきたということであろう。文字・活字が読者を啓発する淵源は、想像力の惹起である。新たな想像力を次々と醸成させ、とりわけ別種の新たな哲学や思想や詩歌などを生じさせるからこそ、文字・活字は「文化」たりえてきた。たとえば、中野孝次氏が、本阿弥光悦・良寛・西行・鴨長明・蕪村・芭蕉などの「言説」を繙きながら、わが日本文化が誇るべき精神の真髄を「清貧の思想」としてあらためて提示したのは、まさしく、この文字・活字文化のもつ継起的、起動的展開の好例といえるだろう。

私は、幸いにも多くの先達や畏友の好意により、二十歳代から文章を書く機会に恵まれてきた。もとより、建築や都市計画を学んだ者の末席に連なるので、そうした文章は建築雑誌や美術雑誌、関連の新聞などに掲載されたものがほとんどである。高校時代にはエッセイストになりたい、大学四年生のときには小説を書きたいなどと、仲間うちで冗談半分に大口をたたいたりしたことはあったが、本気で「文章家」になるつもりはなかった。したがって、設計・計画や教育・研究の本来の仕事の傍ら作品論や作家論、書評などを書くという営みは、文字を媒体とした「語り」の難しさもそして面白さも体験させるに十分であった。

ちょうど巡り合わせのように、大学紛争（闘争）時に大学院生時代を過ごし、結果的に研究者の卵としては進路を閉ざされ大学を中途で去ることになったから、いま振り返れば、二十代後半の私は、自らの内的世界を深く揺れ動き、彷徨っていたといえる。そして、そんな自身を支えていたのは、自ら信じるところに従い、生き延びるために魂をメフィストフェレスに売り渡すような「愚」を犯さなかったという自負であり、また、建築や都市計画そして広く物理や化学、生物学、医学、文学、哲学、法学などを専攻していた学部・大学院の多くの優れた仲間たちとともに営んだ、本来の学び舎ともいうべき「自主的小世界」——拘束される規則の類いをもたず、それぞれが自らの意志と責任に基づいて真理を尋ねる知と自由であることの精神を価値の最上位に置いていた——に生きた充実感と誇りであった。

そうした時期を過ごして大学を去ったあたりから、多くの先達が文章を書く機会をいろいろと与えてくれたのである。「声低く確かに」語ることの重要さを承知していた文章ではあったが、若さゆえもあったろう、私自身の内的世界の情調を徹底的に排除することは至難のワザであった。いやむしろ、「語り」というものは内的な心情とは無縁ではありえず、内的世界の何がしかの反映としてしかありえないのではないかと、次第に思うようにもなった。その頃の文章は、したがって、私自身の当時の情動を多かれ少なかれ写し出していることは否定できない。あるものは慨嘆の、あるものは沈痛の、諦念の、憤怒の、焦燥の、そしてたまさか清爽の気味を帯びているにちがいない。

ちょうど同じ頃、二年間籍を置いた某ゼネコンの設計部の仲間たちと、日常業務を離れて当時としては大がかりな駅前複合商業施設再開発の競技設計（コンペ）にチャレンジした。結果は最優秀賞で、他の入賞作品ともども全国巡回された。私の設計屋としての事実上の出発点を画するできごとだった。私が書いた構想文は、地方中小都市の人間と都市空間のあり方に対する考えを明快に語った。それは、個人史におけるある種の記念碑的なものでもあるので「都市論」の部に収録した。都市や建築のあるべき空間像を構想し、実体化することはもとより、理念形として文章化することも、その後の歩みのなかで大きな位置を占めるようになっていった。

今回、そんな若かりし頃の文章をも敢えて含め、最近まで書き散らしてきたものを集めて編んだのがこの本である。私自身が永年勤めてきた現在の大学を去るということがひとつの契機となってはいるが、むしろ私のもっとも期するところは、とりわけ建築や都市計画を志す若者たちに、先達のひとりがその道を志し、歩む過程の折々で記した魂の彷徨としての「語り」を届けることである。その「語り」のどこかに、その道の何たるかの、さらにはその道でいかに生きるべきかのヒントの片々を少しでも見出してもらったら、本書上梓の目的の大半は果たされたというべきであろう。

ここに集めた文章は、学術論文のような学術的・専門的なものではなく、むしろ評論やエッセイのように肩肘を張らないで読めるような「場」に寄稿したものがほとんどである。私は、学術的なものがすなわち知的である、などとは少しも思わないのだが、評論やエッセイがつねに知的であるという保証もない。この文章類がどこまで「知」のレベルで語りえているかは、読み手のみなさんに委ねたいと思う。

私の文章の質と内容は読者がそれぞれ判定するものだが、その有り体について一言述べることは許されるだろう。書き散らしてきた文章類をこのようにまとめて見るなどということはこれまでまったくなかったのだが、あらためて思うのは、第一に、自己の感性や直観に依存して対象に迫り、そこから個有の思念をめぐらして理非・良否等の「私見」を率直に明示することが多いことであり、第二に、本来の専門分野である建築や都市の領域を飛び出してずっと多くの領野を渉猟しているということである。

前者については、既述のように、「声低く語る」ことは志しつつも己が内的世界の投影を敢えて拒むことをせずに、むしろ自らの感性や理念、思想に正直でありたいという志向の結果としてあるのだろう。私がいまの時代で気になっていることのひとつは、大人も若者も事象を正視する感受性と勇気を喪失し、それゆえ自己を率直に表出することをあまりにしなくなったということである。社会全体の閉塞性がそうさせてもいるのだろうが、自己保身や事なかれ主義のゆえに、「唇寒し」と率直さを抑制したり封殺したりするような社会がどのような行方をもたらすかは、歴史がつねに示してきたことではなかろうか。確かに自己を率直に披瀝するには勇気が要る。しかし、いうまでもないが、個的な対話でも社会的な思想的世界でも、何も「語り」がなければ次の「語り」を促す覚醒や起動は生じない。率直な「語り」があるかぎり閉塞性は生まれない。率直に語ることの重要さが、若者の読者に少しでも届いてくれたらと願うのみである。

後者については、まずは好奇心旺盛な元来の私の性格に由来するのだが、一般的に建築や都市の領域を志す者にとって、この旺盛な好奇心はきわめて重要な資質であることはまちがいない。古代ローマのウィトルウィウスがその『建築書』第一書のなかで、建築家（現在の建築家よりもずっと広義であって、都市計画や土木も扱う）の資質について述べていることは、いつの時代でもいえることであろう。彼はいう。建築家は、描画にすぐれていることはもとより、文章法・幾何学・歴史学・哲学・音楽・医学・法学・天文学など多くの分野に通じているべきである、と。建築というのは、人間のあらゆる営みに対応してその「場」を創成し、その「場」を通して人の生をより豊かに育むべきものだから、その営みに関わることがらの理解なくして取り組むことができないのは当然といえば当然である。私自身はウィトルウィウスの言説を敢えて人生の指針にしたようなことはないのだが、結果として「雑学」の領野を多少は渉猟することで建築や都市の世界を含めて、彷徨の旅を大いに愉しむことができたことはまちがいない。

それが、私の関わった建築や都市の実際にどのように反映しているかは、いずれまた、諸兄姉の断に委ねることになるだろう。

本書は、記したように私が主として雑誌や新聞に寄稿した評論やエッセイを収録したものである。対象は多岐にわたるので、「建築論」「都市論」「作家・作品論」「文化論」の四部に振り分けた。それぞれの部では、読みやすさも考慮して数項目のジャンルを設けて文章を仕分けした。各項目では、文章は書かれた（発表された）順に時系列で並べた。飾ることなく、二十代の懊悩の時期も含めて、私の足跡をそのまま見てもらうのがよいと考えたからである。したがって、同じ項目のなかでも、順に並んだ前後の文章どうしには直接的な関連はない。また、発表の場や依頼意図が異なっていたので、それぞれの文章の文体は論文的であったりエッセイ的であったりと必ずしも揃っていないが、原文をそのまま「尊重」して文体の統一も行わなかった。

また、一人称についても、「ぼく」や「私」「自身」などさまざまだが、原文のままとし、変えることはしなかった。

さらに、「素」を披瀝することに意味があると考えたので、原則として誤字・脱字などの修正以外には原文に手を入れることはしなかった。ただし、内容のわかりやすさを考え、原文の表題を変えたり、小見出しを加えたものもある。図版は、本書の性格上、元原稿から大幅に削減したが、部分的に新たに加えたものもある。なお、本文中の人名については、存命中の人もすべて「敬称」を省略した。

「四部」構成の順序には、さしたる必然はなく、読者はどこから読み始めてもいいし、スキップするのも自由である。ただ、大部で恐縮だが、できれば全体を読んで、本書の主張や意味を受け取ってほしいと思う。

建築家・都市デザイナーとして関わった実際のプロジェクト群については、文章の残ったものは本書のなかで数点簡単に触れているが、「評論集」としての性格上、設計・計画の作品類の掲載は極力排除した。これらの作品群については、場をあらため他日を期して集成し、大方の高覧に供したいと念じている。

とにかく、初期の頃からの文章を集めて一書となし「語り」の一石を投じた。どうやら水面は静かに揺蕩（たゆた）うているようなのだが、「波紋」が少しでも拡がって読者の心に届き、そして次の「語り」が生まれるような契機になれば、著者の喜びはこれに過ぎるものはない。

三村翰評論集——建築 都市 文化

目 次

挿入画・スケッチ＝三村翰
ブックデザイン＝趙領逸

建築論

建築とは何か？　この命題に関わる言説で文献的にもっとも遡るものは、おそらくアリストテレスが「家政論」で試みた「家」の考察についてのそれだろう。古代ローマのウィトルウィウスやルネサンスのアルベルティ、近代のブルーノ・タウトなど多くの建築家たちが歴史上その問いかけに応えてきた。ひとつの歴史的事実に対して百人の歴史家が百通りの解釈を施して百通りの「歴史」が生じるように、百人の建築家は百通りの「建築論」をもつだろう。だから、ある意味ではこの種の設問は、「建築は建築である」というトートロジーのように、存在価値を希薄にしかねない。にも拘わらず、建築家や建築評論家たちは、建築とその周辺の事象について、語ることを止めない。一方は、語ることが自己の発想と方法についての確認となり、他方は批判が前進に寄与するという確信によるからであろう。

建築家たちの言説は、そうした自己確認作業の過程における一つひとつの里程標だと考えれば、その建築家を理解する材料や、建築理念の一端を覗く資料にもなるだろう。私の「建築論」もまったく例外ではないにちがいない。建築とそれに関わることがらについて直接的に触れた文章をここに集めた。当然、私自身の建築営為における発想や思考、あるいは関心や嗜好さえをも反映しているだろう。それらは、(1)自らのプロジェクトの主旨に関連するもの、(2)建築家の職能に関するもの、(3)建築事象についての解析・考察を通して自己の建築理念を語るもの、(4)他ジャンルの「刺激」を建築世界で反芻しようとするものに大別されよう。

(1)に属する「ぼく自身のための……」は二十代に書いた初期の懐かしい文章で生硬さは免れないのだが、住宅プロジェクトに仮託して日常生活レベルでの「共同幻想」構築の重要性を主張するものである。そのほか「設計言語のメッセージ」「庶民住宅考」「画期的なプロジェクト……」「和風の郷」が(1)に属す。(2)には、「建築家とその職能」「公正取引委員会の審決を糺《ただ》す……」がある。(3)には、「扉考」「ヴァイセンホーフ……」「建築の再生」「スモール・イズ……」がある。「ヴァイセンホーフ……」は、やや長大な文だが、最初の競作による集合住宅プロジェクトの意義を一九二〇年代芸術運動の流れのなかで位置づけた考察である。「スモール・イズ……」は新京都駅ビルを評しつつ、「身の丈建築」によるパラダイム・チェンジを提起したものである。(4)には、「ヴィトゲンシュタイン……」「四畳半……」がある。

Tübingen
Reste
M. Mimura

1 自作プロジェクトを語る

ぼく自身のための住宅
あるいは〈母〉の内なる彫膨空間

1 「母」を彫れ!

男なら誰でも知っている。気丈な母のなかにも「たおやかさ」がいつも秘められていることを。そして、誰もが、その「たおやかさ」の前には溶け入ってしまうような感覚に捉われた経験をもっているに違いない。ぼくらのなかに、ときとして湧いてくるこの「母」の感覚ほど論理化の難かしいものはないのではなかろうか?

それを超えるべきものとして、ひとつの「論理」を組み立てるのは易いし、現にさまざまな形をとっていわれてもきた。主として、子における精神的自立の問題として。そして、いわれることはいつも同じだった。過保護と甘えの構造と……。この「論理」の筋は確かにひとつの典型として成立するだろう。

しかし、いま、ぼくらが今日的状況から出口を見出そうとするときは、この論旨は「事情」の表相をしか指摘していない。数少ないテーマとして、ぼくらがこれを視座に据えるなら、「母」の問題は「日本的なるもの」あるいは「日本的情念」に関わるものとして追求されねばならないだろう。そして、それは日常行為の潜在的動機を形成するあの「リビドー」に連なる精神分析の回路を経ることによって、普遍的な「生」の課題に亘る筈である。

それにしても、ブラウン管を通じて流れてくる、あの「おかァーさァーん」の味噌のCMは「秀逸」である。あまりに見え透いているのだが、逆にその見え透ぎを逆手にとって居直っている処にあのCMの成功の秘訣があるといえる。いたいけな幼女に絣の着物を着せ(一体全体、現在日本中の何処を探したらこんな子供の姿を見ることができるというのだろうか?)、草深い

図1 本プロジェクトの扉を飾った図

田舎道を走らせて、そして最後に「おかァーさァーん」とくる。徹底して演出された虚構の世界は、「これでもか式」に鄙びた「味」を送り届ける。受手であるハイマートロス（故郷喪失）の莫大な大衆にとって、この「味」はぐっときてしまう。味噌のあの「日本の味」は、このとき確実に人びとのなかに溶け入る。CMの圧倒的勝利である。

ハイマートと「お母アさん」をダイレクトに結合させることにより、現在の大衆の欠乏心理を確実に把握したCM制作者にぼくらはひとまず脱帽しておかねばなるまい。

そしてこの脱帽の振替えとして、ぼくらは日本的情念なるものに関する重大な示唆を得ることができるだろう。日本的なるもの、あるいは日本的情念なるものは、それを文学や美術の古典の世界に封印しておく限り、現代に対する根底的な問いを提起しえない、というのがぼくらの共通意識である。それは、何も古えの歴史をひもとくことにあるのではなく、現在の日常生活レヴェルの問題だ、というのである。

ひと言でいえば、現在対象とさるべき日本的なるものは、人びとの精神的飢餓に起因する共同幻想に他ならない。「神代」の昔から、日本的なるものが、統治の手段としてきわめて優れた「幻想」であったように、いま、ハイマートロス(物理的な故郷など、「農村」の荒廃化のなかであろう筈がなく、むしろ、精神的故郷喪失とすべきなのだろう）に逆照射を当てるためには、この現代的共同幻想が掘り下げられるべきなのだ。

このハイマートに「母」が重なるときのダブルイメージの強烈さは、「母」に関わる一連のエディプス・コンプレックスに起因すると思われる。父、ライウス王を殺害し、識らずのうちにその妻ヨカーステ（つまり母）を自分の妻とするに到ったエディプス王の二重の罪の宿命は、かの神託に明らかにされる。「……汝は罪を免れぬ。何故といえば、汝はそれらの犯罪的意図を絶滅しえず、それらの意図は今なお無意識となって汝の心の中に存在しているからだ……」。潜

図2　母は偉大⁉（イノウエ・ヨースケ画）

在的欲求としてのリビドーの「対象」に関する基本体としてのこのエディプス・コンプレックスは、それがあまねく個々人にとって基本体としてあれば、容易に「母」に対する個体幻想を形成するのである。ハイマートの共同幻想が、この「母」の個体幻想を借りて個々人のなかに忍びこむとき、心的共鳴板は最強の音を立てずにはおかない。

精神的飢餓としての共同幻想が「母」の仮象をとるとき、そこには自ずと、あの胎内回帰のナルシシズムが潜んでいる筈である。精神的飢餓の緊張は、人びとを絶えず「安らぎ」の誘惑へ押しやるに違いない。リビドーの原始状態においては、リビドー自体と、その対象とはまったく一体のものであり、自我の満足状況を保持しえるものであった。人が、この「一体感」をもちえたのは、母の胎内をおいてはなかったのである。そこでは、すべてが「安らぎ」だった。

よし又、この「安らぎ」のナルシシズムは決して否定しえないとしても、いま、ぼくらはその先の過程を探り出さねばならないだろう。精神的飢餓状況においては、つねに「日本的なるもの」のあのアイマイな暖かさが、個々における主観的な意図の埒外から巧妙にしつらえられてきたことを思えば、なおさらである。日本浪漫主義に対する根底的な評価は、この「安らぎ」を志向する共同幻想の厳然たる存在をまず承認する処から始まらねばならず、しかもなお、それを超える「幻想」を模索する作業であるに違いない。

「安らぎ」のナルシシズムを求める衝動が胎内回帰であるなら、それを超える「幻想」は、「体内侵蝕」にこそ求められよう。現代のハイマートロスにおける、ぼくらの脱出の相言葉は、こうだ。「母を彫れ！」

2 「固形空間」の獲得

建築の作法とは、もともと素材を「外側」から当てがうことによって、「空間」を内部に作り出すことであった。あるいは、空間とは、しつらえられるべき素材が黒く塗りつぶされたその余白のスペースの謂であった。こうした「作法」に則って設計行為に臨むとき、空間とはまさに「梱包」という「向中心」の発想から生み出されるに違いない。そして、空間は、在らしめるべく素材によってその外縁が画定されていく。

だが、空間とは、文字通り在らしめるべきものとして設定できるのだろうか？「向中心」の概念は、その原理において「中心」から距離を隔てた地点に立脚点を確保している場合に成立するものではないのだろうか。

このとき、在るもの、あるいは在りたいものとしての空間の想念が浮かび出る。この場合、空間を支配する概念は、「向中心」と対応する「向外縁」であるに違いない。これらは「回帰」「侵蝕」の行為にそれぞれ呼応するものであるだろう。

「侵蝕」の行為が、「向外縁」の方向性を秘めるとき、それは無限の可能性をもつことになる。空間は、「梱包」という限定的行為の発想から解放され、むしろ、「膨脹」「飛翔」というそれに固有な動的要素を獲得する。在らしめるべき空間に関わる素材の役割は、いまやまったく逆転され、在る、在りたいという空間自体における内からの衝動によって、穿たれるべき対象としての地位に替る。空間と素材の逆転劇が、いまここに成立する。

空間が、「膨脹」「飛翔」の内的欲求をもって自らの拡張行為を行うとき、その「軌跡」は、あの「リビドー」の発達にも似て空間自体の「自動律」を無意識裡に示しているだろう。そして、この空間の「自動律」にデザイン行為における翻訳の「手段」としてアプローチしようとしたのが、他ならぬデザイン・ボキャブラリーだったともいえるだろう。ボキャブラリーは、しかしながら、ボキャブラリーであることにおいてその性格を規定されざるをえない。言語表現における「記号化」は、「模像」の再構成行為（ロラン・バルト）たる宿命を免れえなければ、取捨選択という行為を根底に据えているからである。

では、一体、記号化による取捨選択という恣意を経ることなく、空間の「自動律」に迫ることはできないのだろうか?

ふたたび、ぼくらには既成概念の逆転が必要なのだろう。空間が「向外縁」の方向性を得ることによって、素材を彫り進め、自らを肥大化していくとき、それは、素材に即しては凹なる部分の集合・累積として位置づけられる。空間とは、その意味で、素材によって包囲された空白の部分であった。しかし、その「自動律」はそれ自体の内から外へのヴェクトルを志向するとすれば、いまや、空間とは、素材の内の凹部分ではなく、素材に対する凸部分として見直されねばならない。

このとき、空間は文字通り漠としたそれとしてではなく、空間自体の形態を獲得する筈である。もはや、空間は空疎なるものではなく、自らを固体として主張する。

空間は、「固形空間」として変質する。

3 「闇」のナルシシズム

人は、しばしば真暗な虚空を奈落の底へ墜落していく夢を見るという。そして、このとき彼の情感を支配するものは、つねに、未知の暗黒に向かう恐怖感と重力にのみ委ねられた落下の恍惚感であるといわれる。闇とは文字通り光りの指さない「状態」の総称である。そして、この光りの存在如何が唯一の条件として成立する「状態」が、人びとの根源的な情感を惹き起こすのはすぐれて示唆的である。

ぼくの記憶に妙につきまとう、小説の一シーンがある。中学一年生の頃に読んだ、江戸川乱歩の「陰獣」という彼の初期作品でのそれである。

図3「ぼく自身のための住宅」イメージ模型
図4「ぼく自身のための住宅」イメージ平面図

およそ事件とは縁もないようなあちこちの漁村で、海女の変死体が相次いで発見される。人びとの噂では、事件のあった海岸には、必ず盲人が杖をついて歩いていたという。あるとき、東京のとある場所で、洞穴とも建築ともつかぬ妙なモノが発見される。入口からすべり降りるようにして立った部屋には暗がりに慣れた眼に何やら制作過程の彫刻作品のようなモノが散見され、洞穴様の部屋の壁は、それ自体が女体のような起伏をもっていた。あらゆる調査によって、海岸を独歩していた盲人は、当代きっての天才彫刻家であったという。そして、彼はそれ以後まったく世間から消息を絶ってしまったのである。

夢野久作と較べたらその文学性において遥かに劣ると思われる乱歩のこの作品が、幼いぼくの心を惹きつけたのは、あの「異様な」洞穴空間の描写に他ならなかった……。

盲目の彫刻家にとっては、日常生活のすべてが光りの指さない「闇」であり、時間帯のすべてにわたって暗黒が彼を支配する。視覚における暗黒は没世間による孤絶感とないまぜて彼に独特の精神的緊張を強いていたに違いない。だが、彼は自らの物理的生活空間を、闇たらしめることによってその緊張感覚をさらに進んで相乗する。いや、むしろ、彼の彫刻という創造行為はそのような緊張の極限状況でのみ可能な作業であったのだろう。粘土からそのデリケートな指先を通じて伝わる作品の創作過程は、物心両面にわたる「闇」の緊張と混淆する恍惚の世界であったに違いない。

洞穴空間としてのアトリエは、緊張と恍惚とが交互に寄せては返す、生の充溢をもたらすのであった……。

4 「土着的建築」と居住

いま、ぼくらには依るべき「故郷」など、どこにもありはしない。にも拘わらず、いや、だからこそだろう、「土着」というコトバはぼくらのなかにあまりにもスッと入ってきてしまう。言語の氾濫はそれ自体が記号の洪水であれば、その底を漂う状況を表象していることは事実である。そして、その「状況」にあるぼくらは、都会人が味噌のあのＣＭに容易に捉われてしまうように、「土着的」な建築に出逢うと妙に嬉しくなってしまうのも否めない。

すべては、しかしながら、この日常レヴェルの感受性から始まるのだ。

感性とは、この場合、一歩進んでこの感受性を礎に「幻想」の領域へ相渉ろうとする自動的な能力を意味しよう。想像力は、このとき、感受性——感性の全過程の総称であるに違いない。「土着的建築」が文字通り土着的たりえれば、この「想像力」の篩を経ることによって新たな「幻想」の示唆を得る筈である。いや、むしろ土着的建築それ自体における「対他性」がそのような「想像力」を醸成するともいえるだろう。建築と想像力におけるこのような相互浸透性という、それ自身の「幻想」こそがモノに関わろうとするいま、ぼくらには気になることなのだが。

相互浸透性の「幻想」を模索することは、モノとの間の不断の交感を獲得していくことによってはじめて可能となるだろう。

居住は、全生活におけるもっとも基本的な行為であることによって、日常レヴェルからのこの「幻想」模索の作業に与かること大である。感性とは、そもそも時間・空間の両系を根本に据える能力であった。居住という、それ自体時空間の系をもつ行為が、感性と亘ることによって、想像力に対する原基作用としての役割を占めることも自明である。このとき、居住の「体験」を先取りし、居住空間との間に「交感」を体得しようとすれば、いまは、どうしても「母を彫る」ことが、ぼくのイメージなのだ。

「ぼく自身のための住宅」は、ぼく自身の日本浪漫主義批判序説の序説に他ならない。

設計言語のメッセージ

一畳台目の最小空間の茶室にもさまざまな作者の意図がうかがえるものである。何気なくそれとしつらえられた「隠し味」ならぬ「隠し処」を発見したときなど、「ナルホド」と素直に感心させられるのも優れた建築のみがもつ妙味なのであろう。モノというのは、このように雄弁なものである。それを観、空間を体験することによってはじめてそのモノの真の姿を知ることができる。この文章はしたがって、映像という中間媒体を通してこの建築を観る読者に対する、作者のささやかなメッセージなのである。願わくば実物を御賞味あれ！

＊この文章は、三崎商事本社ビル（大阪府・箕面市）についての「設計解題」である。

1　外壁とコーニス＝〈壁体〉の塊量

現代建築のもつふたつの〈表情〉に対してつねに抱き続けている作者の疑義への回答のひとつとして意図したものである。ふたつの〈表情〉とは、「ガラスと鉄」という言葉に代表される無味乾燥なもの、それに、そうした現代建築の規範を否定しようとするあまりに饒舌なもの、この二種類である。壁体の塊量(マッス)とその美的構成の再発見を通じて近代建築の歴史に重要な位置を占めたのは、イタリア・ルネッサンスの建築家たちであったが、そのことはあまりに触れられていない。それは、パラディオらによる古典主義様式の継承発展というマニエリスム以降の動向のなかで過小評価されすぎている。フィレンツェの町並みに決定的に寄与しているのは、パラッツォやヴィラの壁体の塊量と美である。現代建築が決定的に失ったものにこの〈壁体〉がある。もちろん現在、われわれは、当時のルスティカ（切石積工法）を再現するものでもない。経済的な問題は措くとしても、今やそうした職人芸も素材もともにわれわれは失い

図5　三崎商事本社ビル正面

つつある。むしろ、残るのは〈壁体〉のもつ都市的、空間的なイメージである。〈壁体〉がその垂直的な流れを天空と区切るためにしつらえられたコーニスと、それを支える「持ち送り」とは、しばしば〈軒蛇腹〉の美的様式を備えて町々を飾ったものであった。この建物の最上階は、下層の〈壁体〉の魂量と呼応させるべく視覚効果を狙ったものである。

2 吹抜け＝内部空間の複合体

以前私は、自らの空間構成のイメージを言語化するに当たり、〈固形空間〉なる概念を示した。*それは、建築の設計が壁やスラブなどによって空間を外側からつくり出していることに対する根本的な疑義からであった。空間という内部に居を占めるわれわれにとって、建築というのは文字通り内部から獲得されねばならぬ対象でもなければならない。内部の空間がむしろ固的な「意志」を強めて自らの欲望のままに建築を穿っていくときに形成される空間こそは、われわれの想像力を遥かに超えるものとなるだろう、というのが〈固形空間〉にこめられた私の想いであった。以後、私の手を経る建築はかならずこの〈固形空間〉にまつわるイメージが展開された。獲得された内部空間は、メインの吹抜け空間とあるときは直接に、あるときは間接に連続するサブの小（吹抜け）空間とによって構成される複雑な凹凸空間であった。この建物も、この文脈のなかで位置づけられたものである。エントランスロビー部で三層に抜ける吹抜けは、一階のエレベーターホールやモニュメント上部で一部二層に抜けるラウンジの空間と一体となって複雑な空間を現出させている。また、エントランスの曲面壁とその裏に沿う蛇状曲線《セルペンティウム》の階段とは、この内部空間の相乗効果を期待したものであった。中世やルネッサンス期の建築が〈壁体〉のなかに比較的単純な内部空間しか構成し得なかったとすれば、現代の〈壁体建築〉は、内部空間が問われねばならないというのが、自らに課したテーマでもあった。

*本書前稿「ぼく自身のための住宅……」（二一〇—二一七ページ）参照

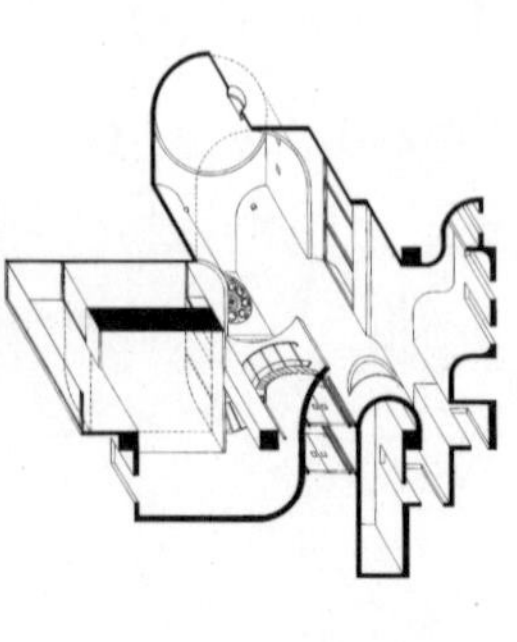

図6　三崎商事本社ビル・ロビーアクソノメトリック（見上げ）

3 シャフト＝スーパー楕円

シエナのマンジャの塔やフィレンツェのヴェッキオ宮殿の塔などは、中世都市における建築がいかに都市という外的な世界を意識してつくられていたかを物語っている。この建物の主要なアプローチ道路である新御堂筋からの視覚的効果は十分に考慮さるべきテーマでもあった。階段室のシャフトがその対象となった。道を行く動的な視線に対して、そのシャフトのコーナーをスーパー楕円（ピート・ハインが考案したふくらみのある人工的楕円）によって処理した。そのコーナーに向かう視線は、ふつうの円や楕円に対するよりも二五％ほどの速度的強化を要求され、そのことによる逆説的な視覚刺激を狙ったのだが果たしてどうか。もちろん、このシャフトは〈壁体〉の塊量を受け止める役割をも担わされている。

4 ルーバー＝塊量との対比

八〜九階もの建築の外壁がまったく塊量というモティーフだけで処理された場合のことを想像していただきたい。上層部は軽くする必要があった。プレキャストコンクリートによる格子状ルーバーは、うまくこの目的に適ったように思われる。またこれは西陽に対する空調負荷を軽減するという実用的効果をも持っている。

5 ステンドグラス＝色彩の集中

白と黒という無彩色のツートーンカラーで処理されたこの建築に対して、色彩の集中的効果をめざして仕組んだものである。図柄は、東寺(教王護国寺)に伝わる胎蔵界曼荼羅の中心部、「八台中葉院」をアレンジしたものであった。西欧文明に対する、せめてものポップ・アート的身振りなのであろうか。

以上がほんの「そえがき」である。いずれ機会を得て私の意を十分お伝えしたい。

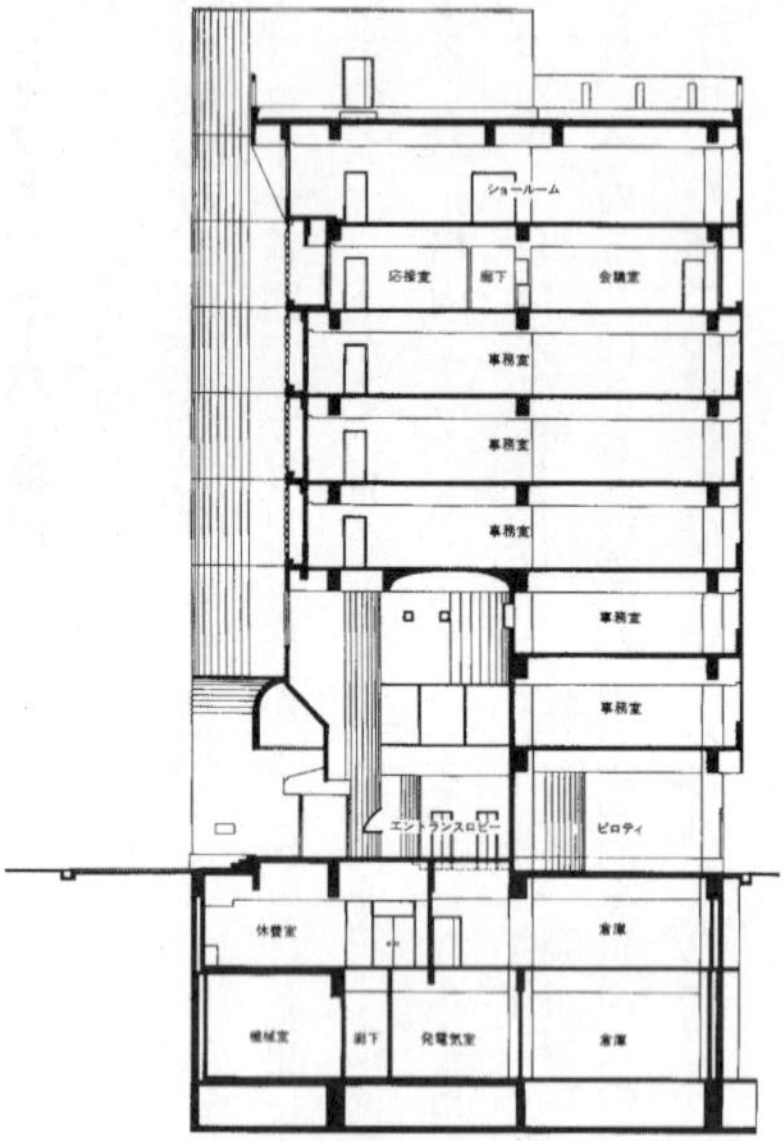

図9　東西断面図

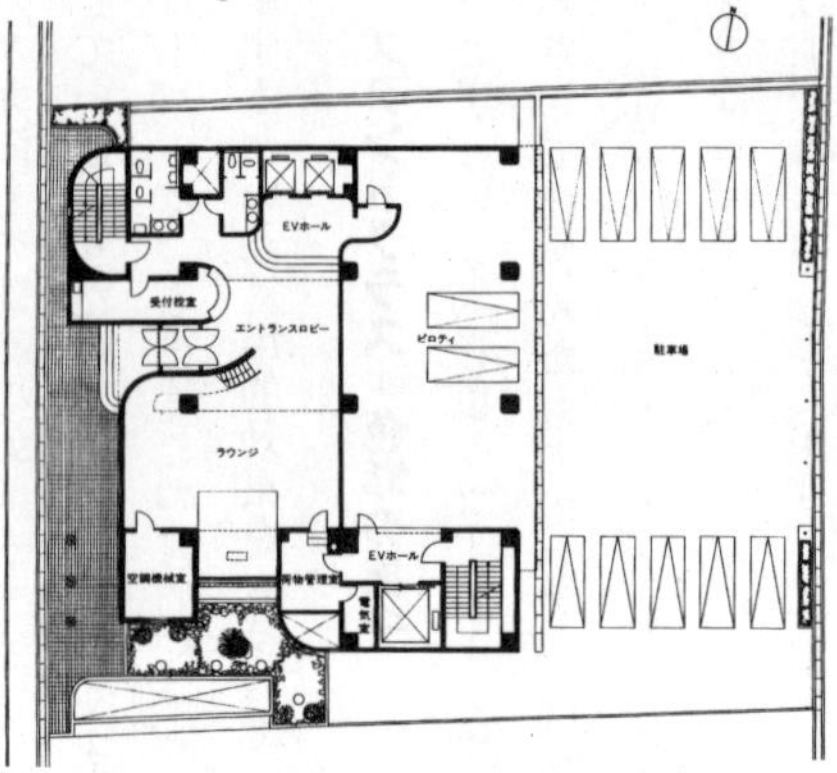

図7　三崎商事本社ビル配置図・1階平面図

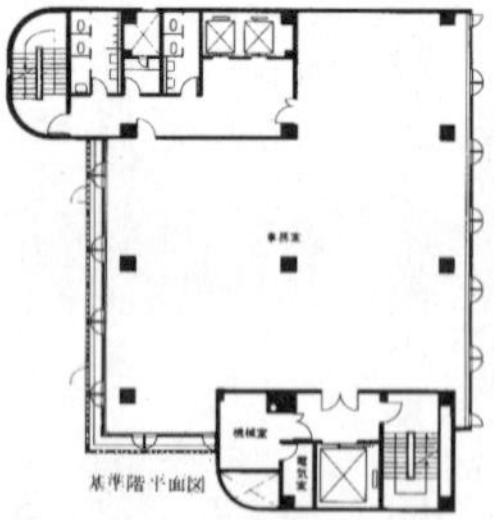

図8　基準階平面図

図12　エントランス・ホール内観
ステンドグラスと蛇状曲線の階段が見える。

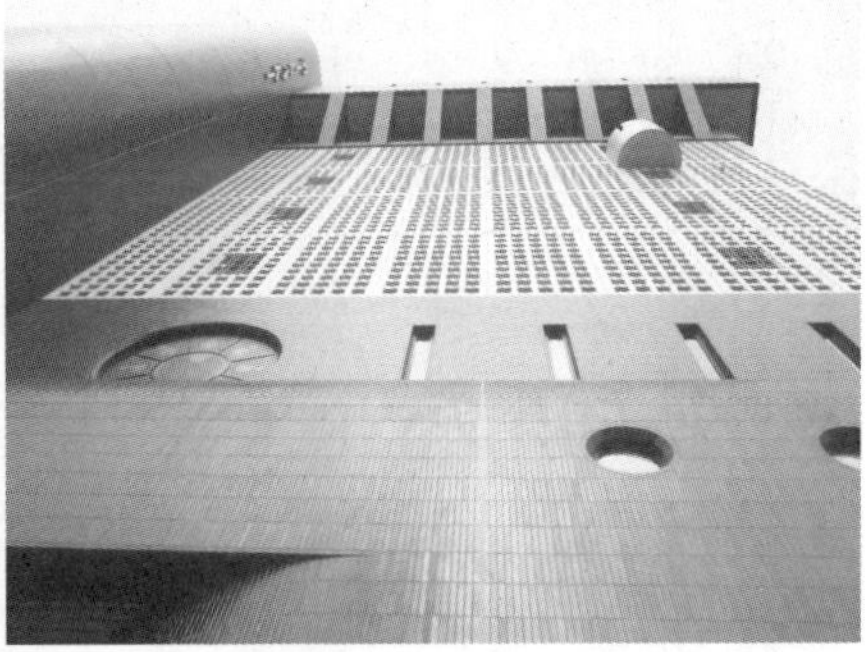

図10　正面（西面）見上げ外観

図13　7階社長室前のテラス

図11　南面見上げ外観

庶民住宅考

1 木賃アパートの青春像

……赤い手拭　マフラーにして
……二人で行った　横町の風呂屋
……洗い髪が芯まで　冷えて
……小さな石鹸　カタカタ鳴った

数年前ラジオのスイッチをひねれば、ほとんど必ずといっていいくらいに流れてきたこのポップスにまったく無関心でいた人がいたら、それは最初からこの歌とはまったく無関係の世界に生きてきたか、あるいは自らの青春を記憶の遙か彼方に置き忘れてきたか、どちらかの人であるに違いない。確かにこの歌には、われわれの青春に通底する「哀しさ」を、ある種の都市イメージを伴って表出する詩情がある。短調の調べがいかにもそれにふさわしく、われわれのなかに流れこんでくる。この歌《神田川》の都市イメージとは、明らかに「三畳一間」の極小空間に凝縮し展開される若者たちに代表される都市生活の典型としてあるのである。「窓の下には神田川」があるかないかは別にして、大都市に無数に存在する木賃アパートに、かろうじて実現した最小の生活拠点、そこにわれわれがもっとも枢要な生活の原点を見るのは当然である。

しかし、木賃アパートが都市における居住のプロトタイプを示すとしても、それへの手放しの礼賛が無意味であることも自明である。それは、前出の歌に代表される、七〇年代前半のポップスやフォークソングの総体的なあり方ときわめて類似している。これらの歌のほとんどは、むしろ「内側の」閉じた世界にあって「やさしさ」や「哀しさ」を歌いあげた。そしてそれは、六〇年代の後半に爆発した若者たちの「外側へ」の関心とそのエネルギーを、雲散霧消させるかのような静的な世界と見事に連なっていった。「三畳一間」の居住の原点は、まったくといっていいほど「閉じた」世界である。そこに、たまさか若い二人の男女の生活が展開されるとして、そのような極小空間が二人の人間にとって、ますます緊密な精神的紐帯をもたらすとしても、それはむしろ「外側」の世界とは、いったん隔絶した生活態度によって可能になるような性質を多分にもってはいないだろうか。あるいは、鉄骨階段を駆け登る新聞配達人の足音に起こされてしまう毎朝の恨み、壁の向こうのステレオの音へのイライラ、ロクでもない部屋の割に高い家賃への憤り……、これら「内側に」蓄積するエネルギーは、「明日の生活」に対する計り知れない欲求を形づくっていくかもしれないが、それはほとんど「私怨」の域を出ない。それを実証するかのように、木賃アパートは、一般的な都市居住者にとってその多様な永い居住態様の歴史のなかで、最初でしかももっとも短い一居住形態として存在しているにすぎないのである。「三畳一間」の居住形態が、そこで子供を生み育て、知人友人の来訪を歓迎しうるようなものでないことは明らかである。「閉じた」世界のひっそりした極小都市空間は、そのままの実態が礼賛される限り現状の果てしない固定化を意味しこそすれ、居住そのものの質を高みに向かって切り開いていくような力を獲得してはいかないであろう。

2 「増殖アパート」の革新性

多くの賃貸住宅は、ほとんどといっていいくらいに、借手＝店子の無権利状態において成り立っている。契約書には権利金や敷金はもとより、その居住年限や更新の場合の「手数料」まで、貸方＝大家側によって一方的に定められているばかりか、対象空間の「使い方」にも厳しい制約がある。「犬猫は飼ってはならない」「子供の同居はできない」「建物そのものへの手入れはできない」等々。そのような「無権利制」はまた、借手における一過性居住というはじめからの予定調和によって、ほとんど問題化されることがない。入れ替わり入れ替わりそのような予定調和によって進行しているこの特殊な居住の態様は、その相対的な関係性を固定化したところからは新しいものは生まれない。われわれは、そのようななかでも例外的なものを知っている。それは、東京下町に今なお見ることができるような、古くからのいわゆる長屋群である。それらは戦前の家賃統制令の影響下にあったものがほとんどである。ほとんど更新されることのない家賃――しかも低家賃――は、借手にとっては「一過性」などではなく永い居住の対象となりやすい。また、永い居住においては、さまざまな生活の内容の変化を必然とする。

そこでは、物理的な空間の模様替えさえもが「当然の」こととして生じてくる。物理的な変化ばかりではなく、それは永い時間での隣人たちの日常的接触を可能にもし、そこに隣組み的な共同社会が醸成されることになる。貸手に対して加えられた（逆に見れば権利の弱い者を保護した）一定の規制のなかで、この場合、より健全な居住の形態を助長したと見ることができるのである。

私たちが十年以上も前に見聞した例*は、さらに徹底した暗示力をもっていた。それは江東区の同潤会のアパートの例である。

＊一九六〇年代中頃

戦前に建てられた同潤会のアパート群は、元来、質の高い集合住宅であったが、戦後はほとんどが払い下げの形で居住者の所有するところとなっている。私たちがもっとも強い感動を受けたのは、もともとエレベーション（立面）も相当に検討され「端整な」姿をしていたであろう同潤会の原形とはまったく無関係に「増殖」しているアパートの姿そのものであった。原始的社会の集落や中世都市など「建築家のいない建築」が、実態そのものによって建築や都市の本質的なあり方をしばしば暗示するように、その〈増殖されたアパート〉は、われわれにとってはきわめて示唆に富むものであった。代替りももちろんしているであろう現在の住み手は、それぞれ借主ではなく自身が持主《オーナー》である。一軒一軒がまったく異なった家族構成と生活実態をもっていることを、その「増殖された」姿は雄弁に語ってもいた。それがまた個性というものでもあろう。そしてその「姿」は、現在の公的住宅よりも高い質をもっていた同潤会の質をも遥かに凌駕してしまっていた。われわれが類似のものを、徹底的に目論まれた作品としてHABITA67に見るのは、それから間もない頃であった。しかし、私にはそれとても〈増殖アパート〉には道を譲るものとしてしか見えないのである。

3　設計営為と住宅問題

わが国の住宅事情の貧困さについては、いまさらいうまでもない。もともと歴代政府によって実施されてきた住宅政策自体が根本的な改変を見ない限り、この貧困さが解消されることはおろか軽減されることも望みえない、というのは住宅問題の専門家がツトに指摘してきたところである。東京都区部において、木賃アパートが一〇〇万戸、全戸数の四〇％を占めている事実ひとつを見ても、住宅に対する潜在需要は強まりこそすれ、決して軽減してはいないことがわかる。列島改造以後の土地価格の暴騰が、この劣悪な住宅事情に拍車をかけてきたのも、すでに指摘されているとおりである。

こうした状況のなかで、庶民にとって、もはや住宅というのは確実に高嶺の花になりつつある。いま、住宅に対する切実な潜在需要はほとんど顕在化が難しくなり、かろうじて自動車等をはじめとする耐久消費材などの消費にそのハケ口を求めて、その場的な歪んだ消費構造をすら招来している。住宅の供給が重要な社会政策の一部として考えられている西欧諸国と違って、この国の従来の住宅政策は、そうした根本理念からはほど遠いところにあったともいえる。そのような政策の結果としても、庶民には公的住宅に対する期待感は薄い。そして、このことがまた、政策を安易なものに止めさせるという悪循環を生んでもいる。土地価格の高騰は個人住宅の取得を難しくしたばかりでなく、賃貸住宅の家賃を高値にツリ上げることにもなった。潜在需要層は、顕在化の厚い壁にはばまれながら、ますます長期にわたって、より多くの住居費の支出を余儀なくされている。「分配」の不平等性は、ますます大きく拡大されている。

おそらく、こうした住宅事情は土地そのものに対して抜本的な対策を講じない限り、まったく見通しは立たないといってよいだろう。また、着実に増大しつつある潜在需要層とその事情の深刻さが、いつまでも放置せられているわけにもいくまい。「持つもの」と「持たざるもの」との間に存在する不平等性が、明らかにこれほど眼に見えて大きくなりつつある時代もめずらしいといえるだろう。土地への抜本策は焦眉である。たとえば、現実的な考え方としてその所有制には触れないとしても、土地価格の凍結や地上権の大胆な利用の仕方などは*、膠着化している現在の住宅事情を大きくつき動かすことになるであろう。

そして、ここでわれわれ設計屋に何ができるかが問われることになる。土地の問題が何も動かず、また住宅に対する政策が亀裂を深めつつある現実の、単なる後追い行政としてしかないという現状にあっては設計屋の出る幕はなく、「来たるべき時」が来るまで拱手傍観するしかな

*その後、一九九二年の「借地法」の改正で「定期借地権」制度が導入され、三十年以上の長期の借地権による住宅建設が普及してきた。

い、というういい方もありうるだろう。あるいは、そんな住宅の大状況に関しては、もともと設計屋にできる部分などありはしないという考えもあるかもしれない。だが、そうなのだろうか。ここで想い出されるのは、W・ベンヤミンの建築に関する論考である。彼が『複製技術時代の芸術』において、ダダの芸術活動を、その「破壊性」のゆえに非常に高く評価していたのは周知のことがらである。時代の転換期にあっては、そのような想像力がしばしば有力であることは、事実、歴史の示すところでもある。しかし、彼は建築に対してはむしろ、「視覚型」によるよりも「実際型の姿勢のなかで、習慣化をとおして、しだいに解放される」と、着実な歩みの有効性を指摘しているのである。それは、事実、彼も指摘しているように、建築だけが他の造型芸術の作品群と違って、〈用〉という機能性の重要な使命を本質的に担っているからである。彼は、その〈用〉において着実な歩みを進めることに、「時代の転換」を促す真の力を見るのである。

さて、われわれ自身の課題に立ち戻ろう。いわゆる「住宅問題」は、実際に設計屋・建築家の埒外のことがらなのであるのかどうか。埒外だとするのであれば「住宅問題」を住宅問題たらしめている元凶のひとりはわれわれである、といわざるをえない。われわれが日常的に接する「住宅の設計」はその本質において、「住宅の問題」をすべて抱えこんでいるはずである。①敷地とその土地利用に関するあらゆる法的規制、②施主の資金計画とその運用、③施主の家族構成や住意識と空間構成の対応、④建設方法（主として工法）の選定、⑤建設業者の選定とその設計監理、等のことがらは、すべて設計監理上の不可欠の条件である。このどれひとつを欠いても、われわれの業務は進行しない。そして、これら〈住宅の問題〉は、いわゆる〈住宅問題〉とはまったく別のことがらなのであろうか。

答えは明らかに否である。これらの要件のどれひとつを採り上げても、すべて社会の制度として慣習化し、運用されている「体系」に深く関わっているはずである。もっともその「体系」とは縁の薄そうな③の「住意識」についても、狭隘劣悪な木賃アパートの空間や、住宅公団の一面的先取り主義的なＬＤ（リビングダイニングルーム）空間などに対する、没主体的な慣れなどは、この国の総体的な住空間の〈体系〉が、質の低いレヴェルに永らく据えおかれてきたことの、なによりの証拠である。設計監理上の要件としてのあらゆる〈住宅の問題〉は、ことごとく〈住宅問題〉に深く関わっている。そして、庶民住宅はそれらの要件が広くあらゆる層にわたって存在しているからこそ、〈住宅問題〉の本質に、より迫りうる課題をもつのである。そこでは、もはやベンヤミンのいう「視覚型」における解答は、ほんのひとつの要件に対するものでしかなく、「時代の転換」はおろか「体系」の転換すら期待薄であるといわざるをえないだろう。

4　「実際型の習慣化」による住宅改革

庶民住宅にアプローチするわれわれの姿勢と課題とは、ようやく明らかになりつつある。結論的にいえば、次のようになるだろう。まず、あらゆる既成の「体系」との間にギャップを拡大していくこと。とくに法的体系などにおいては一層大胆であるべきである。このことは法理論的な立場からも正論である。なぜなら、施行中の法的体系が唯一修正されるのは、現実との間に隔りが大きくなり、もはや効力を有しえなくなったときなのであるから。次に、徹底して個別的な要求を尖鋭化させていくことである。これは、ただ単にわれわれの常態の感性に刺激を与えるということではなく、永年にわたる習慣や外的な規制力により、当然と思われてきている「固定観念」の問題点を露わにし、本質的な「個性化」によるレヴェルアップを目指すことなのである。私が、江東区の同潤会アパートに言及したのは、まさにこれら二点について重要な示唆を与えているからなのであった。〈増殖〉の態様は、明らかに現行の建築基準法の「体系」をしのいでいる。「二〇平方メートルをこえる増築、改築、修繕、模様替」の認定はすこぶる困難である。また同法が定める「外壁」「日照」「界壁」などの条件はどうなっているのか。現実の〈増殖空間〉は、文字通り「永年にわたって」存在しており、隣人たちの間にトラブルはないようである。現実のほうが法的規定を超えているのだろうか。しかもなお、この事例の優れているのは、二番目の課題である個性化なのである。居住者であり所有者である住人の個々が、今や、まったく好き勝手に各自のスペースを増殖した。「好き勝手」という表現が無秩序とか無法とかという観念しか貴方に生じさせないとすれば、貴方の感性は相当に「保守的」だと言わざるをえない。個性的であることは豊かさの表われであり、その証しでもある。とくに多くの人間の集団において。一人ひとりが個性的であることは、その集団がすぐれて自由なものであることを示している。集団がほとんどひとつの姿勢や意見に包括されているとしたら、われわれはそこに薄気味の悪い全体性か専制性の臭いをかぐばかりではなかろうか。〈増殖アパート〉の一戸一戸の表情は、住空間に対する個々の切実な要求と固定的な住意識に対する革新的な姿勢とを、はからずも語っているのである。そこでは、お仕着せの設計理念が明らかに破綻しているし、しかも個々の豊かな想像力に乗り越えられてしまっている。ここで獲得されているのは、より豊かで質の高い個性的な住空間なのである。

われわれは進んで第二、第三の〈増殖アパート〉を目指すべきである。それは単体の住宅であるか否かを問わないはずである。「体系」の問題点を露わにし、しかも、それが個性化を目指すものであれば、そのことが「体系」の転換を必然とするであろう。ベンヤミンが時代転換との絡みで建築総体に関して述べていたことがらは、住宅にひき寄せてみれば、以上の点に尽きるのではなかろうか。そのやり方は、まさに無数にあるはずである。たとえば私の旧友が八ヶ岳の麓で住宅金融公庫の資金を得て完成した住居「春風工房」などは、私が高く評価しているもののひとつである。そこでは質の高い個性的な住空間が、「法的体系」に挑むことによって獲得されているのである。一方、いまや、住宅公団でさえもが、木造のタウン・ハウス（低層連続住宅）を計画しているのである。茨城県営六番池住宅は、大胆な公的事業化により、確かに集合住宅のひとつの傾向に拍車をかけた。その業績に対して一九七七年度日本建築学会賞が贈られもした。しかし、「六番池」も突然変異的に出現したのでないことを銘記すべきである。それまでにわたる、無数の試行錯誤の先例があった。そのような現実の勢いと蓄積とが国や県を動かし、いままた、公団を動かそうとしているのである。ことはまさしく〈実際型の習慣化〉のなかで進行している。そしていま、公的機関において進められているこうした傾向も、現行法上の問題点を露わにしているはずである。タウン・ハウス型のほうが土地の有効利用上有利であるという（説明も公的に行われている）ことも逆説的に現行の個別土地利用上の問題点を浮び上がらせる。そもそも容積制の全面的導入は、とくに住宅地などに対しては〈高度な〉土地利用を規制するためであったはずである。私が最近関係した事例（「白の家」）にしても「建蔽率三〇％、容積率六〇％」などという規制は、国鉄中央線の駅から徒歩三分ほどの敷地に対して、まったく非現実的なものであったが、意図としてはそうなのである。公的機関の先のようなナダレ現象的な傾向は、こうした規制の非現実性・非合理性を一面で承認していることをも示している。明らかに土地と建築に関わる「法的体系」全体が少しずつ揺さぶられているのである。

われわれは、個と全体の緊張関係を追い求めねばならないのである。

図14　中央線都内駅徒歩三分の戸建て住宅「白の家」

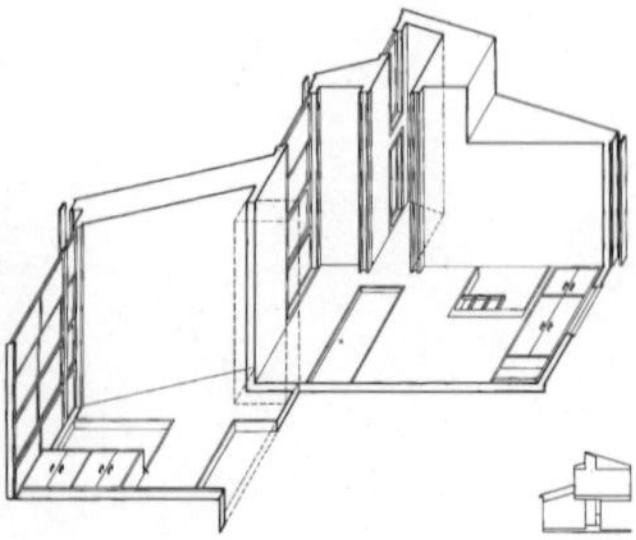
図15　「白の家」中央部アイソメ図

画期的なプロジェクトの実現を!
――〈国際競作〉に参加して

この文章は、ポーランド南部の都市オシヴィエンチム（旧ドイツ名アウシュヴィッツ）市郊外における孤児院計画の国際競作プロジェクト（一九九〇～九二年）について記したものである。

このプロジェクトは、カトリック系宗教団体「マーヤ財団」の委嘱によるもので、四・八ヘクタールの敷地に、約一〇〇人の孤児のための十二棟の「ハウス」、管理棟、職員住宅等を配した複合施設の計画であり、クラクフ工科大学のマンコフスキ教授がディレクターの任にあった。

ヨーロッパを中心に、十二人の建築家が招かれ、ひとりがひとつずつの「ハウス」（それぞれナースひとりと孤児八人を収容）を、マスタープランに基づいて定められた敷地に設計した。

招待建築家は、マリオ・ボッタ（スイス）、アウレリオ・ガルフェッティ（同）、ジャンニ・ファブリ（イタリア）、ジャヌーゴ・ポルゼッロ（同）、ゲルハルト・デュルシュケ（ドイツ）、シュテファン・ショルツ（同）、トーマス・マンコフスキ（ポーランド）、マリア・マンコフスキ（同）、ダリウス・コズウォスキ（同）、ゾフィア・ノヴァコウスカ（同）、槇文彦（日本）、三村翰（同）である。

結果は、残念ながら、当時の「新生ポーランド」におけるハイパー・インフレに見舞われて、財政的な困難により実現しなかった。

このプロジェクトの全体は、わが国では『ＳＤ』誌（一九九四年十二月号）に特集として掲載された。本稿はこの特集に寄せた文章である。

1 画期的な試み

旧知のマンコフスキ教授から、「〈子供のための集合住宅〉のプロジェクトの設計依頼が来た。できたら一緒にやりませんか」というお誘いの手紙をいただいたのは、一九九〇年の初春であった。私は返信のなかで、「せっかく国際的な協力でやるなら、もっとその輪を拡げて徹底的な〈国際競作〉にしたほうがおもしろい」旨を述べ、手許に二冊あったヴァイセンホーフ・ジードルンクの本の一冊を送った。周知のように、一九二七年にシュトゥットガルトの郊外ヴァイセンホーフに建設されたこの集合住宅は、ミースをディレクターとして、ベーレンス、グロピウス、コルビュジエ、タウト兄弟など当時のヨーロッパの主な建築家を糾合して計画された文字通りの「国際競作」だった。ギーディオンなどほとんどすべての建築史家がのちに「時代を先駆けるプロジェクト」と高く評価したものだった。* 私の氏への手紙は「ぜひ〈現代のミース〉役を演じてほしい」とのメッセージで結ばれた。

翌年の始め、件の計画は孤児院であり、敷地はオシヴィエンチム（旧アウシュヴィッツ）の郊外に決まり、また「国際競作」方式でやりたい旨の手紙を氏は送ってきた。そして、日本からは槇文彦と私の二人を招きたい旨が添えられていた。新生ポーランドにおいて、いうところの国際競作によるプロジェクトが現実に動き出したこと、そしてナチスによるあのホロコーストを象徴する土地柄であるということ、しかもそれが身寄りのない子供達のための孤児院であるということに、私は何かしら名状しがたい思いに駆られたものだった。このプロジェクトには「参加することに意義がある」だけの、時代性・社会性・物象性が強く内包されているものと思われた。しかもそれが、現代建築の諸相においてほとんどわれわれの耳目に触れることのなかったポーランドという国において、「国際競作」として行われることが二重・三重に「画期的な」ことなのであった。

*本書別稿「ヴァイセンホーフ・ジードルンク…」（九五—一三〇ページ）参照

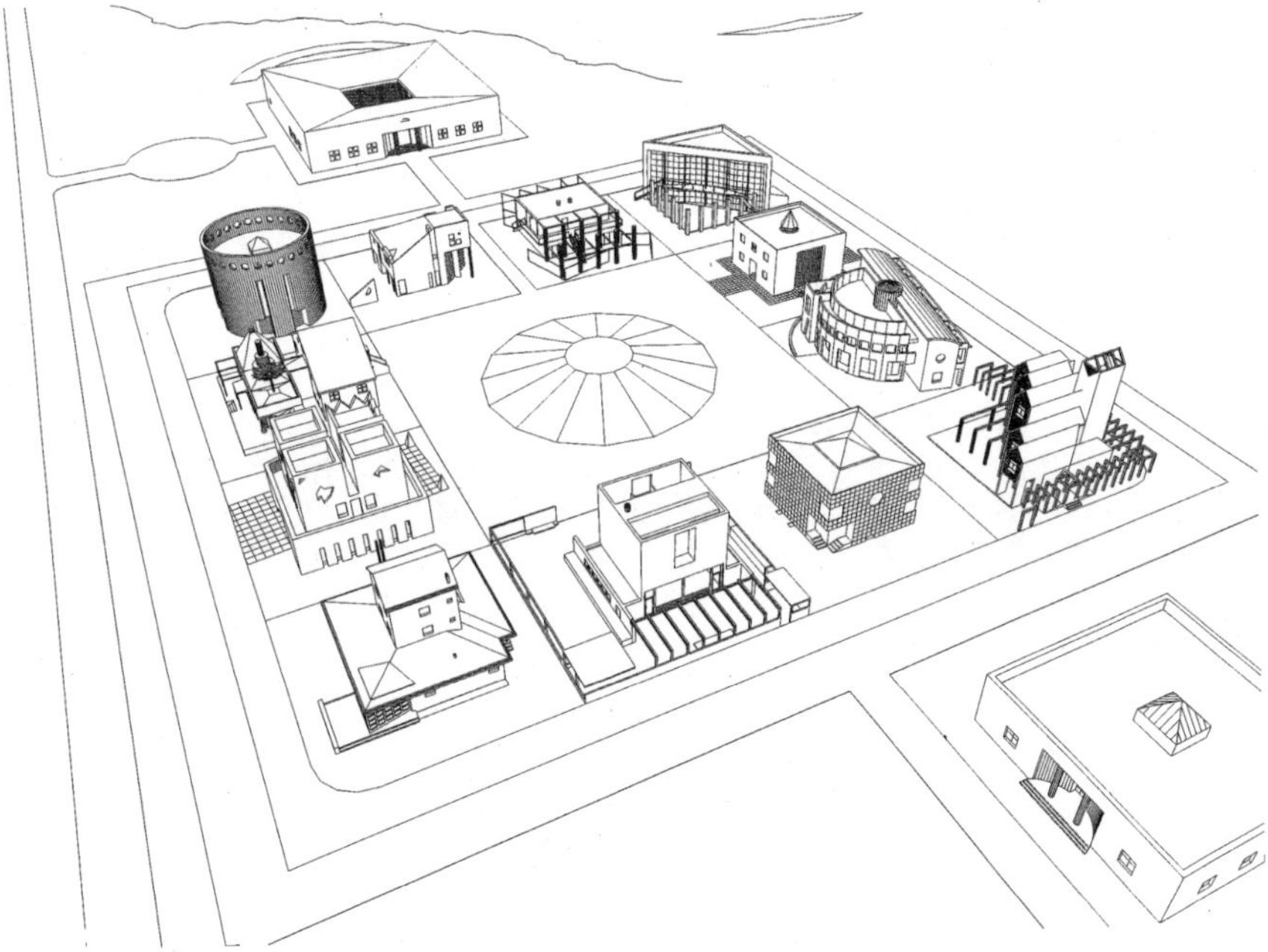

図16　「オシヴィエンチム孤児院」全体俯瞰図（12人の建築家がひとつずつハウスを設計した）

2 実現へ向けての課題

この稀有な国際競作も、残念ながら現在のところ実現に到っていない。このプロジェクトに参画した立場から、実現に向けて解決されるべき課題について気づいた点を記したい。

① マスタープラン

東西方向に長い敷地に合わせて軸線が設定され、その軸上にファミリーハウスのブロックが位置づけられている。その対称的な正方形の敷地取りが、おのおののファミリーハウスの与条件を決定的に不揃いなものにしてしまったことは否めない。今回の各建築家のハウス設計の敷地は、あらかじめディレクター側からそれぞれ指定されたもので選択の余地がないのだから、その「不平等性」に対する再考慮は十分になされるべきであろう。

② 多様性と調和性

十二戸のファミリーハウスはそれぞれが、個性豊かにその表情を競っている。だが、群的施設にはあるアイデンティティを感じさせる何がしかの「調和性」が必要だと、私は考えている。とりわけ今回のように、普通の子供達よりも精神的にはるかに不安定であるに違いない孤児達のための宿舎群であるとすれば、「調和性」は十分に考慮されるべき課題ではないだろうか。「多様性」だけが単純に精神的・心理的安定感を涵養するとも思えない。既述のヴァイセンホーフ・ジードルンクでも、一定のアイデンティティを獲得する目的で、屋根の形態と外壁の色彩について「共通の」設計条件を定めていた。このプロジェクトにおいても、たとえば、屋根や外壁の材料・色彩などについて、「調和性」確保に向けて何らかの「共通設計条件」を今からでも設定すべきだと考える。

③ 工法・ディテールと実施図面の作成

建築物の工法やディテールが、基本的に地域性をもつことはいうまでもない。このプロジェ

図17 オシヴィエンチム孤児院・「三村案」の立面イメージ

クトのように国際的な規模で展開される場合には、それらに関する情報がよりいっそう的確に与えられる必要がある。また、それぞれの原意匠図が実現されるには、現地側との間に実施図面を作成するための別次元の「共同作業」とその体制が不可欠である。

④ コスト・コントロール

前項と関連して、施工費用（現地資材・工賃の積算）が具体的に明らかにされねばならない。費用の案配と意匠の態様は互いに相関的である。このコスト・コントロールの現地側との処理もプロジェクトのつつがない実現のためには肝要なことである。

⑤ 建物内外の計画（家具・外構など）のあり方

私の案では、ハウス内で使用する家具類は、「参加と意志決定」をモットーに基本的に子供達の手作りで調達できるようにし、その図面まで用意した。これら家具類をどのように調達するのかは、このプロジェクトの基本ポリシーにも関わることであろう。外構についても、少なくともハウス・ブロックの「中庭」が、遊歩道も含めてどのような造園計画であるかがわからなくては、個別ハウスの庭の設計は難しい。

⑥ 財政計画（資金調達）

このプロジェクトが元のクライアントによって断念されたもっとも大きな原因は、新生ポーランドの凄まじいインフレに象徴される経済的混乱であった。周到な財政計画の確立なくしては、本プロジェクトの実行はもとより不可能である。

3 今後の展開へ向けて

このプロジェクトが途中で頓挫したことによって、参加したすべての人たちが、新生ポーランドの社会的困難を改めて知らされたのではなかろうか。善意の人びとによる、孤児という社会的弱者に対する真摯な思い入れがあっただけに、砂を噛むようなある種の「挫折感」は否定すべくもないのかもしれない。「競作」に加わった建築家達の建築的営為は、そのような社会的状況に、かくも無力であるのかと。ふと、J・P・サルトルが自らに厳しく問うた命題を想起したものである。「文学は飢えた子供達の前で何ができるか」。いま、まさに「建築」がそれを問われているに違いない。実現可能性の問題は、まったく別次元の問題だ、と開き直るのはきわめて簡単なことだ。だがそれを主張し続ける限り、「社会」と断絶して表現の世界にのみ安住してしまった現代建築の呪縛から、われわれはついに解き放たれることはないのだろう。まず、少なくとも直接関わりをもった参加建築家の一人ひとりが、これを機会に改めてこの「命題」に直接向き合うべきなのだろう。

外在的課題というよりも、「多様性と調和性」の課題にもっとも象徴的に込められているように、われわれが建築の内在的課題からこの社会的「命題」に取り組むのは、それほど難しいことではない。われわれが、おそらくそこからふたたびスタートして、この命題に対するある「解」を見出すことが、いまや客観的に問われている。文字通り「災い転じて福となす」べきなのだろう。今後、オシヴィエンチムとは別の土地において、実現化を追及するとすれば、この新たな課題をわれわれは共有しなければならない。その過程で「建築の社会的論理」という古くて新しい課題に、独自の「共同理念」を示しえたときに、このプロジェクトは、事実上「画期的」たることを主張できるのだろう。このプロジェクトには、依然としてその潜在的可能性が大きく秘められている。建築世界においては、なお混沌とした状況に呻吟する二十世紀の「世紀末」のいま、その可能性が示すものはきわめて貴重だと思うのである。

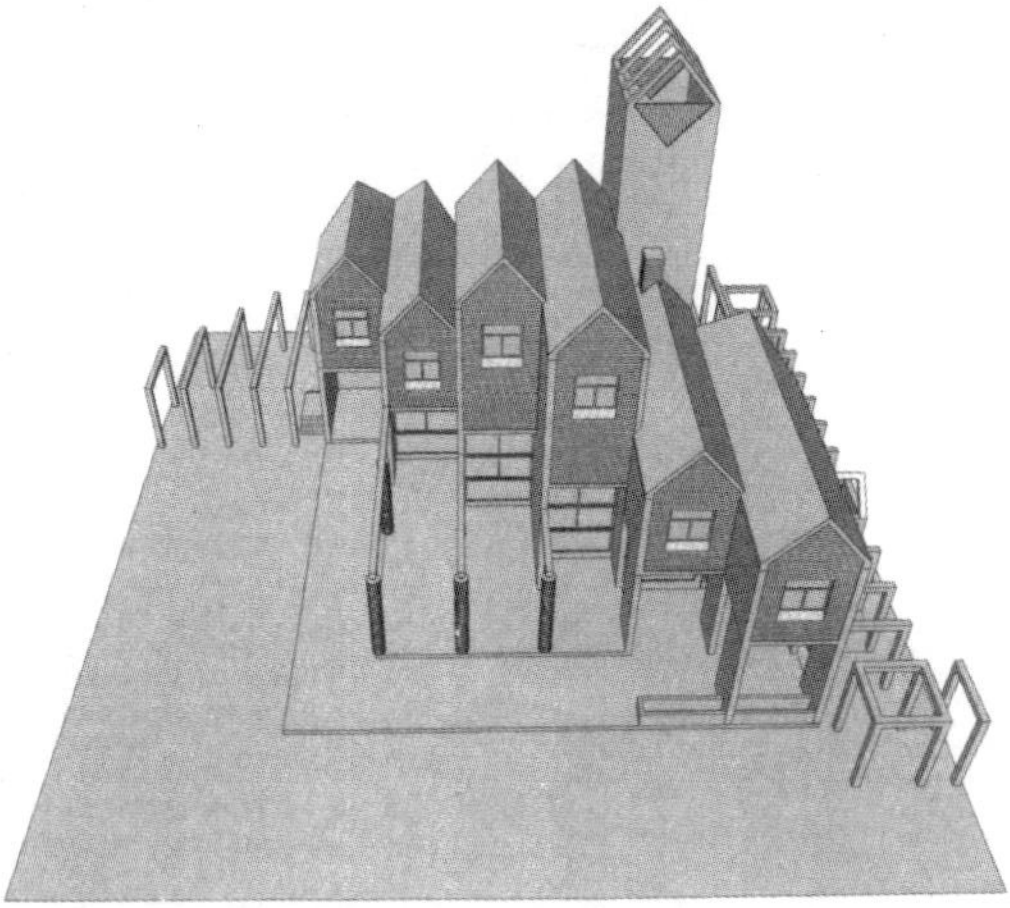

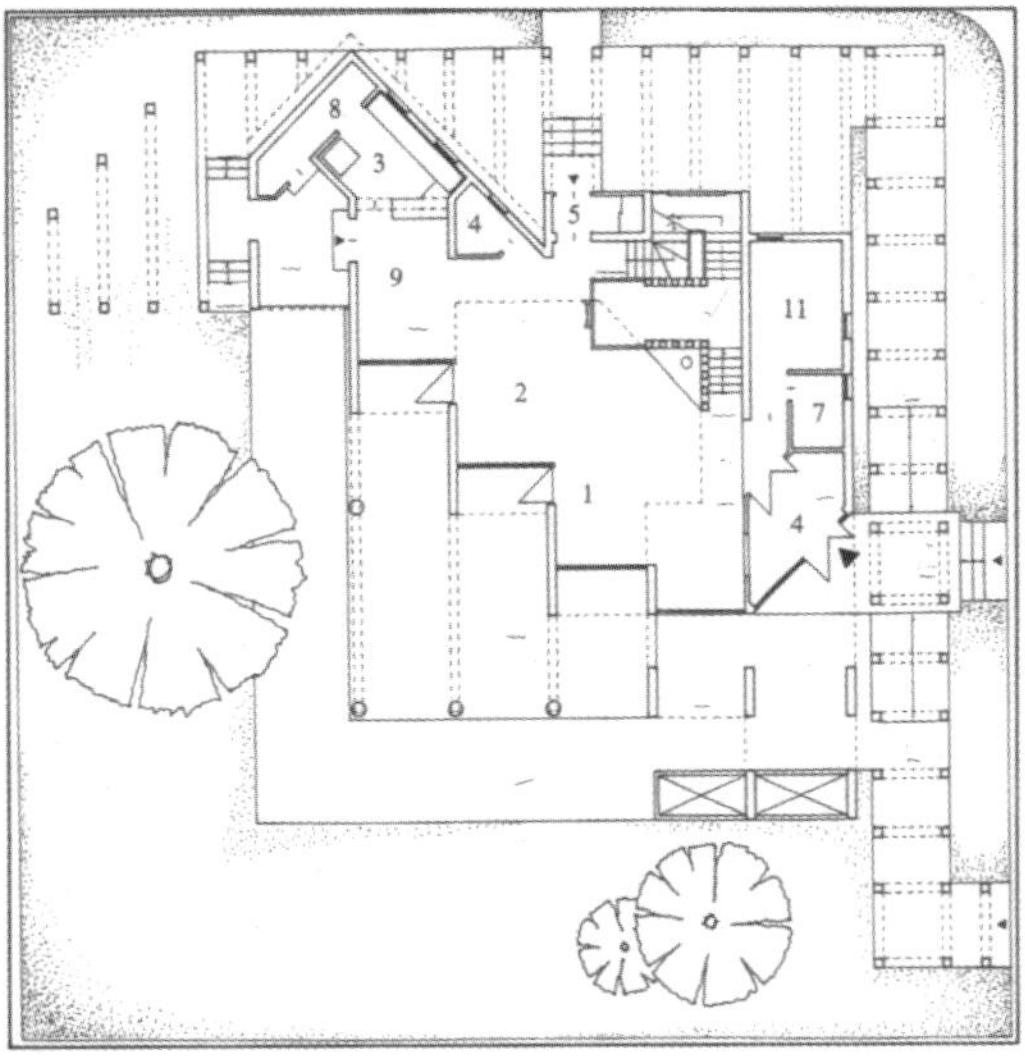

図18 「オシヴィエンチム孤児院・三村案」鳥瞰図
図19 「同」配置図および１階平面図

和風の郷――現代建築の超克へ向けて

1　現代建築と「場の精神」

今からちょうど一〇年ほど前、筑波研究学園都市で科学技術博覧会が開催された時期に、それと並行して「筑波国際環境造形シンポジウム85」なる展覧会が催され、私はそこに『廃市』という作品を出品したことがある。それは、筑波研究学園都市が「廃虚」となり、さらに「地下都市」へと変容していく一連の過程を描いた三部作の「夢想図」だった**。その作品を作らせた私の内的心情は、つくばという新都市の救いがたい「無性格性」に対するアイロニーとでもいうべきものであった。それは、つくばにおけるおよそあらゆる現代建築とその集合体がなす新都市が、つくばの「風土」との〈交渉〉においてまったく蹉跌をきたしている、という苦く切ない「想い」といってもいい。『廃市』解題の文章の一節に、次のように書いた。

……それは、もはや直接うかがい知ることのできない遥かな過去を語らずにはいない。「未完の」作品のすべての価値をほとんど知ることのできないわれわれが、廃墟を通して忘却の彼方の価値を再認識するという、この逆説的な事実はすこぶる興味深い。しかも、廃墟は、そこでくりひろげられたであろう、あらゆる人間的なレアリテを超えて、「たまさか地上物の建造を神に委ねられた建築者」（ポール・ヴァレリー）はもとより、あらゆる人間の営為の虚しさとその存在の卑小さを、余すところなく示さずにはいない。それは、もはや「美」を超えた「啓示」とでもいう以外にない……。

廃墟が美を超えた啓示をもってわれわれに迫るのは、実体としての建築がその終末的位相においてあらためて風土との直接的な関係をあらわに現前させるからである。つまり、建築に

*本稿は「和風の郷」（やすらぎの里・小川）の設計解題である。

**本書別稿「廃市」（一三一―一三七ページ）参照

付託されたあらゆる営為とその痕跡が消滅しつつその風景に溶け入って、あたかも存在過程をひと巡りするかのように、その存在以前の状況を彷彿とさせ、その「場」の風土を明解に知覚可能にするのである。

近年、「場」の重要性を説いたノルウェーの建築史家C・ノベルグ＝シュルツは、西欧で古くから語られてきた「ゲニウス・ロキ」（地霊）をキーワードにしてその論を展開した。彼のいうゲニウス・ロキは原義の「地霊」であるよりは、ほとんど現代的な敷衍《ふえん》的解釈をこめた「場所性」と解してよいだろう。だが、われわれが近代文明に浸るようになる前までは、「地霊」はまさしくわれわれ人間の現世を統べる「超越者」であった。わが国において、神社に社殿という建築物が出現するのは、仏教伝来後のことで、むしろ寺院建築に触発されたためというのが定説である。それ以前の神社は、「神地」や「禁足地」などといわれる建造物のない「さら地」で、その地の最高神がそこに憑り、またその神への祭事を行う聖なる祭場であった。氏族や部族は、その「地主神」を中心とした地縁社会を形成して同族集団としての繁栄を築いていく。『古代都市』において、F・ド＝クーランジュが描いたギリシアの古代都市発展過程は、ほとんど同様の、氏族神を中心とした「祭祀社会」の展開を示している。

「地霊」が、今日、「場所性」という新たな解釈をもって注目を浴びるのは、現代建築の重大な陥穽がもたらした当然の帰結といってもよいだろう。私は、つねづね「場所性」というよりも、「場」のもつ自然的・社会的・文化的内実を表象するような「場の精神」という言葉を使っている。* いずれにしても、現代建築は、その自立的存在の追及を専らとし、みずから「場」との真摯な〈交渉〉を忌避、回避、無視することによって、その存在自体の根拠を脆弱にするという悪循環に陥っている。それは、あたかもゲマイン・シャフト（地縁社会）の地方からゲゼル・シャフト（利益社会）の都会に出てきた人間よろしく、「根無し草」の悲哀をかこつかのよ

*本書別稿「場の精神」（一九六－一九七ページ）参照

うである。あるいは、さらに皮相なたとえにすれば、「自立的存在」の大向こうを狙った意匠が、「裸の王様」の自慢の衣装さながら、単なる「独り善がり」にしかならない「危うさ」があるとでもいいえようか。

「場」との〈交渉〉とは、まず「場の精神」との率直な「対向」に始まる。もとより、それは「地霊」が主役を演じる地縁社会への回帰を目指す、などというアナクロニズムではない。建築が他のあらゆる表現・造形形式と異なる、唯一ともいうべき「宿命」と「特性」の厳粛な事実の再認識が、まさしく「そこ」から始まるということである。すなわち、建築は、唯一「場」を与件として成立する表現体である、という事実の再認識である。時間がゆったりと流れる社会では、「意識」以前のこととして建築と「場」との間には、その悠揚とした時間を通して度重なる「微調整」が行われ、両者の間に乖離が生じることはなかった。建築は「場の精神」を体してそのなかに活き、また「場の精神」のさらなる形成に寄与していた。両者の関係はまったく相互依存的であった。無意識のうちにそうしたすぐれた関係性を具現する文化を、「無意識文化」と呼んだ者もいる。現代社会は、時間が早く流れるだけに両者間の調整が根気よく行われる保証などないといってよい。だからこそ、強い意志のもとにその「調整」を目指す作法が必須となるはずである。「意識文化」には、文字通りその作法の「意識」が要請される。建築と「場」の調整、言い換えれば「場」との〈交渉〉がまずは問われなければならない。現代建築の最大の陥穽が「場」との〈没交渉〉にあるとすれば、その超克は、「場の精神」に向き合い、それを理解すること、そこからしか始まりえない。

図20　「和風の郷」管理棟入口前小広場

2　文化としての建築

建築が「場の精神」を具現して、さらに「場の精神」の形成に与る、ということは、そのこと自体建築が「文化」の一部であることを物語っている。「場の精神」は、その「場」の自然性・社会性・文化性のすべての内実を表象する概念だった。冬、雪深く寒い五箇荘の民家は勾配のきつい茅葺きの大屋根をいただき、台風の強い風雨にまみえる沖縄の民家では屋根瓦の目地を漆喰でかためてそこにシーサーを置いている。在来の民家というのは、「場の精神」との〈交渉〉をもっとも徹底して行った建築の典型といえるだろう。屋根の材料やその仕様は、単に雪や寒さや風雨という自然現象としての気候のみに対する〈交渉〉の結果として決定されたものではない。五箇荘のように山間部に閉ざされた自給自足的社会にあっては、屋根瓦は高価で入手困難な材料だった。自生する茅はもっとも安価でしかも断熱性に富むすぐれた屋根材だった。だが、それを葺くには多くの人手を要する。閉ざされた社会の強い共同性が、「結」(ゆい)という共同作業体の組織化を可能とした。その共同作業が相似的な屋根を集落のそこここに構築して、一様の民家群を現出する。沖縄は、琉球王国以前から中国との経済的・文化的交流を通して、豊かな文化圏を形成してその文物を積極的に輸入した。宮殿や寺院ばかりでなく、民家まで屋根を陶製の瓦で葺くというのはその国力の豊かさの証左であるが、もとより「住」における中国文化の影響を色濃く反映したものであった。そしてなお、その家の安泰・無病息災をシーサーに仮託して「地霊」の加護として希求する、地縁社会の共同精神性を現示するのである。屋根ひとつとっても、民家がすぐれて「文化」の所産でありまたその一部であることをあらためて知るのである。

　民家の集合体としての集落や町並みが、一様の姿をそこに留めて「集合景観」としての視覚的表情をもたらしているのは、「文化」の視覚的現出として当然のことである。昭和五十年の「伝統的建造物群」の保存、いわゆる町並み保存を対象とした文化財保護法の改正は、はじめて集合体としての「文化財」の重要性を法的に認知したという点で、意義ある歴史的事象であっ

図21　「和風の郷」管理棟正面

た。しかし、すでに多くの指摘がなされてもいるように、元来歴史的遺産としての「文化財」の保護、それもそれらの物理的保護を目的とする同法の適用による「集合景観」の保護・維持は、おのずから限界があった。事の本質は、それら物的表情としての「景観」が、それら地域文化の精神の外的表出の一部にしかすぎないということにある。したがって、「外的表出」つまり建造物の外面を物理的に保持することは、必ずしもその内実としての当該地域文化の保持・育成を保証するとは限らないのである。文化の質というのは、一面ではきわめて日常生活的次元と結び付き、他面では非日常的な精神性ともつながるという両義性をもっている。あるいは、それは「存在」(現にいまある)と「当為」(かくあるべし)との二面性といい換えることができよう。つまり、町並みが本質的に保持されていくためには、この文化の質に関わる両義性において、すなわち「存在」と「当為」との両面において、住民を含めたあらゆる関係者の了解が必須である。一側面における法的規定のような、単なる「当為」がその一面性の限界をもつのは当たり前なのである。

では、「存在」の次元において建造物が文化の質に関わるとはどういうことか。それは、あらゆる建造物の一つひとつが、日常性において日々その地域文化の形成に与っているという素朴で単純な事実を、地域社会や世間が共同了解として共有することである。五箇荘や沖縄の在来民家が文化の質を保持しえたのは、まさしくそれら地域社会がその「共同了解」を共有したからであった。イタリア・シエナのあの美しいカンポ広場周辺の町並みにしても、すでに十三世紀の昔に住民が自治都市国家コムーネとしての「景観条例」を定めて、みずから町並みのアイデンティティを保持しようとの「共同了解」を得た結果としてあるのである。

壮麗な宮殿や寺院が、政治的、宗教的権力を背景として、有能な種々の専門家を登用して建設され、その時代の文化の一面を形成したことは否定しえない。だが、地域や都市はそれら宮

図22 「和風の郷」管理棟エントランス・ロビー

殿や寺院のみでは成立しない。住民や市民のレベルにおいて、彼らの住宅のようなものさえもが、地域や都市を形成する重要な要素であるという、文化の質に対する「共同了解」が不可欠であった。

あらゆる類いの建築がすべからく文化の一面を担うという、素朴で重要な命題は、今日いささかもその意義を減じるものではない。むしろ、中世の社会のように、物心両面の共同化、共有化が容易であった時代と異なり、共有化がいっそう困難な現代の状況下では、その命題の重要性はますます増大しているといえよう。

3 和風建築の課題と実践

木造建築が比較的規模の大きい学校や体育館などの公共建築として具現化してきた昨今の風潮は、「文化としての建築」に対する共同了解の一定の前進を物語っていよう。もっとも、そのような公共的木造建築は、平成のこの時代に特有のことではむろんない。明治の新時代における「改革」は、あらゆる分野において「欧化」の風潮をもたらした。ホールや駅舎や郵便局などが、同じ木造とはいえ、下見板張りペンキ塗りの外壁をもつ「洋風」建築として盛んに建てられた。「和風」というのは、そうした外来様式の建築を目前にしたときに、はじめて相対化された実体と概念であった。明治二十年代には、その相対化の反動がまずはじめに明確な形をとって現出している。唐破風の屋根の車寄せをもつ邸宅や旅館などが、この時期にわかに出現する。伝統的建築がもっていた部位や材料や詳細仕様などが、再認識の対象となり、建築の用途や「格」とは無関係に部分的に取り入れられるというような現象すら生んだ。近代において、大正から昭和の初期にかけて、和風建築はその「ピーク」を迎える。近代化による富の分配の一般化、わが国伝統文化の再評価の風潮、伝統的建築技術の継承・温存といった経済・社会・

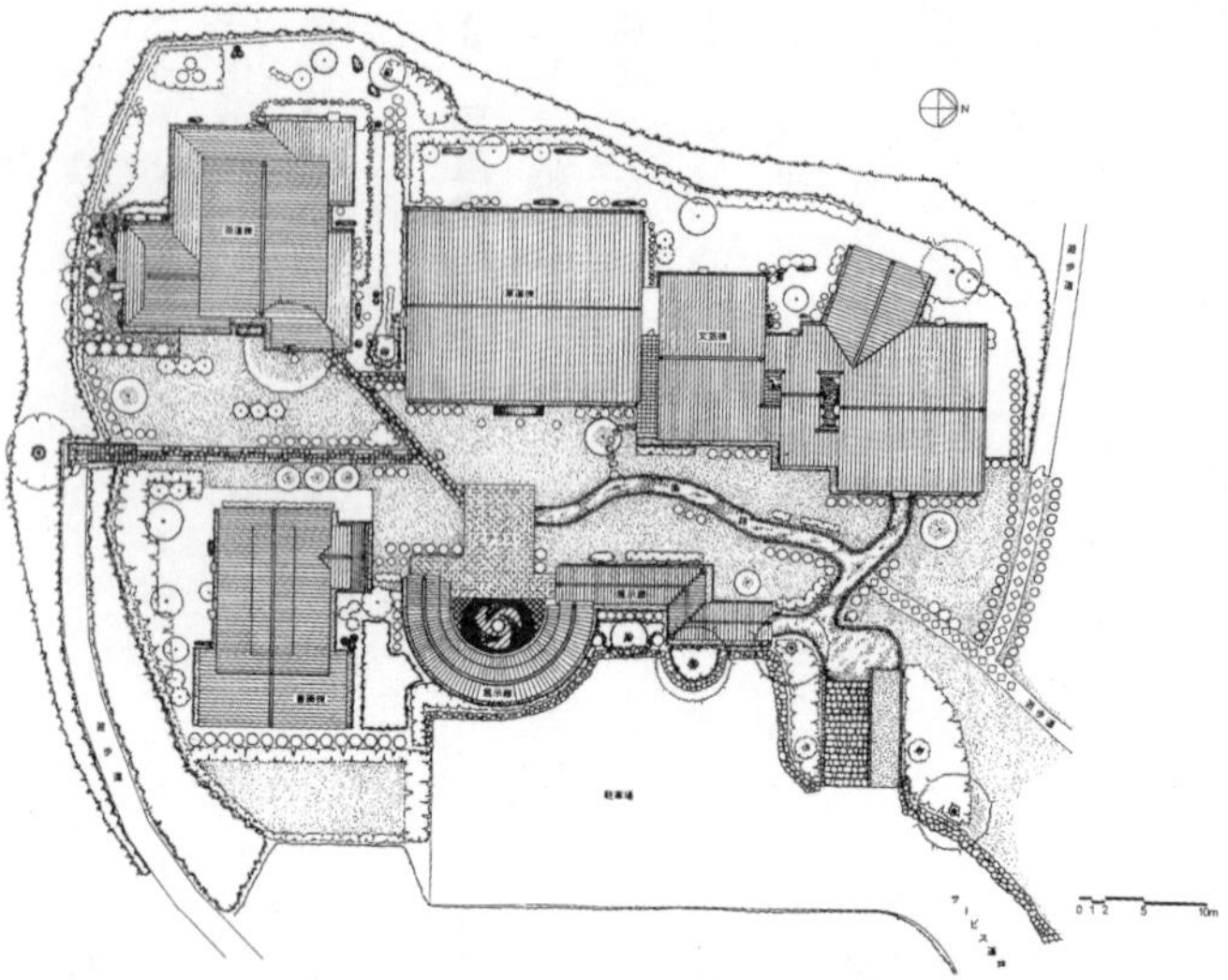

図23 「和風の郷」学芸区配置図
図24 「和風の郷」学芸区中庭

文化の多様な領域における「時代性」がその基盤にあった。

第二次大戦後は、「質より量」と第二次欧（米）化の風潮のなかで、和風建築が関心の的になるような土壌はなかなか醸成されなかった。学校建築や集合住宅に象徴されるように、耐震・耐火が社会資本のストック化の基本的理念となって、和風はおろか、木造建築一般が公共施設に採用されることはほとんどなかった。

昨今の公共木造建築の「一般化」は、ようやく半世紀を経て、建築界における戦後が終わろうとしている現象ともいえるだろう。生活の「質」の重視、生活や機能の多様性の評価（画一性・標準型の見直し）、コンクリート造への盲目的な依存体質の反省、伝統的町並み保存の浸透に伴う「日本的なもの」の再評価、環境との調和のとれた建築という環境観の浸透、日本経済の発展による輸入材の低廉化、内外における集成材加工の技術の向上と応用の実績など、文字通りわが国の社会・経済・文化の多領域にわたる質的変化がその背景にある。

そのような脱戦後の建築界、その木造建築の一般化の状況のなかで、「和風建築」はとりわけみずから担う課題は大きく、また重いといわねばならない。その課題を整理すれば以下のようになるだろう。
(1) 建築文化の伝統的特質をもつことの共同了解は深まりつつあるが、用途や機能面から実践の場面はきわめて限定的である（一般性をもちにくい）。
(2) その限定性の大きな原因のひとつに、最適材の入手難がある（他の木造工法とくらべてコストが高い）。
(3) 他の原因として、全体を見渡せる棟梁や多様な職種における専門職人の減少がある（後継者難を含めて）。
(4) 実践機会の減少は、設計者の養成をも困難にするという悪循環をきたしている。

(5)建築基準法等の法的規制によって、従来の構法採用や材料使用が困難である。
(6)現代の建築界において、依然として正当な評価を受ける対象になりにくい。

「和風建築」を実践の対象とするには、少なくともこれだけの「課題」に対して、相応の対応や対策をもって臨まねばならない。もちろん、すべての建築営為と同じく、和風建築の実践の場合も、あらかじめ予算や敷地などは与件としてあるのがふつうである。したがって、厳密には上記課題への対応はそれら与件を前提として、つねにケース・バイ・ケースで行われることになる。

しかし、和風建築の実践は、今日、そのような個々のケースを超えたところに大局的な意義があるといいえる。一言でいえば、それは、既述のように、わが国における現代建築の「既成概念の変革」（パラダイム・チェンジ）にとってきわめて重要な役割を果たすであろうということである。

あらためて、それを明記すれば、次のようになる。

(1)「場の精神」との〈対向〉を必至とし、したがって「場」との関係における建築の本来的な存在が探求される。
(2)「伝統」の課題を引き受けることによって、「継承」か「転回」かは別にして、「文化としての建築」がいっそう「意識化」される。

和風建築実践の大局的意味は明らかになった。だが、その具体的展開は、それほど容易でもないし、また一様でもない。前述の、とりわけ技術的・制度的課題は、その実践過程において文字通り即物的に解決していかねばならない。しかしながら、この具体的対応は、それ以前の「和風」そのものに対する基本的「態度」に関係する、というよりもむしろ依拠するところが大きいといえよう。それは、いわば「伝統論」の本質に関わることがらである。すなわち、

図25 「和風の郷」茶道棟入口付近

「伝統」は、継承・墨守すべきか、あるいは発展・変革すべきか、という古くて新しい二分法的課題に関わることがらである。今日、前者すなわち「継承・墨守」の立場をとるのはきわめて困難である。和風建築の「課題」に示したように、材料も人間も制度もいずれもが厳しい条件としてその前に立ち塞がっている。前年の伊勢神宮の遷宮においても、すでに材料は台湾の桧が使われ、二十年後の次の遷宮では、職種によっては職人の手当が不能になる事態も予想されている。好むと好まざるとに拘わらず、「継承・墨守」は不可能になりつつある。

*一九九四年

だが、より本質的なことは、そうした現実的な諸条件の難易の程度とは別のところにある。元来、「芸」や「道」や「学」といったものは、つねに革新されるべきものであって、「旧態」がそのまま存続すべきものではない。「進歩」の概念についての問題は措くとしても、そのような革新性が意識されるからこそ、「芸」も「道」も「学」も創造的な展開が可能になる。「伝統」から受け取るべきは、定立した「形式」ではなく、それが育まれた「精神」であろう。席や道具や庭や茶事そのものをも含めて、利久は珠光の精神を汲みながら、新たな解釈を加えて新たな茶の湯の世界を創造した。「にじり口」が海辺の漁師小屋の木戸から発想されたことなど、形式を超えた精神の自由な飛翔を示す以外の何ものでもない。

とまれ、今日、和風建築の実践は、「継承・墨守」たりえない。明確な「発展・改革」路線をとらずとも、その困難な諸課題ゆえに「変容」は必至である。むしろそのような「変容」を前提とした新たな解釈や発想こそが、創造的な「解」をもたらすに違いない。

4 「和風の郷」の構想

「和風の郷《さと》」は、霞ヶ浦の北端に接する茨城県小川町の町立の生涯学習施設として建設されたものである。正式名称は「やすらぎの里・小川」という。「ふるさと創生」「まちづくり事業」

図26 「和風の郷」茶道棟　ロビー手水鉢
図27 「和風の郷」茶道棟　草庵茶室「仙楽亭」手前座

（自治省認可事業）による町の一大プロジェクトとして取り組まれた。

この「和風の郷」は、設計者の位置づけとしては、本稿で記してきた、現代建築の「既成概念の変革」つまりその超克へ向けての「実践」の一事例である。すなわち、「和風建築」の実践を通して、「場の精神」との〈対向〉と「文化としての建築」への〈執心〉という重い課題をみずからに課したプロジェクトであった。

「場」は、その自然性・社会性・文化性の複雑な混淆によってつねに独自の「精神」をもってきた。小川町の歴史は古い。古代、利根川と霞ヶ浦はほとんど一体となって海路の重要な役割を担った。奈良時代、隣の石岡市の地に国分寺が建立されたころ、高浜・玉里・小川の霞ヶ浦北辺のこの一帯は、常陸国への海路の玄関口となる要衝の地であった。江戸時代、廻船はいっそう重要な輸送手段となってこの地を賑わした。医者の養成校「稽医館」は、幕府御三家の水戸藩よりも先にこの地に開設された。

石岡台地に続くなだらかな地形は、今は農業が主要な産業となって、田畑と森林が展開するのどかな田園風景を呈している。「常陸国風土記」でも著名な筑波山は、男体山と女体山が重なるような形状を見せる、この地域からの眺望が人々に親しまれたそもそもの山姿だったろう。田園風景の彼方に連山を伴って屹立するその姿は、ひときわ個性的である。昭和三十年代まで、霞ヶ浦には、その山姿を背景に、わかさぎ漁の帆曳船が風を孕んで大きな白帆を浮かべていた。

「和風の郷」の敷地は、宮田地区にある。周辺一帯は森林が多く、最近まで禁猟区に指定されていた。敷地の七〇％は、蔦山と呼ばれる杉と桧が鬱蒼と林立する丘陵部で、三〇％はその南側の谷地である。その大半は水田で、上部は丘陵からの伏流水による湿地であった。谷地の両側、丘陵の裾にはそれぞれ湧水の渓流が流れていた。覗き込むと、ヤゴやタニシなどの水棲生物がたくさんいた。敷地の西側一帯は、園部川流域の水田地帯で、とりわけ夏場の稲が広大な

図28 「和風の郷」学芸棟　外廊と雨落ち

緑の空間を演出する。対岸の丘陵の裾には農家の家並みが点在して、その背後に筑波の連山が最遠景を形成する。春と秋、夕陽はこの田園地帯を赤く染めながら、筑波の峰に落ちていく。都会ではけして見ることのできない自然の所為に、しばし時を忘れる。

「規模を小さくした和風建築の群を蔦山に配す」「樹木の伐採は必要最小限に留める」「すぐれた景観を呈する西側田園地帯のヴィスタを大切にする」「谷地の部分は唯一平らな地形だから老若男女のすべてが憩えるようなオープンスペースにする」「南側対岸の丘陵の緑は借景として大いに活用する」……構想は涌くように浮かんできた。しかし、拙速は禁物である。複雑な地形情報の正確な把握のための測量や現況植生の調査などを経て、基本構想と基本計画をまとめるのに一年をかけた。その後の基本設計、実施設計、建設工事と今回完成までにまる五年五か月の歳月を要した。

基本構想の骨子は、並列すれば以下のようなものである。

(1) 町のまちづくりの基本理念である「やすらぎ」との整合性を計る。ことに敷地の自然的なポテンシャルを最大限活かす。

(2) 敷地の「場の精神」との〈対向〉を最大限追求する。

(3) 町民の伝統的文化を含む文化活動の拠点にする。

(4) 老若男女のあらゆる層の利用が可能のような機能をもたせる。

(5) 「和風建築」の適用による個性的な公共施設の実現を計る。

(6) 「和風」に合わせた外部空間の「しつらえ」を行う。

(7) 建築・造園に限らず、彫刻やサインなどを動員して総合的な「造形空間」を創出する。

施設利用に関するソフト面の検討を経て、施設計画と土地利用の基本計画がまとまった。事務・研修区、学芸区、歌舞・修練区の三群を、それぞれ蔦山の北・南・西の頂陵部に配した。

図29 「和風の郷」展示廊　円廊内部
図30 「和風の郷」展示廊　列柱足元のディテール

単なる眺望の良さからという理由ではなく、地山としての地盤の安定性や雨水排水の処理課題を配慮した結果である。今回完成分としては、西頂陵部の歌舞・修練区は次期の課題に残された。事務・研修区の宿泊施設も次期課題となった。この部分は漆喰壁とハーフティンバーの「町屋風」にまとめた。対して学芸区は「数寄屋風」にしつらえ、文芸棟・華道棟・茶道棟・書画棟・展示廊の五棟によって構成した。蔦山は、森林浴ができるように、現況をできるだけ保持しつつ遊歩道を設けた。谷地は、基本的には「芝生広場」の公園に転換したが、法規的に必要とされた調整池が比較的大きく、「和風の郷」に合わせて設計した。予算の制約上、基本構想当初のような「伝統的な和風の池」にはならなかったが、湧水の渓流はふたつとも保全し、その一部は子供たちの遊べる「せせらぎ」とした（この部分の水田は買収が遅れ、整備は次期に繰り越した）。

「和風建築」の実践にあたっては、「継承・墨守」にこだわらずに、敢えて大胆な「転回」も試みた。一例を挙げれば、虫籠窓をもつ「町屋風」の事務棟と北関東農村地域に一般的な「長屋門風」の門（稽楽門と命名）の組み合わせなどである。建築基準法との突き合わせにしても多々工夫を試みた。詳しい各施設の設計意図は、各論に譲る。*

ここでは、ひとつだけ「和風建築」の実践にかかる「人的課題」について触れておく。本プロジェクトの施工は、町当局や議会の意向もあって、異なる地元業者がそれぞれ各施設を分割的に担当した。建設される施設の等質性や施工管理の繁雑さを考えれば、難しい問題でもあった。地元財源を地元に広く還元するという「経済効果」もあったろう。だが、本稿の趣旨からすれば、それは「和風建築」の人的課題として位置づけされるべきテーマだった。質の高い和風建築が、今後存続しえるかどうかは、それを支える棟梁や職人の存在にもかかっている。同業者が隣り合わせで、その出来栄えを競うことによる質の向上はもとより、そのような「機会」

*このプロジェクトを特集した『住宅建築』一九九五年十二月号に各施設の図面と各論が掲載されている。

図32

図31

図31 「和風の郷」モニュメントの場
図32 「和風の郷」つたやま公園　渓流の石組みアレンジ

が数多くあることが、彼らの存在を永らえさせる。「個人」レベルでは、かつては普請道楽が抱えの大工の存在とその技術の保持・進歩を保障した。「文化としての建築」における「和風建築」の重要性を考えるとき、「公」すなわち国や自治体は、「道楽」ではなく、「政策」として彼らの生業を保障していく、すなわち棟梁や職人の存続を支援するシステムをまじめに追求するべきである。その場限りの「財」の分配だけでは、長期的展望は拓けない。一般論としても、今後の同地域における公共建築の一貫した「木造化」を計るなどの政策的継続性が肝要であるといえよう。

いずれにしても、「和風の郷」は、「和風建築」の適用による現代建築の〈新展開〉を目指したものであった。

2 建築家の職能

建築家とその職能

1　設計営為と建築ジャーナリズム

われわれ建築を業とするものにとっては、この冬*はことさら冷えを覚えるものである。新年号ののっけからあまり浮いた話題にならないのは、今年の「時評」を頼まれた私にしてからが確かに愉快なことではない。こんなとき、私たち若い建築家仲間が面つき合わせて話すことは相場が決まっている。「しばらくおとなしくして時期の来るのを待つか……」「ジッと我慢の子であった、か」、何とも日本的ではないか。事務所をキリモリしている連中にしてみれば、決して心中穏やかである筈はなく、にも拘わらず、「我慢」などといってのけるあたりが「武士は食わねど高楊枝」などという心意気がうかがえて、わが事を忘れてニヤニヤしてしまったりする。穏やかならざる心中をひとまず措けば、こんな時期は、私にとってはむしろ有難いことかも知れない。一昨夏、これも駈け足で巡った地中海の国ぐにで私をもっとも羨ましがらせたのは、人びとのあののんびり加減であった。イイ若い者でも、路傍に腰かけて何を観るということなくポケッとしているサマなど、何とも嬉しい図であった。サン・マルコ寺院のあの見事な床のモザイク貼りが完成するのに七百年を費やした、などという話に私はただただ沈黙するばかりであった。

いったい私たちの設計という名の〈創造行為〉にどれほどの時間がかけられているというのだろうか？　イマジネイションというのは単なるヒラメキの謂だったのだろうか？

私は、いま、古建築や庭や民具などと呼ばれる生活文化財などなど、時間を盗んでは観て回っている。いつか、設計のネタにしようなどという卑しい（？）魂胆が心のどこかにでもまっ

＊一九七四年暮れの冬

たくないとしたら嘘になろうが、むしろ、あまりに足元の「暗さ」に気づかなかったというのが本音である。西欧文化とその空間の表情は、確かにまったく異質であり示唆するところが大きいが、われわれは自身の文化と空間のなかにこめられた特異性を、どれほど自らのものにしているだろうか。踏襲するも否定するも自由だが、どれほど足元の対象を明確にしえているだろうか。孤逢庵の〈空間分析〉とやらを錦の御旗のように振り回している人間もいるが、日本の空間やモノが小堀遠州の一人ごときで語りつくせるなどとしたら、これまた何と皮相な〈権威主義〉だろうか。

いずれにしても、私たちのイメージの原形質は、私たち各個の五感を通じて得られた全経験がやわらかな思索のなかで醸成された発酵状態であるに違いなく、それは無限の出逢いと悠久の時間を要求する。馬車馬のように脇目もふらずにただひた走るわれわれの日常が、それとは縁を遠くするものであることはもはや明らかである。

こんなときこそ、建築ジャーナリズム（その実体とはなにか、といった議論は別に論じられるべきなのだろうが）が果たす役割もまた重大ではなかろうか。建築とその周辺に関わる事象のキレイな上澄液を掬うだけなら易いことだし、ドロドロしたこの現実を知らぬ者たちに美しい〈幻想〉をふりまくことも簡単である。建築をめぐる諸活動に、より深く下降する……敢えて現実の諸状況に自ら足を踏み込んだらどうだろうか。「建築の方法について語れなくなった」「観念と表現のせめぎ合い、なんていうのは所詮ランガージュか」……いやもっとナマナマしい事がらが満ち満ちている筈だ。現に数多くの設計事務所や建設業者が倒産しているではないか。高楊枝をくわえた〈建築家〉諸氏（もちろん私自身例外ではありえない）が自らの周辺に何事もないかのようにその上澄液のなかを漂っているとしたら事態はますます悲劇的である。ニヤニヤしてばかり居られまい。建築ジャーナリズムは事象の背後にさらに深く沈潜すべきであろう。そのなかから掬いあげたものは、われわれの日常的な実体により密着したものに違いなく、建築活動をよりトータルに捉えることになるし、それへのより本源的なアプローチの可能性をもつといえるだろう。

2　建築家協会と設計料ダンピング

そんな折も折、私は決して愉快にはなれない話を伝え聞いた。

桜田門の警視庁のビルが新しく生まれ変わるという。現庁舎を取り壊わして地下三階地上一八階、延九九、〇〇〇平方メートルの現代建築が出現するそうだ。皇居周辺に超高層ビルがまた出現することだけなら、東京海上あり三和銀行ありのいま、とくに目新しいことでもない。

また、私はここでその建物が警視庁のそれであるから問題だ、という議論をしようとは思わない。もちろん創造行為に関わる作家のイマジネイションは、彼の内なる深層部分においてであるか否かを問わず、彼の思想そのものと無関係ではあり得まい。本来、思想とは彼の半生がまったく彼に個有のものであるように「彼のもの」である筈であり、だからこそ、私たちは作家とその作品に彼の個有性を見出そうとする。この道程が一人間のなかでどのような曲折を、またどれほどの距離を経ようと、ひとつの明確な跡をもつことを否定することはできない。建築とその創造行為が、他の「資本」の存在を前提としている限り、現行の資本体制とまったく無縁である筈のないことも自明である。作家が建築を作ると決めたとき、彼はこの関係を是認することなしに先に進むことはできない筈である。資本に絡まる権力の濃度において程度の差を認めるにすぎない。この濃度の度合いと作家の思想とがどのように絡み合うかは、もちろんひとつの重要なテーマであるに違いない。しかし、この場合、作家の創造行為におけるイマジネイションが第一義的に問われるものであるなら、その思想とイマジネイションとの関連については相当膨大な論証が必要とされる。両者はある意味ではすぐれて短絡的であるが、同時にすぐれて間接的でありうるし、その関係はそれほど単純明快であるとは思えない。作家の資質とは、本質的にはその作品や提案のもつイマジネイションによって計られるものである。仮に、作品に使われた石が貧困な印象をしかもたらさないとすれば、それは、石に対して、またその石の集積としての表情つまり建築そのものに対して、彼のイマジネイションが貧困であったということになるだろう。

いま、私は桜田門にどのような建物が出現するのかまったく知らないし、だいいちそれは計画の途についたばかりであろうし、その内容を知ることもできる筈がない。その作品論は完成時を待つほかないことは自明である。

私が、いまここでこの建物について云々しているのは、それ以前の職能としての建築家についてなのである。私の知りうる範囲では、総工費一七六億円の新庁舎の基本設計の入札があった折、八社の指名入札に対して二社が辞退し六社が応札したが、その折、日本建築家協会の設計料基準からすれば一億数千万円のものが、二千数百万円で落札されたというのである。札を入れた事務所は、最高裁を設計したところだったという。

この話を伝え聞いたとき、私は正直のところ暗然とせざるを得なかった。それが最高裁の設計者であったことは、確かにダブルイメージの強烈さをもつが、それは問うまい。私は、ひたすら考える。一体建築家の職能とは何なのかを。職能とは、まず、それで、メシを食うことを明白な前提としていよう。趣味や酔狂でこれほどにも面倒な仕事を引き受けていかれるような場合が万一あったとしても、職能という社会的な意味をそれはすでに失っている。設計とは明らかに労働である。私たちは、その労働に自身のエネルギーを転嫁して生きのびている。その関係は、いうまでもなく、つとに『資本論』のなかで明らかにされてもいる。この点に関する限り、事の本質は何ら変わっていない。設計という名の労働がその創造的イマジネイションの具体化において他の労働とやや趣を異にする、というのも事実だが、職能という この場合の議論においては、単に程度の相違があるか否かという問題に過ぎないだろう。ちなみに、現状がどうかを別にして本来的に他のすべての労働において創造的イマジネイションが不要であったり不問であったりすることがありうるだろうか。歴史的に顧みても洋の東西を問わず、建築家の自立とはまずもってこの労働の対価を厳しく獲得していくものであった。イマジネイションの発露としての設計や創作にとってそれは不可欠の条件であった。労働の質の良否はその意味で対価の多寡で示される。貨幣経済が始まる以前からの、それはきわめて原理的な法則でもある。そして近代以降、貨幣経済の発達に伴う労働一般のさらなる商品化は、設計における職能としての分業化を促し、逆にそれだけ職能としての集団的自覚を強めさせることにもなった。

建築家協会とは、その「集団的自覚」に基づく職能集団以外の何ものでもない。自覚が強ければ強いほど結束の掟は厳密になる筈だ。「家協会」そのものについてみれば、先年の国際コンペにおける「独善的」行動がひとかどの物議をかもしたように、あるいは会則が必ずしも会員において徹底されてはいないといったような種々の問題があるのも事実であろう。しかし、これらは別のところで論じられるべきと思われる。

3 建築家の矜持

私は、もっと原初的な建築家そのもののあり方を考えたいのである。もちろん、原初的であらざるを得ないこと自体がすでに悲しむべきことであるのだが……。私にとって設計料のダンピングは、私の設計の卑小化を意味する。いや、それは職能としての建築家である以前のまったく一人の人間の存立の問題であるのかも知れない。私の設計における日常営為は、設計開始以前の施主とのこの「闘い」に始まる。そして、ダンピングをしないことによって、私は自らの設計にベストを尽くすことを秘かに誓う——これは施主との関係をある瞬時において断ち切った、いわば真空状態での私自身の世界における心情的な矜持である。

この冬は寒い。われわれにはことのほか寒い。こんなときこそ、自分のところだけでも寒さに抗う矜持をもっていたいと思う。それが、他の連中への仁義だ、などという口幅ったいことはいうまい。

「お宅の半分の設計料でも、いくらだってやる設計事務所があります」、施主の声がいまだに耳に新しい。浅ましい、墓穴掘りを見よ。武士の高楊枝が、やがて商人のもみ手にとって替られたのも歴史的事実である。しかし、商人にも誇るに足る商人道があったことを忘るべきではないだろう。

私たちが、今なお、触れて見ることのできる古建築や民具の逸品が、これら商人道の産物であることが多いのは、決して偶然ではない。私がこれらに惹かれて彷徨するのは、単にそれらのモノとしての表情がすばらしいだけではなく、たまさかそのモノを創り出すプロセスにおけるすぐれてイマジナティヴな依頼人と創り手との関係性をその表情のなかに垣間見ることができるからなのである。

建築家とその創造行為に関わるすべてのことがらは本質的に不変である。ポール・ヴァレリーが、天上のソクラテスに語らせた言葉は、いまもなお生きつづけているに違いない。

「いま私が出現させる建築者が、カオスとして原材料として彼の目の前に見出すものは、……無秩序からつくり出した世界の秩序にほかならない。……だがなにかが彼に、この作品を未完成のものと見なし、あらためて手を入れて、ふたたび動揺状態に戻し、現状よりもさらに、もっぱら人間に好都合なものに変えるよう強く命じている。彼は神が手を休めたまさにその地点を自分の行為の原点とする」(ポール・ヴァレリー『ユーパリノス』佐藤昭夫訳)。

公正取引委員会の「審決」を糺《ただ》す──建築家とは何か

1　建築家協会への公取委の「審決」

四年越しの論議が九月十九日の公取審決によって一応の結着を見た。翌二十日の一般紙[*]によってその結果を知ったときには、正直のところ「やられた！」という感じであった。ほとんどが、建築家協会の独占禁止法違反事実を強調し、公取委が「自由業」にメスを入れる糸口を掴んだことを報道していたのである。あとで詳しく審議の内容や家協会の審判における「方針」などを知るにつけ、むしろ「問題は今後にこそ残された」という感を深くしている。

審決の骨子は、過去の家協会の行為は独禁法に違反するが今はその方針転換によって抵触する部分がなくなった、といういわば過去の違法性を問うた「違法宣言」を発したことなのである。私自身は、建築に関わる者のひとりとしてかねてよりこの問題の成行きに注目していた。私三年ほど前、ある建築専門誌の連載時評のひとつとして取り上げたの[**]もそのためであった。私の主張した点は、建築創造における文化形成の問題として、建築家の仕事は経済原理という一つの狭い枠組みのなかで把えることは不適当である、ということにつきた。公取委の「介入」が唯一独占禁止法という一種の「経済法」にのみ依拠していることは明白であり、それが建築営為の文化全体に資する職能性に当否の判断を下すことの不当性はもとより、そもそも独禁法的な経済原理を適用することの問題性が大きいと考えたのである。家協会の当事者たちが語ってもいたように、こうした建築家側の主張と公取委の審判における論理は相当スレ違いがあったようである。

*一九七九（昭和五十四）年

**「建築の設計料─公正取引委員会の見解について」『SA』一九七六年三月号

2 「事業者」認定を回避した建築家協会

この審判はある意味で法的には最初から家協会側に不利でもあった。われわれ建築家の仕事が一般的には自由業のひとつとして医者や弁護士のそれと対比的に語られはしても、それらには「医師法」「弁護士法」という相当に職能に依拠した法律とそれに基づく諸制度が整っているのに反し、建築家の側にはそうした法的根拠がきわめて希薄であった。「建築士法」があるにはあるが、職能性という点においてはほとんど実効力をもつものではなかった。公取委の「介入」は、まさにこの「もっとも弱い」状態をツイてきたものであり、家協会が受身の立場に立たざるを得なかったのは残念ながら致し方なかったといえる。家協会が、そうした現実面に直面して取った「方針」は、職能の死命を制されるような「事業者」としての認定をあくまで避けるということだったようである。単なる利潤追求としての業務者=事業者という裁定を回避できたことは、その意味で特筆されてよい。この結論を得るために奮闘した家協会の当事者に、私はここで敬意を表したい。それは、かつて拙稿（既述）でも記したことだが、この審判は、独り家協会だけの問題ではなかったからである。家協会に拠るも拠らないも、大局的には、建築家・設計者の仕事そのものの本質が問われていたはずだったからである。われわれの仕事は、単なるひとつの建築物——住宅であろうとオフィスビルであろうと公共建築であろうと——の設計・監理に携わるとしても、それを通じて子々孫々に到る物的環境の改変に何らかの形で関与するのであり、文字通り地域や地方の風土の形成に与かるのである。それは通り一遍の経済原理をはるかに超えた、文化そのものの問題に関わっているはずである。

事業者の経済原理が独禁法のいうように「自由競争」にあるとして、建築の設計や建設の仕事が、ただ「安いから」という理由だけで遂行されるべきであろうか？「安かろう悪かろう」というのは、一定の合理的経済性を追求したあとでも依然として存在する事実である。そのような経済原理が、文化の質に真実呼応するものかどうか、答はもはや明白である。設計・監理はもとより建築営為に関わる本質は、単なる経済原理を旨とする事業者の論理とは基本的に相入れないのである。家協会が最後の砦として、この点を「死守」したのはあまりに当然でもあった。

3 設計営為に「独禁法」の適用はなじまない

この点は、さらに先に譲るとして、私は、今回のこの公取委による一連の警告・勧告・審判・審決の「行政指導」は、仮に建築家たることの立場を離れた第三者としても、きわめて問題であったと考える。公取委の一連の態度を見て率直に感じることは、建築の設計・監理という仕事の「質」とその現状、さらに建築事務所の実態とに関するあまりの事実認識の「低さ」である。たとえば公取委は今回の一連の「指導」の正当住を補完するかのように、アメリカ、イギリス、西ドイツにおいても同様な反トラスト法適用の動きがあるとわざわざ「参考」として審決の解説に付言した（九月十九日同委員会「社団法人日本建築家協会に対する審決について」）。しかし、アメリカ、イギリス、西ドイツにおける設計監理業務の職能としての独自性は、たとえば建設業との兼業を認めないし、設計監理者の権限も大きいし、その経済的基盤が豊かであるし（設計料など大幅に異なる）、まったくわが国の実状とは大いに異なっている。かつて、B・タウトは四十年以上前の日本滞在中に、日本の建築家の社会的基盤のあまりの劣悪なことを指摘し、欧米においては建築家側の独自の努力と国家の理解によって較べものにならないほどの基盤を確立していることを述べていた。* 四十数年を経た今も、タウトの指摘はほとんど変わっていない。何十年も前から確固とした社会的・経済的基盤を形成していた先進欧米諸国の建築団体は一定の経済的成熟性のゆえに、元来経済活動の寡占的傾向をチェックしようとする反トラスト法に抵触するような実勢をもつように至ったのが「実情」であろう。そうした歴史

＊『続建築について』篠田英雄訳　鹿島出版会　一九七八年

的条件とその実態とがまるで異なるわが国で、欧米先進国におけると同じような経済原理で臨んでいるところに同委員会の事実認定の「甘さ」がある。大体、わが国では設計監理の「専業制」(建設業との兼業を排す)すら実現しておらず、いわば建築家の社会的基盤のイロハの「イ」すら疑わしいとさえいえるのである。ましてや、現実の設計事務所の経済的基盤を公取委は、少しでも調べてみたのだろうか。九九%以上もの事務所がいわゆる「零細企業」的な劣悪な経済環境におかれ、所員たちは明日の建築の文化への貢献を信じながら、他産業とは較べものにならないほどの薄給にあえいでいるのである。経済基盤が成熟し、もはや反トラスト法の対象となった欧米先進国と同列に扱うのは、あまりに無茶な話なのである。

公取委事務局見解がいうように(本紙九月二十一日)、今回の審決が自由業への初適用としての「歴史的」な意味をもつものだとするならば、公取委はあまりに未成熟な弱い建築家とその団体を「突破口」としていると考えざるを得ない。私は、繰り返すが、第三者の立場としても現在の建築家とその団体の営為は、仮に経済原理の土俵に登ったとしても、独禁法の対象となるような状態にはまったくないし、したがって、今回の一連の「行政指導」そのものも的を射たものとは考えられないのである。

4 「職能法」の獲得に向けて

しかし、事の当否は別にして、いまや法的手続きに基づいた審決が下ったという事実が存在する。家協会は「職能の芽をつまない」事業者認定回避の結論を一方でもちえた。私は、敢えて客観的に見るならば、今回の「出来事」は、何十年にもわたって劣悪な状態に止まっていた建築家、設計者の本来的な職能の確立へ向けての第一歩としての歴史的意味をもつと考える。それが、内部から湧き起こってきた主体的な「生みの苦しみ」ではなく、公的権力——それも独禁法を盾とした公取委——によって図らずも「契機」を与えられたという皮肉な「歴史」であったことが惜しまれるのだが。したがって、問題はまったく今後に残されたといえるのである。職能確立と経済基盤の確立は切り離すことはできない。家協会は事業者認定回避のために設計監理料の料率表と競技設計応募基準とを放棄した。

また、そこが今回公取委が乗り出したからには譲れない点でもあったろう。しかし、だからといって既述のように設計監理が競争原理の入札などによって行われてよいことなのか。これ以下では責任のもてる仕事ができないという基準が、どんな仕事でもあるはずである。公取委が、関与し難い方途、それはやはり「職能法」以外にはないだろう。弁護士や医師はその職能法に基づく公的スクリーンを経た「料金表」を掲げて堂々と日常営為を行っている。一方で現在、家協会、全事連、士会、設監連といった設計者の団体を先頭にして、当面、この報酬問題に関しては、唯一法的根拠となる「建築士法第二十五条」の発動要請と各自治体におけるその積極的な認識を求めている。ようやく経済基盤への胎動が始まったともいえる。

しかしながら先頃建設省の告示によって示された設計・監理料の算定基準は、「建築事務所の業務に関する諸課題の具体的な対応」を期すという「指導」的発想であるにせよ、あまりに厳しいものである。公取委にしろ建設省にしろ必ずしも設計監理業務の実態と設計事務所の経済的実状を把みきっているとはいい難い。職能確立への道のりは決して生易しくはない。

そして、それは元来一人ひとりの建築家・設計者の日常的営為のなかから築かれていくものでもあるだろう。「入札をしない建築家の会80」などの発足予定も伝え聞くが、文化形成に向けての建築に関わる専門家の仕事に、どのような「責任」をもって対処していこうとするのか、以前にもまして一人ひとりが問われているといえよう。

3 建築の考察

扉考

＊本稿は特別企画『扉の考現学』〈扉学事始〉（『商店建築』一九七八年十一月号）の巻頭文（第Ⅰ部）である。

いったい、扉がいつ、どこでどのように存在し始めたのか考古学もほとんど語ることがない。ある意味では当然のことだ。扉の存在それ自体が人類史的に何かを物語るなどとは彼ら考古学者たちは考えないのだから。扉は彼らにとって建造物の一部でしかなく建造物総体のあり方が技術史的に文明の断面を語るものだとすれば、扉などが個別的な意味を主張しよう筈もないのである。

しかし、人類史のあらゆる領域が必ずしも自律的な「学」の体系のなかで対象化されるとは限らない。むしろ、人間の行為とその結果としてのモノのありようとは、自律的な体系のなかの縦の流れにではなく、それらを横断する横の流れに沿って明らかになることが多いものだ。様式というひとつの相において語られて続けてきた建築それ自体の歴史が、トータルな「意味」において見直されつつあるとき、その部位としての扉が、この横断的な流れによって見ることができるとするなら、そこに建築それ自体とその歴史を叙述する新たな「方法」を得ることになるであろう。

〈扉学〉は個から全体へ、建築を、環境を透視してゆく方法のプロトタイプとなるであろう。なぜなら、それはやがて「窓学」「屋根学」……「道学」……とアメーバの無限増殖にも似た姿で都市を覆っていく道程の第一歩なのである。

1 遮閉

生きとし生けるものすべからく動的な生物である。己が肉体の内における動と外における動とは、その感覚と神経と器官とによって複雑な関係をもちながら連なっていく。彼の外界に対する鋭敏な感覚—認知のメカニズムは、その「関係」のなかで、彼に何らかの行為をとらせるだろう。「距離」に対してもつ人間の基本的な認知―反応の関係によって「親密」「個体」「社会」「公共」の四種の異なる距離の存在を指摘したのはE・ホールであった。C・ドクシアデスは、ホールの考えを借用・敷衍することによって定住社会における基本的な「集合」のあり方を「アンソロポポリス」**Anthropopolis**によって提出した。これらにおいて言及される距離と空間に関する内容は、生物学的、生理学的、社会学的なあらゆる「体系」に関わっている。いや、むしろ人間の存在と行動が初めにあった。彼の行動はトータルな彼自身の認知―反応のメカニズムに則っている。学的な体系は、そのトータルなメカニズムを個別に分解しているに過ぎないともいえる。そして逆説的に距離―空間に対する人間のそうしたトータルな関わり方こそが文化の内容そのものを作り出してきたともいえよう。

　個体とモノとの相対的な距離―空間感覚を決定するのに果たしている心理的要因の大きさはしばしば心理学の実験によって語られる。そこでは遮閉の意味は明らかに内への安堵、外への恐怖という本能的な防衛感覚に根ざしている。そして個体―集団、個体―モノといった相対の関係がより高度化、抽象化されることによって、遮閉の意味自体がシフトしていく。防禦的な意味の拡散と変質である。住居において、かつて人間は、己が生命を外敵から守るために入口にトビラを必要とした。もちろんもっとも原始的な形態は単なる遮閉物《バリアー》であっただろう。彼は、やがて、自らに所属するモノを閉じ込めるために入口にトビラをつけることを考え出す。家畜は柵のなかに、財産は倉のなかに閉じ込められた。彼は、遮閉によって己が身を守るという受動的な姿勢から、モノを封印するという能動的な姿勢を取り出すのである。遮閉の意味の大転換であった。このとき、彼の歴史は飛躍的に前進する。彼は遮閉の意味そのもののシフトが彼自身の操作によって可能になることを知った。遮閉の対象は、すべてのものに向かった。王の棺は氏族の守護と繁栄のために手厚く安置され、さらにその室が聖なる空間として存続される

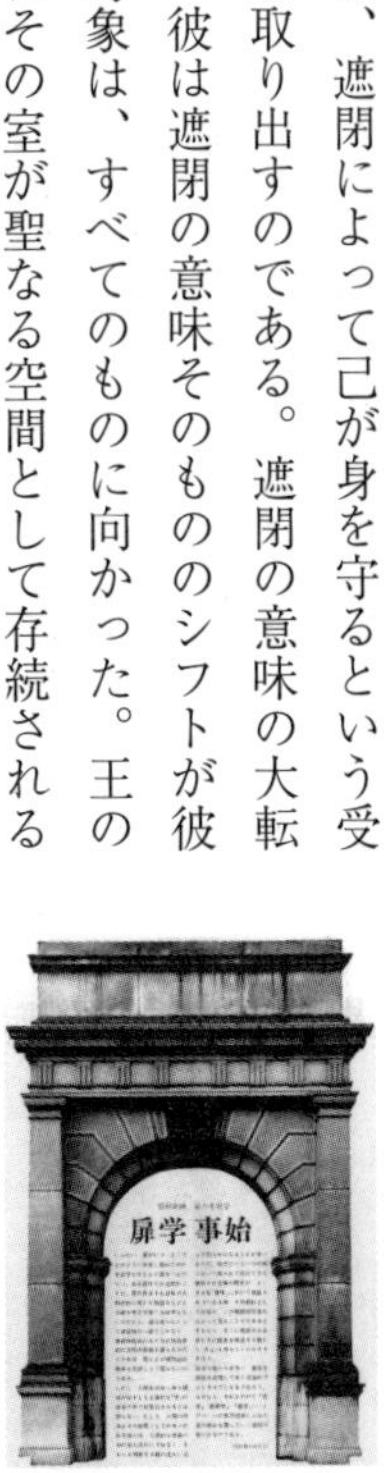

図33〈扉学事始〉の扉ページ

ために、トビラの意味はむしろ「啓示」としての象徴的な側面に取って替わる。〈遮閉と信仰〉の始原型がそこにある。また権力者は己が存在の貴さを知らしめすために、自らの身を特別の空間に「遮閉」する、謁見の間。遮閉はそこでは、「権威」に転化する。ひとつ行為の意味の多様化は、そのまま文化の拡がりを示す。通時的に縦の時をたどろうと、共時的に横にたどろうと、トビラが存在させられた遮閉の意味こそは、その空間における人間とその集団のあり方を物語るのである。

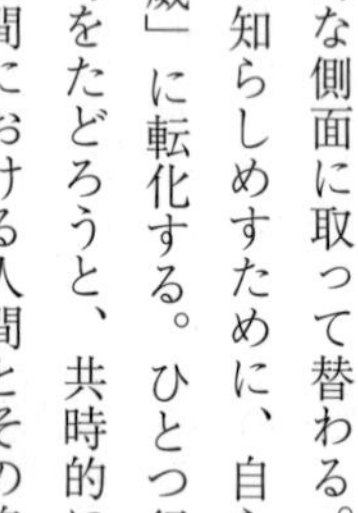

図34　ウィロウ・ティールームの扉（C・R・マッキントッシュ）

2　分割

「遮閉」が意味の多様化により精神面において作用するものだとすれば、「分割」は空間を分節化する物理面の作用として見ることができる。ここで分節化される空間とは、明らかにトビラの「こちら側」＝此岸と「向こう側」＝彼岸とである。すでに見たように、扉の物理的な存在による遮閉作用が生起する意味はこの分節化されたふたつの領界に働きかけずにはいない。扉を狭んで存在するふたつの領界は、遮閉の意味が強固なものであればあるほど、対立・相反する。そこでは、トビラの「こちら側」の世界と「向こう側」の世界とは見事な対照をなして相克する宇宙像を示している。だが物理的に分割された、このふたつの世界の対立は、本質的にはわれわれの内部に存在するふたつの心的世界がリアルな姿でもって出現したに違いないのである。換言すれば、空間の分割とは、われわれ自身の心の写像を描き出すことだったのである。そこにわれわれはふたたび物理的現象が精神的現象へと回帰していく途を見るのである。

古今東西の謳詠みたちが詠い上げる世界はまさしく、このトビラを介して隣接するふたつの空間の心的映像なのであった。

ぼくらはここにいる　おおパリよ　ぼくらの家　ぼくらの市民
…………　…………
ぼくらはきみに持ってゆく　あらゆる頭脳　墓　城壁を
きみにはきこえまい　この叫びに満ちた揺り籠を
…………　…………
それからまた　ぼくらは持ってゆく
戸が家をとざすように
神秘がとざすこの柔軟な理性を
…………　…………

（詩集『アルコール』中の「葡萄月」）（傍点引用者、以下同様）

アポリネールが「神秘の扉」を謳うとき、それは彼が、その人生のいっさいを捧げてきたパリという都会の内と外の「分割」を示しながら、パリへの憧憬と畏怖、沈潜と執着、謝恩と回顧という自らの心的世界の変遷を詠み上げているのである。パリの都市空間における「物」と「心」の二重像がそこにある。

マヤコフスキーはまた別の世界を謳う。

胸が高鳴る…………
冗談じゃない！
神さまの家へ乗りこむのだ！
雲の防壁をめぐらした楽園の
扉をおれは銃床で叩きこわす

図35　カサ・ミラの正面扉（A・ガウディ）

天使たちがふるえあがる
気の毒なほどのその姿
顔の楕円が羽より白い
どこにいるのだ――
神どもは！
（「戦争と世界」）

まだ帝政ロシア下で起こった第一次世界大戦を身近に体験した彼にとって、「こちら側」の世界の悲惨、矛盾、欺瞞などは我慢のならないものであった。宗教の説く「神の国」がそんな「こちら側」の世界でさらに忌わしい戦争が行われているとき、雲の彼方に平然と存在するのだとしたら、一体そんな宗教は何だというのだ！　彼我を隔てるその扉は破られるにふさわしい。彼の燃えるようなヒューマニズムが、そんな彼我の世界の現実を照射する。

図36　自由学園の扉（F・L・ライト）

ウィリアム・ブレイクは別のやり方で宗教への疑義を表明する。著名な画家でもあった彼の詩は自然主義的な美しさをも示している。

私は愛の園へはいって行き
かつて見たこともないものを見た――
…………　…………
この礼拝堂の入口は閉ざされて
扉には「汝……すべからず」と書いてあった
それで　私は愛の花園へと向かった
かぐわしい花のかずかずが咲いていたところの

（『経験の歌』中の「愛の園」）

パリへのほとんど礼讃といっていいくらいの思い入れを謳ったアポリネールと違って、サンドバーグがシカゴを謳うとき、その眼はその都市の底辺に徘徊する人びとにやさしく向けられる。

おまえは二度と帰ってこないね
おまえがドアに入っていくのを見送って
おれはさよならと言うよ
おまえを呼び待ちかまえている
望みのない開いたドア
そこからおまえを連れこむドア——
一日何セントなんだい？
ねむたい眼と指にたいして
いったい何セントになるんだい？
（『シカゴ詩集』中の「工場のドア」）

エドガー・アラン・ポーが、彼我のふたつの世界を謳うとき、それははるかに象徴的な幻想に満ち満ちている。

見よ！　「死」は王座を築きたり
ひとり寂しく臥わるあやしき市に
…………　…………

図37　聖心女子学院大学正門扉
（J・レッル）

……………　……………
大空の下にあきらめ
よこたわる憂愁の海
海の中なる小塔と影もつものと
すべてみな入り乱れ
なべてみな空に懸れるごとく見ゆ
この市のほこりかのひとつの塔ゆ
「死」は高だかと巨人なし　見下せり
扉開ける社殿　また口を開ける墓穴は
光輝く波とならび　いま長ながと欠伸すなる
…………　…………
（『鴉その他の詩』中の「海中の都」）

いま、ここで「扉」は、死がその高殿に君臨している海中の永遠の眠りにある都の妖しい静寂のなかで、ほとんどふたつの領域を分割する機能をもたない。社殿の内と外に漂う「死の影」がすべてを支配する。もはや扉は意味をはく奪された、存在そのものになりきっているのである。「欠伸」をしている姿がいかにもそれにふさわしい。

あるいは、ジャン・ジュネが次のように書くとき、「こちら側」＝シャバと「向こう側」＝刑務所のふたつの空間は、彼の愛情の深さにおいてまったく逆の意味をもっているのである。

独房という独房は、ひとつ残らずわななき、ふるい、恐怖にたけり狂いました、囚人どもは扉をたたき、床板にまろび、怒号し、わめき、泣き叫び、神をののしり、神に祈りま

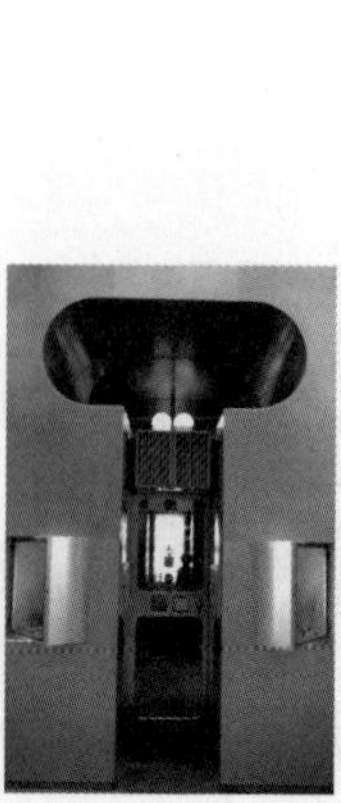
図38　レッティろうそく店の扉（H・ホライン）

した。私は見ました、否、見たと信じました、といいましょう、機上のその十八歳の美少年を。そして自分のつながれている四二六号独房の奥で、彼に向かい愛慕の情をこめてほほえみかけたものでしたと。

（『花のノートルダム』）

街娼のそれも私生児として生まれ、すぐさま母親にも見捨てられたジュネにとって、彼自身が『泥棒日記』でも告白しているように、「こちら側」の世界は、生まれながらにして彼を拒否した世界であった。彼は、そんな世界を逆に拒否することによって生きていく。乞食泥棒、男娼、囚人といった「悪」の世界こそは彼がもっとも彼らしく生きた場であった。扉の「向こう側」の世界は、彼にとってはまさしく、「こちら側」の世界であり「薔薇の花で飾りたてる」べき空間なのである。われわれはここに、物理的な彼我の空間が、精神の深みにおいて見事に逆転している姿を見ることができるのである。

3 構法

さて、トビラの建築学的な諸断面について語られねばなるまい。扉はもちろん「戸」と総称されるものの一部である。引戸、回転戸、釣戸、仕上げ戸などと並んで建物の出入口の重要な「遮閉機能」を果たしている。その建築的な断面は、用法・構造・材料の三つの側面について見ることができる。ここでは、それらの総称として「構法」とした。逐条的にそれらを記述すれば次のようになる。

・用法（主として使い勝手に関して）

普通扉……丁番により開閉

自在扉……自由丁番により前後に開閉

軸吊扉……上下の框に取付丁番を組みこんだもの

・構造（主として作り方に関して）

板　扉……ムクの板を合わせてそのまま扉にしたもの

張付扉……枠組みの片面に板状のものを張ったもの

太鼓張（フラッシュドア）……枠組みの両面に板を張ったもの

帯　扉……枠組み中央の帯状部分がそのまま表面を構成するもの

唐　扉……框のなかに縦横の桟を組み鏡板状のものをはめるもの

桟唐扉……框のなかに鏡板を入れたもの

・材料

石　木　竹　青銅　鉄　ガラス　アルミニウム　プラスチック　等

おおよそ以上が扉に関する基礎的事項である。これら、用法・構造・材料はそれぞれトビラに込める所有者（発注者）、作者の意図や思い入れの違いによって、さまざまな組合せが行われ文字通り無数のトビラを生んできたのである。われわれは第Ⅱ部においてその一端を紹介することになる。*

そんな「構法」の特殊例について見ておくことは、トビラをよりよく理解するカギを与えてもくれるだろう。おそらく第一に挙げねばならないのは、フィレンツェのドゥオモ（サンタ・マリア・デル・フィオーレ）の前にあるサン・ジョバンニ礼拝堂の正面扉であろう。

イタリア有数のコムーネ（自治共和国）であった当時のフィレンツェの経済的背景は多くの職業組合によって担われていた。有力な組合のひとつである織毛組合が行った「歴史的な」競技こそ、ルネッサンスに曙光をもたらしたものだと多くの美術史家をしていわしめたものであ

*第Ⅱ部「扉の分類学」（省略）

った。この礼拝堂の青銅扉の彫刻装飾の競技がそれであった。ロレンツォ・ギベルティとフィリッポ・ブルネレスキらの六人のすぐれた彫刻家が応募した。「イサクの犠牲」の聖書上のテーマに挑んだ彼らはほとんど異なる作品をもって応えた。今われわれの見るその扉は、ギベルティによるものである。時に一四〇一年、まさにルネッサンスの曙であった。一説には、はるかに年長のブルネレスキがギベルティに道を譲ったともいわれるが、真相はいまなおナゾのままである。いずれにしても彼ギベルティは、入賞後ただちに扉の制作に取りかかり五十年の歳月をかけて完成するのである。ずっと後に、ミケランジェロがこの扉の前に立ったとき思わず漏らしたという有名な言葉がある。「このあまりの美しさは天国への門を飾るにふさわしい」。ヴァザーリが伝える讃嘆の言葉である。ウィーン美術史学派の頭目といわれるドヴォルシャックは、むしろギベルティよりもブルネレスキの応募作をより新しい芸術の形式をもつものとして評価してもいる。この競技を境にブルネレスキが彫刻家から建築家に転進し数々の名作を残していくのも何か運命的ではある。

われわれが見るこの礼拝堂の扉は、いずれにしても、扉の備えるべき用法・構造・材料の三要素の最高度の「統合」によって成立していることはもちろんである。軸吊りによる「用法」は、表面に露出してしまう丁番の無骨さをあらかじめ排除した。「桟唐戸」の間にある十枚の鏡板は、「イサク」の物語りを語るにふさわしい「構造」である。青銅を「材料」に選んだのは、この彫刻の浮彫を効果的にするもっとも適切な判断であった。シンプルな桟格子の間に彫られたこの十枚の浮彫は、確かに史上稀な扉の絶品を生んだのである。

図40　同扉「鏡板4 」の部分拡大
（アブラハムと3人のエンジェル）

図39　サン・ジョバンニ礼拝堂正面扉
（L.ギベルティ作）

サン・ジョバンニ礼拝堂の扉を他の同じ軸吊りで桟唐戸で青銅製の扉と区別しているものは、他ならぬギベルティの浮彫装飾であった。

4 装飾

ギーディオンを引合いに出すまでもなく、装飾に対する人間の基本的な欲望が、芸術を生んできた大きな要因であることはもはやいうまでもない。文化人類学のさまざまな調査が装飾に対する貪欲なまでの欲望をしばしば示してくれる。未開部族の顔を彩るカラフルな模様は同一部族間のアイデンティティを示す印であるのだが、その機能的な側面だけでは彼らの表現に対する執着は説明がつかない。

お竜さんの白い背中に咲く緋牡丹は、銀幕に「純子ちゃん！」の掛け声をかけさせるに充分であった。藤純子が高倉健とともに多くの映画狂を生むのに必要な、それは舞台廻しでもあった。そしてわれわれは知っている。リアルな世界においてあれほどの刺青を描き出すためには、どれほどの量の苦痛のアブラ汗がしたたり落ちるかを。緋牡丹の稀有な美は、また稀有な苦痛の代償によってはじめて可能であった。人はしばしば悶絶するような苦痛をすら乗り越えて美を求めようとする。親から譲り受けた肌に墨を刺すことの倫理的背徳の責苦すらも、その「飾り立てる」欲望の前には力を失うのである。ましてや、である。彼の装飾に対する欲望が、己が肉体以外に向けられたときにはほとんど何の代償もなく求められるというべきであろう。彼の欲望は尽きることなく極限を追い続けるに違いない。身の廻りのすべての物がその対象として在り続けてきた。建築はそのほんの一例でしかない。二十世紀の今日まで「古典様式」の名のもとに取り入れられてきたあのギリシア建築のオーダーなどは、「人体からの発展形式」というウィトルウィウス説を取る取らないに拘らず、建築に対する人々の厳然とした装飾欲の証であることは間違いない。コーニス、フリーズ、アーキトレーブ、キャピタル、シャフトベース……ギリシア様式のなかですらも人々は延々とその変化・変調の美を追い求めた。歴史はまた、その「様式」のさまざまな異質のパターンを生んでいった。

歴史家がそれを好んで時代区分の指標として扱ってきたのも周知のことがらである。ヨーロッパ中世がビザンチンやロマネスクやゴシックに分けて語られるときそれらは美術様式の語でありながら同時に必ず時代と地域の説明語としてもあった。われわれの個人的な見解からすれば美術史における様式論の固定化は、存在するモノ自体の本来的な価値づけをなくしかねない点において、一定の留保を置くところであるが、いまはこの問題に立ち入るところでもあるまい。

建築の歴史ひとつを見ても、近代のアール・ヌーヴォー、ゼツッション、表現主義、構成主義……といったさまざまな、「様式」を生んできた。もちろんそれらは比較的明瞭な、集団的営為=運動の展開のなかで表れてきたものであった。われわれがおそらくつねにそうであるように、そうした営為や現象にネイミングを行うことがその内容の表徴化としてあるとするなら、いまわれわれがそれらの様式の名を通じて透視すべきものは何であるのか、その表徴によって示されるものは何なのか、が問題なのである。近代建築史のひとつの視点がそこで問われるはずである。われわれの見解は、やはり「装飾」だというものである。装飾に対する執拗な執着も、それを罪悪として断罪する姿勢も、つまりは装飾をめぐる表裏を形成する美的キャテゴリーのなかに包摂されると見るからなのである。

われわれが、一見、ほとんどアト・ランダムに多数の扉を開示する根拠はそこにある。まずは、装飾をめぐる扉自体の表情の「相対性」こそが検討されるべきなのである。すべてはそこから始まる。

ヴァイセンホーフ・ジードルンクと一九二〇年代

1　なぜヴァイセンホーフ・ジードルンクか
2　ヴァイセンホーフ・ジードルンクの概要
3　ヴァイセンホーフ・ジードルンクのこれまでの評価
4　国際主義と個別主義
5　建築・デザイン運動における多元性

1　なぜヴァイセンホーフ・ジードルンクか

建築や都市計画の実体あるいはそれらの理念や運動のより今日的な課題が模索されている現在、われわれはなぜ半世紀も歴史を遡らねばならないのであろうか。建築周辺の事情に即してみれば、このことはＣＩＡＭ（近代建築国際会議Les Congrés Internationaux d'Architecture Moderne）崩壊の一九五九年前後には意識され始めていたといえる。それは、ＣＩＡＭに主導されてきた建築や都市の「近代理念」に対する見直しや「異義申立て」のさまざまな動きとして現出してきていた。周知のように建築家たちの具体的な運動体としてのＴＥＡＭ10やメタボリズム・グループが、都市のダイナミズムや建築自体の「新陳代謝」を主張したのは、そうした現象の一部だったし、むしろ、注目すべきことは、あとで具体的にも触れるが、この一九六〇年前後に近代建築に関する多くの総括的な歴史書が書かれていることである。たとえばＨ-Ｒ・ヒッチコックが『十九、二十世紀の建築』を著わしたのが一九五八年、[1] Ｊ・イェディケの『近代建築史―形態、機能、構築の総合』が同じ一九五八年、[2] Ｐ・ブレイクの『巨匠建築家』[3]、Ｌ・ベネヴォロの『近代建築史』[4]、Ｒ・バンハムの『第一機械時代の理論とデザイン』[5]が

(1) Henry-Russell Hitchcock, *Architecture: Nineteenth and Twentieth Centuries* (The Pelican History of Art), 1958.

(2) Jurgen Joedicke, *Geschichte der Modernen Architectur-Synthese aus Form, Function und Konstruktion*, Gerd Hatje Stuttgart, 1958.

(3) Peter Blake, *The Master Builders*, Gollancz, 1960. 邦訳『現代建築の巨匠』田中正雄・奥平耕造共訳　彰国社　一九六五年

(4) Leonardo Benevolo, *Storia dell'architetturamoderna*, Giuseppe Laterza & Figli, 1960. 英語版 *History of modern Architecture*, Routledge & Kegan Paul, 1971. 邦訳『近代建築史』武藤章訳　鹿島出版会　一九七八年

(5) Reyner Banham, *Theory and Design in the First Machine Age*, The Architectural Press, 1960. 邦訳『第一機械時代の理論とデザイン』石原達二・増成隆士共訳　鹿島出版会　一九七六年

図41　1927年竣工当時のヴァイセンホーフ・ジードルンク全景

一九六〇年、V・スカリーの『近代建築』[6]が一九六一年にそれぞれ刊行されている。各国の第一線の歴史家や評論家がほとんど時を同じくして、建築について「近代」の総括を試みていることは決して偶然ではなく、「近代理念」のまさに再検討期にあったと見るべきなのであろう。これらは、建築や都市、デザインといった実体に引き寄せて書かれているものだが、同時代に著わされたH・ゼードルマイヤーの『近代芸術の革命』[7]は、文字通り近代芸術の現象を把えながら、それらの根底に流れる時代の思想的、哲学的意味を鋭く探求し、現時点からの優れた「再評価」を行ったものとして看過しえないものである。一例を挙げれば、その表現主義に対する積極的な評価は、CIAMの理論的指導を行ってきたG・ギーディオンの「全否定的な姿勢」[8]とはまったく対照的ですらある。

これらの著作は、もちろん著者の依って立つ立場の相違によって同じ近代を扱ってはいてもその視点はさまざまであるが、少くとも「機能主義」「合理主義」といったCIAMの理念の背後に数十年にわたって「埋没」してきた多くの潮流を浮き出す役割を果たしたものであった。六〇年代の建築界におけるCIAM離れの世界的な動向は、これら著作の刊行と決して無縁ではあるまい。

しかしながら、「近代」の再評価の作業は決してなまやさしいものではない。運動として現出したさまざまの現象は建築の世界に限定されうるものではなく、あらゆるジャンルにわたる縦断的かつ横断的な複雑な関係をもつと同時に、最低限それらの哲学・思想史的な時代背景をぬきに考えることはできないからである。きわめて精緻でしかも全体的な視点が要求されるこの作業がきわめて困難なものであることは、先に見た著作の群にも拘わらず今なお決定的なものを見ることができないことからも知れる。逆に、近代における芸術活動の具体的な事実すらが十分に明らかになっていない部分も多い。たとえばマーレヴィッチのシュプレマティスムの内

(6) Vincent J. Scully Jr., *Modern Architecture*, George Braziller, 1961. 邦訳『近代建築』長尾重武訳　鹿島出版会　一九六六年

(7) Hans Sedlmayr, *Die Revolution der modernen Kunst*, Rowohlt Verlag, 1960. 邦訳『近代芸術の革命』石川公一訳　美術出版社　一九六二年

(8) Giegfried Giedion, *Space, Time and Architecture, the growth of a new tradition*, Harvard Univ. Press, 1941. 邦訳『空間・時間・建築』太田実訳　丸善　一九五五年の第六章で、「表現派の影響は、健全なものではあり得なかったし、建築に対して如何なる貢献をもなしとげることができなかった」と述べている。

容にはじめて今日的な照明が当てられたのはほんの数年前のことであったし(9)、ポンピドーセンターが一九七七年のパリ-ニューヨーク展に続いて七八年の「パリ-ベルリン一九〇〇-三三」、本七九年の「パリ-モスクワ一九〇〇-三〇」と精力的な近代芸術回顧展を行っているのは、そうした具体的事実の収集を通してより確かな位置づけを行おうという意図の表われと見ることができる。

建築の限定された分野における「回顧」は、見たように多くの先達によって相当に深められたが、課題の困難さを反映してか近代思潮そのものとの関連づけや諸潮流相互の関係性などについては掘り下げが不十分である。たとえば、ウィーンにおけるA・ロースの住宅を中心にした活動は、ヴィトゲンシュタインとの人間的な交流の事実との関連を追求すべきであろうし、T・V・ドゥースブルクやE・リシツキーを中心にヨーロッパの構成派の大同団結をめざした運動(10)は、その後の各国、各潮流のなかでどのような影響を及ぼしたのか（あるいは及ぼしえなかったのか）などは、ほとんどわれわれは総括されたものに出会うことがない。

これら総括の作業は今後とも十分に展開されるだろうが、そのアプローチについてはおおむね、二通りの方法があるだろう。

第一は、建築やデザインも含めたさまざまな芸術運動を、近代の哲学的・思想的脈絡のなかでトータルに位置づけていくことである。たとえばダダイズムの重要な担い手のフーゴ・バルがその日記にも記していたが(11)、一九一〇年代のカンディンスキーの活動は当時のもっとも枢要な思想的牽引車の役割を果たしており文字通り「芸術家が哲学者にとって替った」感すらあったという。その頃ヨーロッパ各地ではカンディンスキーの『芸術における精神的なもの』(12)が争うように読まれていたというが、それは明らかにヴォリンガーの『抽象と感情移入』(13)の土台の上に成立するものであった(14)。ここにわれわれは、美学的な新たな命題が芸術家の思想的な営み

(9) 一九七七年六月三十日〜九月三十日の三か月間、パリでマーレヴィッチ、スーティン、シャニック、リシツキーを中心とした本格的な「シュプレマティスム」の展覧会が開催された。カタログ *Malevich, Suetin, Chashnik, Lissitzky*, Andréi B.Nakov, 1977. また続いて同じく「ジャン・ショヴラン」画廊で十月二十五日から十二月二十五日までマーレヴィッチを中心にした展覧会が開かれた。カタログ *Suprematisme*,Galerie Jean Chauvelin, 1977.

(10) 一九二二年デュセルドルフで開催された「進歩的芸術家の国際会議」を指す。第五節参照

(11) Hugo Ball, *Die Flucht aus Zeit*, Verlag Duncker und Humbolt, 1927. Verlag Josef stoker, 1946. 邦訳『時代からの逃走』土肥美夫・近藤公一共訳　みすず書房　一九七五年

(12) Wassily Kandinsky, *Uber das Geistige in der Kunst*, 1911.　第四版　mit einer Einf ü hrung von Max Bill, Benteli-Verlag, 1952. 邦訳『抽象芸術論』西田秀穂訳　美術出版社　一九五八年

(13) Wilhelm Worringer, *Abstraktion und Einfuhlung*, 1908. R. Piper & Co. Verlag, 1959.　邦訳『抽象と感情移入』草薙正夫訳　岩波文庫　一九五三年

(14) 脚註12の本の前文でマックス・ビルは「土台」を形成したものとしてヴァン・デ・ヴェルデの「素人談義」とこの「抽象と感情移入」を挙げている。

とその実践的活動を通して結実していったというひとつの典型例を見出しうるのではなかろうか。あるいは、またロシア・フォルマリスムやプラハ学派の哲学・美学・言語学上の新たな思想的営為がマーレヴィッチやリシツキーなどの革命前夜のロシアの芸術的活動といかなる関係性をもちえたかなども十分興味深いテーマになるはずである。いずれにしても、この一番目のアプローチは、近代という時代に対するきわめてユニヴァーサルな視点が要求され文字通り膨大な総括の作業にならざるをえないといえる。

　第二のアプローチは、芸術活動の具体的な局面を切りとり、その現実的な姿を通じてその作品や活動の時代的な意味を明らかにし、さらに時代の思想的背景にまで溯ろうというものである。第一の方法が「全体から個へ」という方向であるとすれば、これは明らかに「個から全体へ」という志向性をもつであろう。この方法の利点は、近代における哲学・思想的また政治・経済的さらに技術的といった汎歴史的な検証を、少なくともその「壮大さ」において必ずしも必要とせずしたがって技術的にも接近しやすいことであり、また、全体志向性の方法が個々の具体的事例に関して必ずしも十分な検討が加えられないことによって生ずる現実性・実証性の欠如感を補いうるということもある。とくに、芸術活動に限らず一般的な社会現象においてもいえるが、時代を縦の歴史的な流れとして見たときにさまざまな事象のなかでもひときわその歴史にとって意味をもつ具体的事例が少数存在するものである。そのような事象はまた、必ず時間的な流れとはまた別の次元で、つまり時代を超えた、広い意味を提起するという横の方向性をもつものである。このような事象などは、まさにこの第二の方法によってこそ究められることがより適切な方途といえるであろう。

　さて、ヴァイセンホーフ・ジードルンクが都市・建築・デザインの意味を考える上で検討さるべき対象として今日取り上げられるのは、文字通りそうした貴重な「少数事象」のひとつであるからなのである。ヴァイセンホーフ・ジードルンクが歴史を縦にも横にも織りなす重要な意味あいは、以下のように整理することができる。

(1)都市・建築・デザインの「近代主義」の典型として

ⓐ諸潮流を代表する多くの建築家の協同作業の成果

ⓑ建築様式の近代性——いわゆる「インターナショナル・スタイル」の先駆例

ⓒ建築構法の近代化——プレファブリケーション、鉄骨・組積混合工法等の積極的展開

ⓓ都市計画と建築計画の有機的結合

ⓔ社会生活の先取りと空間処理および居住設備との意識的結合

ⓕ類似的集合住宅建設への波及効果

これらの具体的な個別的事象の累積的な意義は、必然的に次のような検討事項をも、同時に促すことになる。

(2)近代主義そのものの再検討として

ⓐ建築・デザイン運動の融合とその歴史的評価

ⓑ国際主義 internationality と個別主義 individuality との再検討

ⓒ一九二〇年代を中心とする「近代」の総括

ヴァイセンホーフ・ジードルンクは、今日われわれに対して以上のような課題を提供する。これらは明らかに個別的事象から全体的な時代性の再評価へと向かう作業の典型的な骨組を形成する。数十年に及ぶ近代の無数の芸術的活動をわれわれは歴史上もってきたが、「個から全体へ」と向かう方法の素材としてこれほど多くの本質的課題を提供する事象は他に見ることは少ない。多くの建築やデザインの歴史家や評論家がこの「事象」に何らかの形で言及していることも、その稀少価値の傍証と見ることもできよう。

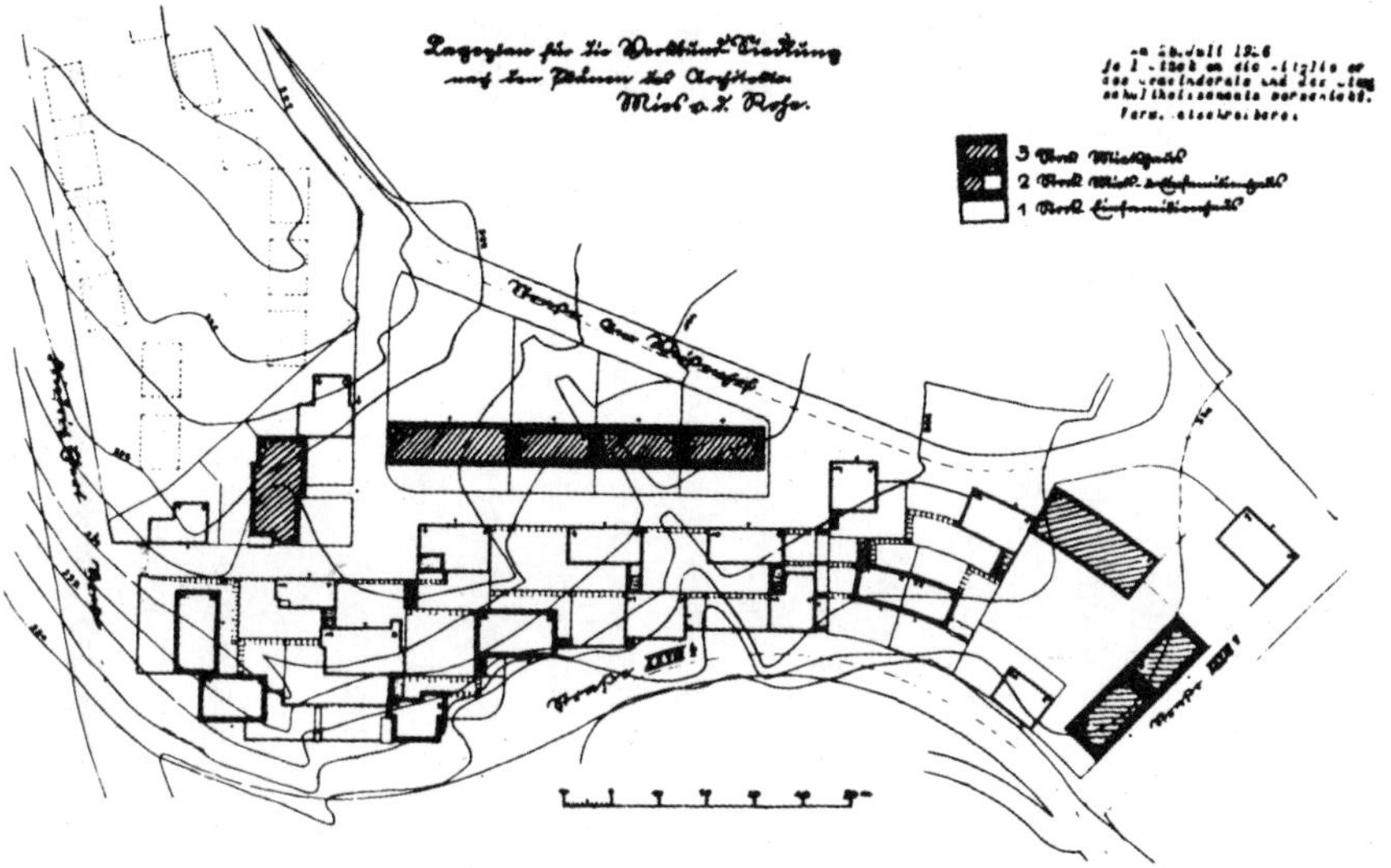

図42　ミースによるヴァイセンホーフ・ジードルンクのマスタープランのスケッチ（1926年７月28日の日付けがある）

2　ヴァイセンホーフ・ジードルンクの概要

ヴァイセンホーフ・ジードルンクについては、次項で概観するようにすでに多くのことが語られてきたが、それらのなかでこの具体的事実に関してもっとも詳細な情報を提供しているものとして、J・イェディケとC・プラーツによるDie Weissenhofsiedlung[15]がある。この項の多くの具体的データは、おおむねこの著作に依っている。

ヴァイセンホーフ・ジードルンクは、一九二七年六月にドイツ工作連盟Deutscher Werkbund（通称DWB）の第二回展覧会として、シュトゥットガルトのキレスベルクKillesbergの丘の一角に集合住宅として建設・開催された住宅の総合展示場である。一九〇七年に芸術家、建築家、実業家等の多くの領域にわたる人々を結集して結成されたドイツ工作連盟は、あとで見るように基本的にふたつの異なる考え方を内部にもちながら後進近代国家としてのプロシア－ドイツにおいてめざましい活躍をする。デザインの総合的な近代化へのその運動と実践は、一九一四年には、ケルンにおいて第一回目の展覧会を開催して当時のヨーロッパ各国の注目を集めた。「栄えあるグロピウスの建築」[16]のガラス張りの階段室をもつあの「モデル工場」（グロピウスとマイヤー共作）、P・シェールバルトの影響によるB・タウトの表現主義的作品の傑作「ガラスの家」などは、このとき建設されたものであった。

この頃ヨーロッパ各地に実現しつつあった集合住宅の先駆例の刺激もあり、ドイツ工作連盟内部はもとよりドイツでは新しい住生活とそのウツワとしての住宅のあり方が広く関心を呼んでいた。ドイツ工作連盟内部ではとくにシュトゥットガルトの若いメンバーが、「住宅展」に関する熱心な動きを展開した。W・ヴァウマイスター、R・デッカー、R・ヘレ、H・コイエレーバー、G・シュライヒャー、E・ワグナーなどである。「工作連盟」の幹部、事業家で議長

(15) Jurgen Joedicke und Christian Plath, *Die Weissenhofsidlung*, Karl Kramer Verlag, 1968.

(16) Nikolaus Pevsner, *Pioneers of the Modern Movement*, Faber & Faber, 1936. *Pioneers of Modern Design*, Museum of Modern Art, NY., 1949.　邦訳『モダン・デザインの展開』白石博三訳　みすず書房　一九五七年

のP・ブルックマン、副議長のミース・ファン・デル・ローエ、ドイツ連邦共和国（ワイマール共和国）副大統領のT・ホイス博士らがこうした動きを積極的に受けとめて、「住宅展」の構想が具体化していった。一九二五年の末、シュトゥットガルト市議会は市有地だったキレスベルクのヴァイセンホーフに、このドイツ工作連盟の「住宅展」を受け入れることを決定したのである。一九二六年初めには、市は六〇戸の住宅建設と展覧会後の個人分譲などの建設計画を決める。マスタープランの作成と全体のディレクターの役割は、ミースが当たることになった。その年の夏には、ミースのマスタープランは完成し、彼は、ヨーロッパ各地から優れた建築家を招請しその競作という方向でこの展覧会に臨んだ。招かれた建築家は、

ドイツ国内から　P・ベーレンスPeter Behrens（ベルリン）
W・グロピウスWalter Gropius（デッソウ）
L・ヒルベルザイマー Ludwig Hilberseimer（ベルリン）
H・ペルツィヒHans Poelzig（ベルリン）
R・デッカーRichard Döcker（シュトゥットガルト）
B・タウトBruno Taut（ベルリン）
M・タウトMax Taut（ベルリン）
H・シャロウンHans Scharoun（ブレスラウ）
A・シュネックAdolf G・Schneck（シュトゥットガルト）
A・ラーディンクAdolf Rading（ブレスラウ）
E・メンデルゾーンErich Mendelsohn（ベルリン）

フランスから　L・コルビュジエとP・ジァンヌレ Le Corbusier・Pierre Jeanneret

オランダから　J・J・P・アウト J.J.P.Oud

ベルギーから　M・シュタムMart Stam
オーストリアから　V・ブルジョアVictor Bourgeois
　　　　　　　　　J・フランクJosef Frank

の面々であったが、メンデルゾーンのみが都合で参加しなかった。(17) ミースのこの計画における基本方針は彼自身が展覧会開催時の公式カタログで述べている文章によって詳しく知ることができる。(18) 彼は次のようにいう。

「新住宅に関する問題は、現代の材質性・社会性・合理性に根ざした構法に依っている。このことを出発点として了解することによってのみ、われわれはこの新しい問題を理解することができる。構法の仕方が、この問題の性格や位置を決定する。問題は偶然によって処理さるべきではなく、また、キャッチフレイズによって解決されるべきでも、キャッチフレイズとして議論されるべきでもない。合理化と規格化はこの問題の単なる一部でしかない。合理化と規格化は単に手段にすぎず、決してそれ自身目的であってはならない。新住宅の問題は、新しい生活様式を達成する際の偉大な闘争におけるひとつの局面にすぎないということを前提とした理性的な課題と努力のことを基本的に意味するのである」。

ミースのこうした注意深いそして柔軟な姿勢は、一九一四年の工作連盟年次総会における「規格化」をめぐるムテジウスとヴェルデの間における鋭い対立を念頭においてのことであったろう(このことは、あとで触れるがドイツ工作連盟内に永く存在した基本的な対立問題であった)。ミースが招請した建築家たちの顔ぶれを見ても、その柔軟さがうかがえる。ペルツィヒ、メンデルゾーン、シャロウンなどは自他ともに許す表現主義者であったわけであり、ミースが「新住宅」の課題が単に工業化の延長上にあると考えていれば、当然こうした人選はなかったであろう。招請を受けた建築家たちが遵守すべきことがらは、僅かの二項目だけであった。ミー

(17) 脚註3の本による
(18) 脚註15の本による

スのマスタープランの承認と陸屋根を用いることである。あとは、まったく自由に任せられた。ヴァイセンホーフ・ジードルンクの「成功」は、こうしたディレクター・ミースの柔軟さに大いに負うている。P・ブレイクも、コルビュジエでもライトでも彼らがディレクターであったらあまりに一面的なワンマンショーになってしまい、こうした成果をもたらすことはなかったろうと述べている。[19]

ミースのマスタープランは、シュトゥットガルトの中心部を東方に望むキレスベルクの東斜面の敷地をうまく段状に設定し、彼自身の大きな四階建版状住宅をその一番高いところにあたかも「都市の王冠」（B・タウト）のように位置させ、個建て住宅を一番低いほうに配列しているもので、それぞれの住宅は周辺の自動車道路から独立したペデストリアン専用道によって結ばれているものであった。

各住宅は、おのおのの建築家がミースの基本方針を十二分に了解していたことを示すように力作揃いである。文字通り「新しい住宅様式を達成する」ための「材質性・社会性・合理性に根ざした構法」をいずれもが探求しているものであった。[20] 筆者の具体的な再評価はあとに譲るとして、なかでも高い評価を受けたのは、ミースの連続版状住宅、コルビュジエのふたつの住宅（うちひとつは二世帯用）、グロピウスのふたつの個人住宅であった。ミースのそれは、鉄骨柱とコンクリートパネルを主体とした乾式構法により、二寝室、三寝室、四寝室の各住戸タイプが明快な平面構成に配され、しかも長い版状ブロックを四区画に区画する構造壁としての戸境壁を除いては各住戸の内壁は自由な間仕切ができるように工夫されていた。コルビュジエのものは、とくに二世帯用の住宅が、鉄骨柱とコンクリート造によって彼一流のピロティをもち、とくに平面は、狭い屋内通路と水廻りの他は家具によって住人の好みや条件によって平面計画ができるような思い切ったユニヴァーサルスペースを採用しているものであった。グロピウス

(19) 脚註3の本による

(20) 脚註3の本参照

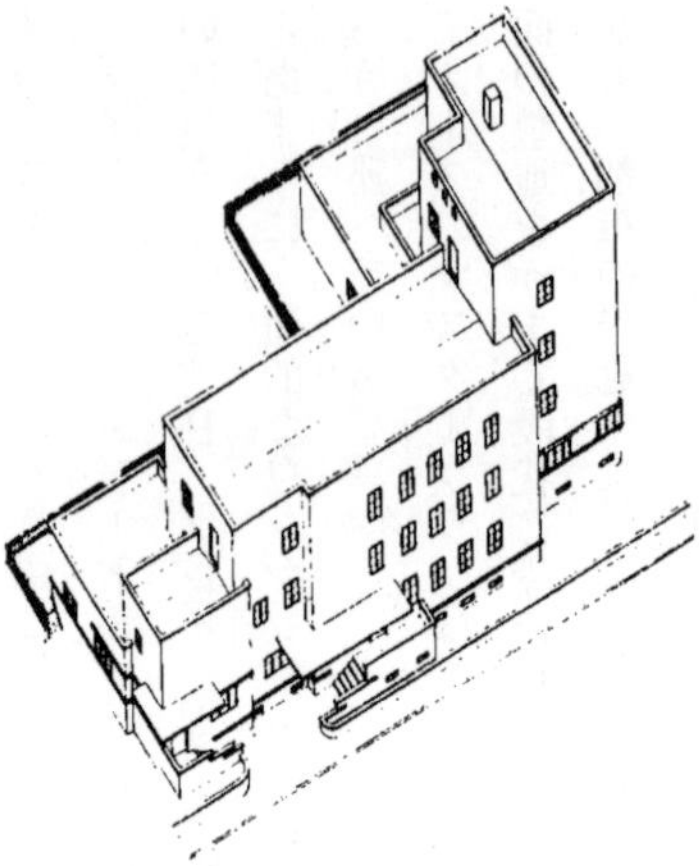

図44　ベーレンスの住宅

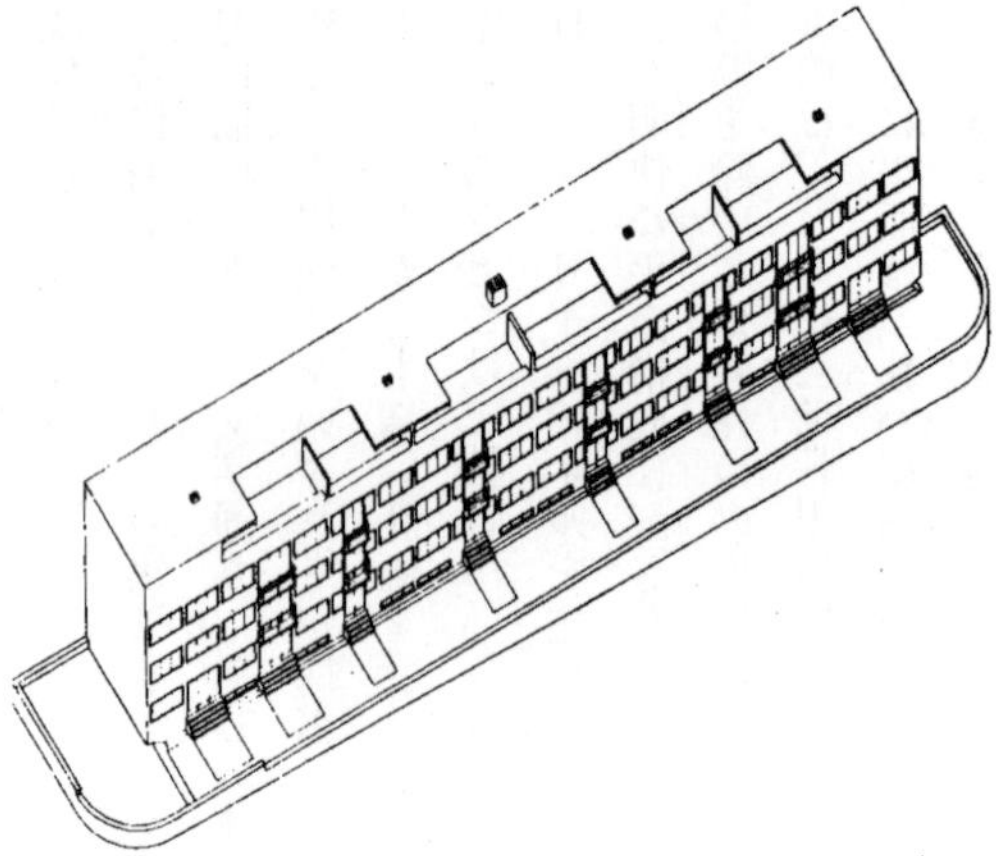

図43　ミースの住宅

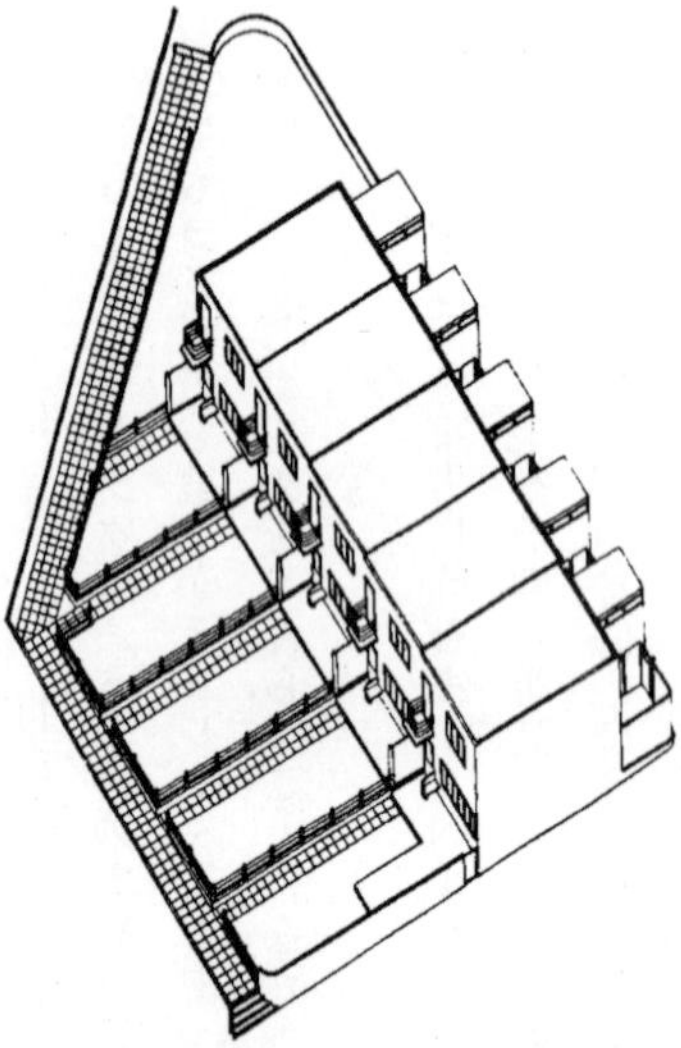

図46　アウトの住宅

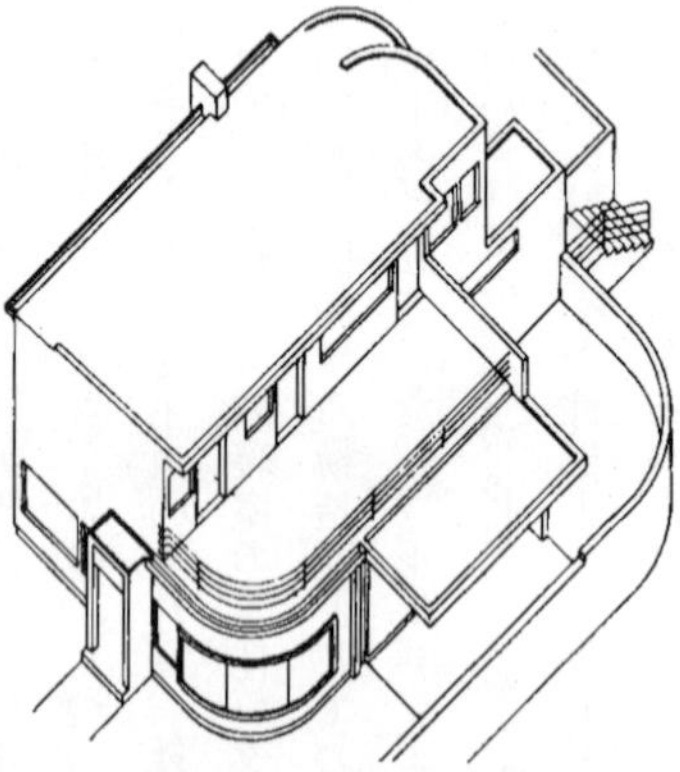

図45　シャロウンの住宅

の住宅は、彼自身の一九〇九年以来の「規格化と量産」のテーマを徹底的に追求したプレファブリケーションの構法を用いたものであった。これらの傑作を含めて、すべての住宅が、展覧会開催の前わずか四か月間で建設されており、参加建築家のすべてが単にデザイン上の設計としてばかりではなく、構法の面においても周倒な計画を行っていたことが知れるのである。

また、この集合住宅は、見たように総合住宅展としての内容をもっていたもので、暖房を中心とした設備計画や住戸内の家具調度などにも各建築家は競って積極的な計画・設計をもって臨んだ。ミースの家具や、グロピウスの住宅内のブロイヤーの家具なども併わせて高い評価を受けたことも見逃すことはできない。

3 ヴァイセンホーフ・ジードルンクのこれまでの評価

この総合住宅展について多くのことが語られてきたことはすでに触れたが、いま、ここでそれらを概観・整理しておこう。

この展覧会が開催されたもっとも近い時期に概括的な論評を加えたものにS・ギーディオンの小論がある(21)(小論とはいえ、イェディケらの脚註15のこの展示会そのものを扱った本を除いては、他のほとんどのものよりも多くの紙幅を割いている)。そこでギーディオンの展開した論旨は、展覧会の「新しい精神の芽」un germe de l'esprit nouveu として①工業的規格化による在来工法の徹底した省力化、②新しい生活様式を表現している全体的な創造性の二点を挙げ、各建築家の住宅作品それぞれについては、ミース、デッカー、アウト、シュネック、コルビュジエに対して高い評価を与え、最終的な結論として、「近代建築がひとつの正統な運動になった」ことをとくに強調しているのである。そして、すべての都市がこうした都市計画の試みをもつべきであり、それが近代建築の方向を決定づけていくことになるし、その意味で次の「試み」が

(21) S. Giedion, *La Leçon de l'exposition du 'Werkbund' a Stuttgart 1927*, L'ARCHITECTURE VIVANTE, PRINTEMPS & ÉTÉ M CM XXVIII

待たれている、と結んでいる。同じ著者の『空間・時間・建築』[22]では、ミースの項のなかでヴァイセンホーフ・ジードルンクが扱われ、叙上の論評など当時の彼自身の論旨をそのまま再掲する形で触れている。とくに、「項目」との関係もあろうが、ミースのブロックの構法の新しさや平面計画の自由さについて再三にわたり述べている。

　こうしたギーディオンの評価は、当時の建築界における有数の「批評家」としての、そしてその後のＣＩＡＭにおける理論的指導者としての立場から、のちに見るようにその後のこの展覧会に対する他の人びとの評価に大きな影響をもっていると見ることができる。

　歴史的に見て、次にこのヴァイセンホーフ・ジードルンクに強い照明を当てたのは、一九三二年のニューヨーク近代美術館における建築展であった。H-R・ヒッチコックとP・ジョンソンがこの企画を依頼され、彼らは、コルビュジエ、アウト、グロピウス、ミース、ライトの作品の展示に併わせて有名な『インターナショナル・スタイル――一九二二年以降の建築』[23]を著わした。彼らが、「インターナショナル・スタイル」として定義づけた「原理」は、「ヴォリウムとしての建築」「規則性」「付加的装飾の忌避」の三点であったが、とくに、ヴァイセンホーフ・ジードルンクのものではコルビュジエのふたつの住宅とミースのブロックおよびアウトの連続テラスハウスが、そうした原理を説明する格好の材料として引用された。この書では、ヴァイセンホーフ・ジードルンク全体に関する論評はないが、一九六五年に書かれた前著の新版[24]の序文で、ヒッチコックは歴史的回顧として、このヴァイセンホーフ・ジードルンクとコルビュジエの国際連盟ビルコンペ応募案（一九二七―二八年）こそが、彼らのこの新しい様式に関する名称――インターナショナル・スタイル――が依拠する「実現した規範」the canon of executed worksだったことを述べている。インターナショナル・スタイルという新しい呼称は、時あたかもＣＩＡＭの精力的な運動と呼応して以後数十年にわたる近代建築のキャッチフレー

(22) 脚註8の本に同じ

(23) Henry-Russell Hitchcock and Philip Johnson, *The International Style: Architecture Since 1922*, W.W.Norton & Co., 1932. *The International Style*, 1966. 邦訳『インターナショナル・スタイル』武沢秀一訳　鹿島出版会　一九七八年

(24) 脚註23後者の本

図47　ル・コルビュジエの住宅

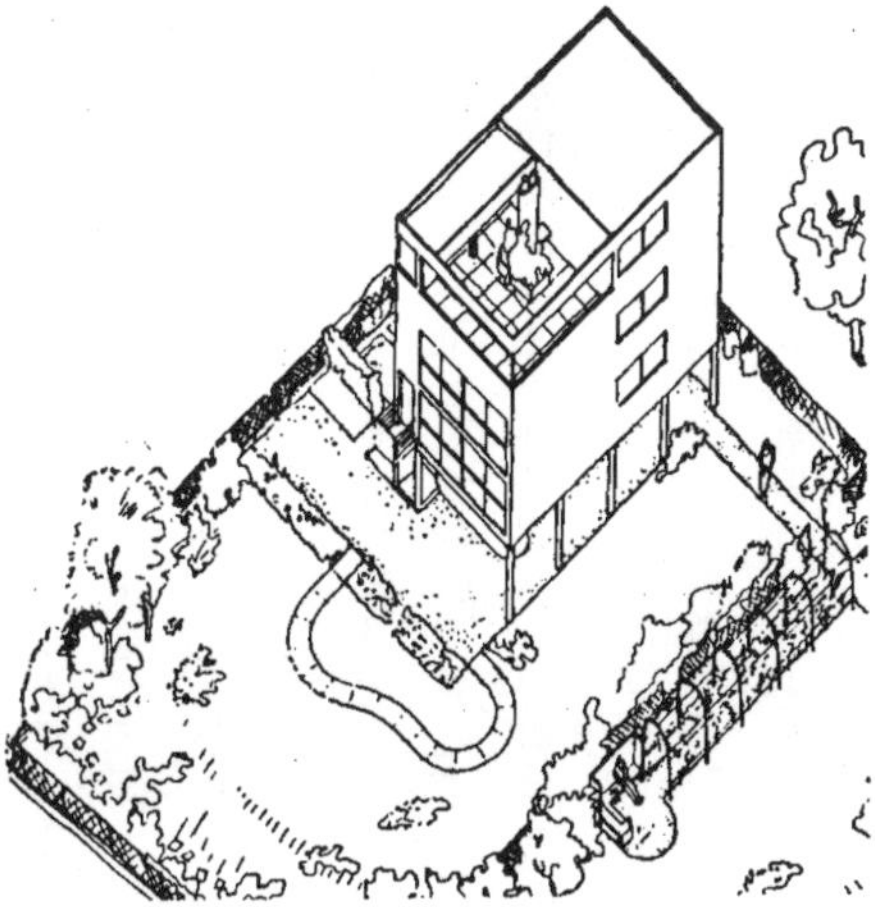
図48　ル・コルビュジエの住宅

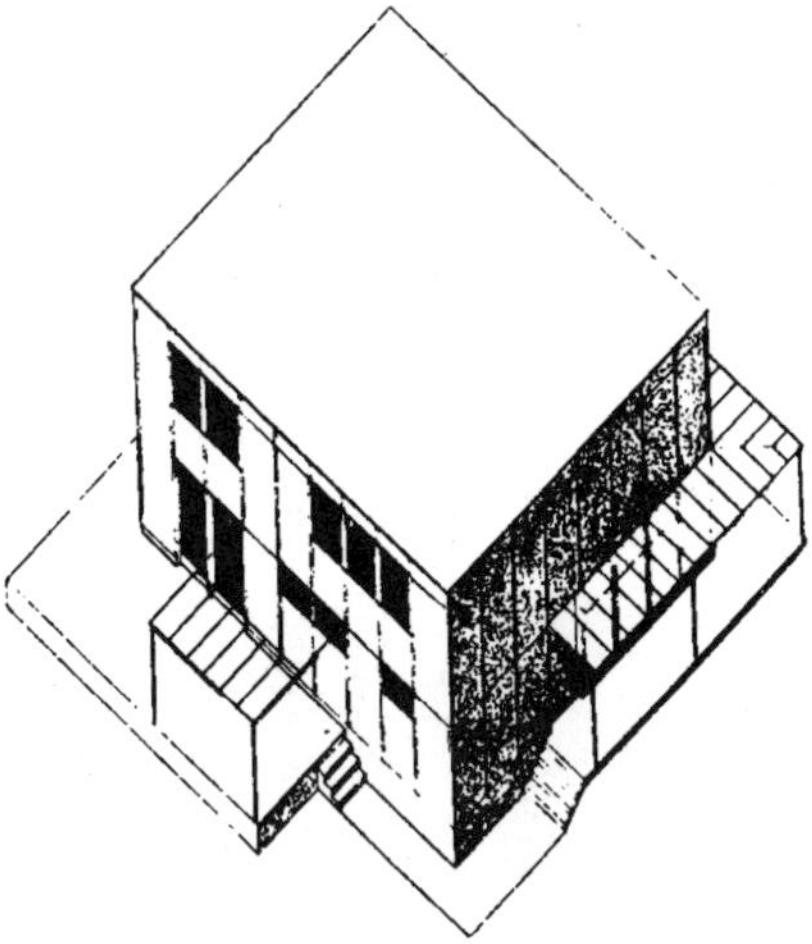
図49　グロピウスの住宅

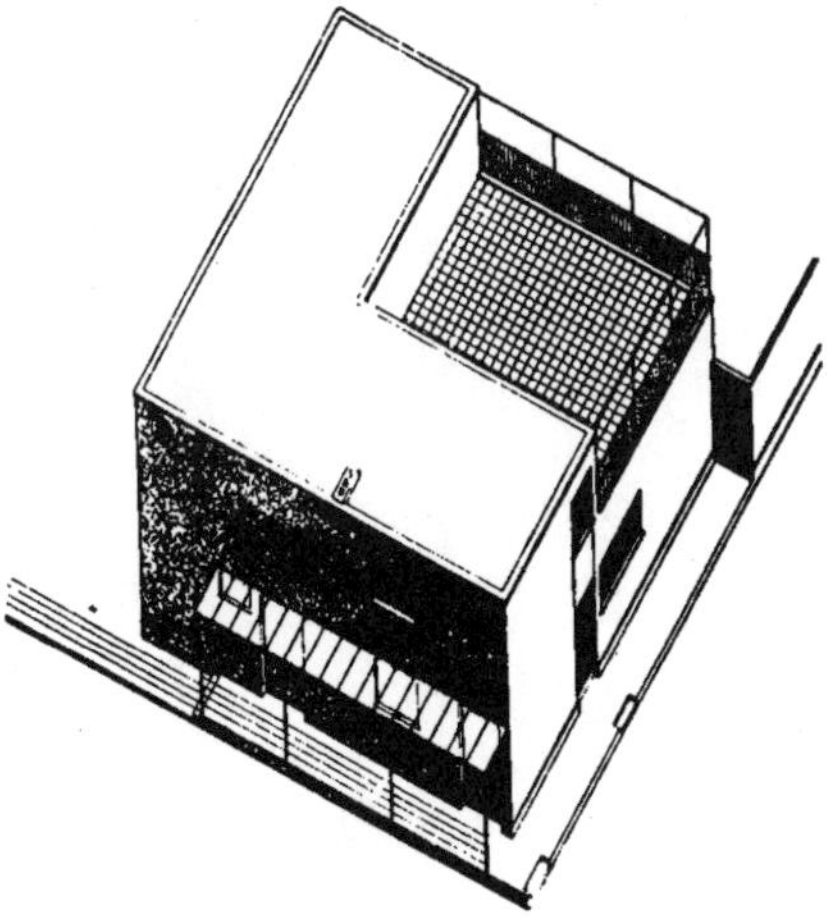
図50　グロピウスの住宅

ズ的な役割をもったことは周知のことである。いわばヴァイセンホーフ・ジードルンクは、ヒッチコックとジョンソンを通じて新しい時代様式が伝播定着されていった引き金だったのである。ギーディオンの「新しい正統的運動になった近代建築」という評価と、それは見事に呼応する。

今やアメリカ建築界の泰斗としてのジョンソンは、その出発をニューヨーク近代美術館の初代ディレクターとして行い、見たようにヒッチコックとの共著の書物を著わすのだが、一九四〇年代には「ミースのもっとも忠実な弟子」（W.H.JORDY）となり、有名なコネティカット、ニューキャナーンの「ガラスの家」（一九四九年）を設計する。それは、実現は一九五〇年であったが一九四六年には設計されていたミースの「ファンスワース邸」（イリノイ、フォックス・リヴァー）の「本歌取り」であることは周知のことがらでもあった。この時期ミースに深く傾倒していた彼は、自らこの巨匠論を著わす。[25]『ミース・ファン・デア・ローエ』は今もって、すぐれたミース論のひとつであるが、彼はその著書のなかで一〇ページを割いてこのヴァイセンホーフ・ジードルンクについて述べている。第二次大戦後この展覧会に詳しく言及した最初のものといえるが、彼の評価はすこぶる高いものである。

ヴァイセンホーフ・ジードルンクは近代建築史上もっとも重要な集合建築となった。それらは、結果的に第一次大戦後のさまざまな建築の要素がひとつの流れに合流したことを証明している。新しい国際的秩序が生まれた。……（中略）……。シュトゥットガルトの成果は、真にゴシックやロマネスクがそうであると同じように、「様式」という名称に価する非常に多くの原理と類似性をもっているのである。

すでに見たように、戦後いち早く近代建築の総括的な概説書を著わした者として[26]ヒッチコックがいる。この書は、十九、二十世紀における建築の通史を目指しているものであるが、他の

(25) Philip Johnson, *Mies Van Der Rohe*, The Museum of Modern Art NY., 1947.

(26) Brno Zevi, *Storia dell'architettura moderna* 1950がもっとも早いものだがイタリア語版のため、ヒッチコックのものに較べると一般的には広まらなかった。

通史ほどにはヴァイセンホーフ・ジードルンクについては触れていない。わずかにミースを論ずる部分で、一〇行の文章で言及しているに過ぎず、それももっぱら、ミースのブロックの「連続窓のライン」「平面計画の柔軟性」「表現の明快さと巧妙さ」がグロピウスのダマーシュトックとジーメンスシュタットの版状住宅よりも優れている、ということを述べているだけである。

同じ年、J・イェディケは、永らくシュトゥットガルトに身を置く建築史家の立場から、またドイツにおける近代建築の特殊性に対する考慮から、独特の評価を下している。[27]

> 時に一九二七年シュトゥットガルトの工作連盟展覧会は多くの建築家を結集したヴァイセンホーフ・ジードルンクを建設した。それは新しい建築にひとつの名称をもたらすものであったし（既述、インターナショナル・スタイル——引用者）、また工作連盟はそれに対して典型的な表現を可能な限り追求した。ヴァイセンホーフ・ジードルンクは一九〇一年と一九二七年との、つまりダルムシュタット（J・オリブリッヒらによる芸術家村を指す——引用者）とシュトゥットガルトとの間の道のりを際立たせるものであった。ひとつの幅広い公共性を目指して、この新しい建築は都市計画と集合住宅とを開示したのである。つまり、住宅と土地との関係性を考究し、プレファブリケーションと社会的住宅との課題を設定したのである。ダルムシュタットにおいてはたまさか気侭な芸術家の王侯庇護者（E・ルードヴィヒを指す——引用者）がひとつの実験をしたにすぎないが、シュトゥットガルトはすべての社会層、多くの国民に急速に影響を及ぼすような運動を体現していたのであった。

ゼツェッション、ユーゲントシュティルのひとつの金字塔的なものとして、工芸、絵画、彫刻、建築等の近代へ向けての合流を見た歴史的なダルムシュタット芸術家村も、ここでは合理性、社会性の面において一蹴されている感があり、それとの対比においてヴァイセンホーフ・

(27) 脚註2の本に同じ

図51 ダルムシュタット芸術村展覧会のポスター（J・オルブリッヒ作）

ジードルンクが高い評価を受けているのが、きわめてドイツ的ではある。

R・バンハムの『第一機械時代の理論とデザイン』は、一九六〇年の出版当初から非常に多くの読者を得てきたもので、とくにイタリアの未来派とオランダのデ・スティルの部分がそれまで一般的に情報の少なかったこともあって新鮮な印象を与えたものであった。この書で彼は、ヴァイセンホーフ・ジードルンクを取り上げて、とくにディレクター、ミースをコルビュジエよりも高く評価し、「彼は近代建築運動を真に眼に見える形で国際的にした」と述べ、全体的な問題としてはこの集合住宅の「国際的統一」が、一方ではナチスなどの「盲目的愛国者たち」の非難の的となり、[28]他方ではインターナショナル・スタイルの名称をいただくことになったことを指摘している。しかも、このスタイルは当時のベルリンの先進的な建築家の運動体「リンク」Der Ring[29]のものに他ならないことを力説するのである。

同じ年、P・ブレイクは、やはりミースを論じるなかでヴァイセンホーフ・ジードルンクに言及している。[30]彼は、ミースの部の第六章全体をこれに当てているが、まずこの展覧会の総括的な成果として次の二点を挙げる。第一点は、当代のヨーロッパ近代建築と家具デザインとの全的達成と将来に対する運動の可能性を示した、ということであり、第二点は、この非凡な企ての責を負ったミースのディレクターとしてのすぐれた資質についてであった。そして彼は、この構法とデザインに関する先進的な理論を全的に展開するような展覧会が、第一次大戦の敗戦国でありかつ財政的窮乏を来たしていた国において成就されたことに賞賛を惜しまないのである。また、彼はグロピウスの二つの住宅におけるプレファブ工法の先駆性に触れたあとで、興味深い逸話を紹介している。渡米したグロピウス（ナチスの圧政を忌避してはじめは一九三四年にイギリスに渡り、三七年にハーバード大学から招かれたことは周知のことがらであろう）が古稀を迎えたときのパーティーがシカゴで開かれたとき（一九五三年）、ミースがヴァイセン

(28) 脚註3の本、脚註5の本、脚註15の本で詳しく知れる。

(29) 第五節参照

(30) 脚註3の本に同じ

ホーフ・ジードルンクにちなむスピーチを行ったという。「私はかつてシュトゥットガルトにおいて、グロピウスがその工業化とプレファブ化の従来の構想を展開できるような手助けができたことを喜ばしく思っております」。ジョンソンも、バンハムも、ブレイクも異口同音にミースの建築家としての才能はもとより、言葉は少ないが誠実で暖かみがありそして柔軟な人柄について言及しているのに気づくのである。

　L・ベネヴォロの同じ一九六〇年にイタリアで刊行された書物は、近代建築に関する概説書としては大部のものである。(31) もともと都市計画の歴史的研究に関しても深い関心を払ってきた彼は、(32) この書においても非常に多くのページを都市計画的なテーマに割いている。彼は第十四章「初期における大衆との関係」の第二項「展覧会」において、このヴァイセンホーフ・ジードルンクに九ページ余りを割き詳細な記述を行っている。彼は、展覧会全体の概要を述べたあとで、ミース、コルビュジエ、グロピウス、ベーレンスの作品に触れ、シャロウンの「近代マニエリスム」に言及する。この展覧会における論評のなかで私の知る限りではシャロウンに触れているのはこのベネヴォロ一人だけであり、注目してよい点であろう。そして彼は最後に、展覧会の総括として、近代建築運動が初めて大衆に向けた姿勢をもったことの歴史性を指摘し、さらに、さまざまな計画方法を包含してもなお幅広い統一性を獲得できるという、近代都市計画の基本的な調和性を開示した点を評価している。

　V・スカリーの同年の著書は、もともとコンパクトな概説書であり、(33) この展覧会の全体に対する記述は見られないが、わずかにコルビュジエを論ずるなかで触れている。展覧会の二つの住宅についての設計方法に関するものである。

　ル・コルビュジエは、一九二七年シュトゥットガルトに彼のメガロンを、脚、すなわちピロティの上にのせ文字通りそれを立たせたのである。……（中略）……。インターナシ

(31) 脚註4の本に同じ

(32) *Le Origi dell'urbanistica moderna*(1963), *L'architeturra delle citta nell'Italia contemporanea*(1968), *La città italiana nel Rinasimento*(1969), *Roma da ieri a domani* (1971), *Le avventure della città* (1973) などがある。

(33) 脚註6の本に同じ

ヨナル・スタイルの手法で、皮膜がヴォリュームのまわりに広げられ、コラムは単なる文柱にすぎなかった。

C・ジェンクスは、これまでの歴史家や批評家とは違って、遥かに若い世代であり（一九三九年生まれ）その論点も一九六〇年前後における近代建築運動の「歴史的な破綻」を出発点としている。その意味で彼の著書『近代建築運動』(34)はきわめて個性的である。この書でヴァイセンホーフ・ジードルンクについて彼が触れているのはわずかに三行である。それもCIAMに関して論ずるなかでであり、ヴァイセンホーフ・ジードルンクの「成功」とコルビュジエの国際連盟ビルコンペ「敗退」との対比において語られているのである。

……CIAMは顕わな変則と広範な矛盾の上に成立した。積極面では、前年のヴァイセンホーフ展覧会は一九二〇年代の「スタイル」としての「近代建築」を確立したが、消極面ではル・コルビュジエはその非妥協的なモダニズムの故に国際連盟のコンペに敗れている。さらにいえば、CIAMは内部的には、「形態主義者」のフランス人と「機能主義者」のドイツ人とに裂かれており、それは別の政治的用語を使えば、ブルジョア改良主義者とマルキスト革命主義者との分裂といってもよい。結果としてその発足宣言は、次のような政治的ミックス・サラダになったわけである……

いかにもジェンクス流の評価と言い廻しだが、少なくとも当面のヴァイセンホーフ・ジードルンクが歴史的な位置を占めたことを彼も認めているのである。

C・ノベルク＝シュルツは、建築の歴史を空間の質や環境的なイメージの側面から見直すという興味深い方法を展開している歴史家であるが、最近の著書『西洋建築における意味』(35)はその方法を徹底した成果ともいえるものである。彼は、この書において、第十一章「機能主義」のなかで六ページを割きこのヴァイセンホーフ・ジードルンクに触れている。一九七四年に刊

(34) Charles Jencks, *Modern Movements in Architecture*, Penguin Books, 1973.

(35) Christain Norberg-Schulz, *Significato nell'architettura occidentale*, Electa Editrice, 1974. 英語版 *Meaning in Western Architecture*, Praeger Publishers, Inc., 1975.

行されたという時間的な意味においても、これまでのさまざまな評価を参照できたであろうし、その論述は見てきたような多くの論評の引用を行っている。そして結論として次のように述べている。

都市の全体配置計画と近代生活様式に対する住戸計画から、技術と経済の問題の解決に到るまで、ヴァイセンホーフ・ジードルンクは偉大な総合的成果を収め同時に建築における「清教徒」の到達点となったのである。

最後のフレイズは、もちろん、近代建築運動が初めて正統なものになった、というギーディオンら多くの論評と同じことを言っているにすぎない。

以上、ヴァイセンホーフ・ジードルンクのこれまでの評価を概観してきたが、とくに整理し直すこともないであろう。それは、本論考第一節に記した「ヴァイセンホーフ・ジードルンク再検討の意味」で列挙した事項にすべて含まれると考えるからである。

4 国際主義と個別主義

ヴァイセンホーフ・ジードルンクの再評価の試みとして、この論考のアプローチの方法である個別的問題から入ることにしよう。それは、この集合住宅におけるデザインのもつ問題である。

ヒッチコックの歴史的回顧に見られたように、彼らの「インターナショナル・スタイル」にきわめて有力な根拠を与えたヴァイセンホーフ・ジードルンクは、一見したところ確かにある「統一性」をそのデザイン面においてもちえているかのようである。それは、彼らの「インターナショナル・スタイル」の「原理」に即してみればいっそう明らかになる。第一原理の「ヴォリゥム」という概念は、彼らにあってはこれまでの組積工法などに見られた量塊性＝マッスに対する対概念としてである。それは「ヴォリュムを囲み込む単なる面の集合[36]」であり、「非物質的、無重量的、そして幾何学的に区画された空間として感じられる[36]」ものなのであり、「必然的な結果として、表面は支持骨組にきつく張られた皮膜のように[36]」なってくるものなのである。V・スカリーがコルビュジエのこの展覧会における住宅に対して行った既述のデザイン的分析は、まさにこの「原理」の延長上にあると見ることができる。マッスとヴォリュムのこの差違は明らかに近代建築において明確になってくる重要な要素である。構造的にも意味をもってきた壁が、その役割をもっぱら柱と梁とに委ねることによりフリーハンドを得て、文字通り「皮膜」のような態様をもったのは、近代建築において初めてなのである。しかし、この「ヴォリュム」の観点からヴァイセンホーフ・ジードルンクを見ると、明らかにそうした主旨を徹底しているのは、ミースのブロックとコルビュジエの住宅とグロピウスのプレファブ住宅ぐらいのものであろう。これらは、いずれも鉄骨柱を主体にした構造に対して、ミースは外壁こそ石組補強の方法をとっているもののセロテックス版や木質遮音壁による空間分割の自由度を保証し、コルビュジエは鉄骨柱と鉄筋コンクリートの併用というめずらしい構法によりユニヴァーサルスペースを確保し、グロピウスは一切の湿式工法を用いることなく完全なトロッケンバウ（乾式工法建築）の試作に成功している。しかし、ベーレンスの大規模な十二世帯用の住居棟をはじめとして、デッカーのもの、ヒルベルザイマーのもの、ペルツィヒのもの、シャロウンのもの、タウト兄弟のものなどは「皮膜を感じさせる」ような「ヴォリュム」の概念からははずれるであろう。「インターナショナル・スタイル」の第二原理の「規則性」については、ベーレンス、シャロウン、マックス・タウトの三人などはそれから明らかに除外される。第三原理「付加的装飾の忌避」については、この集合住宅にもはや適用すべくもないほどであるが……（のちにこれは「原理」でなくなる）。

(36) いずれも脚註23の本による。

ヴァイセンホーフ・ジードルンクは、「インターナショナル・スタイル」の「原理」においても数々の例外を包みこんでいる。この点では前述のベネヴォロの分析は当を得ている。指摘したように、彼は唯一人シャロウンの「近代マニエリスム」に言及していたし、また彼だけが「さまざまな計画方法を包含して」という評価を行っていた。ここに見られる態度は、一九六〇年という時点――多くの近代建築概説書が総括的な立場で書かれた年である――で早くも「個別主義」の問題を他の評者とは違ってヴァイセンホーフ・ジードルンクにおいても見出そうとするものであろう。「インターナショナル・スタイル」とは一体何であるのか、が改めて問われねばならない。

ここに興味深い文章がある。それは、他ならぬ「インターナショナル・スタイル」の「生みの親」の一人であるヒッチコックのものである。既出のジョンソンとの共著『インターナショナル・スタイル』の新版において「補遺」として掲載されている、一九五一年八月号の『アーキテクチュラル・レコード』誌の論文「二〇年後のインターナショナル・スタイル」である。彼は、その論文において一九三二年時点での彼らの「原理」をことごとく修正している。「ヴォリゥム」の第一原理については、彼らは、あまりに「皮膜」という量塊効果に対する対立物に執着しすぎていたという。そして彼は、一九三〇年代以降になっても盛んに使用される組積工法を承認する。第三原理の「付加的装飾の忌避」については、「原理の問題というよりは趣味の問題だ」という一方的な理屈によって「装飾」に関する言及を省きその代りの原理として「構造の分節」をつけ加えたい、としているのである。また、旧著においては、陸屋根が「重要な美学的意義を有し」近代建築においては「片流れや丸屋根に例外的な正当性しか与えないほどに有効なものだ」としていたのだが、この論文においていとも簡単に「この（直前の）文は明らかに純正論的でまた擬似機能的な表現である」と認めてしまっているのである。こうした全面的ともいえる「修正」は、彼らの「インターナショナル・スタイル」が「一九三二年の本において閉じた体系として提示されたものではなかった」あるいは、「インターナショナルスタイルの字義通りに過ぎる解釈に対する反動としての多くの放縦な作品（vagaries）を予想しなければならない」といった論調とも連なる。

もはや、「インターナショナル・スタイル」について多くの言を費やす必要はないだろう。ヒッチコックのあまりに率直な修正は、肯定的には「スタイル」というものの非固定性を示しているし、否定的には彼ら自身の「定義」の狭隘さを証明している。おそらく、彼らの一九三二年時点での「原理」を終始一貫させそのことにより近代建築にひとつの「あり方」（誤解を避けるためここではスタイルとは呼ばないことにしよう）を示し続けたのは、唯一人ミースぐらいのものであろう。「皮膜」という実体と概念とは、実は、ヒッチコックでもジョンソンでもなく、他ならぬこのミースによって十年近く前に生み出されたものであった。「鉄筋コンクリート建築は、その本質において骨組建築である。麺類のようなものも要塞の砲塔のようなものもあってはならない。荷重は梁桁にかけ、壁にはかけない構築を。すなわち、皮膜と骨組による建築。[37]」

前述のようにヴァイセンホーフ・ジードルンクには多くの組積工法の住宅が存在し、「皮膜」の概念が全的に適用できるものではなかった。その「皮膜」建築を実現した少数派の一人であるル・コルビュジエにしてものちに彫塑的ともいうべき建築を多く手がけていったことは周知のことがらである。ヴァイセンホーフ・ジードルンクの「統一性」は、ほとんど一元化された「原理」でくくることは難しい。おそらくそれは、まったく皮肉にも、ヒッチコックとジョンソンによって「原理」の主要な要素として——見たようにそのことは彼らの「自己批判」の対象になったのだが——重視された「陸屋根」の統一性という一種皮相な次元においてであるといえなくもない。既述のようにヴァイセンホーフ・ジードルンクの建築家たちは、ミースのマス

(37) Ulrich Conrads, *Programme und Manifeste zur Architectur des 20. Jahrhunderts*, Verlag Ullstein GmbH, 1964. 英語版 *Programmes and manifestoes on 20 th-century architecture*, Lund Humphries, 1970. 邦訳『世界建築宣言文集』阿部公正訳　彰国社　一九七〇年

タープランとこの陸屋根を遵守することだけが課された義務だった。二重に皮肉なことには、この「陸屋根の統一性」はのちに、ナチスのいわゆる「文化ボルシェヴィズム」(Kulturbolschewismus)攻撃の格好の対象となり、一九三四年にはこのヴァイセンホーフ・ジードルンクの写真にラクダを連れターバンをまとったアフリカの人びとの風俗がモンタージュされ愛国心鼓舞の逆宣伝に利用されたのである。(38) 国粋主義が国際主義に対峙する概念であるとすれば、「陸屋根」をもって「インターナショナル・スタイル」を唱導したヒッチコックとジョンソンは、妙なところで反ナチ運動を担うことになったわけである。陸屋根の「統一性」を除外して、ヴァイセンホーフ・ジードルンクを詳細に見れば、構法も住宅形式も平面計画もそこで展開されたのは文字通り個別的な課題へのアプローチとその成果であった。シャロウンはミースとはまるで正反対のヴェクトルにおいて首尾一貫性をもとうとしてきた建築家と見ることもできるが、その表現主義的作風はすでに触れたように「近代マニエリスム」(ベネヴォロ)の建築をヴァイセンホーフ・ジードルンクにおいても実現していた。そこには「ヴォリゥム」や「皮膜」や「規則性」などといった性質のものに対する媚びは一切存在しない。唯一オーストリアから参加したヨーゼフ・フランクはいわばオットー・ワグナーの直弟子だが、彼が試みた構法などは師よりもはるかに伝統的な本石組積工法であった。筆者は最近(一九七九年八月)偶然にもウィーンでワグナーの建築の解体現場に案内されて書物では決して知りえなかった彼の建築の「新しさ」を再発見した。それは、連邦銀行Länderbankで一八八四年に工期一年で完成したものだが、その構法は鉄骨造とホールブロック・レンガの組積工法の組合せで、内部隔壁は木を主体とした可変間仕切(可動ではない)になっていた。これなどは、ヴァイセンホーフ・ジードルンクでミースが試みたものと構法においてはほとんど変わらない。一八八四年と一九二七年との間の時間を考えると、ワグナーの先進性を再認識するのである。J・フランク

(38) 脚註28参照

図52 ハンス・シャロウンのペン画(一九二〇年)

の構法がはるかに「伝統的」だったというのはこうした文脈においてである。もっとも完璧なグロピウスのトロッケンバウからフランクの本石組積工法に到るまで、ここでもわれわれは個別主義を見ないわけにいかない。ヴァイセンホーフ・ジードルンクは、構法、平面計画といった建築の内的論理に関する限り、形式あるいは型の規定、分類はなしえても「統一体」として扱うことは無理がある。ましてや、それを「ゴシックやロマネスクと同様な意味で」（ジョンソン）「スタイル」として扱うことは、さらに問題である。元来スタイル＝様式というものは、歴史家がその歴史叙述や解釈の必要性において命名・定義してきたものだった。それはちょうど、ヴァイセンホーフ・ジードルンクとコルビュジエの国際連盟ビルコンペ案との啓示によって「インターナショナル・スタイル」が生成されたのとまったく同じ事情である。この点に関する限り、見たようにC・ジェンクスがヴァイセンホーフ・ジードルンクを「一九二〇年代のあのスタイル」（原文では *the* style of the twenties）というきわめて限定的な注意深さをもって扱っているのは妥当な方向であろう。また、「スタイル」というのは「原理」の適用が困難であったように、そのあり方において決して静的な固定性をもたない。それは絶えず状況によって変化する柔軟なものである。この点に関し、アドルフ・ベーネが述べている見解は非常に興味深いものである。A・ベーネは、周知のように第一次大戦後のドイツの文化面で建築理論家の一人として「十一月グルッペ」「芸術労働評議会」の主要なメンバーとなり、グロピウス、B・タウトらとともに新しいデザイン・建築運動を担った人間である。そうしたベーネにおいても「スタイル」に関するその指摘は柔軟かつ現実的である。

> 「形式《フォルム》」と云ふ観念を附加物的な装飾、趣味或ひは単なる様式《スタイル》として取扱ってはならない。ゴチックからBIEDERMEIER《ビーデルマイエル》に至るまでのこの「形式《フォルム》」は永久的な形態たらんとする建築の特性から生じた結果なのである。（中略）〔建築は〕目的と形態、個人と社会、

経済と政治、動力学と静力学、印象と単一、形態と空間、かかるものの間に於ける妥協的性質をもってゐるらしいのだ。そして、様式《スチイル》とはこの妥協の或る特殊な把握に外ならないのである。[39]（ルビ原文のまま、〔〕引用者）。

「スタイル」の非固定性、個別性、多様性はいわば当然である。建築家・ミースというよりディレクター・ミースがこのことを十分に押えていたことがヴァイセンホーフ・ジードルンクの成功を引き出したともいえる。

「私は、……、シュトゥットガルトのプロジェクトを一方的な考え方や教義に陥いることのないようにすることが肝要だと考えた。そこで私は近代運動の指導的な代表たちを招いて近代的居住の問題に貢献してもらうようにしたのである」[40]。

ヴァイセンホーフ・ジードルンクでわれわれが検討しなければならないのは、スタイルとしての国際主義ではなく、むしろ建築の内的論理と外的論理とがきしみ合うような、運動が時代の状況（まさにここに国際主義の問題がある）との関係性においてもつ「質」の問題という全体的な課題であろう。近代建築の総括において多くの人びとによって言及されてきた本質的な基盤は、そうしたヴァイセンホーフ・ジードルンクの国際的な「質」であったはずである。この作業は、文字通り「附加物的な装飾、趣味、或ひは様式」という狭い問題把握に終わらず、近代から現代へかけての建築の本質約な「形式」の課題を照らすであろう。次節の検討事項が必須になるゆえんである。

5　建築・デザイン運動における多元性

ヴァイセンホーフ・ジードルンクのもっとも重要な事実は、第一節「なぜヴァイセンホーフ・ジードルンクか」における「意味」を列挙した際に最初の項目として挙げたこと、つまり、

(39) Adolf Behne, *Der Moderne Zweckbau*, 1923. 邦訳「現代の目的建築」仲田定之助・川喜田煉七郎共訳『建築新潮』一九三〇年二月号～四月号

(40) 脚註5の本に同じ

当時の諸潮流を代表する建築家が集まって協同作業を成功裡に行ったことであろう。この「事実」が物語る意味は非常に深くまた広い。ここでの再評価の作業は、この「事実」を出発点とするのである。

まず、この展覧会の主催団体であるドイツ工作連盟の問題から入るべきであろう。「工作連盟」については概略すでに触れたとおりだが、この団体が内部においてもっていた対立的な主義主張は当時のドイツの特殊的事情という問題に限定されないきわめて今日的な課題を提起しているのである。今日、われわれはこれらの問題点の指摘と整理に関するすぐれた論考に接することができるが、この対立問題を近代デザインの課題として早くから指摘していたのは、S・ギーディオンであり、既出『空間・時間・建築』（初版一九四一年）において「ワルター・グロピウスとドイツの発展」の節で触れている。N・ペヴスナーは同じく既出『モダン・デザインの先駆者たち』（改訂版一九六〇年）のなかでより具体的に『ドイツ工作連盟の五〇年』Fünfzig Fahre Deutscher Werkbund, Berlin 1958を引用しながら論じている。また当然のことながらドイツ人のJ・イェディケが同じく既出『近代建築史』（一九五八年）において論じており、おそらくもっとも詳細に展開しているのは同じくR・バンハムの『第一機械時代の理論とデザイン』（一九六〇年）[40]で、彼はその第五章すべてをこれに当てている。また、既出U・コンラッツの『二十世紀建築の綱領と宣言』（一九六四年）は、「工作連盟の目的」（ヘルマン・ムテジウス一九一一年）とともに一九一四年のムテジウスとアンリ・ヴァン・デ・ヴェルデの対立的発言を具体的に取り上げている。阿部公正の「ドイツ工作連盟の理念」[41]（初稿一九六六年）は、これらを総括的に扱った論考である。

ムテジウスとヴェルデに代表される内部対立とは、要約的には前者の工業化・規格化への志向性と後者の作家主義的な個別創造性の重視という問題に帰着されよう。「工作連盟」創設メン

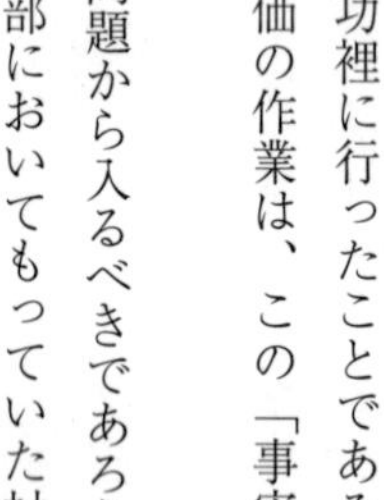

図53　ドイツ工作連盟ケルン展覧会（一九一四年）ポスター（ペーター・ベーレンス）

(41)『現代デザイン理論のエッセンス』ぺりかん社一九六六年および『デザイン思考　阿部公正評論集』美術出版社　一九七八年所収

バーの一人であったムテジウスは、ベルリン工科大学に学び一九〇一年には早くも(ドイツ工作連盟の創設は一九〇七年)「形態は機械に作らせよう。(中略)かかる形態こそは、もはや手工芸の模倣ではなく典型的な機械生産の形態であるがゆえに、満足できるものとなるであろう」[42]と述べていたし、プロシアからイギリスへの派遣建築家として数年間の滞英中(一八九六〜一九〇三年)にW・モリスらのアーツアンドクラフツ運動を身近に見聞してなおそうした理念をもって「近代化」への活発な展開を計っていたものだった。一方のヴェルデは、ベルギー・アントワープのボザールに学んだ美術家として出発し、印象派の画家や象徴派の詩人たちとパリで交わり、その後はブリュッセルの前衛集団「20」Les XXに加入してそこでモリスの運動を知り深く傾倒していき、一八九三年には完全に筆を折って建築・デザインの方向へと歩み出した。しかし、商店「アール・ヌーヴォー」における彼の室内デザイン(一八九六年)がその理念を明確に示したように、彼のデザイン理念はつねに手工業的作家主義の傾向を強くもっていた。彼のあり方は、同じようにゼツェションにおける装飾的な建築デザインの理念をもっていたO・ワグナーが急速に機能的、合理的なそれへと傾斜していった方向とはまったく対照的であったのである。ドイツ工作連盟は実際にはムテジウスらが主流を形成し、ケルン(一九一四年)、ベルン(一九一七年)、シュトゥットガルト(一九二七年)、ブレスラウ(一九二八年)と活発な実践を展開していったのであった。注目すべきことは、グロピウスがこの「工作連盟」の一九一四年の年次総会における対立においてきわめて中庸的な立場を守ろうとしたことである。既述のように一九〇九年には早くも「小住宅の規格化と量産」の覚書を発表し、客観性・即物性sachalichkeitに少なからぬ意義を認めていた彼は、その一九一四年のできごとを総括した『工作連盟年報』における「工業的建築形式のスタイル生成の価値」Der stilbindende Wert indusyrieller Bauformenで「技術的形式と芸術的形式との対応関係は、確かに、建築の個々の要

(42) Julius Posener, *Muthesius in England*, Architectural Association Paper No.5, 1972.

図54 ゼツェション展覧会(一八九七年)ポスター(グスタフ・クリムト)

素に対する最終的な理想像を提示する。……しかし、壮大な実行の意志のみが両者に調和的な関係をもたらすことができるのである。[43]」と記している。工業と芸術の、規格化と個別性との対立ではなく調和を目指すグロピウスの努力が知れる。彼のヴァイマール時代のバウハウスにおけるヨハネス・イッテンとの予備教育を中心とした方針をめぐる対立が、イッテンの「神秘主義」を「放逐」することによって決着を見たことが、「合理主義者グロピウス」の評価を定着させている一面もある。しかし、M・フランシスコノも述べるように、グロピウスにおける「中庸の精神」はヴァイマール以後においても重要な要素としてあったことを、今は再評価すべきときなのではなかろうか。この「精神」こそは、先に見たようなディレクター・ミースの柔軟な方針となって、シュトゥットガルトの成功を導き出したとも考えられるのである。都市計画から建築・家具デザインに到る、個別性を前提とした「ひとつの」総合住宅展の試みは、そこへ向けての一人ひとりの建築家の「壮大な実行の意志」によって、対立事項の調和を獲得することができたともいえるのである。

ドイツ工作連盟が後進産業国プロシアにおける近代化へのひとつの全体的な運動であったことはすでに述べてきたことだが、ヴァイセンホーフ・ジードルンクは、新生ドイツ＝ヴァイマル共和国の特殊な時代状況のなかで考えるべき要素ももっている。P・ゲイによれば「敗戦の中で生まれ、狂乱の中で生き、悲惨の中で死んだ」（『ワイマール文化』みすず書房　一九七三）この特殊国家が、文字通り思想的な課題としては、「混沌とした一種の思想的戦国時代——すべてが未決のままで、もはやないとまだないの間を激しく揺れうごいた一九二〇年代」（脇圭平『知識人と政治』岩波新書　一九七三年）をもつものであることはしばしば指摘されるところである。この時期とくにドイツにおける思想的課題を提起したO・シュペングラーの大著『西洋の没落』（第一巻一九一八、第二巻完結　一九二二年）は、専門の思想家哲学者からは大した評

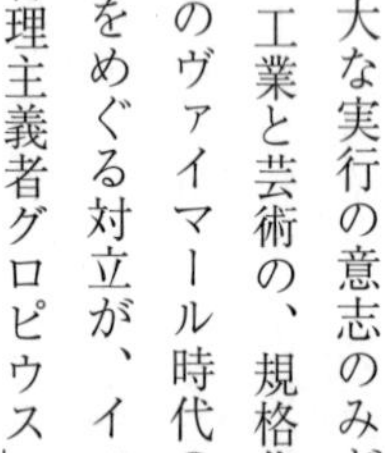

図55　ドイツ工作連盟ベルン展覧会（一九一七年）ポスター（作者不明）

(43) Marcel Franciscono, *Walter Gropius and the Creation of the Bauhaus in Weimar: the ideals and artistic theories of its founding years*, University of Illinois Press, 1971.

価を受けなかったが、一般的には非常に広く読まれたという（一九二二年、第二巻刊行時点で第一巻は五万三千部が売れていた）。アーノルド・トインビーに「問題それ自身がいまだ私のなかで完全な形をなしてもいない矢先に、すでに解決ずみになっているのではないかと、ひどく考え込まされてしまった」と嘆かせるほどに稀有な、そして重要な書物であった。世界史を比較生態学的に初めて把えて見せたシュペングラーが示したのは、インド文化、ギリシア・ローマ文化、アラビア文化、西洋文化の対比であり、それぞれの文化が不可避的に迎えねばならない「文明」の相似性であった。そしてこの文化の生成・滅亡の円環的プロセスにおける最終段階としての「文明」の時期は、「世界都市」「帝国主義的侵略」「質より量」「創造性の涸渇」等々の現象が顕著になるというものであった。[44]その最終段階に入っている西洋文化の破滅的「運命」が人びとに与えた影響の深刻さは想像に難くない。ドイツ工作連盟の対立が、あたかも「量と質」「創造性」をめぐって展開されていただけに、この書物が当時のドイツ一般に及ぼした影響の大きさから推しても、興味深いところである。

フロイト主義の進行あるいはハイデッガー・カッシラー論争など、まさに「思想のルツボ」としての一九二〇年代ドイツは考究すべき課題に満ちている。しかし、これら思想哲学的問題へのこれ以上の踏込みは筆者の分を超えるものといわざるを得ない。

少なくとも、ヴァイセンホーフ・ジードルンクが、そうした時代状況の、より詳しくいえば、一九二四年に戦後不安定状況を脱しそして一九二九年の世界恐慌に見舞われる、ほんのわずかの「ヴァイマル共和国安定期」の只中の出来事であったことを念頭に入れておくべきであろう。

ヴァイセンホーフ・ジードルンクにおいて考察すべきもうひとつの重要な課題は、ドイツという国を越えた国際的な動きに関してであろう。

(44)オズヴァルト・シュペングラー『西洋の没落』（一九一八、一九二二年）村松正俊訳　五月書房　一九七一年

一九一九年、グロピウスによりヴァイマルの美術学校と工芸学校（前者は一九〇六年以来一九一四年の大戦勃発までヴェルデが責任者になっていた）を統合する形で、国立バウハウスが設立されたことは周知のことがらである。バウハウスに関する考察もいまでは非常に多くのものがあるし、本論考の紙幅を考えても、それらをここで整理する必要もないであろう。ただ、ここで考察したいのは、一《いっ》に、バウハウスをめぐる国際的な動きなのである。ドイツ人以外でバウハウスに関わりをもった人間を列挙すれば、

ヨハネス・イッテン（スイス）　一九一九―一九二三
ワシリ・カンディンスキー（ソ連）　一九二二―一九三二
モホイ・ナジ（ハンガリー）　一九二三―一九二八
ハンネス・マイヤー（スイス）　一九二七―一九三〇

らであり、彼らがいずれも専任のMeisterとして教育に携わり、とりわけH・マイヤーが一九二八年グロピウス辞任後のデッソウ・バウハウスの校長の要職にあったことは触れるまでもない。むしろ、バウハウスの国際性を物語るものは、専任者ではないがその独特の人柄によって、一九二一年以来ヴァイマルにあってバウハウスにさまざまな影響を与えた、テオ・ファン・ドゥースブルクの存在であろう。J・J・P・アウトらとデ・スティルDe Stijlを結成していたG・リートフェルトによると「デ・スティルのスポークスマン」であったドゥースブルクの活動は際立ったものであった。その年には、イエナやベルリンにまで出かけて「生活・芸術・技術の新しい形態表現」というテーマで講演をもっているし、翌二二年にはソ連のエル・リシツキーとともにデュッセルドルフにおいて「進歩的芸術家の国際会議」なる会合をもち、構成主義的志向をもつ芸術家の大同団結を呼びかけているのである。(45) L・ファイニンガーの当時のドゥースブルクへの評価は手厳しく、妻へ宛てた手紙の最後に「個人的な考えだがドゥースブルクは

(45) Joost Baljeu, *Teo Van Doesburg*, Studio Vista, 1974で詳しく知ることができる。

期待はずれの人間である。彼はハッタリ屋で野望家だ。[46]」と記している。何事にも控え目であったファイニンガーには、デ・スティルの理論を所構わずブチまくるドゥースブルクの「攻撃的な」態度は内心面白くなかったのであろう。しかし、一方でアウトやシュタムやリートフェルトらの特異な造形感覚の建築家を輩出しているデ・スティルの理論は、バウハウス開設以来さらにザハリヒカイトへの希求を秘めて明日のデザインの方向を求めていたグロピウスらにとっては、限りなく魅力的であったはずである。ドゥースブルクのそもそものヴァイマルにおける滞在は、グロピウスの招待によるものだったのである。バウハウスを軸とした、さまざまな分野の芸術家・建築家が行き交う「状況」がそこにあった。

また、リシツキー、ドゥースブルクとドイツの関係を見ておかねばならない。一九一八年十一月のドイツ革命にちなんだ「十一月グルッペ」についてはすでに触れたが、やがてこれにあきたりない人びとが新たな集団を結成する。当時の「十一月グルッペ」はB・タウトの『都市の王冠』(Die Stadtkrone 1919)に象徴されるような表現主義と象徴主義が支配的であった。一九二一年、ソ連からのリシツキー、オランダからのドゥースブルク、ハンス・リヒター、ドイツからはミースらが加わって、「グルッペG」が結成されたのである。[47]文字通りそれは、「造形」「構成」を意味するGestaltungの頭文字をとったものであり、その方向はメンバーの顔ぶれからも相当程度に「構成主義」的な志向性をもっていたことをうかがわせる。前述の一九二二年の「進歩的芸術家の国際会議」の開催もこの「グルッペG」との密接な関係のなかでもたれたものであったし、[48]このグループの運動を媒介にしてデ・スティル派の機関誌には、リシツキーの論文も掲載されるほどだったのである(De Stijl No.6, No.8 1922)。しかし、当時の「戦国時代的思想状況」はこうした建築運動においても決して例外たりえなかった。リシツキーのそうした相互不理解的「了解」を示す貴重な証言がある。多少長くなるが歴史的資料としての意味あい

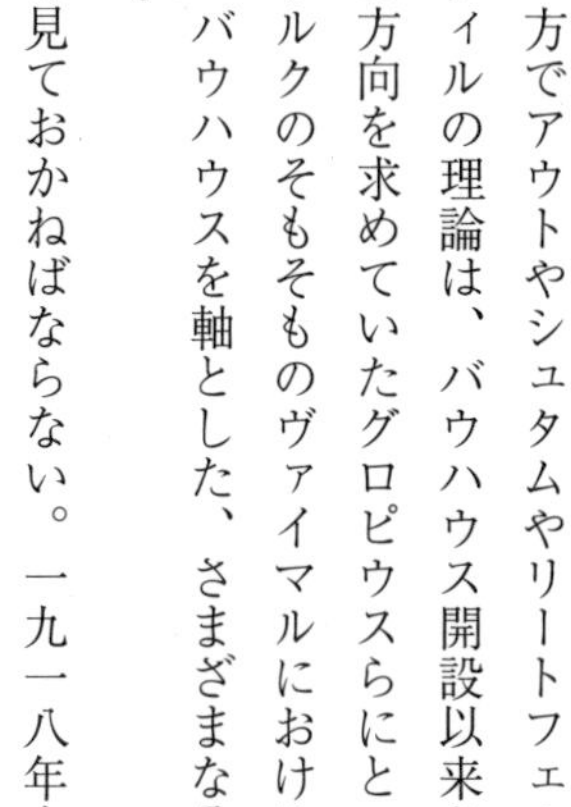

図56 ケルン展覧会の「ガラスの家」(ブルーノ・タウト)(一九一四年)

(46) Junel L. Ness, *Lyonel Feininger*, Praeger Publishers, Inc., 1974.

(47) Sophie Lissitzky-Küppers, *EL LISSITZKY*, VEB Verlag der Kunst, Dresden, 1976.

(48) Stephen Bann, *The Tradition of Constructivism (The Documents of 20-th Century Art)*, THAMES AND HADSON, 1974によれば、H・リヒター編集による雑誌『G』の出版(一九二三–二四年)も、「一九二二年会議」と密接な関係をもっている。

からも訳出しておこう。一九二四年六月三十日付けのJ・J・P・アウトへの返信である。(49)

親愛なるアウト様

あなたの手紙を大いなる関心をもって読みました。それは、私たちが書き進み、ふたたび変曲点に到達し、そして「格子」のモンドリアン主義の影響下に化石のように固定化してしまうことを望まないだろう、ということを予兆させます。

あなたはモンドリアンの考え方に言及されました。私はそれを知らないし、またオランダの人びとの考え方も理解できません。ドゥースブルクも、自然への対決ということ以外には、そのことに関して何も私に語りませんでした。私は次の考えには賛成しかねます。つまり、手法＝水平線＋垂直線ということは宇宙そのものに照応していません。宇宙は曲線的でこそあれ決して直線的ではありません。したがって（立方体ではなく）球体こそが宇宙の真髄なのです。しかしながら、球体は最終的な状態（死）であるがゆえに私たちはそれをどうこうできるものでもありません。それゆえにこそ私たちは、つねに意志（人生）によって集成されまた破壊されるような立方体のエレメントに専念するのです。近代の機械は球体的なものでなければなりません。なぜなら、そのことは、人間の手足の前後への直線的な動きと比較してわかるように、優れた利点をもっているからです。もしも、私たちの住宅が（着物と同じように）身体を容れる装置であるなら、なぜそれは球体に組み入れられないのでしょうか。

しかしこのことは、創造的な生活や私たちの創造作品によって証明しない限り、アカデミックな哲学談議になりがちです。

もう何も新しく書くべきことはありません。農業博覧会とレーニン廟地方建築との写真をロシヤから入手しました。それはおぞましい、おぞましいものです。

(49) *EL LISSITZKY*, Katalog fur Ausstellung vom 9. April bis Ende Juni 1976, Galerie G-murzynska, Köln

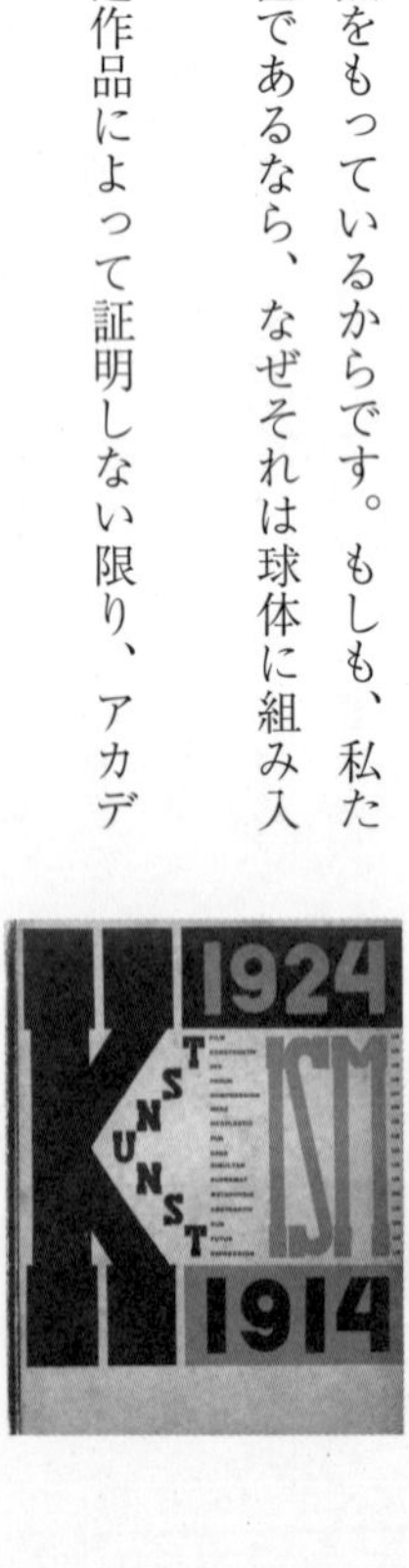

図57 『芸術主義』の表紙デザイン（エル・リシツキー 一九二五年）

敬具

リシツキー

リシツキーとドゥースブルクやアウトとの、つまりは構成主義と新造形主義との間の基本的な裂目を、これは示している。

デ・スティル派に関しては、一九二六年になると、ドゥースブルクとモンドリアンの間の考え方の相違は決定的になり両者は訣別し、F・キースラーもデ・スティルを離れてアメリカに渡る。一九一七年に華々しい産声を上げて「新しい造形」を唱った運動も十年目にして終息を迎えようとしていた。

一方、ドイツでは逆に、B・タウトに象徴されるように表現主義的傾向の退潮に歩調を合わせるかのように、進歩的な建築家の大同団結が計られていく。一九二五年、『リンク』Der Ringの結成である。オットー・バートニンク、ベーレンス、デッカー、グロピウス、フーゴ・ヘーリンク、ヒルベルザイマー、ルックハルト兄弟（ハンス、ヴァシリ）、エルンスト・マイ、メンデルゾーン、ペルツィヒ、シャロウン、タウト兄弟らが主要メンバーであった。ベルリン在住の者がほとんどだが、当時の重要な建築家を網羅している感さえある。この集団は、やがて非凡な才能と柔軟性と指導力とを備えたミースがリードするようになる。R・バンハムが外国人を除いては、ヴァイセンホーフ・ジードルンクは実際には『リンク』によるものだと断じていたのが思い出される。グロピウスもミースもコルビュジエもともにベーレンスの下で学んだ者だった。AEGに依って、その工場から社章に到るまで、工業的デザインの方向を実践していた彼は、ドイツ工作連盟のその後の動向にも重要な影響を及ぼしていた。そのベーレンスも一九〇一年の「王侯庇護者の実験」（イェディケ）のダルムシュタットの芸術家村建設には、明らかにユーゲント・シュティルの方法で参加していたものだった。ダルムシュタット→AEG→

図58　ペーター・ベーレンスによるIGファーベン・ビル（一九二〇—二四年）メインホールのスケッチ

シュトゥットガルトという彼の経験が、ある意味ではそのままドイツにおける近代運動の姿を象徴している。そして理念は、その都度つねに「新しく」塗り替えられていった。

一九二〇年代は、文字通り「まだないともはやない」とがまったく相入り乱れた状況であった。デ・スティルの「新造形主義」、リシツキーらの「構成主義」、ムテジウスに代表される「合理主義」、依然として根強く存在した「表現主義」等。これらが複雑に交錯し、あるときは糾合しあるときは離散し、内部的にも文字通り運動体としての消長を含みながら生きもののように存在した。

一九二七年のヴァイセンホーフ・ジードルンクは、それらの諸潮流が「小異を捨て大同に着いた」ことを証す、歴史的な、きわめて稀有な事象のひとつであったのである。「量と質」「規格化と個性化」「立方体（直線）と球（円）」「装飾と非装飾」……といった創造にまつわる本質的な課題を内包しながらも、ワグナー以来の「新しい生活像を反映するような」建築世界を目指していたのは間違いない。それが国際的な活性化された流動性のなかで試みられた「壮大な実行の意志」（グロピウス）であったからこそ、近代建築の「質」を全的に示す里程標ともなりえたのであった。


（本文への引用に際しては、邦訳本のあるものについても原本参照の困難な〈39〉のものを除いては、正鵠を期すためすべて原本からの訳出を試みた。）

建築の再生

1　一日三万五〇〇〇人が訪れるマーケット

もし、あなたがボストンを訪れることがあるなら、まず、ここ、ファネウィル・ホール・マーケット（クウィンジー・マーケット）を訪れることをお勧めする。家族や、友人と一緒だとなおさらいい。いや、独り旅でも案ずる必要はない。現に私がそうだったように、日本人だと見ると懐かしそうに話しかけてくるボストニアンに、きっとあなたは出逢うだろう。それはちょうど、私たちが親たちからよく聞かされた、戦争の前の東京の浅草のような感じだと思ってもらうとよいだろうか。肌の色、眼の色が違っても、何か古い、懐かしいものを求めて人びとが寄り集まるのは、洋の東西を問わないものであるらしい。せんべいやおこしやだんごを焼く臭いがしないかわりに、ハンバーガーやポプコーンの臭いが人びとの雑踏に混じって漂ってくるのが、妙に実在感を帯びてくる「生理的な」相違ぐらいであろうか。郊外のショッピングセンターなどで（そこは、ほとんど白人しかやってこない）チラッチラッと投げかける彼らの視線を、ここではまったく感じることもない。黒人はもとより、アラブ系、中南米系、東南アジア系……といろいろな人種の人びとの顔が見える。アイスクリームをなめなめぶらつく白人の老夫婦、パリの街角のカフェテラスよろしく冷たい飲物でも飲んで語り合っている若いカップル、木陰のベンチで赤子に乳をふくませている黒人の女、「ホール」の前の石畳で演じられる若い男女の大道芸（私がまだ小さな子供のころ浅草にまだ残っていた「ガマの油の口上」の「芸人」などは、ずっと年が老けていたように思うのだ）、そしてほとんど写真でしか知らないデボラ・カーのような美人にすれ違ってハッとしたり……そう、やはりここは、小さな「ザッ

図59　ファネウィル・ホール・マーケットの鳥瞰図

ツ・アメリカ」なのだ。ものの本によると、年間一、三〇〇万人もの人がここを訪れるという。一日に平均すると三万五、六〇〇人である。新宿や池袋の駅の雑踏に馴れているわれわれには、人の多さは気にならない。けれど、しばらく日本を離れて生活し、都心部を車で行っても信号待ち「何回」などといった現象にはめったに遭わないここの日常性のなかでは、このファネウィル・ホール・マーケットの人出はひとつの驚きである。

この人の集まる道理《ことわり》は、やはり、ここの歴史的な背景と無縁ではないようだ。

2　一七四二年創建のマーケット

ボストンのことを「アメリカの京都」と呼んだ人がいるが、なるほど言い得て妙である。私が初めて、この地に足を踏み入れたときに感じたのはそのあまりにロンドンに似た町並みの表情であった。高層オフィスビルがふえたとはいえ、町のそこここに残るレンガ造りや赤砂岩の建物群は、むしろヨーロッパの町の雰囲気をもっている。そう、ここはアメリカでももっとも歴史の古い土地のひとつなのである。昨年（一九八〇年）は、ボストンの三五〇年祭が盛大に行われた。八月から十月にかけて、町中が「Jubilee 350」（三五〇年祭）のお祭り騒ぎに明け暮れた。

メイフラワー二世号で、清教徒の人たちがイギリスから今のプリマスに渡ったのは、一六二〇年。小学生の歴史の教科書にも出てくる史実である。それから十年後の一六三〇年、ジョン・ウィンスロップの率いる集団が、プリマスから北約数十キロの「この地」に上陸した。イギリスの故地にならって、ボストンと命名されたこの土地は、イギリスのアメリカ東海岸における植民地経営の中心地として発展していく。

ほとんど島のような状態だったボストン半島は、次々に干拓が進められ多くの埠頭が建設されていった。泥沼地を避けて丘の上につくられていった初期の町は、ウィンスロップが「丘の上の都市」The City upon a Hill と描写した。この言葉は、今でもアメリカの都市を語るときの「相言葉」のようになっている。ほとんど「無」の状態から人の住む町らしい姿をつくり出していった彼らのなかには、やがて強い自立の精神が芽生えていく。十八世紀になると、旧大陸との貿易で富を蓄えた豪商さえ輩出してきた。そのひとり、ピーター・ファネウィル Peter Faneuil は数年前に取り壊されてしまっていたマーケットを再建し、町に寄進することを思い立つ。会議場としても舞踏場としても使えるホールを二階に、マーケットを一階に置く、最初の「ファネウィル・ホール」が建てられたのは一七四二年だった。人びとの間では、輸入する日常生活品にさえ対するイギリス本国政府による高い課税に、不満が広がってきた。ファネウィル・ホールでは町の有力者たちが連日のように集まって、この問題を議論するようになった。「イギリス本国のやり方には我慢がならない……」。そして、ボストンの港に停船中のお茶を積んだ船をある集団が襲った。彼らは、課税対象のもっとも象徴的なお茶の入った箱を次々と海のなかに放り投げた。「ボストン・ティー・パーティ」Boston Tea Party としてのちに伝えられるこれは重大な事件だった。一七七三年十二月十六日のできごとである。本国と植民地の間に、それは熾烈な戦争を惹き起した。そしてワシントンの率いる植民地軍は、本国軍を撃退する。植民地は独立した。本国の不条理に対して、激しい批判の論議が展開され「独立」の気運を高めたこのファネウィル・ホールは、その後「自由の揺籃」の名称をいただくことになった。ニューイングランド地方を代表する、プロ・フットボールチームの名は「ペイトリオッツ」Patriots（愛国者）であり、そしてプロ・サッカーチームの名は「ティー・メン」Tea Men である。この地方の人びとのなかにあるアメリカの歴史に対する憧憬と自負の心は、独特のものである。ファネウィル・マーケットが毎日人で賑わっているのは、彼らのいまはもう無意識的にさえなってい

図60　十九世紀のファネウィル・ホール・マーケット

図61　ファネウィル・ホール・マーケットの鳥瞰写真

る、この歴史に対する心情と決して無縁でないようである。

3 再生された四つの主な建築群

ファネウィル・ホール・マーケットは、建築における「再生」のもっとも代表的なもののひとつである。他のほとんどの再生建築がまったく別の機能への転換によって成功したのと較べると、これはむしろ例外的にそれまでの機能をそのまま引き継いで発展させたもので、「復興」Rehabilitationといういい方もあてはまるかもしれない。しかし、新たに加えられた内容の豊かさが今日のこの賑わい振りをもたらしたことを考えると、やはり「再生」の性格が強い。

このマーケットは、四つの主な建物（再生）とひとつの付属建築(新設)とから成っている。すでにふれた「ファネウィル・ホール」、東西に三列に並行して並ぶ「北マーケット」「クウィンジー・マーケット」「南マーケット」とガラス建築の「花屋」がそれである。このマーケットが通称「クウィンジー・マーケット」と呼ばれるのは、この中央の棟の名に由来する。この平行する三棟のマーケットは、十九世紀になって市民の強い需要に応えるため、新たに建てられたものである。この地区一帯は、つねにボストン市の中心部としてあり続けて来たが建築そのものや店舗構成などは百年以上もの間まったく変わらずにあり続けることは難しい。

第二次大戦後、その「古さ」が久しく指摘され続けてきたこのマーケットは、「ボストン再開発局」Boston Redevelopment Authorityのこの地区一帯を含めた「ウォーター・フロント再生計画」Waterfront Renewalの大規模なプロジェクトの一部として組み込まれた。一九六四年のことである。それから十二年後の一九七六年、はじめの「再生」が成った。三棟のうち、クウィンジー・マーケットが装いを新たに再開した。翌七七年に「南マーケット」、七八年に「北マーケット」が相次いで再生され、ここにすべての「更新」が成った。デザインは、グロピウスのもと

図62 建物周辺は歩行者専用空間

図63 路面もタイル貼りで改修

で永らく設計にその俊腕を振って当時すでに独立しすぐれた仕事をものにしていた、ベンジャミン・トンプソンであり、開発はディヴェロッパーのジェイムス・ラウスがあたった。

このマーケットには、肉、野菜、果物、乳製品、乾物等の食料品店、日用衣料品、高級衣料品、装飾品、電気製品、オモチャ、花などの小売店や、コーヒー・ショップ、レストランなど各種業種の専門店が一五〇軒以上もあり、またアメリカの美術館で最古の歴史を誇る「ボストン美術館」Museum of Fine Arts, Bostonのブランチまである。

レンガと花崗岩の昔の建物をできるだけ残しながら、内部空間は、ほとんど新しく内装が施され、それぞれの用途に見合った設計が細かく行われている。この「古さ」と「新しさ」の混淆するところが、何といっても「再生建築」の魅力である。クウィンジー・マーケットの正面入口のギリシア建築に由来するオーダーなどは、十九世紀のあのネオ・クラッシックのスタイルが、妙に現代の都市空間に独特の雰囲気をもたらすことを証している。注意深く見ると梁や床など構造的な補強が施され、古建築の「存続」に対しても、特別の注意が払われている。「南」「北」マーケットの外壁については、東西の妻側のレンガ壁を除いて、ほとんど新しいデザインになっていて、この「新しさ」も「新旧混淆」に大きく貢献している。

4　外部空間の公共性

この種の、半公共的空間において大きな役割を占めるのは、いわゆる外部空間である。先に述べた、新設の花屋のガラス建築は、超モダンなデザインだが、多くの花々や観葉植物が店頭にまであふれていて、むしろ、この「緑」の存在が、この外部空間にいっそうの潤いをもたらす役割を果たしている。六エーカー（約二・四ヘクタール）の敷地全部の外部の床は、すべてレンガと花崗石で舗装されている。このテクスチュアーが、やはり雰囲気作りに貢献している。

図64　木陰のベンチは休憩の人びとでいっぱい

図65　公衆電話もモニュメント

うまく配置されているニレ系の樹木、木製のベンチ、案内板、電話ボックスなどが、この外部空間の重要な構成要素となっている。

マーケットから、花崗岩のピンコロで舗装された歩行者道をたどって二〇〇～三〇〇メートルも行けば、「ウォーター・フロント・パーク」に出る。Sasaki Associates のデザインによるすぐれた小公園である。岸壁に腰かけて、両足を海の上に投げ出している若者たちは、このボストンの海を見て、何を思っているのだろうか？ 二百年昔、ボストン・ティー・パーティの連中が、茶箱を投げこんだ埠頭は、すぐ隣りである。「自由の揺籃」は、大勢の人混みのなかで、あるいは、一人ひとりに問いかけているのかもしれない。

「あなたはいま、ほんとうに自由ですか？」

ハンバーグとポプコーンの臭いのなかで、ふと、ホールの屋根の塔頂を見上げたとき（そこには、市の繁栄のシンボルである、きりぎりすが創建以来、火災による再建のあとも据えられている）、それとなく「歴史」に思いを至らせる、「何か」がここにはあるようだ。

図66 ガラス張りのキャノピーで商業空間を拡充

スモール・イズ・ビューティフル

今年、[*]夏が本格的に始まる前の頃、二度ほど京都に出向いた。好きな古い庭を観て廻るというような物見遊山などではなく、大学病院に入院中の病人とその担当医を訪ねるのだから、新幹線の車中にいるときからして気分は晴れがましくあろうはずもない。列車を降りるとコンコースなどはいつものように修学旅行の生徒たちでいっぱいだ。烏丸口に出るのに、竣工間近の「駅ビル」の、仮囲いの臨時通路をジグザグと歩かされる。途中、巨大な吹抜け空間に放りこまれて思わず足を止めた。学生時代から今日まで、二十回は下らない古都の訪問。この度ほど、その玄関口で「不快感」に襲われたことはなかった。

何とも名状しがたい威圧的なこの駅ビルのハコモノ。タクシーに乗るたびに運転手にそのビルの「感想」を聞いてみた。「まあドデカイですわ」「なんや軍艦ちがいますか」「京都に来るお客さん増えますやろか」「おどろしなァ」……。好意的なものはほとんどなかった。これは、かつて沖縄・石垣島の白保地区に新空港建設計画が取り沙汰されていた頃、島中のタクシー運転手がこぞって積極的な建設支持を語っていたのとは対照的である。もとより、建築の評価というものが「一般庶民」の感想程度のもので定まるものではない、という理屈もあるだろう。だが、古今東西、名建築といわれるものが、その一般庶民からも高い評価を得てきたことを銘記すべきである。F・L・ライトの「落水荘」は、ピッツバーグから車で三時間もかかる山中にあるのに、見学予約をした彼地の「一般庶民」で溢れている。桂離宮の見学よろしく、数十人のグループに入ってガイドの説明を聴いて歩くありさまだ。「どうして帝国ホテルをこわしてしまったの？」と、こちらが日本人と判るとグループのなかのオバサンに詰問されたりもした。

＊一九九七年

おそらく彼らは、建築の「質」を論理や理屈ではなしに、感性——それも日常生活に強く根差した感性——で直感的に把えるのだろう。彼らのそのような感性を侮るとしたら、それはきわめて危ういことだ。

歴史的に空間の演出手法のなかでもっとも多用されてきたのは、象徴性である。大きいこと、長いこと、高いこと……スケール感による訴求力の象徴性はなかでも好んで使われてきた。それもほとんど「力」や「権威」の象徴として。ピラミッドや陵墓や都市軸の大通りなど、枚挙にいとまない。宗教でさえも、空間の象徴性を利用した。西欧中世の教会建築がその意図によってゴシック様式の高さを競う空間を生み出したことは、言うまでもない。教会に集う人びとに畏敬と畏怖の念を抱かしめるべく、垂直空間の高さはそれ自体、ヒエロファニー（聖性の顕現）が強く託されたものだった。おそらく、科学的な真理ですら宗教的教義に一義的に包摂されていた時代には、この「高さ」の効果は、その宗教の権威を素朴な庶民から獲得するのには十分すぎるほどの演出効果としてあったろう。そして人びとは、その教義に異を唱えることのない従順な僕として振る舞うことが求められた。

大きさや高さの空間的象徴性が為政者によって利用された例は、中世という古い時代に遡るまでもない。イタリア・ミラノの駅舎は、つい数十年前に設計され建設された。いま、ムッソリーニの肝煎りでできたこの巨大で無表情な駅舎の前に佇むとき、人はすぐれた建築が放つ「質」の芳香を嗅ぐことができるだろうか。同じ駅舎でも、フィンランド・ヘルシンキ駅の駅舎が、いまもなおもち続ける「良さ」との違いは決定的である。エリール・サーリネンは、大きさや高さの「コケオドシ」の手法などは、一切取らなかった。高さを押えたスケール、ヴォリウムを絞ったアーティキュレーション、外壁の随所に施した彫像などのディテール、暖かみの

図67　新京都駅ビルの外観

ある淡赤色御影石の外装材、内部空間相互の有機的関連……など時代を超えて伝わる密度の濃い「質」でもって応えている。そこにわれわれは、ほとんど「声高な」建築を観ることはない。声高ではないが、しかし、確かな存在としての建築。

ここまで書いてきて、私はフト、もう十七年も前の「議論」を思い出した。MITの客員研究者として渡米した年の秋に、ボストンで世界都市会議が開催された。会議のイベントの一環として、「現代都市をどう考えるか」というシンポジウムがあった。そこでの議論でもっとも印象的だったのが、ジェーン・ジェイコブスとジム・ラウスの討論だった。ジェイコブス女史はあの『アメリカ大都市の死と生』の著者。同書のなかで、再開発によって大都市ではコミュニティの基盤をなすヒューマン・リレイションが破壊されてきたことを彼女は鋭く指摘していた。同書は出版当時建築学生の間では、ベストセラーだったといわれる。ラウス氏は、ボストン・ウォーターフロントの再開発を仕切って成功させるなど、名高いディベロッパーである。ジェイコブスは、「都市空間は小さいほど、都市住民としての人間との間に《良い関係》が生まれる」と説いた。対してラウスは、「空間は大きいほど、スケールメリットによる利益がある」とした。ジェイコブスは会場いっぱいの拍手を浴びて壇を降りたが、ラウスへの拍手は対照的に少なかった。スケールメリットなどという概念は、アメリカでは当時すでに政治・経済上の領域でこそ意味はあっても、空間の質を問う概念としてはほとんど有効性を欠いていた。

件の京都駅の駅ビルは、長さ四〇〇メートル・高さ六〇メートルの巨大建築である。高さ制限や容積率の既成のゾーニング規制を改変までして行われたコンペのときから、議論を呼んでいたものでもあった。曰く、「古都にふさわしくないスケールだ」「京都都市空間の連続性を分断する」「三方を山に囲まれた平安京古来の都市景観を破壊する」……。どれもが尤もな意見である。竣工したビルのファサードは、全体の大きさをブレイクダウンするかのように、さまざまな要素を用いた「工夫」のあとがうかがえる。だが、その手法はあのポスト・モダーンの「様式」によってである。チャールズ・ジェンクスが何気なく命名した「様式」は、洋の東西を席巻し、そしていつのまにどうやら流行（はやり）を過ぎたようだ。もう、欧米でもポスト・モダーンの声を聞くことはほとんどない。はやりハシカかペストのように、短期間のうちに世界中を駆け巡って各地に「軽い建築」の跡を無数に残していった。五十年後に、はたしてどれだけの「軽い建築」が、ヘルシンキ駅舎のように生き残るであろうか。少女のファッションのような危うさが、その「軽さ」にはもともとつきまとっていた。私が、京都の駅頭で「不快感」を覚えたのは、威丈高な大きさや高さばかりでなく、このすぐに廃れてしまうような流行のスタイルを、いまさらながら見せつけられるという、ある種の傍若無人な「強制」の故でもあった。それだけではない。古都の調査や庭園の取材で、これからも何度京都を訪れるかわからない。その度に、私はこの威圧的で、深みのない建築に、私の意志に反して「付き合わされる」のである。公的建築の存在の重みは、われわれがそれから逃れられないほどさように重い。しかも、その責任の重みは、存在の重さに反比例するのが常である。この駅ビルはその最たるものなのだ。少なくとも私にとっては。

いやいや、私の胸のなかを去来したのは、もっぱら「私」に与かる個人的な「好き嫌い」の感情だけではなかった。何百年という歴史をもつ都市は、西欧ならどこでもきちんとした「保全」の手だてが講じられ、その古さの趣が守られている。つまり、歴史性・文化性が町並みを通して継承されているのだ。いまや点的にしか存在しない名所旧跡の古刹の類以外に、われわれは京都に「まち」としての歴史的精神を見出すことは難しい。歴史を、文化を平気でクズ篭

図68　新京都駅ビルの内観

に捨て去ることと引き替えに、このマチもまた近代化の「嵐」のなかに自ら進んで身を置いてきた。経済合理性と事大主義とが絡み合うように下支えする、あの「近代化」のなかに。新設の京都駅ビルは、この近代化の道程における新たな巨大な里程標として、このマチが犯してきた愚かな過ちの歴史を改めて可視的に示しているのである。千二百年の歴史そのものの鬼哭の声を耳にするのは、私だけであろうか。

かつてのポスト・モダーンの喧伝者や擁護者は、こんどは「サステイナブル・アーキテクチャー」に夢中のようだ。その変わり身の早さには辟易しつつ脱帽するが、せめて「サステイナブル」の本来の意味をきちんと学んで欲しいものだ。それは、短絡的に「環境共生」の意に限定されているようだが、環境とは何も生態系のような自然科学的要素のみで成り立っているわけではない。歴史や文化、そして何よりもそこに生きる人びとの安寧が関わっている。環境は何よりも「生きられる」ものだ。私は、かつてこの89木葉会の文集で「場の精神」についてゲニウス・ロキを援用して所論を述べたが[*]、環境とは、この「場の精神」に通じるものでもある。それは、そこに在る自然・文化・歴史・人間の総合に拠っている。建築は、本質的にこの環境の総合性にサステイナブルであることが要請される。

すでに在るその環境の質に対して、きわめて異質なビッグ・スケールや表情は、まさしく暴力的な闖入ではなかろうか。そうしたものが、サステイナブルであるわけがない。「環境に対して人は謙虚でなければならない」とは、いまや小学校の環境教育の初歩的テーゼでもある。どうしてひとり、建築者（建築家とはいわない。建築に関わるすべての者という意味で）だけが、いつまでも傲慢でありうるであろうか。「大きなことはいいことだ」という生産至上主義的価値観や権力的・権威的事大主義は、もういい加減に止めにしたいものだ。少なくとも、文化や芸

＊本書別稿「場の精神」（一九六一一九七ページ）参照

術に深く関わる建築の領域では。一度、「小さなものは美しい」という、身の丈スケールとディテールとに徹底的にこだわる建築の思想と作法を、われわれのパラダイムとしてみたらどうだろう。

4 他ジャンルに学ぶ

ヴィトゲンシュタインに学ぶ

世界は成立していることがらの全体である。世界は事実の寄せ集めであって、物の寄せ集めではない。論理的空間のなかにある事実が世界である。世界は事実へと解体する……。

L・ヴィトゲンシュタイン

1　ヴィトゲンシュタインの『論理哲学論考』

一九一八年も暮のこと、南イタリア、モンテ・カシノの捕虜収容所におよそ兵隊らしからぬ、小柄な青年がいた。あくまで澄んだ眼、広い額と引きしまった口もとがおのずと青年の特異な存在を物語っていた。転々とした戦場でも、そして、ここ収容所の一室でも、彼が片時も離さずに書き続けている、一冊の「日記」があった。戦いのこと、イタリアの風土のことなど、およそ「俗世界」の断面は記されていなかった。「信仰とは経験であるか。思考とは経験であるか。すべての経験は世界であり、主観を必要としない。一九一六年十一月九日」

稀有な哲学者のひとりが、近頃にわかに再評価されている。哲学者であり、数学者であり、教育者でもあった、かのバートランド・ラッセルをして「彼と知己になったことは、わが生涯において最高に胸を躍らせた知的冒険のひとつ」といわしめ、そして、論理学に決定的な新風を吹き込み、記号論理学の道を開いた著書『プリンキピア・マテマティカ』への引金となった書物の序文で「……これらの発想を私は、私の友人にしてかつての弟子たる彼に学んだ」と書かしめた人である。ラッセルがそんな回顧をしているとき「彼」ルードウィヒ・ヴィトゲンシュタインこそ、モンテ・カシノの収容所でひとり黙々と「日記」をしたためていたのである。

そしてこの「日記」が今日再評価の静かな嵐を巻き起こしている『論理哲学論考』の下書きであったことは、彼自身すら意識の俎上になかったといわれる。

『論理哲学論考』は変わった哲学書である。「ことがら」について、何かひらめいたインスピレーション、あるいは走馬灯のように駆け廻ったイマジネーションの断片が、番号を付して記されているのみである。しかしながら、それらをたどって脈絡をつないで行くとき、私たちはそこに、世界を「事実」の関係性において把えていこうとする鋭く深い論理の筋をうかがうことができる。そして、その「関係性」を、「記号」使用に伴う意味の構造として解き明かしていることも。あるときは数学の集合論における記号論理の展開として……。こんにち、レヴィストロースを中心とした文化人類学などで着実に成果を挙げている構造主義の「記号」に関する原理性が、あらゆる領域で注目を集めているとき、哲学―論理学の世界で彼、ヴィトゲンシュタインが注目を浴びるのも自然のなりゆきなのかもしれない。

2 ヴィトゲンシュタインの「方法」による建築論

そして、その書を読むものは誰れも、己が領域において一度は彼の「方法」で、その領域をなぞってみたくなるような衝動に駆られるのではないだろうか。俗界にありながら俗界と隔絶した世界に沈潜し、黙考するなかから生まれたその書のことを考えれば、そんな短絡した発想がきわめて不遜であり、論理哲学的志向から隔っていることを知らされるにも拘らず。あるいは、また、「神」が「冒瀆」されることによってますます神たる威厳を獲得していく、というパラドクスを想起しつつも……。

1　建築はそこに存在していることがらの全体である。

1-1　建築は事実の寄せ集めであって、物の寄せ集めではない。
1-2　建築は事実へと解体する。
2　与えられたことがら、すなわち事実とはいくつかの事態の存在にほかならない。
2-1　事態は対象（事物・物）の結合である。
2-2　対象は単一である。
2-3　事態のうちで対象は、鎖の輪のように、相互に組み合わさっている。
2-4　存在している事態の全体が建築である。
2-5　存在している事態の全体は、いかなる事態が存在していないか、ということをも決定する。
2-6　事態の有在・不在が実在である。
2-7　われわれは事実の映像をこしらえる。
2-8　映像は描写の論理的形式を被写体と共有する。
3　事実の論理的映像が思考である。
3-1　真なる思考の全体が建築の映像にほかならない。
3-2　思考は、思考される状況の可能性を含みもつ。考えうるものはまた可能である。
3-3　われわれには非論理的なことが何ひとつ考えられない。さもないと、われわれは非論理的に考えねばならなくなるから。
3-4　思考は、実体において、知覚可能な表現となる。
3-5　可能な状況の投影として、実体の知覚可能な記号が用いられる。
3-6　われわれが思考を表象するために採用する記号を、私はモノ―記号とよぶ。そして実体とは、建築に対し投影的関係に立つモノ―記号のことである。

3-7　モノ―記号は、そのなかでモノ―記号の要素――部分――が一定の仕方で互いに関係するところに成り立つ。

モノ―記号はひとつの事実である。

3-8　実体は部分の寄せ集めではない。――（音楽の主題が音の寄せ集めではないように）

実体は分節をもつ。

3-9　事実のみがある意味を表現することができる。部分の集合にはそれができない。

3-10　モノ―記号が文字によってではなく、立体的な事物（柱、手摺窓といった）によって組み立てられていることを想起すればモノ―記号の本質はきわめて明瞭になる。

そのとき、これらの事物相互の空間的な配置が実体の意味を表現することになる。

3-11　思考の対象にモノ―記号の要素が対応するような具合いに、思考を実体で表現することができる。

3-12　実体のみが意味をもつ。実体の脈絡においてのみ、部分は意義をもつ。

3-13　実体の意味を特徴づける、実体のそれぞれの部分を、私は表徴と名づける。表徴は、実体の形式と内容を特徴づける。

3-14　表徴は実体の一般的形式を用いて述べられる。この形式において、表徴は常数となり、他のすべては変数となる。

3-15　記号は表徴における知覚可能な面である。

3-16　記号によって表徴を知るためには、その記号の有意味な使用法に留意しなければならない。

3-17　実体は論理的空間のなかに、ある位置を指定する。この論理的場の存在は、ひとえに実体の構成要素の存在により――有意味な実体の存在により――保証される。

3-18 モノ―記号と論理的座標、これが論理的場である。

3-19 適用され、考えられたモノ―記号が思考である。

4 思考とは意味をもつ実体のことである。

4-1 実体は実在の映像である。

4-2 レコード盤、楽想、楽譜、音波。これらは互いに、言語と世界との間に成立する、かの模写の内的関係にある。

4-3 音楽家が楽譜からシンフォニーを引きだし、人びとがレコード盤の溝からシンフォニーを引きだすことができるための普遍的な規則があり、また、その規則にしたがってシンフォニーから楽譜をふたたび推測することができる、こうした点にこそ互いに異なるこれらの形象の内的類似性が存在する。

4-4 われわれは、モノ―記号の意味を前もって説明されないでも理解することから、これがわかる。――だが実際の場合、作者の意図をモノ―記号によって完璧に知ることは難しい。

4-5 実体はその意味を示す。

4-6 実体とは、ある事態の記述である。

4-7 われわれは、実体の構成要素を理解するとき、実体を理解する。

4-8 実体は新しい意味を古い表徴で伝達せざるをえない。

4-9 実体は事態の存在・不在を述べる。

4-10 内的関係によって順序づけられた系列を、私は構造的系列とよぶ。

4-11 われわれが「bはaの後続である」という一般的な関係を、記号体系のうちで表現しようとするとき、それには、次のような構造的系列に含まれる一般項xの表現が必要

となる。aRb（∃x）：aRx,xRb

5 実体の構造はたがいに内的関係にある。

5-1 この内的関係をわれわれの表現方法において浮彫りにするには、実体を、基礎となる他のいくつかの実体に何らかの操作を適用した結果構成されたものとして、叙述すればよい。

5-2 論理は建築に充満する。建築の限界は論理の限界でもある。

6 論理の諸実体は、同語反復（トートロジー）実体である。

6-1 論理の諸実体が同語反復実体であるという事実は、言語の、ひいては建築の形式的特徴――論理特徴を教える。構式要素がかくかくの仕方で結合されると同語反復実体が生じるということこそ、その構成要素の論理を特徴づける。実体が一定の仕方で結合されて、同語反復実体を生じるにはそれらは一定の構造上の特徴をもたなければならない。

6-2 論理実体は、建築の「足場」を記述する。というよりはむしろ建案の「足場」を提示する。

6-3 論理の内部では、経過と結果は同等である（それゆえに、不意をつかれることはない）。

6-4 論理は理論ではなく、建築の鏡像である。論理は先験的である。

6-5 すべての実体は等価値である。

6-6 建築の意味は建築を超えたところに求められるに違いない。

6-7 建築がいかにあるか、ということは、より高次の存在にとっては、まったくどうでもよいことである。神は建築のなかには顕われない。

6-8　事実は問題を課するのみで、解答を与えない。

6-9　建築がいかにあるかが神秘なのではない。建築があるというその事実が神秘なのである。

6-10　「永遠の相のもとに」（スピノザ）建築を直観するとは、建築を――限られた――全体として直観することにほかならない。限られた全体としての建築にいだく感情、これこそ神秘的なものである。

6-11　いい表わせぬものが存在することは確かである。それはおのずと現われ出る。それは神秘である。

6-12　建築の正しい方法とは本来、作られうるもの以外なにも作らぬこと、である。

6-13　読者はこの文章を乗り超えなければならない。そのときかれは建築を正しく見るのである。

7　作りえぬものについては、沈黙しなければならない。

3　ヴェネツィア・ドージェ宮の「想像的」建築論

モノはおよそ作者のなかですぐれて「構造的」な思考の展開として作られていくにちがいない。逆に、また、すぐれた作品というのは、見る者をしてそのような作者の意図・思考のあり様について尽きることのない想像と妄想の世界へと誘ってくれるものである。そこには、われわれのそのような趣味的で知的でしかも猟奇的な感覚の捗猟を容易にしてくれるような、作品自体のエクリチュール（私は、「表情」という日本語を当てたい）があるからである。そして、われわれのなかで果てしなく展開する想像の世界もまた、その作品のエクリチュール同様すぐれて「構造的」なはずである。モノに出会ったときのわれわれの想像の世界が一見とりとめも

図69　ドージェ宮鳥瞰写真（右）。手前グラン・カナル。奥サンマルコ寺院

なく「非論理的」であるようにみえるのは、想像の断片の一つひとつがバラバラに分解されたままであるからである。われわれは、ディスクール（記述）を経ることによって、その個々の断片を結合させ、そして自らの全体的な想像の世界を再認識することができる。そのようなディスクールこそまたモノを作るうえで重要な役割を果たすのである。すぐれた作者とは、すぐれた「記述者」でもある。詩は詩人でなければ訳せない。私は、ここで、ヴィトゲンシュタインによって啓示された私の建築論を、ある古建築についてのディスクールによって試みてみよう。題材は、ヴェネツィアに行った人ならたいていは見ているサンマルコ広場の一隅サンマルコ寺院に隣接する、かの総督宮（ドージェ宮）にしよう。総督宮が正確にいつ、誰によって建てられたかは知られていない。ただ、運河側のファサードが一三四〇〜一四一九年、ピアツェッタ側は、一四二四〜一四四二年に作られている。この建物をよりよく理解するには、観察者にはゴシック建築の若干の知識が要求される。できた時代はプレ・ルネサンスであるが、その手法がゴシックであるからである（末尾のカッコの数字は前項の「建築論」の項目に該当する）。

1　総督宮は個々の事実に解体して理解される。（1-1）（1-2）

2　現在われわれが見る総督宮をもっとも特徴づけているのは、運河側とピアツェッタ側のきわめて装飾性の強いふたつのファサードである。したがってこの建物はこのファサードを成立させている、〈物〉の〈結合〉に多くを負っている。（2-1）（2-3）

3　ふたつのファサードという〈事態〉が存在し、それが明らかに見せ場を形成しているということは、ふたつのファサードのそれぞれの作者にとって、他の建築的意図はほとんど存在しなかったと考えられる。（2-5）したがって、総督宮はこのふたつのファサードによって全体験が位置づけられる。（2-6）

4 ファサードの構成要素は、互いに鎖のように組み合わさって、おのおのを存在させている。(2-3)

5 われわれは、現に見ることのできるこの建物の〈モノ―記号〉を通して作者の〈思考〉を知ることができる。(3-4)(3-5)(3-6)

6 では、われわれはこの総督宮の〈モノ―記号〉を分解・分析してみよう。〈モノ―記号〉を成立させている要素とその関係性がついに〈思想〉の構造を示すであろうから。(3-7)(3-8)(3-9)(3-10)

7 これらファサードは三層から成り立っている。三階建ての建物が総督の執務宮殿として、しかも、ヴェネツィアの中心部たるサンマルコ広場に面するものとして、それはもっともヴェネツィアらしいものが目論まれたに違いない。つまり、実体としてそれがヴェネツィアを象徴するものが。そこで作者たちは三階部分を重厚な壁とし、一・二階をローマ建築以来の列柱式の軽やかなものに仕立てたのである。この組み合わせこそヴェネツィアそのものなのである。なぜなら、大寺院、宮殿や政庁そして民家に到るまでヴェネツィアの建物はほとんどが無数の木杭によって支持されているのである。例の望楼などは何と一〇万本もの木杭が使われている。つまりヴェネツィアとは地上にある石造りのまちとそれを支える地中の木杭とによって成立しているのである。つまり、上部のマッシヴな大岩石を下の木杭の大密林が支えている、「石と木の都」なのである(『思想のドラマトゥルギー』林達夫・久野収(平凡社)九二～九六ページに面白い記述がある)。

8 かくしてこの三層のファサードはヴェネツィアそのものの構造を象徴するものとなった。それは、作者が心血を注いで表現しようとしたエクリチュールのすべてである。これこそが私のいう〈表徴〉なのである。(3-13)(3-14)(3-15)(3-16)(3-17)(3-

図70　ドージェ宮・ピアツェッタ側ファサード

18）（3-19）

9　まず、一階部分の列柱は互いにゴシックの尖頭アーチで結ばれている。そしてそのアーチはやはりゴシックの教会建築のニッチのように浮彫りの柱頭により支えられている。十八本のこの柱の繰返し——列柱は後にルネサンス建築に大きな影響を及ぼす。（4-8）

10　二階の列柱はもっとも美しい、ゴシックのバラ窓のディテールが独特の柱頭を形成する。一階列柱の二分の一のピッチで連なるこのエクリチュールはみごとな透かし彫りといえる。（4-8）（4-9）

11　一〜二階の高さを合わせたほどの三階の壁面は重厚である。可視のヴェ《（4-8）》ネツィ《（4-9）》アを象徴するものであればもっともである。しかし、よく注意してみると、一階の尖頭アーチと二階の四つ葉のバラ窓がこの壁面の重要な役割を果たしているのがわかる。ここではこれらは窓に替えられて繰り返されているのである。一〜三階はこのような仕方で統一的な構成要素を形成する。（4-10）（5-1）（6-1）

12　しかも、この三階の壁面は、二色の石を用いて綴れ織りの菱形のような模様を浮き出している。この明るく軽快なパターンは壁の「重さ」を決定的に救っている。この二色の石の使い方こそゴシックの手法であった。イタリアにおいてより特徴的であるその手法は、フィレンツェやシエナのドゥオモ（大聖堂）によくうかがえるものである。（4-10）（5-1）（6-1）

13　かくして、ドージェ宮（総督宮）は、もっともヴェネツィアらしい建物という、その存在をかちとることができたのだ。その〈対象〉と〈事態〉は古いゴシック手法のトートロジー（同語反復）によって……。ドージェ宮は、すべてこの〈論理〉によって貫かれていて、それ以上でも以下でもない。われわれは、このようにすばらしい建物のひとつをもつこと

ができたのである。（5-2）（6-2）（6-3）（6-4）

14 そして、ドージェ宮の全体的な意味は、サンマルコ広場にとって、大運河にとって、いやヴェネツィアにとって欠くべからざる〈存在〉として、いまやありうるに違いない。それは、もはや〈建築〉を超えて私たちの前にある。（6-6）（6-9）（6-10）（6-13）

四畳半裁判と建築の世界

1 「四畳半裁判」と表現の自由

四月二十七日の夕刊各紙は一面の記事扱いで例の永井荷風作といわれる『四畳半襖の下張』掲載のカドでワイセツ文書販売罪に問われた事件の判決を報じていた。周知のように、交替制の編集長の下に編集される雑誌『面白半分』昭和四十七年七月号に野坂昭如編集でそれは「発覚」したものだった。翌四十八年二月に野坂と面白半分社社長の二人が東京地検から起訴された。爾来、「被告」側は、丸谷才一らの作家群を特別弁護人・証人に仕立てて「表現」の問題に本質的な反論を展開し、少なからぬ反響を巷間に巻き起し、大方の判決結果を注視させるところとなっていた。この判決直前には、大阪で「フォーク小説事件」の無罪判決が出るなど「ワイセツ罪」をめぐる事件も「流れ」としては「好ましい」方向に進んでいるかに見られていた。

東京地裁林修裁判長裁くところの、この件は、しかしながら、大方の「期待」も空しく「有罪」という結果であった。その結果については、すでに新聞、雑誌等が大いに「識者」の談話を載せるなどして批判の論陣を張ってもいる。

この「四畳半裁判」とその第一審判決（野坂らは控訴の意志を表明しているので、やがて二審判決も出るであろう）の一連の出来事は、対岸の火事どころか、われわれ一人ひとりに実に重要な問題を示すものとして、看過することはできない。

一言でいえば、それは、〈自由〉に関する問題と、〈表現〉に関する問題との本質的な課題が焦点だったからである。公判でくりひろげられていた作家たちの弁論には、私も大いに耳目を惹かれていた。当の野坂昭如、丸谷才一、五木寛之、石川淳、有吉佐和子、中村光夫ら多くの

*一九七六（昭和五十一）年

人びとは、『四畳半…』の芸術性を評価し、あるいは文学における表現の非刑事的性格を主張し、また「ワイセツ」に関する判断の「基準」を迫ったり、判例の不当性を弾劾したりしたのだった。

2 「チャタレー裁判」から進歩なし

私自身、いまこの稿を書きながら、高校生のときに、例の『チャタレー夫人の恋人』をしきりと原本で読んでいたのを想い出す。われわれより一世代昔の高校生や大学生はヴァンデヴェルデの『完全なる結婚』を原書で読むことで、結果として大いにドイツ語のウデを上げたともいわれている。私自身も『チャタレー…』のおかげで大いに英語にも強くなったものだった。解らない単語を飛ばしても、文脈を把えさせるイマジナティヴな表現がそこにはあった。『チャタレー…』の原本の御利益を蒙ることとなった直接の原因はといえば、伊藤整訳の日本版であった。もっとも微妙で肝腎のところで決まって出てくる、あの、「……××××××、……×××…、××××××××……」である。あるときは、数行全部が「…×××…」であったりする。十五、六の年齢ながら、私の思いは一言「けしからん」であった。理屈以前のところで、私は、自分の自由が何者かによって奪われたことを直感したものだった。もちろん姉たちの話で「チャタレー裁判」の大方の内容は判ってはいたが、その「…×××…」に出会ったときはじめてそれは、訳者伊藤整だけの問題でないことを己が肉体で悟った。『思想の自由の歴史』などという岩波新書のちっぽけな本が、小さな私の書棚に収まるのはその後いく日も経たないうちだった。

今回『四畳半…』の判決に関し、専門的な法律論を展開するのは、私の立場でないし、またその分でもない。しかしながら、天皇制下の明治四十年に公布された刑法がそのまま生き続けており、しかも「チャタレー判例」といった四半世紀も前の法的感覚が依然として大手を振ってまかり通る「法治性」というものに大いに疑義を抱かざるを得ない。今回、判決を読むと、有罪の根拠はじつに「社会通念」に照らして「ワイセツ」に該当する、という点にある。百歩譲って、この判決の依拠する刑法一七五条に則ったとして、いうところの「社会通念」とは何か、判決は「ワイセツ」の定義をただ判例に頼るのみである。「いたずらに（過度に）性欲を興奮または刺激せしめ、かつ、普通人の性的羞恥心を害し、善良な性的道義観念に反すること」と。まことに以て妙なことではないか、ここにいわれることがらの一体どこが論理的正当性を主張できるのか。「いたずらに（過度に）」「普通人の性的羞恥心」「善良な」とは一体何か。それこそ、まったく個人の自由に委ねられたことがらではないか。私は、訳本『チャタレー…』をケシカランと思い原本に当たって、ほとんどその細微にわたる意味を了解した。判例に従うなら、私は、「いたずらに（過度に）」興奮しなければならず、「かつ」、「羞恥心を害され」なかったのだから「普通人」でないことになり、しかも「善良」でないことにならなければならない。十五、六の少年として私は、普通の高校生だった。『チャタレー…』を読んで興奮しなかったといえばウソにもなろう。しかし、誰が、それをもってして当時の私を、「いたずらに」興奮し、「普通人」でなく、「善良」でもないというのか、またいいえるのか。「…×××…」という裁判所のおしつけた「表現」にこそイヤラシサを感じはすれ、D・H・ローレンスの文章に私は微塵もそんな感情はもたなかった。私は、英文の文章の美しさをむしろそこに見出していた。「ワイセツ」を次元の低いところで仮に感じてもよいだろう。それは、その人間の感受性のレヴェルがその程度のものであることを示すだけのことだから。しかし、その次元の低さを「社会通念」の名を借りて、他人に押しつけるのは明らかに、自由の侵害である。「チャタレー判例」は、明らかに私にとってそうであった。いままた、「四畳半第一審判決」もまったく同様である。

一切の判断をただ、「チャタレー判例」に頼るのみで、純粋に法律論的に見ても、自主的な判断を放棄していると見るべきで、もっとも次元の低い結論に属すのではないだろうか。

「被告」たちとその支援作家たちが主張した主要な点に、芸術性の問題があった。非常に重要なテーマではある。芸術的に『四畳半…』は秀れた作品だから、そもそも刑法一七五条の対象となるものではない、というのがその主張の要旨である。裁判官も検事もただ、名教授の名講義を聴くように、一言半句の言葉もない法廷が続いたと報じられてもいた。私は、そこに、文学の世界の真実性——あるいは真摯な情熱といってもよい——を観ていた。『チャタレー…』を読んでも『四畳半…』を読んでも「いたずらに」興奮するしかない次元の低い人びとを相手に、それは見ていても涙ぐましい姿であった。

ただ、一市民の立場としていえば、芸術論争を挑む以前に、現に刑法一七五条を盾にわれわれの個人的自由が、裁判官の個人的裁量によって奪われてしまうという、国民的・市民的次元の自由の問題が追求されねばならないのではないかと思われるのである。表現すること、表現されたものを見ることの自由は、基本的にそれが芸術的か否かを問わず（一体、それを誰が判断するというのか）、まったく個々人に委ねられた基本的人権だと思うからである。まだ、この国では、このもっとも基本的な権利とその行使についての「自由」が定着していない。

3 「譲れる自由」など「自由」でない

日本ペンクラブという、作家たちの協会がある。その会長の石川達三が唱える「二つの自由」論も、その意味で問題である。「譲歩できる自由と、できない自由とが表現の自由にはある」という論旨は、逆の意味で「自由の履き違い」である。自由は、本質的に個人に属すものであって、何人といえどもそれを侵すことはできないものであり、しかも歴史的にはそれは、統治される側がする側から闘いのなかで獲得してきたものだった。そのプロセスで多くの血が流されてもきた。「社会的秩序」「公共の福祉」「社会通念」なる言辞は体制・制度を問わず、統治する側の発想、もしくは統治を前提とした発想から生まれてきたものである。個人に委ねられた基本的権利としての自由は、統治・被統治の関係で、抑制していくか守る・獲得していくかという二方向の逆向きのヴェクトルの相対的な力関係に依っている。

自由とは、そのように個人に属す限り、自由の行使に伴う一切の責任をその個人が負うという基本的原則を前提としているものである。いま、とくに無責任が時代の風潮としてあげつらわれ、「自由の履き違い」がいわれたりしている。確かに、責任の伴わない自由は、自由ではないし、その名に値しない。他人に迷惑をかけない、というのはその責任に与る自由の本質的な面でもある。それがないがしろにされ、若者たちの行動が乱れている。だから「譲れる自由もある」という論旨は、同じ無責任の土俵をただ裏返したにすぎない。

自由を本当に定着していくには、無責任な体質を自覚し、自らに責任をもち、したがって他人の自由を尊重するという、ごく当り前の——だからこそ本質的なのだが——態度が「社会通念」にまで到らねばならない。そのプロセスは、各自が依って立つ基盤で地道に進めていく以外に手はないだろう。文学の表現の自由が、仮にポルノといわれる「鬼子」を含んでいたとしても、それを「譲って」相手に引き渡してしまうようなものであるなら、残った自由すらが、その相手によってつねに「鬼子」であるかどうかを監視されることになってしまう。つまり、『チャタレー…』『四畳半…』の類いの事件は、つねに相手からひき起され続けていくであろう……。自由はただひとつしかない。責任を自らに課して行使していく自由。

4　建築におけるエロティシズムと表現

かつて、ある雑誌の座談会の席上で、大江宏が、「すぐれた建築というのは、視る者をしてエロティシズムを覚えさすものでしょう」という名言を述べていた。

エロティシズムというのは、視る者に性的興奮を呼び起こすものでなければならない。性的興奮を起こさせるが故に（いや、自ら性的興奮を覚えたら、それが悪だとしか思えない、イヤシイ感受性の故に）「社会通念」なるアイマイな通りのイイ言辞のうちに、刑罰の対象になるとしか為しえなかった者との間にある、この落差を考えてみるとよい。

いうまでもなく、エロティシズムは、大古の昔から、人びとが素朴に生きるもっとも人間らしい生活実体のなかで、生き生きとおおらかに息づいていたものだった。ギリシア・ローマ神話や北欧のそれらはいうに及ばず、権力臭の強い作為的な日本神話でさえも、素朴なエロスがことごとく国づくりの基本的なモメントとしての役割を果たしていることを知る。たとえば、愛や豊穣の神であるアフロディーテは、ウーラノス（天空）の局部から流れた精液が海に滴り、その泡から生まれた（ヘシオドス『神統紀』）といった類いである。また豊穣多産の素朴な願いとその返礼としての祭りが、性器や女体のシンボルのもとにいまなお、根強く残っている。このエロティシズムとわれわれの生活実体との不可分性については枚挙にいとまがないほどである。

あらゆる表現体は、視る者をして、このエロスに関わる感受性に何がしかの〈刺激〉を与えることによって、むしろ表現体としての存在価値を獲得するといっても過言ではない。

文学の世界で、真摯に取り組まれてきている、この性に関する本質的な表現の問題は、その意味で、われわれ建築に関わる者にとっても意味するところ大きいはずである。われわれの表現体としての建築が、それを視る人びとにただ大きいだけの威圧感などではなく、しっとりとした生きたエロティシズムをもたらせるとしたら、実に素敵なことではないか。その意味では、われわれの仕事は、まだまだやるべきことが十二分にあるはずである。

しかしながら、われわれは、エロティシズムをイヤらしく感じてそれを「社会通念」として刑法の感覚を傲慢にも押しつけてくる者たちを笑えるだろうか？　それと必死に闘っている文学者たちの真摯な姿勢を直視できるだろうか？

自らの設計という表現行為を、金力や権力に阿《おもね》って経済ベースのダンピング競争に委ねてしまう。また、その設計料の問題で公取委が乗り出してもダンマリを決めこんだり、あるいは、東京建築士会理事会のように進んで独禁法の対象としての事業者団体になろうとする（建築の設計が本質的に独禁法の対象になるようなものではないことは明らかである――拙稿「建築の設計料について――公正取引委員会の見解に想う」『ＳＡ』一九七六年三月を参照されたい）。あるいは、神代雄一郎が提起したすぐれた視点である「巨大建築に抗議する」に対して、まったく傲慢であるか無内容であるかのどちらかでとにかくまともな反論や建築論が展開されなかったりする。そんな日常性のなかでは、これらの問いに答えるすべをもたないというべきなのかもしれない。

建築の表現それ自体が、刑法の対象となって、「建築とは何か」「建築の表現の自由とは何か」という議論が巻き起こるのは、あるいは夢でしかないのだろうか。

都市論

「人間と都市」、古くてつねに新しい課題である。「都市とは何か」をめぐっても多々議論が展開されてきた。建築史や都市史の専門領域での議論よりも、むしろ他領域の議論に触発されることも多い。歴史家の羽仁五郎は「市民」の存在を都市が都市であることの大前提とし、哲学者のアンリ・ルフェーブルは「都市的なるもの」という総体的な魅力の存在が都市を都市たらしめるゆえんだとした。いずれも含蓄に富んだ表現である。両者の哲理に共通するのは、自由・自覚・魅力という概念である。そのような概念の実体を日常性のなかで得るのは、一朝一夕では難しい。人間と都市との長い時間をかけた、ときには闘いのように自覚的な「相互作用」の結果として獲得できるものである。たとえば、中世の自由都市が自由でありえたのは、それまでの支配者だった封建領主との熾烈な抗争によってであった。そうした歴史を担う彼らが今日、都市の至上価値を「アメニティ」に置いていることは示唆的である。都市が都市でありうる事情と条件は、今日においてもまったく変わらないであろう。自覚的な市民こそが、自由と魅力（広義のアメニティといってよい）を感得できるような都市を創りうるのである。

ここでは、都市に関連した文章を集めた。おおかた次の四類型に分類される。(1)都市的規模の競技設計（コンペ）での提示理念に関連したもの、(2)都市のあるべき事情や条件に関するもの、(3)都市計画や地域計画において戦略的にもつべき視点・観点に関するもの、(4)興味深い都市空間へのオマージュに関するものである。(1)ではまとまった形で活字になったので、「出遭いの場の復権！」を収録した。二十代に書いた最優秀賞を得たコンペ応募案の構想文である。設計屋としての出発点を画する私的記念碑。(2)には、「外空間の……」「住宅から都市…」「都市と日照権」「場の精神」「都市軸の記号性」がある。「場の精神」は、ノベルク＝シュルツが現代的に再生させた古代からのラテン語である「ゲニウス・ロキ」に触発され、場所性のキーワードとして自ら創成した〈場の精神〉について記したエッセイである。(3)には、「子どもと環境」「環境質の向上」がある。「子どもと環境」は、筑波研究学園都市の子どもたちへの調査を踏まえて、子どもに配慮した都市計画の視点と方法を重視すべきことを論じた小論。(4)には、「盛り場の都市空間……」「廃市」がある。「盛り場…」は、初期の文章だが、銀座や六本木のような「華やかな」場ではなく、裏町的な繁華街のもつ哀しくも逞しい魅力を描こうとした。

Assisi
M.M.

5 コンペ入賞作の都市構想

出遭いの場の復権！

いま、真の都市化とは物理的な集積の理を謳うことではなく、住民の精神的な基盤を創出することである。〈生活空間の自立性〉こそ歴史的中小都市に求められねばならない。歩行者天国の〈都市軸〉はその象徴である。人びとは、この計画地で通行し、ショッピングし、憩うなかに〈出遭い〉の体験を積み重ねていく。〈商業空間〉は、そのような核として在るとき、その真価をもっとも発揮する。

コミュニティについてあまりに多くのことが語られてきた。集合住宅の計画のなかで、広場論のなかで、あるいはプライヴァシーとの関係で。コミュニティということばは、いまその新鮮さを失いつつあるともいえる。だがそのことばの氾濫は、コミュニティというものに内実化されてきたものが、確実に喪失されていることへの「危機感」の表明に他ならない。都市計画とは、かつて、都市的矛盾を量的に把握し、それに物的計画をもって応えることであった。しかし量的矛盾の把握が、その普遍性を得て独り歩きを始めたとき、悲劇は始まったのである。都市計画がその実現化の過程を深めれば深めるほど、人びとの日常感覚から〈街〉は遠のいていった。

〈ものの集積の理〉から都市計画をとり戻さねばならない。

I　全体計画の構想

(1) 課題都市の理解

計画都市〈K市〉（われわれのネーミング）は、開発ブームの波をまともに受けている歴史的

本稿は、コンペに当たり図面とともに提出が義務づけられた「構想文」であり、筆者が執筆した。

このコンペは、日本店舗設計家協会（JCD）の創立十周年を記念して、一九七一年に「地域コミュニティ機能としての複合商業施設」を課題として実施されたものである。

私たちのグループは、角田幸治、下田洋二、利岡康史、洞沢正敏に私を加えた五人であった。グループ名は、YORAC-5である（ATELIER-5やNEWYORK-5を意識していたのはまちがいない）。実は、私たちが当時愛読していた砂川しげひさのマンガ「寄らば斬るド！」に由来する。

勤務時間後に深夜に及ぶ作業を一か月間行うという過酷な日程を、私たちは「諧謔精神」で愉しみ乗りきった。

コンペの結果は、最優秀賞だった。優秀作品は全国巡回された。

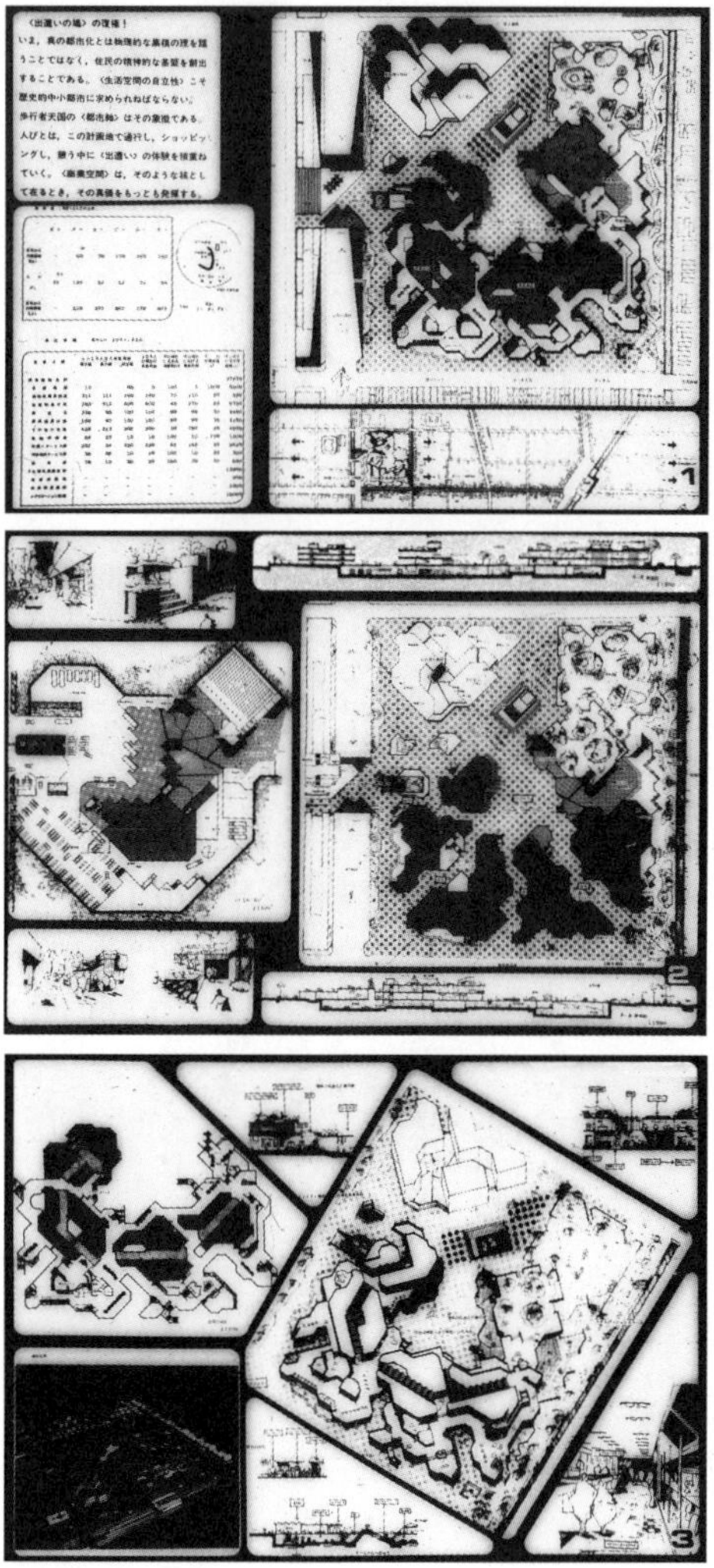

図71,72,73　コンペ提出図面（A1サイズ3枚）

中小都市の典型といえる。無秩序な開発はこの都市の歴史的遺産を損なうばかりか、住民の日常生活をもサツバツとしたものにしていくであろう。

そこで、このK市の基本的発展方向を、あらかじめ定めておくことの必要性がある。われわれは以下のようにそれを理解し、設定する。

①伝統をもつ「独立都市」としての発展を都市基本計画の原点とする。

つまり、〈巨大都市〉の単なるベッド・タウンとしての性格に堕しないこと。

②歴史的都市としての〈保存と開発〉に十分留意する。

③その開発を誘導すべき上位計画の〈基本土地利用計画〉としては「新規の」住宅あるいは内陸工業の開発は、東西にそれぞれ三日月状に展開する地域に積極的に誘導し、それより内部の地域はできるだけ再開発として取り組むべきものとする。歴史的遺産は、〈環境保存地区〉で極力保護される。

④K市の経済的自立性については、半径一八キロメートルの近接巨大都市圏において、レイリーの法則により、〈商勢圏〉を設定してみると、むしろK市の市域よりも広大であることが解り、〈独立都市〉として十分自立的経済活動を維持していけることが予想される。

(2) 課題地区の計画の構想

(1)で理解・設定した、〈独立都市〉としての基本条件に則りわれわれは計画対象地区計画を以下のように構想した。

①K市発展の背骨としての〈都市軸〉の設定。K市の中心地区が、私鉄駅と国鉄駅とを結ぶ軸線上にあることは間違いない。この軸線は、両端をそれぞれ延長すれば東西のふたつの新規開発予定の「三日月地帯」の中心部に達する。〈都市軸〉は、そのようなK市の発展の

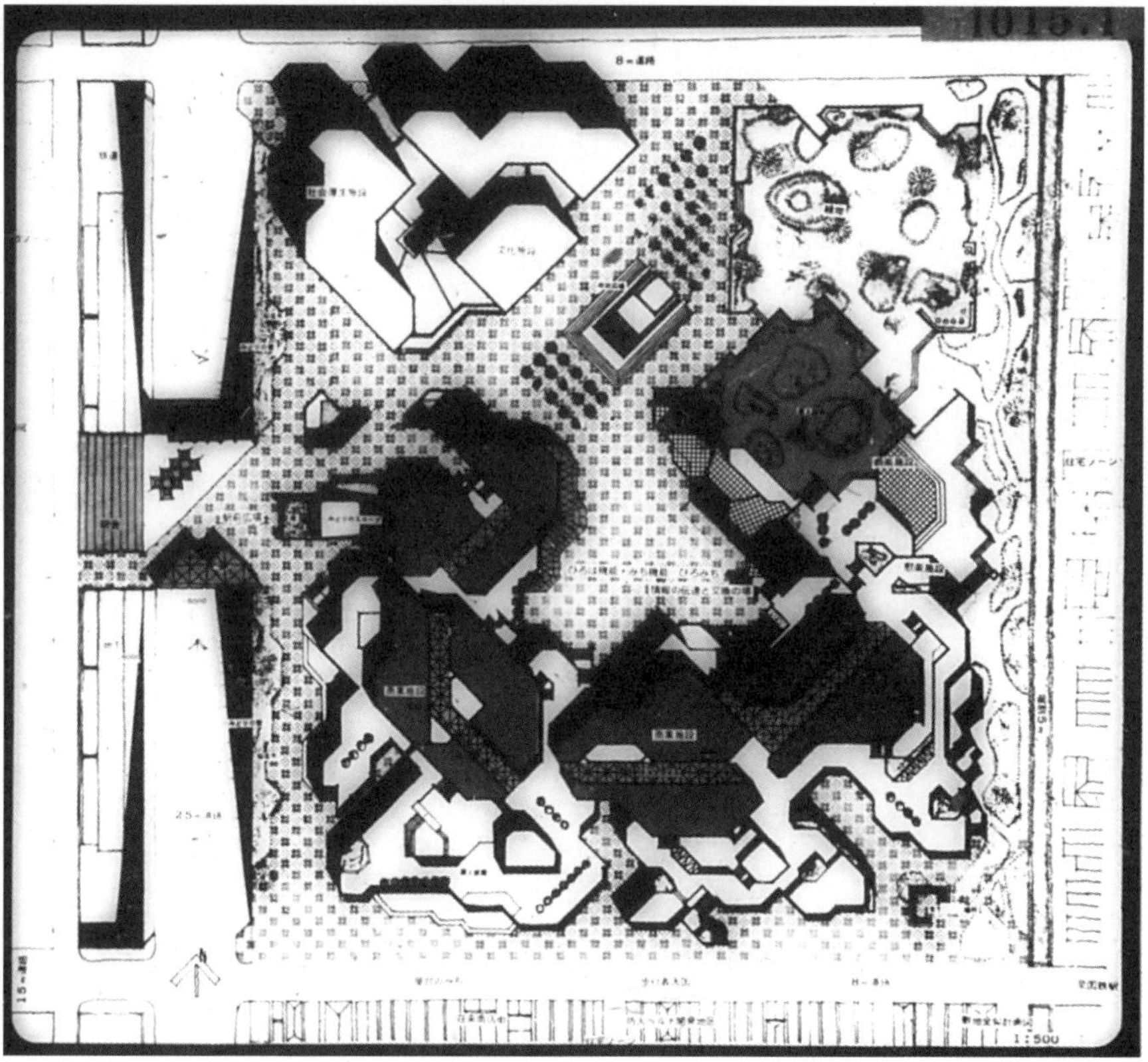

図74　コンペ応募作品「出遭いの場の復権！」の配置図

軸である。この軸の内環状線内部の開発は、再開発のモデル地区である。そして今回の対象地区は、このモデル地区の拠点としての位置を占める。

②シティセンターとしての全体計画

再開発の拠点としての対象地区は、K市の市民生活の中心地として計画される。われわれの計画は、K市の昭和五十年度の時点を一応の目標時点にしている（人口約一〇万人）が、そのための私鉄駅舎・駅広場、商業施設、業務施設、文化教育施設、レジャー・リクリエーション施設を計画の対象とした。市民はこの複合施設のなかで〈出遭い〉というもっとも基本的なコミュニティの内実を獲得していく。〈出遭いの場〉こそ、シティセンターの目標でなければならない。

③成長・発展への配慮

拠点としての計画は、それのインパクト効果としても、また時間の経過に伴う成長に対応するためにも、十分なフレキシビリティが必要である。われわれは、私鉄および二五メートル計画街路を計画敷地に接する部分だけ地下に下げることによって、西方文教地区との結合を視覚的にも物理的にも円滑にした。さらに、計画地の南側に接する両駅を結ぶ八メートル道路は全面的に歩行者専用道路にして、東方への市民生活の円滑的な発展への礎とした。

④ペデストリアンデッキと複層空間

〈出遭い〉は、それが無目的な市民のアクティビティが生むものであるとき、コミュニティ回復の内容をもたらすだろう。ペデストリアンデッキは、人車分離の原則を満たすばかりではなく、そのような機会を提供するひとつの場である。また建物の全体配置計画では、〈出遭い〉を最大の目標にして〈複層空間〉の創出を目指した。施設の間を縫う〈路の空間〉

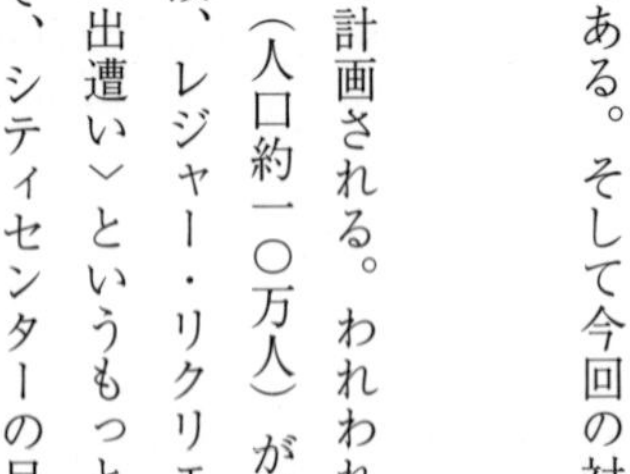

図75「出遭の場の復権！」スケッチ①

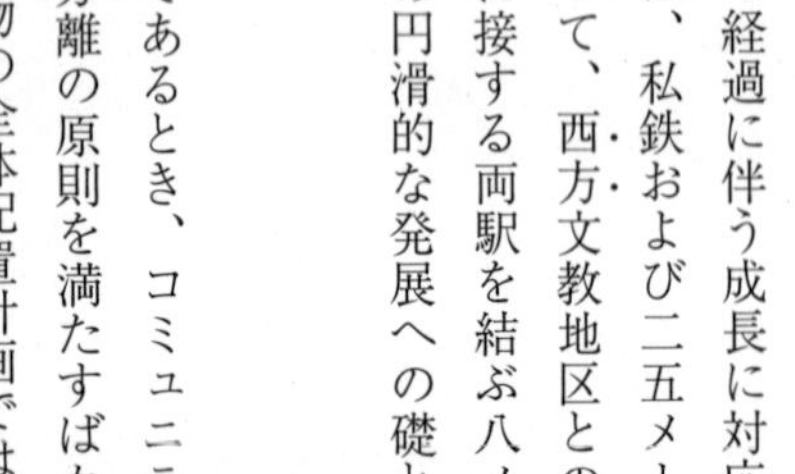

図76「出遭の場の復権！」スケッチ②

や、段々の〈屋上テラスの空間〉はその試みである。

II　対象施設計画の構想

I―(2)の基本構想に基づく各施設計画の構想は以下のとおりである。

①駅舎・駅広場計画

計画地への主要なアプローチのひとつである。デッキ部分で人びとの通行が行われ、計画地地下がバス・タクシー等のターミナルとなっている。バス用、乗用車用の駐車場が付設されている。

②商業地設計画

基本的な所要面積は、人口一〇万人都市の中心施設規模として算出した。目的的なショッピングとしてのスーパーマーケットは地下一階に、日用買廻品的なものは通路に、趣味の店などは公園に面して配し、喫茶店などは二階屋上テラス、公園部分に計画した。

③レジャー・リクリエーション計画

目的的な娯楽施設（ボウリング場など）は地下一階に配し、一階レベルにもドライエリアを通じて地上と接するようにした。児童公園や近隣公園は堀のある東側道路に面し、かつ市役所に近い北東隅に計画している。

④文化教育施設計画

郷土館、図書館（分室）は、近隣公国に面している。

⑤業務施設計画

銀行、事務所などは計画地北側の「産業会館」との連繋をもたせて北西隅に計画した。

⑥エネルギーセンター計画その他

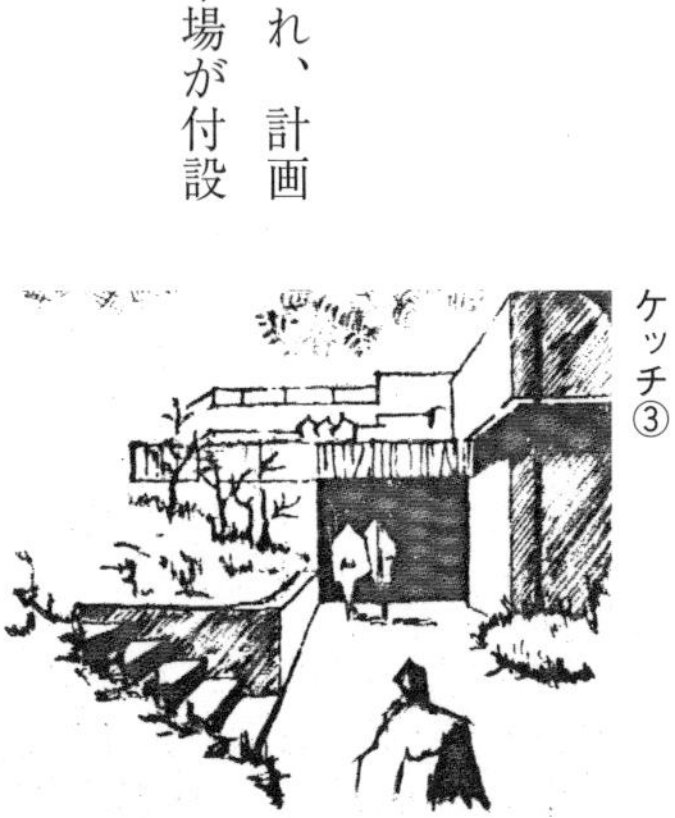

図77「出遭の場の復権！」スケッチ③

図78「出遭の場の復権！」スケッチ④

計画地全体および将来の隣接部分への諸エネルギーの供給・管理センター(地域冷暖房など)は地下一階部分に計画している。また商業施設用の食料等の大倉庫も地下一階に配してあり、ターミナルの西端から専用アプローチを経てサービスされる。地上施設への運搬は、ダムウェーターで行われる。

われわれの計画は、これらの諸施設が有機的に結合した、シティセンターとしてのそれである。商業施設はその核として機能し、コミュニティの回復に寄与するであろう。

図79 「出遭いの場の復権!」スケッチ⑤

6 都市空間の原像

外空間の日常的な獲得を

あるいは、わが国ほどその圧倒的な量にも拘わらずデザイナーと称される人びとが生活レヴェルの次元から浮いているところはないかもしれない。

純粋芸術（ファイン・アート）と違って何らかの形で利用とか使用とか、その「生産」に関わる経済的な事柄（建築の世界では、いみじくも資本を提供してデザイナーにモノをつくらせる者を、施主——ホドコシヌシとは呼ばないらしいが——と、いまでもいい続けている）がまつわりついているこの建築デザインの世界はそれだけに「生活」に密着していてよさそうなものなのだが……。

しかしながら、私がここで考えたいのは「浮いている」デザイナーのひとりとして「市民のみなさん、何故にもっとわれわれを理解してくれないのか」などという嘆願やら不満やらに類する事柄では決してないのである。むしろ、私が問題にしたいのは、そうした被害者意識が先行するところに本質的な問題がなかなか明確にならないという事実である。結果論としての「浮いた状況」は、一方の側面としては、デザイナーの側のデザインそのものに対する「意識」の浮薄さとして、他方では利用者・使用者の側におけるモノの豊かさに対する無意識性との相関的な現象としてあるといえるのではないだろうか。私としては「施主が、こちらの意図をよく判ってくれない」などという言葉は、デザインの本質にひそむ問題のほんの一角にすぎないのである。

そして、これが不毛な議論で終わらないためにも、対他的な課題としてよりも、われわれ自身のうちの課題であることを前もって確認しておきたいのである。

1　外空間の貧弱さ

われわれの日常生活の営まれている場は広義の空間と考えてよいだろう。一般的には物理的な殻としての建築の「ウチ」と「ソト」とに、それは分割される。

さらに空間に表情を与える要素として決定的な位置を占める「外皮」を考えれば、この建築は実はウチに向く内皮と、ソトに向かう外皮とのふたつの貌をもつことになる。われわれは、このウチにもつ建築の表情については、物理的な天井・壁・床といった固有の名称を付して昔からその重要性について考慮を払ってきた。そして、ヨーロッパであろうとわが国であろうと、あらゆる時代を通じてそれぞれ固有の表情を作り上げてきた。様式＝スタイルというのは、建築の「構え」に対して付されてきたキライがあるが、むしろそれは、内空間の表情において、はるかに濃密な固有性を示している。たとえば、ノートル・ダム寺院を訪れるとき、人びとはその雄壮なゴシック様式の内空間に圧倒されてしまう。英国の建築史家N・ペブスナー流にいえば、重く高く天にまでとどくような垂直性こそ中世キリスト教教会のモティーフであった。その垂直の空間を可能にしたリブ・ヴォールトと尖頭アーチの構造は、視るものにとっては力学的な精妙さよりも、両者が互いに結び合って形成する空間とそれを包みこむ内皮の表情――スペースという語が個別的に用いられるとするならインテリア・スペースとでも呼ばれよう――こそが視覚的に明瞭な像を結んで、その寺院の固有な空間像を与える。

スペインのグラナダにあるアランブラ宮殿の、あの壁や柱や天井に彫りこまれた精巧なアラベスクと、床の見事なモザイクタイルの模様は、むしろインテリア・スペースが、いったんは「シーリング・スペース」「ウォール・スペース」「ピラー・スペース」「フロア・スペース」といったおのおのに分解されて対象化され、それらがひとつの強烈なモティーフのもとにふたたび統合化されていると見ることもできる。そして、その統合化されたトータルなインテリア・スペースにわれわれはイスラム文化の強烈な個性のひとつを視るのである。

およそ、建築とその内空間に注がれてきた人びとのエネルギーは計り知れない。七百年の歳月をかけて完成したといわれる、ヴェネツィアのサンマルコ寺院の床の大理石模様などはほとんど言語に絶する執拗さである。

だが、一方の外空間に関してはどうなのだろうか。

莫とした空間に、ひとつの界壁を設けることは、文字通り空間の分割を意味する。一方に獲得される空間が生まれれば、一方に取り残される空間が生まれる。建築の発生をもっとも身近な住居に求めれば、それは明らかに身の危険が充満する莫とした空間に、シェルター＝避難所を獲得するという素朴な動機をもっていたに違いない。この場合、取り残される空間は睡眠・休息等の最小限の生活行為を除いたあらゆる生活と、それに絡む意識に関する手段や情報・予兆を得るものとしてあったろう。少なくとも、生活のもっとも原始的な地平で、内と外の空間が明瞭な対立関係をもっている場合には、分割された他方の残余空間が意識上に占める位置は絶大なものであったはずである。

生活の集団化や生産の分業化、そして社会形態の諸相に応じて人びとは、獲得される空間と残される空間とを造りつづけてきた。あるときには戦乱治まらぬ時代の強固な城塞都市のなかに、あるときは王侯の権力を離脱した商業活動のためのギルド都市として……。いま、われわれが視る実体としての外空間は、生活との関連においても、また人びとの意識上の問題としても、これらの歴史的な背景と無縁ではありえない。そして、とりわけわが国において、いま、外空間が獲得されにくいのも事実である。ヨーロッパにおいてアーキテクトと呼ばれる人びとは、その伝統的なデザイン基盤の上に、内空間はもとより、それらに不可欠な家具や照明器具

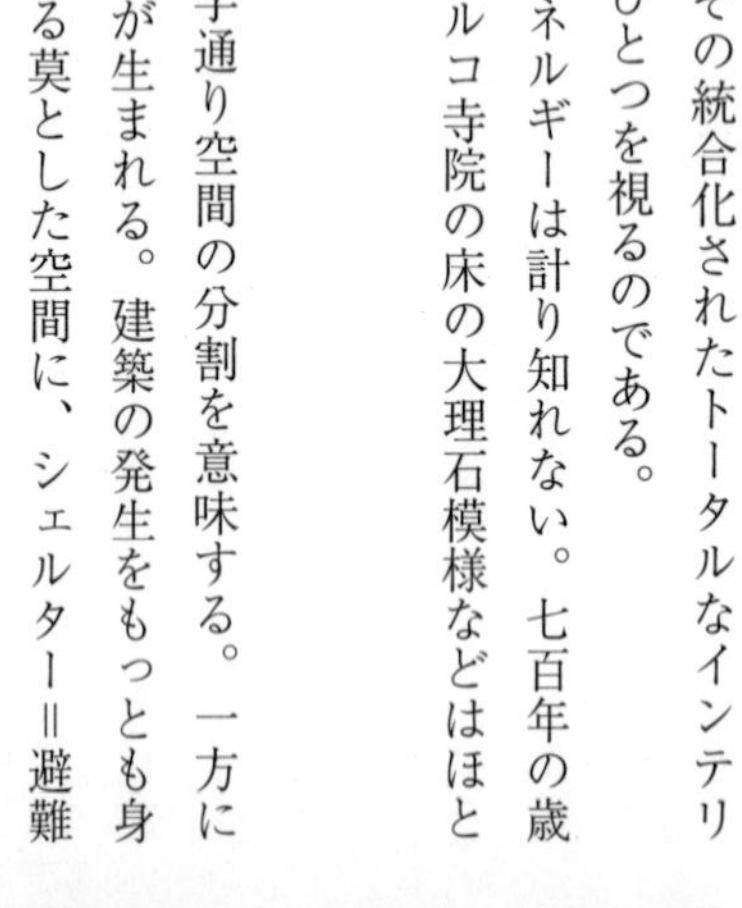

図80　シエナの街並み

等の創作に携わるのがむしろ一般的であるし、また、しばしば社会科学的な方法論や行政的な手段を通じてプランナーとの共同作業のもとに外空間の獲得作業に参画している。他方、アメリカ合衆国においては、ランドスケープ・アーキテクトという、外空間をもっぱら対象とするデザイナーの職能が確立しているのである。

私は、かつて彼我の外空間の質の差を端的に示すものとして、いわゆる外構工事に費やされる費用の違いに言及したことがあるが、* 確かにアメリカとわが国では一〇対一ほどの開きがあるのである。そしてこの指標は、獲得される外空間の質を規定する原因であり結果でもある重要な問題を包みこんでいると思えるのである。

＊座談会「ショッピング・センターは再生するか＝コミュニティへの模索」『商店建築』一九七三年六月

2 文化現象としての外空間

乾季の地中海地方には、降り注ぐ陽の灼熱の粒子と、妙な異臭を放つたれこめるような空気とが複雑に絡み合う独特な外空間があった。水もない島の地肌にへばりつくように造られてきた集落に住む人びとは、飲料水と食糧の基本的な生活源を他の島からの小舟での輸送に頼っていた。小さな港に横づけした小舟の八百屋から渡された、たった一枚の幅の狭い板子を、小ぶとりのオバチャンが大きなフットボールのようなスイカを抱えて腰で拍子をとりながら戻ってきた姿が、妙に私の脳裏にこびりついている。ギリシアのヒドラ島の夏であった。

荷役に使われているロバや犬などの糞がその異臭の原因であった。雨季になればキレイサッパリ洗い流してくれるであろうと、視る者がおのずから想像をたくましくせざるをえないような開き直った、それは外空間であった。

また、地中海の集落については、これまで多くが語られてきたように、そこには外空間の基本的な要素である親密さがあふれていた。パブリックとかセミ・パブリックとかセミ・プライ

図81 ギリシア・ヒドラ島にて

ベートとかの語で分類し、あるいは定義づけを試みようとする内容の原基体のほとんどを包含していた。いや、むしろそれらの実体の前には、およそあらゆる定義づけや言語表現が空しいものであったろう。これらの空間のもつすばらしい示唆性のフィジカルな側面にのみ言及することのロマンティシズムが、ある意味で批判の対象となることもあり得よう。しかし、食事にすら事欠くようなところでの、この生活実態と外空間との間に生じている一見、二律背反的な溝が、集合といいあるいは集住といったトータルなシステムとしての論理で把えきれるものかどうか、私は、それほどキレイ事でいいきれるものとは思わない。むしろ、一見、貧相な生活実態こそが逆説的に、そのような外空間を可能としていると見るべきではないだろうか。獣糞に対する嫌悪といい、食生活の不便さに対する同情といい、これはわれわれの側が先入観としてもってしまっている快適性・利便性という類いの、それは文明の尺度でないとだれがいいうるだろうか。われわれの尺度でいう「過酷な自然条件」は、人びとが分散してよりも密集して生活することの利便性を強いたであろうし、雨季の排水は傾斜状あるいは階段状の集落の外空間を必然たらしめたかもしれない。「二律背反」とか「溝」とかというわれわれの概念は、チョットした深層に降りれば容易にその実体に裏切られるかもしれないのである。

〈文化〉とはつねに独自であるはずである。そこに生活の実体がある限り、われわれが垣間見るその相貌は、真にトータルな意味をもって現出しているに違いない。あらゆる歴史的な縦断面においても、また地理的な現在での横断面においても、あらゆる〈文化〉はその現象の形態を問わず独自である。その独自性を諒としない限り、われわれはみずからの狭い〈文明〉の尺度でしか現象を把えることはできまい。生活実体の一断面を示している外空間の表情は、もちろんそのような〈文明〉の論理で応対する限り、空しい分析の科学に終わるしかないだろう。

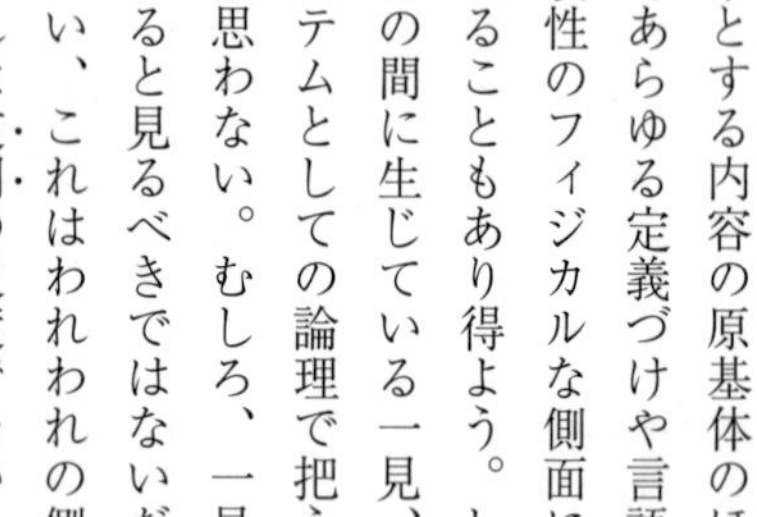

図82　ギリシア・コリントスにて

3　記号としての外空間と領域性

〈模倣〉は、その発生史的な芸術のもっとも基本的な要素であるといわれている。時間的な縦断面であろうと、地理的な横断面であろうと、あらゆる文化現象のうえを飛翻することはおよそ学問の常套である。あらゆる認識は、対象の形態化をもって始まるという現象論の立場からすれば、この「飛翻」の現象も何ら驚くに値しないのだろう。それはなにも学問の領域に限らない。

ある既存空間に対してデザイナーがしばしば示す憧憬にも似た想い入れは、いつしか彼の創作に現われてくることがめずらしくない。ライトが旧帝国ホテルで試みた大谷石の彫刻仕上げは、彼がかつて遊んだマヤ・アステカの古代遺跡の石面のそれに酷似している。〈模倣〉はここでは、「自然からの」といった芸術の発生期の現象から、作品相互の関係に及んでいると見ることができる。

あらゆる現象は、その何らかの形態をもってわれわれに認知される。そのとき、その現象を構成する一つひとつの因子は、明らかに〈記号〉としての本質を含んでいる。記号とは、その基本的な性質において、他との関係で独自であることを主張する〈示差性〉をもつことに始まり、それが伝達されて了解されるための時間的な共通性＝〈共時性〉をもつものであった。シンボルが単なるサインから区別されるのは、認識するものに何らかのコンセプトを形成するという点にあるとしたのは、アメリカの芸術哲学者S・ランガー女史であったが、ライトがマヤ・アステカの遺跡に見た〈記号〉の群れは、その〈示差性〉と〈共時性〉のうちに、彼のなかに明白なシンボル作用を生起させ、旧帝国ホテルに結実したのかもしれない。

外空間は、建築の外皮を含めて本質的にプライベートであるよりもパブリックである。外空間の一つひとつ、あるいはそれらをさらに構成している諸要素は、文字通り〈記号群〉であるはずである。そこで生活する者にとっても外来の者にとってもそうである。そして、外来の者にとって、しばしば示唆的な外空間は、それが包みこんでいる〈記号群〉それ自体の共通性によるところが大きいのも事実である。地中海集落のトータル・スペース、中世城壁都市のルーフ・スペース、バザールのタウン・スペース、等々。それらは、むしろその場を保持している人びとにとって、いっそう無意識的である。生活実体のなかで連綿と築かれてきた外空間であればこそである。

ここに、次のような逆説が成立する基盤がある。〈記号群〉の共通性は、生活と一体化されたなかで保たれており、逆に土着の人びとにとっては、その生活の一体化のなかに〈記号群〉を共有しているのである、と。ヒドラ島の人びとにとって、互いの住居の壁や階段を共有することとは生活の共同性が巧まず生み出した現象であったのだろう。そして現象としてわれわれは、それら壁や階段等の〈記号群〉の共通性を視ることになる。彼らは、そこに相互の生活拠点を占めているし、無意識裡に外空間の全体を領有している。〈領域〉といった社会・生物学的な地域概念は、このような場面にもっともふさわしいといえるであろう。

内空間の獲得といった悪条件下（?）でのデザイナーの悪戦苦闘は、外空間においてはいっそうの困難さを示唆している。「施主が」「市民が」「住民が」という対他的な姿勢よりも、おのが内において〈共時的〉で、しかも共通性をもちうる〈記号群〉とは何か、を追い求めることが肝要なのであろう。「自然発生的な」あるいは「無名性の」すぐれた外空間は、そうした〈記号群〉の歴史的検証（生活の場とはつねに厳しい検証の場である）のなかから生成してきたことを銘じておきたいものである。彼我にあって、外空間の質的な懸隔が大きいとすれば、われわれのその歴史的検証が市民レヴェルの共感を獲得するに到っていないという、冷厳な事実を示しているといえるのではないか。内空間か外空間かの二者択一も無用なら、厳しい（？）状況への安易な妥協も無用である。それらの悪循環が、今日のわれわれの現状を招来したともいえなくもない。

われわれのすべきことは、きわめて本質的な課題である。

「住宅」から「都市」への視座を

1 建築家にとっての住宅設計

釣人にいわせれば、たいていのところ「やはり釣りは、フナに始まってフナに終わる」という。建築家は十人が十人ともこう答えるだろう。「設計は住宅に始まって住宅に終わる」と。それほど、住宅の設計というのは、とりつきやすいし、難しいし、また面白いということができるだろう。そして、宿命的なことに建築家というのは、その設計を自身の生業（なりわい）としているのである。

総工事費にある比率を乗じて設計料が定められるような現行の行き方では、実際住宅の設計というのはいわば「手間の割に入りが少ない」ということになり、その生業の対象となり難い。しかし、住宅の設計だけをしている建築家はかなりの数にのぼるし、「入りの少ない」のを承知で住宅設計を引き受ける人も多い。フナを釣り上げるときのあの何ともいえない感覚が釣人をいつまでも沼や川に誘うようなものなのかもしれない。

あるいは、こういういい方もあるかもしれない。「山がそこにあるから登る」「住宅がそこにあるから……」「そして何よりも、そこには住人たちの生活があるから……」。建築家というのは誰でも多かれ少なかれ「物神崇拝主義者」である。彼の欲望は、そのイメージを図面によって物象化し、そしてそれが文字通り鉄や木やコンクリートなどのモノによって物化することによってひとつの回路を閉じる。

2 物神崇拝の世界から

だが、彼はその物神崇拝の世界、モノの支配する世界が、ココロの世界、精神の世界と一体となっていることに気づかないか、忘れてしまっていることが多い。ひとつの建物やあるいは都市にしても、歴史的にそれが存在し、形象化されてくる過程にはその形態すらをも必然とした「背景」があったはずである。われわれは、その背景を「文化」と総称しているにすぎない。そして、それはしばしば現実のレヴェルに即して、モノの世界の近傍で語られるとき、生活といわれたりする。建築家が住宅に惹かれていくのは、いわば物神崇拝の世界に閉じ込められた自己を解き放ちに出掛けていく、自己回復の旅でもあるのだろう。そこには、生活者として思索者としての自己を問い直しそれを投げかける「場」があるからである。

したがって、この本の著者黒沢*が「社会にとって必然的であり、技術にとっても自然であり、かつ人間の本質に根ざすところのより深い具体的な整合を、わたしたちはここで求めようとしています」と語るのはきわめて正論である。「逆説」などという標題が何やら斜に構えたアイロニカルな趣きを与えるが、中味は実にこまやかな、正統的な住宅論ということができるであろう。

サニタリー（便所・浴室・洗面所）、ワークショップ（キッチン・ユーティリティ）、居室（居間・寝室・個室）、補遺（収納・予備室・玄関）といった住宅のあらゆるスペースに関する「覚え書」が展開され、写真や挿図とともに住宅に関するカタログ、ハンドブックの感すらある。もともと雑誌「都市住宅」に連載されていた「技術資料」をまとめたものだが、改めてこうしてまとめられてみると、われわればかりでなくこれから家を建てようとする人や、家庭の主婦にも薦めたい本である。

もっとも同業者の立場からすれば、些細なことだが首肯でき難い点もある。たとえば、台所

＊黒沢隆『住宅の逆説』第一集　レオナルドの飛行機出版会　一九七六年

流し（シンク）のディスポーザーなどは、私は施主から頼まれてもつけないことにしている。「粉末になったゴミが東京湾などの赤潮の一番大きな原因になっているのです」と。

3　さらなる都市へのトータリティーを

至極当り前の住宅論が改めて問題にされねばならないというのは、寂しい思いがするしまたそれだけわれわれ自身の責任でもあろう。その意味で黒沢の労作を多としたい。

さらにいえば「社会にとっても必然的である」ためには、いっそう住宅そのもののトータリティーが論じられるべきであろう。都市生活者の増大とともに、かつては当然のように存在していた共同生活のルールや知恵が喪失してしまっている。住宅を語ることは、「個」のあり方だけに止まらないはずである。おそらく、私の見る限り現在の日本の都市は世界の先進国の都市と比べてそのような「共同思想」がもっとも欠如してしまっている。文化が土着性の何たるかを、その必然的な背景としているものであれば、「根無し草」から何が生まれるのか、また、それに何を為しうるのか、個々人が身近なことにテーマを設定していくべきなのであろう。

都市と日照権

1　土地の分配と利用が本質問題

『Voice』という雑誌がある。松下幸之助の関係するPHP研究所が出版する、今年*の一月創刊になる総合月刊誌である。その八月号に著名な建築家K氏が「二十一世紀への提言」と銘打って、「都市に〈日照権〉は不要だ」という論陣を張っている。わが事務所のスタッフが持っていたので偶然に眼を通していたら、旧知の編集長から何やらコメントをするように求められた。コメントをする以上はイイ加減に読むわけにもいかないので読み直してみた。論理展開の飛躍や粗雑さは談話をまとめたものだから一応看過するとしても、都市とか建築というものに対する本源的な考え方、姿勢でどうも問題があると思われる。論評が抽象的になりすぎないように、むしろ具体的な事実を指摘することから始めたい。氏がこの論陣を張るもっとも主要な動機は、最後の部分にも述べられているように、都市における住宅問題の量的な解決を第一義と考えているらしいのである。「そのためにも、日照権というタブーに挑むことが必要」なのだ、と。つまり、日照権にこだわっては、住宅問題は解決しないし、都市が都市らしくなっていかないという主張なのである。この件に関しては、次のような事実を提出しよう。

世界的にも過密都市といわれる東京について現状の山間・森林・農地等を除いた可住地について、現状の人口（一、一〇〇万人強）との関係を試算してみれば、赤ん坊まで入れて一人当たり約一〇〇平方メートルとなる。氏が批判的な「分離主義」（用途地域に分散化する考え方）の「悪弊」に依ってすら、現行の東京の住宅地比率に基づいて、一人当たりの住宅地はそのうち約六〇平方メートル。それから道路・公園・公共施設用地等の部分を除いた純住宅用地は半分の

＊一九七八（昭和五十三）年

約三〇平方メートルとなる。

つまり、平均的な家族四人の住宅用地の一二〇平方メートル程度は、この過密都市においてもあるはずなのである。住宅以外のあらゆる部分の用地を確保したあとでも。つまり、住宅問題の量的側面を解決するために、日照権を否定してまで高層化する論拠は、ほとんどないといえる。住宅の問題が「住宅問題」化されているのはツトに指摘されてもいるように、本来一家族当たり、一二〇平方メートルほどの住宅用地があってもいいはずのところが、そうはなっていないという、土地の分配とその土地利用上の問題によっているのである。たとえば、東京の地価がロサンジェルスの約十倍もするというしばしば引用される事実は、わが国の住宅問題が実は土地問題にほとんど起因していることを示しているのである。土地価格も含めて土地そのものや上部の空中の利用などに対する適切な行政上の方途さえ断行できれば、いわゆる住宅問題は相当程度緩和されるといえるのである。

2　都市空間は衛生的な工夫によって成り立っていた

次に、私が指摘したいことは、そもそも「日照」ということに関する都市的、建築的な背景の「理解」の問題についてである。氏が、わが国において日照権を認め難いとしている論拠は、わが国が西欧諸国などと違って本来陽差しの強い国であり、そんな彼の国々にさえない権利を認める必要はない、ということのようである。しかし、われわれは、つねに風土というものに関しては多角的な配慮をもたねばならない。高温多湿という夏季の不可避の風土のなかでわれわれ日本人の生活は営まれ、建築や都市もその下で形成されてきた。この素朴な事実をわれわれは無視することはできない。わが国の伝統的な住宅が、南面して開放的なのは、この時期の季節風による通風をもっとも重視したためであったといえる。そして、開放的な住宅の冬季における寒さは、まさにインディアン・サマーというような強い陽ざしによる「暖」によって克服していくという、生活の知恵ともいうべき歴史的な試行錯誤のなかから生まれてきた形態だったのである。アメリカのユニークな建築家であるC・アレギザンダーは、このような歴史の風雪をしのいでできてきた文化を「無意識な文化」unconscious cultureとして注目してきた一人である。彼は、そこに一見無秩序だがきわめて合理的な形態形成上の原形を見る。それは、永い時間のなかで次々と微修正を施しつつ生まれてきたものだからこそ、非常に合理的でまた人間の生活にフィットしていると。

K氏は、日本と西欧の都市を、その陽差しの強さだけで比較しているが、高温多湿という点をお忘れのようだ。ちなみに、夏季六〜八月の平均気温と湿度を読者のためにも示しておこう。東京（二四・四℃　七八％）　帯広（一七・六　八三）　高知（二四・九　八一）　ロンドン（一六・九　七二）　パリ（一八・二　七〇）　ベルリン（一七・五　六四）　ローマ（二三・五　五八）……。私は「日照に関する都市的、建築的背景」としてその風土にちなんだ歴史的側面を指摘した。一見「日照の問題」は、陽差しの問題だけのように思えるが、決してそうではないのである。南面して空地を取ることは、むしろ夏季における通風と冬季における陽差しの確保の両面を目的としている。元来、日照権という名において権利が主張されてきた背景は、この両側面のわが国固有の風土上の特質に対してであったことが、いつしか表面の字義によって、その一方が忘れ去られてしまっていると考えられるのである。多湿で通風の悪いところでは、カビが生えやすいし、きわめて非衛生的であることは自明である。L・マムフォードが、中世のむしろ自然発生的な都市に人間的な都市空間を見出したのは有名なことだが、彼は、ただ単に形態上の面白さだけに惹かれたのではなかった。迷路的ともいうようなそれらの都市空間が、実はさまざまに工夫がこらされて衛生的でもあったことを、彼は指摘するのである。

3 歴史的風土条件の追求が必要

建築基準法が「日照」の課題に関して昭和五十一年に改正されたこと（氏は、条例というが根幹はこの法律にある）は、こうしたわが国の歴史風土的な背景に関わったことがらと見るべきで、私は決して氏がいうように「感情的に条例《ママ》化されてしまった」とは思わない。重要なことは「日照」という言語に集約されている、都市や建築が依るべきもっとも基本的な風土上の条件に、われわれがそれぞれ専門的な立場でどこまで応えていくか、ということであろう。

確かに、現行の法的規制によって中高層の建築が建ちにくくなったことは事実である（新たな規制は二階建ての一般住宅ではまず対象にならない）。しかし先にも指摘したようにマクロ的な見地からして、住宅の中高層化がそれほど全面的な必須要件でないことは自明であるし、また、それらの方途が全面的にとられたとしたときの冷暖房、換気等のエネルギー消費の大きさや肉体的精神的衛生上の問題点などは依然として説得力が弱いといえる。「日照権」に象徴される自然的風土条件は、まず可能な限り追求されるべきである。それは、むしろ社会的条件の劣悪化として顕在化している住宅問題とは同列に論じられるべきことではないであろう。住宅問題を本気に解決するというのであれば、歴史風土上の条件に対する論議のなかから生まれてきた「日照権」をまず否定する、というのではなく、土地自体の問題にまず着手するのが本筋である。都市や建築を造るということは、決まって自然環境に対して何らかの改変をもたらさずにはおかない。「無意識な文化」の試行錯誤のなかには勿論そうした改変の「結果」に対する無数の反省がこめられているはずである。歴史上人びとは、そうした知恵によって自然的にも、社会的にも、バランスを保ってきた。今、真に必要とされている都市計画家や建築家というのは、おのおの風土で形成されてきた歴史・文化のなかに人びとの知恵の結晶として凝縮されている普遍的な条件と個別的な条件とを分別・洞察し、それを基点に想像力の花を咲かせるという広く、かつ深く文化に通暁する者なのではなかろうか。「未来志向」がその分別や洞察の根拠において脆弱だとすれば、それは元来現実的な力にはなりえないであろう。

現行の日照規制が最善のものだとは私も思わない。しかし、都市化の量的な側面ではなく質的な側面の論議が起こされてよい時期であろう。本当に住みよい都市や街づくりとは何なのか？　素朴だが強固な「哲学」がそこでは問われている。日照規制をプラスの側に転化していくのか、マイナスの側なのか、まさにその哲学にかかっているといえよう。

場の精神

最近、わが大学の客員教授の小規模なパーティに招かれて雑談する機会があった。私を含めて四人だが、あとの三人の専門と国籍は、建築・都市計画（ポーランド）、地理学（アメリカ）、ロシア文学（ユダヤ系ロシア人、現国籍イスラエル）といったものである。話題は、当然、多方面に及んだ。円高、日米貿易摩擦、日本の学生のおとなしさ（？）……。ツクバセンタービル（磯崎新設計）もその対象だったが、そこから計らずも壮大かつ深遠（？）な「場所論」が展開されて興味深かった。

建築家であるポーランド人のTokyoに対する印象は、ニューヨークのそれと同じように比較的肯定的なものだったが、ヴァーモント州（カナダに隣接する森の豊かなところ）から来たアメリカの地理学者と、三十五年間もウクライナに生まれ育ったロシア文学者の「採点」は厳しかった。肯定的な面は、その活気に満ちた「雰囲気」であり、否定的な面は、あまりの「安らぎ」のなさと、「顔」の貧相なことであった。それこそ東京に生まれ育った当の私には、彼らの指摘がすべてよく理解できた。当然、彼らは私に意見を求めた。

どんな場所でも、そこには、人間と自然とが時間をかけて育んできた「精神」というものがある――ノベルク・シュルツのゲニウス・ロキGenius Loci論は、私自身一目置いているものだが――、たとえば、小さな町や村落はもとよりロンドンやパリでも、われわれはそこにそれらの「精神」を、それらの「表情」を通して感得することができる。そして、その「精神」には、ロンドナーやパリジャンの脈々たる「時」が刻まれている。つまり、ロンドンやパリの「歴史」がそこに現存している。活気に満ちている……それが確かに今のTokyoだ。しかし、われわれに、今、その雰囲気や表情からTokyoの「歴史」をうかがうことができるだろうか？

私は、いつになく、自らの英語の語彙不足をも顧みず、トウトウとしゃべり出していた。……ツクバセンクービルは、一建築として見ればすぐれて興味深いものだ（スタイルとしてのポスト・モダニズムの議論は、今は措いておこう）。だが、それが筑波に建てられる必然性があったとは思えない。それは、むしろTokyoのようなところでこそ、もっと似つかわしい位置を得ただろう。あの建築は、私にとってはきわめてアンビヴァレントなものなのである……。私が巡った多くの諸外国の都市や村落、自分の設計した建築の事例などの話をしながら、ツクバセンタービルへのコメントで自分の意見をしめくくった。

地理学者とロシア文学者は、全面的に私に賛同した。ポーランドの高名な建築家は「ほとんど同じ意見だが、自分の意見は改めて別の機会に述べたい」と表明した。ときどき、氏とは東京見物をしながら、今でも建築論・都市論を語り合っている。

「場の精神」、それは、われわれにとってつねに深遠なテーマであるにちがいない。

都市軸の記号性

1　平城外京考

『筑波大学芸術研究報十四』（一九九四年二月刊）にて、筆者は「平城外京考―平城京計画における〈古代祭祀軸〉の位置づけをめぐって―」なる論考を発表した。主たる論点は、平城京の都市計画が、藤原京の西京極の延長上にその朱雀大路の南北中心軸を設定してなされたという従来の説に加えて、難波京から御蓋山（春日山）に至る三条大路を通る軸線の祭祀軸（中臣―藤原氏による）という東西軸を第二の都市軸と定めて行われ、「外京」はその東西軸の一部であり、かつその軸線を強調・補完する「装置」である、というものであった。当論考は、古代史上の一課題について、新たな「視点」を提示するものとして、歴史学や歴史地理学などの多くの専門家諸氏から望外の評価を得た。すでに、当論考において、都市計画の方法上その東西都市軸がきわめて「近代的」であるということについて、「象徴性」という高度な「記号性」が駆使されていることを検証しつつ、考察した。本稿は、その課題をさらに補うべく、平城京とその都市計画の歴史的検証という古代史上の作業からひとまず離れて、「都市軸の記号性」という古くて新しい課題について、ささやかな考察を行おうとするものである。

2　都市軸の発生と意味作用

計画的な都市形成における都市軸の使用は、歴史上古代から東西の多くの地域において見られる。古代ローマは、植民地や軍事基地建設においてカルド（南北軸）とデクマヌス（東西軸）の十字型都市軸をもつ都市を多数建設することによって、その都市形態を通常の都市建設に応用して一般化した。中国の歴代皇帝が陰陽思想・五行説を背景とした南北軸（朱雀大路）対称型のグリッド状都市を建設したことはよく知られている。中米メキシコでは、大帝国テノチティトランを継承したテオティワカンが、五世紀にアステカ文明の最盛期を印すかのように、壮大な都市軸をもつ都市を建設している。このように明確で壮大な都市軸は、歴史上強大な権力が出現したときの都市計画に見られる共通的な現象であった。都市軸の基本的性格が、すでにその発生時点において暗示されていたともいえよう。

軸線あるいは線分とは、二点を結ぶ「最短線」である。つまり、そこには起点と終点が前提とされ、その両者を結ぶ「方向性」が唯一絶対的な方向づけの指標となる。起点あるいは終点は、その誘導された方向性の端部にあって、きわめて重要な位置を占める。権力者が、その「端部」に己が居城や宗教的装置を据えて、「方向性」の彼方にその存在を知らしめるとき、その「端部」は見事に象徴的な存在としての「意味」を獲得した。軸線の単なる物理的な「方向性」は、その意味作用によって、上下もしくは聖俗の差異化の方向性へと変容する。すなわち、権力や権威や聖性に対する畏怖や畏敬の念を抱かせるような、精神的な意味を誘発するものへと変質する。権力者が都市軸という可視的装置を建設することによって、支配の効果を高めるべくこの軸線のすぐれた象徴的意味作用を好んで援用したのは、容易に推察されるのである。

3 垂直方向の象徴性

空間の方向性の操作による「差異化」は、水平的方向のみに拠るとは限らない。「垂直的方向性」がそのような目的において利用された顕著な歴史上の事績は、塔やゴシック教会建築であろう。M・R・アレクサンダーが語ったように、[*] 塔のひとつの起源としての神殿塔は、天上の神が降り下ってその神性が宿る神の居所としての、天地を結ぶ聖なる建造物であった。メソポ

＊マグダ・レヴェツ・アレクサンダー『塔の思想』（池井望訳）河出書房新社　一九七二年

タミアでもマヤでも、祭政一致の権力者たちは、その聖性を支配の手段として巧みに利用するために、ひたすら高い塔や高所の神殿を構築しようとした。もちろん「バベルの塔」の崩壊神話は、人の愚かな野心への懲戒にこと寄せた、逆説的な「天上の聖性」の訓話であった。地から天を崇める垂直の方向性は、中世の時代、教会の権威が領主の世俗的権力と結びついたとき、ふたたびその聖性を象徴する空間的効用として利用され、聳立する教会建築を多数生み出した。要するに、塔も教会も、M・エリアーデも示したように、[*]その垂直性によってヒエロファニー（聖性の顕現）が仮託され、人に畏敬の念を抱かしめるべく人為的に構築されたものなのであった。

水平・垂直のふたつの「方向性」が同じように象徴性を担うとしても、見たように両者の間には微妙な相違がある。「天・地」に示されるように、垂直性においては聖性・俗性の対比が容易に措定され、「聖なる」象徴性がより強く希求される宗教的権威の装置として利用されることが多かった。結果として人に対する心的作用は「畏敬」の念の喚起がもっとも一般的となる。

＊ミルセア・エリアーデ『エリアーデ著作集第三巻　聖なる空間と時間』（久米・堀訳）せりか書房　一九七四年

4　象徴性の史的展開

これら実体や空間の水平・垂直の「方向性」がもつ象徴的効用は、近世以降現代に到るまで歴史上繰り返し利用されてきた。透視図法が発明されたルネサンスの時代に、その透視的遠近法の実現に向けて多くの都市が直線的街路のネットワークによって改善されている。今日のローマやフィレンツェの骨格はこの時代にできあがった。十七世紀にはA・ルノートルがルイ王朝のためにベルサイユやテュイルリーの庭園に大胆な直線軸を導入して、のちの「バロックの軸線」を準備した。十九世紀、ナポレオン三世の命でオースマンがパリを大改造して多くのブールバール（並木大通り）を生み出したのは、あまりに有名である。軸の「端部」は、今や宮

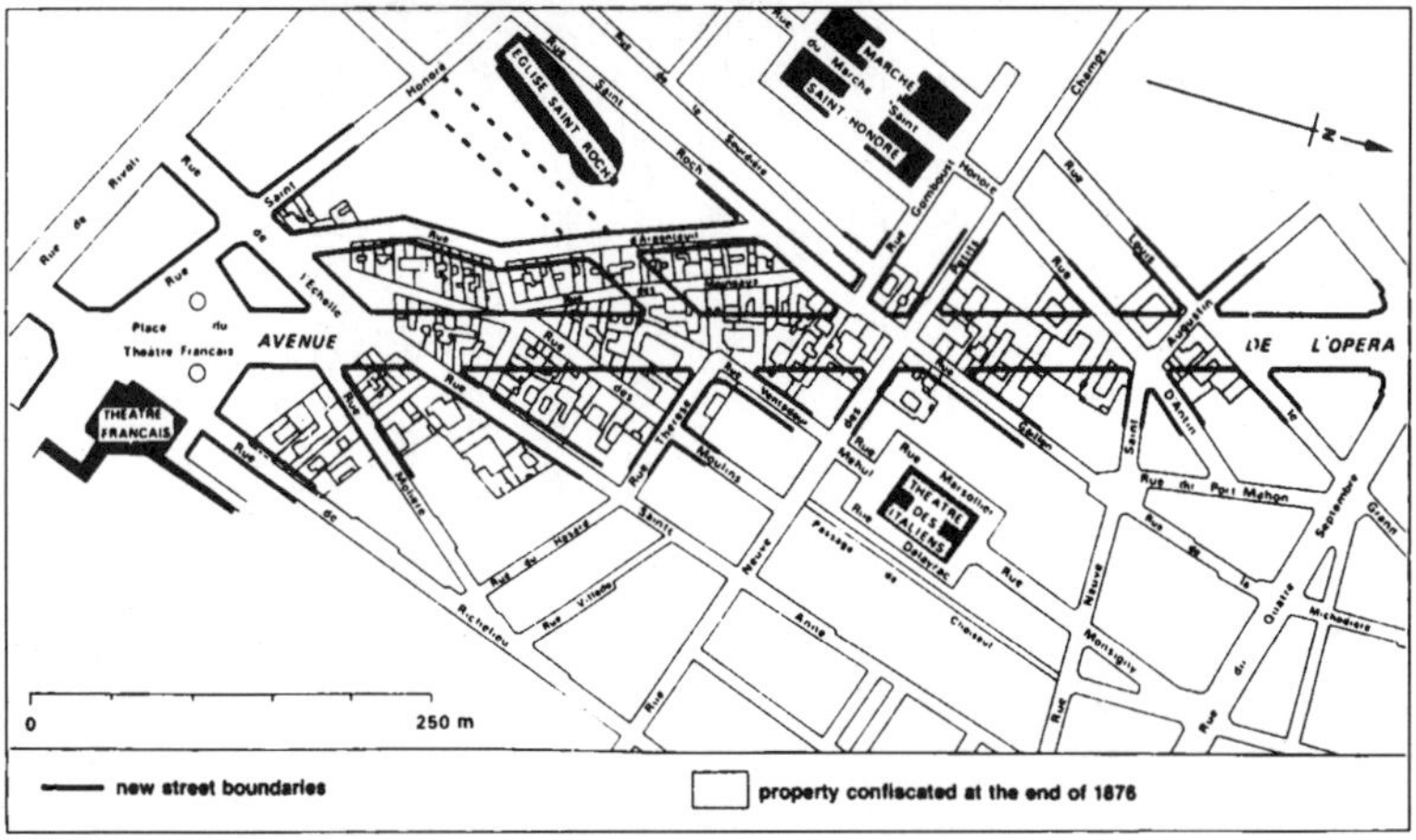

図83　オペラ通りの空中写真
図84　オースマンによるオペラ通り計画図

殿や寺院ばかりか、オペラ座のような文化・芸術施設が動員され、権力・権威の象徴化がいっそう高踏的に洗練される。二十世紀、産業革命による工業力の飛躍的増進は近代文明の栄光を保証するかのように楽天的な風潮を一般化させ、A・サンテリアの数々の巨大な「未来的」建築群のプロジェクトや、ル・コルビュジエの「輝ける都市」「三万人の都市」やI・レオニードフの「マグニトゴルスク計画」などの典型的な軸線都市のプロジェクトを出現させた。戦後でも、一九六〇年に丹下研究室は、東京都心部から千葉・木更津にかけて東京湾を横断する巨大な都市軸のプロジェクト「東京1960」を発表する。一九六七年、E・ベーコンはマーケット通りを中心軸とするフィラデルフィアの未来計画像を構想した。

「方向」の象徴性は、まず何よりも「見る」ことの知覚的刺激を付与しなければならない。あらゆる「操作」が、「眼に見える」物理的な実体化や空間化として追究される。C・ガルニエ設計によるパリ・オペラ座は、ナポレオン三世直々の指名であったが、そのファサードは壮麗なギリシア式オーダーをもつなど、徹頭徹尾ネオ・クラシックのスタイルで、「眼に見える」ように権威づけがなされている。しかも、その正面から南の方向に向けて、多くの民家をつぶして強制的に大通りが作られた。大通りに面する建物個々のファサードも、オペラ座のそれにふさわしく調整された。オペラ座そのものと、パレ・ロワイヤル広場からオペラ座まで北方に連なる「オペラ大通り」とは、「端部」と「軸線」に関するこのような物理的「操作」の産物である。

5　見えない都市

「眼に見える」物理的な象徴物は、しばしば「表象」あるいは「表徴」といわれる。冠婚葬祭における紋付きの着用や正月の門松の設置など、日常生活のあらゆる局面で今なお物理的象徴物に満ちているわが国を「表徴の帝国」と呼んだのはR・バルトであった。だが、象徴性の議論はもっと緻密な考察を要するだろう。象徴の程度の強さや深さは、単純に「眼に見える」モノの数量や出現頻度といった量的指標に還元して計ることはできない。むしろそれは、ある種のモノが、信心や「晴れ・褻（け）のけじめ」の念といった精神性と根強く結びつくようになった、歴史や文化にかかる質的紐帯の物象性として考えるべきものである。この意味で、表象（すなわち記号）の象徴性というのは、すぐれて歴史的・文化的なのである。象徴性が伝承や宗教あるいは制度など歴史的・文化的な「質的内実」に深く関わるほど、それは習慣化するようになって物的表象の比重がより軽くなることがありうる。記号の「ゼロ度」とは、物的表象の存在が限りなくその比重を弱めつつ、なお記号性を保持する状況を指す。より強く深い象徴性は、したがって、もはや「眼に見える」ような即物性を必要とはしないだろう。I・カルヴィーノが『見えない都市』において、マルコポーロに仮託して語った*ことの本質は、人間のあらゆる文化的営為がその実体や空間に現出しつつさらにまたそれらを消費し尽くしていく〈現代都市〉の、宿命的な記号性の問題であった。それは、「消費された」記号の廃墟にこそ、われわれ現代人はその存在理由を探索せねばならない、というメッセージでもあった。われわれは、まさしく逆説的な意味で、「ゼロ度」の都市の居住者であることの自覚を迫られている。

*イタロ・カルヴィーノ『マルコポーロの見えない都市』（米川良夫訳）河出書房新社 一九七七年

6　平城京東西都市軸の超記号性

平城京は、きわめて高度に象徴化された都市であった。その東西都市軸の象徴性は、ルノートルやオースマンらの「眼に見える」即物的な象徴の程度をはるかに凌ぐものであった。当時の古代人のすべてが、眼前の事物によってではなく観念の次元において、その伝承や宗教や制度のもとに容易に納得させられてしまうような、強烈な象徴性が使用された。それは、いわば今日的にいえば「ゼロ度」の記号性ということになろう。南北軸については、大女帝・持統の面影を色濃く留める藤原京との関係を保持し、東西には両神山、生駒山・春日山を配した。西方は大和以前に政治・文化の中心をなした土地の方角である。難波京はその最たる代表地である。盆地北端の平城の地にあって、藤原京も難波京も（生駒山がなかったとしても）眼に見ることはできない。だが、人びとの脳裏には「その方角に現人神である帝の祖先たちの宮があった」という想念は根強い。いわばそれら方角は「襟を正すべき」恐れ多き——つまり畏怖と畏敬の念を起こさずにはいられない——方向性という意味をそもそも内包する。それは、「制度」としての天皇性そのものに由来する。神山の聖性は、神殿塔と同じようにそこが神の憑代であるという神体山信仰の対象として、「伝承」や「宗教」の内実によって古代人の精神を支配していた。東西軸は、長大な水平方向に加えて山の垂直性というふたつの方向の象徴性を物理的に具備していただけではない。むしろそのような可視的な空間的要素よりも、制度・伝承・宗教という人の精神を全面的に支配する「非可視的」要素を象徴性の武器としたのである。それは、きわめて高度な記号性の行使であった。

平城京東西都市軸の「非可視的」で「高度な」記号性という仮説的命題は、史的領域の考究としても十分に耐えうるべく、さらなる検証の道程が用意・探究されていくであろう。

7 都市空間整備の新視点

子どもと環境

子どもをめぐる議論が昨今とくに盛んである。それも、とりわけ「非行化」のような暗い、マイナス・イメージの話題としてであることがほとんどである。ある意味では、子どもの「問題」が今日ほど社会的関心事の中心になっている時代もないのだろう。

だが、私たちは、その「問題」が、私たちの社会全体の「病」に根ざしているのだという共通認識と共通理解をもつ必要がある。いわば、「子どもの問題」は、子どもという、海上に浮遊する氷山の一角に集約的に現れた、海中下の「病める」大氷山の一部現象にすぎないと考えられるのである。

大氷山の病は、しかしながら複雑である。敢えて、病名をつけようとすれば、それは、多くの「症状」により規定される、「○○、△△、××……症候群」とでもする以外にないだろう。私たちは、この複雑な「社会病理」を治癒するのに、今のところ適切な手術法も、薬品ももちあわせていない。このような場合には、個別的な「症状」とその「発生メカニズム」を検討していくことも有効な方途になるだろう。

子どもの問題の象徴的な現象のひとつに、子どもたちが戸外で遊ぶことが極度に少ない、ということがある。「子どものときによく遊ばなかった者は、まっとうな大人になれない」という、ルソーの名言を想い出したい。また、ホイジンガは、「ホモ・ルーデンス」（遊戯人）の命名によって、人類における「遊び」の重要性を示していた。ピアジェやウェルナーなど多くの発達心理学者も、子どもの成長における遊びの不可欠性を指摘してきた。今の子どもたちの日常生活において、遊びの習慣が激減し、また変質していることは、きわめて重大な「社会病理」の現象といえるのである。

私は、児童公園などの造られた、限定的な遊び場だけでなく、すべての環境は、人間（大人も子どもも）のさまざまな行動との「相互作用」によって、きわめて多くの教育的価値をもたらすものだと考えている。いわば、環境は、あらゆる「学習」の機会と場を提供しているということである。一言でいえば、環境＝〈学習場〉である。森や原っぱで遊んだ子ども時代を懐しむ大人が多い。それは、子ども時代への単なる郷愁からだけではなく、森や原っぱが、きわめて、「高度な」遊びの質を提供してくれていたからなのである。遊びの構造と類型を、アゴーン（競争）・アレア（偶然）・ミミクリー（模擬）・イリンクス（めまい）の四種に分けて考察したのは、カイヨワであったが*、森や原っぱでの遊びは、これら四種のすべての遊びの類型を満たしてくれたばかりではなく、そうした遊びを通して、知らず識らずのうちに、私たちは、知的かつ肉体的な学習を積んでいたのである。集団的な遊びにおける個々の創意と工夫、試行錯誤による状況の理解と習熟など、身体的能力の増進とともに、理解力、構想力、表現力などのさまざまな能力がいっそう開発されていたといえる。つまり、森や原っぱは、きわめてすぐれた〈学習場〉だったということなのである。

子どもたちが「遊んでいない」という現象の背後には、ふたつの大きな要因がある。そのひとつは、遊びのための時間的機会がないこと。つまり、学習塾やおけいこなどに時間が割かれていることである。あとのひとつは、場所がないこと。かつては、安全な遊び空間だった街路から自動車のために追われてしまったことはおろか、「開発」のために森や原っぱなどの格好の遊び場がなくなってしまったことである。子どもたちが健やかに成長・発達するためには、この遊びのための時間的機会と空間的機会の双方が同時併行的に確保されていく必要がある。そして、それは、子どものための〈学習場〉の整備・構築の課題に負うところが少なくない。

*ロジェ・カイヨワ『遊びと人間』（清水・霧生訳）岩波書店 一九七〇年

そのような〈学習場〉のもつべき最小限の要件を、私は以下のような「環境性能規範」として整理している。*

①〈安全性〉＝輪禍や水の事故などの危険性のないこと
②〈調和性〉＝子どもの成長段階に応じた空間や装置の質的多様性があること
③〈固有性〉＝その町の歴史や自然環境などの個性が活かされていること
④〈多様性〉＝多くの種類の学習機会が得られるような量的多様性があること
⑤〈展開性〉＝ひとつの体験が次の発見を促すような機会に富んでいること
⑥〈自律性〉＝参加と責任の体験の積める試行錯誤の機会のあること
⑦〈平等性〉＝年齢差・性差・身体的障害の有無などの差異を問題にしないこと

子どもたちが明日の社会を十分に担っていくには、彼らが「今」を過ごしている、私たちのこの日常的な環境に、こうした「規範」が盛られていることが必要である。「子どもの問題」は、こうした一断面から見ても、学校や役所や子をもつ親たちだけの課題でないことが知れる。日々の環境づくり、町づくりのなかに、「子どもの問題」の解決の糸口があるのである。

ここに掲げた「性能規範」の名称は、一見抽象的で難解ではある。だが、それらの「性能」を強くもつような具体的な町づくりの実例は、決して少なくないのである。たとえば、自動車の通行を制限するような「プレイ・ロード」などは、遊びのための路上空間の復活であり、これなどは文字通り〈安全性〉に強く関係している。世田谷区の住民が組織し運営する「羽根木プレーパーク」などは、子どもたちの自主的参加と責任のある行動を前提としており、〈展開性〉と〈自律性〉に大いに関係しているといえる。こうした実例は、枚挙にいとまない。

私たちの身辺の環境は、意識するしないに拘らず私たち住民が造り上げているものである。その環境の「質」に改めて眼を向け、叙上のような「性能規範」がどの程度あるかを、一人ひ

＊調査研究報告書『子供と環境——新たな環境づくりのために』筑波大学芸術学系環境デザイン三村研究室、一九八三年九月

とりの大人が考えて欲しいものである。学校や役所の仕事だけではなく、私たち住民が身辺の町づくりに創意と工夫を発揮できる場合は、決して少なくない。私たち大人のそのような行為が、やがて子どもたちを戸外に呼び戻し、豊かな遊びの機会を享受させ、健やかな発達が期待されることになるだろう。

私たちのこの現代社会の抱えている、複雑な社会病理の治癒は、できるところから始めるのが賢明だ。「子どもの問題」は、私たちの環境づくりによって相当程度に解決できるであろう、そのような治療法の糸口である。すぐれた〈学習場〉の整備と構築が、すべての大人たちに託されている。

環境質の向上

シリーズ第一回目*で、公共や民間の土木的事業への投資において、来たるべき時代の要請を見据えた「意味のある」環境形成の方向性として、社会福祉面や環境保全面の課題があることを述べた。こうした環境形成は、とりわけわが国が欧米先進国と比較して大きく立ち遅れているものである。本稿は、この課題に焦点を当てて、環境質の向上に向けた諸相を実例に即しながら見ていきたい。

* 『月刊不動産』でのシリーズ「不動産市場の活性化と健全化のための発想転換」(二〇〇〇年三月～五月号)(三回連載)。本稿は第三回目

1　バリアフリーからユニバーサル空間化への環境改造

わが国では、他の先進国にも例を見ないような急激な勢いで高齢化と少子化が同時平行的に進んでいる状況にあることは、つとにいわれている。そうした社会を迎える準備が、社会の器や制度の面において十分かといえば、まず、十人中九人は否定的な回答をするに違いない。

社会的弱者に対して社会の全体責任において、その対応を社会的・政治的課題として一般化したのは、北欧諸国が最初であった。その社会福祉政策の根幹をなした理念はデンマークで生まれた「ノーマライゼイション」と呼ばれるものであった。それは、社会的弱者を「ノーマル」つまり普通・正常の社会に受け入れることを意味する理念である。私自身三十年ほど前スウェーデン・ストックホルムを訪れた際、車椅子が地上の歩道からプラットフォームに直接アクセスできるようになっている地下鉄の造り方を見て驚いたものだった。なかには、エスカレーターや階段と同じ勾配で上下する「斜行エレベーター」などもあった。北欧諸国の障害者や高齢者への手厚い介護とその充実した収容施設などは、周知のように世界の手本となってきた。た

とえば、スウェーデンの標準的な公的高齢者収容施設の一室の面積は、夫婦用で約六〇平方メートルもあるが、この水準はわが国の二倍以上である。

のちに、このノーマライゼイションの理念はアメリカ合衆国でも、公民権運動などとも関連して、「非差別社会」実現の一環として重要な理念となっていく。アメリカでは、「メインストリーム」（すべての人が主流になる）とか「インテグレイション」（統合化して差別をなくす）という考え方として発展した。自助自立が基本的な社会通念であるアメリカではあるが、社会的弱者への対応はわが国よりもはるかに進んでいる。こうした流れを制度的に決定づけたのが一九九〇年に制定された通称ADAと呼ばれる「アメリカ障害者法」であった。とくに重視されたのは、障害をもつ人たちのアクセスの権利であった。建物でも交通機関でも、社会的弱者のアクセシビリティの確保は設置者や運営者の義務となった。あとで、具体的にいくつかの事例で見るように、電車でもバスでも、車椅子利用者等の交通機関におけるアクセスはアメリカでは当節ほとんど当たり前のこととなっている。

わが国でもこのADAにならって、建築物のバリアフリー化を定めた通称ハートビル法（高齢者、身体障害者等が円滑に利用できる特定建築物の建築の促進に関する法律）が一九九四年に制定され、不特定多数の人が利用する建物についての配慮はずいぶんと進んだ。だが、交通機関におけるアクセスの課題はまだまだの感が強いし、建物外の都市空間におけるバリアフリー化に至ってはいっそう遅れている。本年[*]二月に、ようやくこうした課題に応えるべく、「交通バリアフリー法」の制定が閣議了解され、運輸省・建設省・自治省・警察庁の四省庁共同所管の法律として早い時期の法制化が見込まれるようになったところである。

本年三月に筆者はこれらの課題について、アメリカでの調査を行った。アメリカは見たように、交通機関におけるアクセスまでは、相当程度バリアフリー化が進み、さらにそうした環境

*二〇〇〇（平成十二）年

は障害者や高齢者ばかりでなく健常者にとっても行動しやすいものとして、むしろユニバーサル・デザインというい方で一般化している。そのアメリカでも、実は、都市環境一般でのバリアフリー化はこれからの課題だという。内務省のアクセス・ボードが中心となって特別委員会を作り、目下ガイドラインの策定に向けて検討中である。

この都市環境のユニバーサル化については、ヨーロッパの国々がとくに都市の中心部において、自動車交通を制限したフリー・ゾーン化の方策のもとに、かなり徹底した環境改善の実績を挙げている。とりわけ、旧西ドイツの諸都市は三十年前からこの課題に取り組み、すでに軒並み快適な都市空間の創出に成功している。

わが国も「交通バリアフリー化」にとどまることなく、都市環境一般のユニバーサル化によって全国的な環境質の向上を目指すような、環境改善の中長期的な政策ヴィジョンをもつべきである。来たるべき高齢化社会の社会資本の充実は、こうした身近な生活環境への意味のある重点的な投資配分によってこそもたらされるといっても過言ではない。

以下、この項の具体的典型例のいくつかについて示したい。

＊コペンハーゲンのストロイエ（図85）

市庁舎前広場からコンゲンス広場まで約一キロメートルの長さの北欧最大といわれる歩行者専用空間。その先にさらにニューハウンの運河のあるレストラン街につながる。コペンハーゲン随一のショッピング街。老若男女の姿がよく見られるユニバーサル空間。

＊シュトウットガルトのツァイルと中心地区（図86）

既述のように、旧西ドイツの主要都市はその都心地区のフリー・ゾーン化を行い、同時に実質的なユニバーサル空間化を進めた。その基本的な施策は、地下鉄・路面電車・バスなどの公

89	85
90	86
91	87
	88

図85　コペンハーゲンのストロイエ
図86　シュトゥットガルトのツァイル
図87　アウグスブルクのトランジット・モール
図88　ヘルシンキのアレクサンテリン通り
図89　シカゴのステイト・ストリートの
バス・トランジット・モール
図90　シアトルのバス車椅子リフト
図91　ポートランドのトランジット・モール

共交通機関の積極的利用と、都市周縁部に設置した公共駐車場における自動車の「乗り捨て」（パーク・アンド・ライド）によるものだった。ツァイルは、交通量の多い自動車道路を歩行者専用空間に改造した典型例である。ツァイルを中心とした都心地区は同時に徹底したバリアフリー化が施された。

＊アウグスブルグの路面電車トランジット・モール（図87）

一般車両を排除して公共交通機関の通路と歩行者空間を合体した空間がトランジット・モールだが、アウグスブルグも路面電車を活用しつつ快適なフリー・ゾーンの都心化に成功した。

＊ヘルシンキ・アレクサンテリン通りの路面電車トランジット・モール（図88）

ヘルシンキは路面電車の路線がよく発達した都市だが、このモールは中心地区の元老院広場からストックマン百貨店までの約六〇〇メートルのトランジット・モール。二百年の歴史をもつ百貨店の趣のある建築とよく調和した空間を現出している。

＊シカゴ・ステイト・ストリートのバス・トランジット・モール（図89）

シカゴ市の中心部を通る目抜き通りのステイト・ストリートが、バスだけが通るモールに改造されて幅の広い豊かな歩道が出現し、バス停やサイン、ストリート・ファーニチャーなどのデザインの質も高い。

＊シアトルの車椅子用バス・リフト（図90）

アメリカ・ワシントン州の州都シアトルは、トランジット・モールのような都市空間はないが、市バスのほとんどすべてが車椅子対応のリフトを装着しており、運転手がよく見えるようにフロント・ドア・リフトの方式になっている。なかの乗客も、バスに乗り込む人も用がすんでリフトがしまい込まれるまで、じっと待つ余裕をもっている。

＊ポートランドのＭＡＸライト・レール・トランジット・モールとバス・トランジット・モー

ル（図91）
アメリカ・オレゴン州の州都ポートランドは、路面電車とバスのモールを都心部で創出し、そのすぐれた都市デザインとの結合によって見事な都市空間を現出させた。その業績に対して、アメリカ建築家協会など多くの団体が授賞したことでも有名。プラットフォームからそのまま乗り込める車椅子や乳母車は、優先的な車内スペースが確保されている。これらのモール沿いは、同市の質の高い業務・商業地区としてますます発展した。

2　環境保全型の環境改造

環境がもつ現今の質の高さを保ったり、本来の性質を活かしたりするため、あるいは有害な公害などから生活環境を守るために、先進国では保全型の環境改造を行うことも多い。前節で見た欧米の都市環境の改造事例の多くは、空間処理としてはユニバーサル空間化を実現したものだが、その背景にある基本的な目的は、都市のもっとも中心的な地区を自動車とその公害から解放し、人間中心の快適空間を回復・創出することであった。その意味では、広義の「保全型」改造といってもよい。

最近、欧米での生活経験のある日本人主婦に欧米での生活とわが国での生活との満足度の比較を問う調査が実施され（財団法人・民間都市開発推進機構）、このほどその結果が発表された（本年四月）。その結果、欧米のほうがすぐれているとされた事項は、高齢者・身障者への配慮、歩きやすさ、美観、緑の多さというものであった。前者二項は前節で扱ったユニバーサル空間化の事項に属するものであり、後者二項は本節の保全型環境改造に関わるものである。いずれにしても、本稿で扱っている事項において、わが国の立ち遅れの実情を生活経験者がその実感として指摘したものとして興味深く、またあらためて筆者の所論を傍証するものともいえよう。

興味深い別のデータがある。緑地環境に対する国民意識の比較である（J・シーガー『世界の環境アトラス』）。それによれば、わが国は、国内も世界も緑地環境が悪化しているという意識を強くもちつつも、欧米諸国と比べて、それらの悪化を防止する（保全）費用負担には低い関心しかない。ニワトリと玉子の関係にも似て、このような意識改革には、環境教育はもとより、豊かな意義深い緑地環境を都市部でも、農山村部でも保全・創出していくことが肝要であろう。

保全型環境改造を類型化すると以下の三種類になろう。①自然環境保全、②歴史的環境保全、③公害防止型保全である。

自然環境保全型改造は、都市域においては、緑を中心とした公園緑地、河川や海辺などの浄化やウォーターフロントの整備による親水空間の創出などが一般的である。欧米のほとんどの都市はその内部や周縁部に大規模な公園や緑地をもつ。また、都市河川も一度は近代化のなかで汚染されたが、下水道の徹底した普及化と河川そのものの浄化によって市民に親しまれる存在となったものが多い。パリのセーヌ河も、ポートランドのウィラメット河もそうした努力の結果として今日の姿を獲得した好事例である。隅田川や多摩川、淀川など日本の大都市を流れる代表的な河川の親水化にはなお多くの整備余地があるのは衆目の一致するところであろう。

都市域外の緑地については、大規模な森林地域から身近な里山にいたるまで、わが国ではあまりに「開発至上」的発想が強過ぎた。森林法や農地法における規制解除の特例措置などを前提としたリゾート法（大規模保養地域整備法）は、その最たる象徴である。四七都道府県のうち四五道府県が策定した同法適用のリゾート地の合計面積は、日本全土の二五％にものぼった。しかも、その内容はゴルフ場・スキー場・テニスコート・マリーナ等ほとんど似たり寄ったりであった。バブル期とはいえ、それら用地の買収に市町村の役人までもが東奔西走したのだから、その様相はほとんど異常といってもよい。一方、貴重な尾瀬の湿地は地元民の運動と初代環境庁長官・大石武一の英断もあってスーパー林道の開発から守られたし、上高地は夏季期間は厳格な自動車規制によってそのすぐれた自然が保全されている。白神山地のブナ原生林も保全に向けた国民的な声によって林道の開発から守られた。自然環境保全に対する日本人の意識も着実に変化しているのは間違いない。

歴史的環境保全型改造については、ストック型投資と関わる課題でもあり、前稿と重複する部分もあるので、ここでは多くは触れない。わが国でとくに意義があると思われるのは、建造物はもとより、地域全体を歴史的風土の保全対象とする法制度（古都保存法）をもつことである。京都市・奈良市・鎌倉市は必ずしも同法がうまく効果を発揮しているとはいえないが、奈良県・明日香村の場合は、同法の適用によって地域全体が乱開発から免れ、重要な発掘調査が現在も相次いで行われ、古代歴史の解明と古代風土の復元に大いに与かっている。このような文化的環境価値の大きさは、経済価値に単純に換算できないほど大きい。それは、むしろ緑地のみならず文化的環境の保全に対する国民的意識を涵養して、環境保全一般に対する「支払い意志」を高めるような、遠大な教育的・精神的効用をもつものと見るべきであろう。

公害防止保全型改造については、わが国は水俣病の「洗礼」を受けた割りには、公害の社会的費用とその保障についての研究や議論は欧米に遅れをとっている。日本全体の自動車の排気ガスや騒音・振動・交通渋滞等による「被害」は年間二五兆円に達するとの試算もある。最近、石原東京都知事がディーゼル車の都内走行規制の方針を明らかにし、都もその条例を定めたところである。すでに見たように、欧米諸都市ではとくに中心部においては、ガソリン車も含めた規制・排除が一般化して、公害のないアメニティ空間が生まれている。ようやく、わが国でもそうした方向が具体化してきたとの感が強い。

図92　関越自動車道側道(練馬区)改善前
図93　同改善後

最近、筆者の居住地の近くを通る関越自動車道がこれまでの四車線から六車線になり、交通量も約六万台から約一〇万台（一日平均）になった。その変化に伴う騒音と排気ガスによって沿線約四キロメートルの住宅地の被る「資産価値の減少幅」を欧米の研究成果を応用して概算したところ、約一二五億円であった。これには、健康や生命に関わる「被害」は含まれていない。資産価値を下げないためだけでも、それに見合う公害防止策が講じられるのが理の当然となる。*自動車の社会的費用というのは、われわれが想像するより遙かに大きいのである。われわれの健康と生命、そして資産価値を正当に保全するための、環境改善に向けた公共投資が積極的に展開されるべきである。石原知事の自動車対策も、三十年前に西ドイツ諸都市が始めた環境改善策にもまだまだ及ばないレベルであることを、われわれは認識すべきであろう。

本シリーズを終えるに当たって、以下の諸点について確認したい。

①資産価値の向上は個別資産の問題としてではなく、周辺全体の環境問題として把えるのが肝要なこと　②資産価値の向上は環境質の向上により、環境質の向上はアメニティの向上によってもたらされること　③そのために公共・民間投資のあり方の大胆な転換が必要なこと　④具体的にはストック型の環境改造　⑤社会福祉型・環境保全型の環境改造がこれからの日本の重要な方向性であること、以上の五点である。

このような観点が今後の不動産市場の活性化と健全化にとって重要な発想となるのである。資産の所有者であろうと借用者であろうと、資産価値に無縁の者はいない。事業者はもとより、市民意識の次元からも、豊かな資産が高いアメニティを求める不断の探求心と営みから生じることを銘記したいものである。

*筆者も関与した「沿線環境向上協議会」と日本道路公団との協議により、かなりの改善をみた。

8 都市へのオマージュ

盛り場の都市空間——「無名性」なるもの

1　盛り場の古い映画館

　どうしてぼくが、そこに通うようになったか今はもう定かではない。何年も前のことである。「サァ、らっしゃい」「学生さん、どうぞ」などという、蝶ネクタイのボーイや和服姿の夜の蝶の招き声が、時折り吹く風にゆらゆら揺れる赤提灯とキンキラ点滅するキャバレーのファサードを飾る照明群をかき分けるように耳に届いてくる。およそ明るい陽のもとでは白けきってしまうであろう路地空間の雑踏を小半丁も行くと、その古びた映画館はあった。

　建築家の卵の眼でなくともその映画館が十分に勤めを果たし終えていることは明らかだった。外装のモルタルはところどころ剥げているし、入口の大きな庇を支えている円柱にはその昔確実にタイルが貼られていたことを示す四角い跡の塊りが、未知の惑星の表面のイマージュさながら偶然の傑作な模様を作ったりしていた。しかし、建物の正面といわず側面といわず、「本日オールナイト！　網走番外地シリーズ第2弾！」なんていう看板がところ狭しと立ち並んでいれば、ぼくはまず満足だった。名も知られぬ看板描きが、おそらくブロマイドか雑誌の写真かを首引きで描いたであろう泥絵具の彩やかな高倉健のりりしい姿が、そこには必ずあった。いや、彼、看板描き氏には、もはや写真など必要としなかったかも知れない。健さんの似顔絵ぐらい眼をつぶっていても画けたに違いない。彼も〈健サニスト〉としてぼくの手強い相手の一人だったのだろう。

　赤いビニールシートの座席は、それが角帽ででもあれば、かつてのバンカラ学生が命よりも大事にしてくれたであろうほど、風格に満ちていた。そんな座席でも、夜っぴいて世話になることを思えは、まずそれが確保できれば上々ということになる。実際、あの補助椅子の恩恵にも浴さなかったときほど、惨めで、腹立たしくて、つらかったことはなかった。晩メシもロクに食べずに飛び込めばもちろん肉体の中味のほうは空腹を訴えるし、脚は棒になって腰を下ろすことを要求するし、文字通り「饅頭コワイ　座席もコワイ」という「感じ」である。

映写が始まって、例のテーマミュージックをバックにタイトルがスクリーン一杯に浮かび出ると、満席の観客から一斉に拍手が起こる。その昔、街頭の紙芝居に「少年王者真吾」というのがあった。探検家を父にもつ少年真吾がアフリカの奥地で悪人を懲らしめて大活躍するのである。アメンホテップというもっとも手強い相手との勝負が始まるとき、紙芝居のオジサンは、「さあ、この続きはまたあした」といって帰ってしまう。「さあ待ちに待った今日だぞ」、ほとんど車らしいものの通ることの少なかった道の片隅は、ぼくらの一大屋外劇場であった。「いよいよ、少年王者真吾だヨ」といって、紙芝居の十枚ほどの絵をオジサンが、木製のケースに入れる。少々の木枯しも、物ともせず、両の頬を真赤にしながら、ぼくらは、「イイゾ」と夢中になって拍手をしたものだった。今でも記憶に鮮やかな、赤白の縦ジマのマントをつけたアメンホテップは、何度目かの闘いでついに真吾の前に屈服する——まさに「イイゾ、イイぞ」であった。

ついに、一宿一飯の恩義に与る〈親父さんも〉卑劣な相手の兇刀に倒れ、意を決した健さんはスックと立ち上る。「ヨシッ！」「異議ナシ！」うつ向きかげんにしかし足早に歩を進める健さんの瞳は遠くを見つめてむしろ虚ろである。男が命をかけるときのまさに〈美学〉がそこにはあった。

土曜の午後、大学の研究室の仕事の一段落を待ってというよりも切り上げて駈けつけてみると、いつ頃からかそのオールナイトは、二重三重と当日券を買う人たちの行列ができてしまうようになった。行列の尻尾のほうがときとして連込み旅館の入口に達しては、そこの主人らしいのがニガムシを噛み殺したような顔をして突っ立っていたものである。

戦後のバラックがそのまま飲食・歓楽街として生き続けて来たであろうI駅端の一角。その一隅を占める古ぼけた映画館が、その街区の街並みとともに、「イイゾ」「異議ナシ」という幼年時代と青年時代の二十年間のタイムトンネルをいっきょに形成しうる、その魅力は何なのだろうか。

2 〈ポジ〉なる近代空間

デザイナーとしてのあらゆる欲望へ投機しうるという意味で、住宅が単体建築の設計にとってきわめて魅力に富んだ対象であるとしたら、プランナーやデザイナーにとって〈複合建築〉と呼ばれる類いのモノは、その文字通り複雑な関係性への謎解きにも似た執念を惹き起こすものとしてつねに在り続けてきた。それが既成市街地における計画であればあるほど〈アーバニティ〉と総称される要素に彼（彼等）は、彼なりの思想でもって応対しなければならなかった。

近代の建築の方法論は、そのテクノロジーへの限りなき讃歌とともに歩んできたことは間違いない。「機能的なものは美しい」「（装飾的な要素が）少なければ少ないほどよい」というコルビュジエやミースの〈名言〉は、それがきわめて短絡して普遍化される過程で、〈機能〉と〈簡潔性〉の謳歌というデザイン思想の流れを定着化していったことは否定できない。

確かに、機能と簡潔性の抽出は、ガラスや鉄などの新たな素材の導入とともに、建築自体の〈被膜〉や〈骨組み〉を別個に切離すことに成功したし、そのことによって〈空間〉の質的な把握に有力な手がかりを与えるようにもなった。加えて、〈緑と空気と太陽を〉というスローガンは、前近代の時代的掣肘からの離脱という人びとの素朴な感情に適合し、テクノロジーのもたらす合理性がまったき〈善〉として波及していったのも、まさに〈近代〉そのものであったといえる。

だが一方における抽出化の作業は、他方における捨象化を意味しなかっただろうか。なるほど〈輝ける都市〉(1)は、ナポレオン時代からの石造りのアパルトマンに住む人びとにとってひとつのユートピアでありえたろうし、〈ファーンスワース邸〉(2)は、石と丸太とによって造られた郊外住宅しか知らない者にとって、そのガラスの壁面に周囲の景色を映し出している姿が溜息を誘ったものに違いない。近代は、その歩みのなかで確実にその思潮をとどめる傑作をこうして残してきた。それらの〈作品〉は、文字通り緑と空気と太陽を十分に享受する〈ポジティヴ〉なものであった。

近代の時代思潮をもっとも端的に示すコトバを選ぶとしたら〈進歩〉の右に出るものはまずないだろう。

一九二〇年代、三〇年代に盛んに言及された、建築における〈標準化〉も、効率という名の〈進歩〉思想の別の側面を表意しているに過ぎないだろう。

その進歩思想の落し子が〈ポジティヴ〉なるものだとしたら、その思想に欠落していたもの、いや、それが捨象してきたものは〈ネガティヴ〉なるものに違いない。

アメリカの大都市のなかで日常茶飯に繰り返されてきた、都市再開発というポジティヴな行為に対して、ダウン・タウンの界隈性こそ再開発の中心的モティーフであらねばならない、と説いていたJ・ジェコブスの批判(3)や、スラムをクリアランスすることによりその居住者たちの社会的基盤を根こそぎにしてまで都市における〈土地生産性〉の向上を計ることはマイナスだとしていたM・アンダーソンの言辞(4)は、この近代思想の延長上に連なる諸々のオプティミズムにとって今日きわめて含蓄に富むものではないだろうか。

(1) 「輝ける都市」ル・コルビュジエが一九三〇年から三六年の間に構想した都市計画のプロジェクト。自動車は幾何学な高架のハイウェイを通り、人は地上を自由に歩けるようになっている。高層の住宅棟はこの人びとの自由な通行を保証するためにも、〈支柱〉の上に建設される。後にマルセイユに建設された〈ユニテ〉は、この構想のひとつの具体化であった。

(2) 「ファーンスワース邸」ミース・ファン・デル・ローエが一九五〇年アメリカ・イリノイ州プレイノに設計した、ガラスと鉄の住宅でLess is betterの「インターナショナル・スタイル」を具体化した彼の代表作である。

(3) Jane Jacobs, *The Death and Life of Great American Cities*, Vintage Books, 1961.

(4) Martin Anderson , *The Federal Buldozer*, MIT Press, 1964.

いま眼の前に、『建築家のいない建築』Architecture without Architectsという書物がある。世界各地の、自然発生的に形成された集落や街並みの写真集のようなものだが、文字通りプランナーやデザイナーの手を経ることなく構築された空間の見事さは、ただ眼を見張るばかりである。そこには、明らかに〈ポジティヴ〉な思想が素通りして行ってしまう〈何か〉がある。

デザインやプランニングという行為が、モノとしての建築やその集合体による一種の記号化による意味づけ――意味作用であるとすれば、その意味されるデザイナーやプランナーの内的対象が〈ポジティヴ〉なるものであるとき、形象化されたモノとしてのデザインやプランが〈ネガティヴ〉なるものを表出するどころかそれに迫りうることもできないのは必然である。

〈ポジティヴ〉な思想がその根底において進歩思想のオプティミズムと連なるものであれば、それは抽象可能性という、進歩思想のワク組みのなかに規定されざるを得ないだろう。進歩思想の恣意的な選択に委ねられた抽象可能性とは、換言すれば、論理化対象としての構造を明確にもち得ているということになるであろう。いま、近代主義のもとに普遍化されてきたデザインやプランニングの思想が、論理化対象としてのその構造を容易に見出し得なかったモノ、にも拘わらず連綿とその時代的変遷とはむしろ無関係に存続してきたモノが厳存することに、ぼくたちは思い到らねばならない。

時代的変遷と無関係に存続する、という表現はむしろ無規定のそしりを免れない。「ある時代の思潮は、その時代の支配関係を反映する」というあまりに古典的なマルクスの規定をもち出さなくても、〈ポジティヴ〉な思潮がその構造の了解可能という一点においてのみ、結果として切り捨ててきた思潮とそのフィジカルな表現としてのモノの存在は、いま明らかにされておかねばならないのである。

3 空間の〈ポジ〉と〈ネガ〉

時代思潮が素通りするか、ないしは切り捨てていったモノのなかにこそ、その時代思潮がやがて閉塞状況を迎える真の要因を見出しうるというのは、あまりに歴史の輪廻性に委ねすぎるのであろうか。いや、ここでは歴史性はそれほど問題ではない。〈ネガティヴ〉あるいは〈無名性〉としか名づけようのないそうした思潮やモノについて考えてみたいと思うのである。

〈ネガティヴ〉なるものを連想して、フッと頭に浮かんでくるのは、あのオニたちの話である。[5] 古くは、「日本書記」から始まって「今昔物語」や「狂言」「お伽草子」の世界で語りつがれてきたオニたちの、ときとして哀切で、ときとして激しく、ときとして滑稽な姿は、多くの人びとの手を経ながら物語や民間伝承のなかに累々とその屍を築きつつ封じ込められながらも、しかし、確実にその存在を主張して止まない。

大和朝廷の日本支配の東征の前には、強力な先住土着民は〈土蜘蛛〉というオニの代名詞を付されて征伐さるべき相手として位置づけられる。また皇室に流れを結びながらも源の臣籍を得て相模守として降り不遇な人生を終えた源重之の妹は、その美貌があたら辺境に朽ちるのを惜しまれて、「みちのくの安達が原の黒塚に鬼こもれりと聞くはまことか」と歌に詠まれたりもする。あるいは夫に捨てられ怨念の権化となるべく生きながらにして朱鬼となった「平家物語」(剣の巻)の鉄輪の女の話など。馬場あき子は、こうしたオニの存在を次のように要約するのである。

「反体制、反秩序が、基本的な鬼の特質であるとすれば近世の封建的社会体制の確立してゆくなかで、当然、鬼は滅びざるを得ないものであり、そして滅びたといえよう。(中略)しかし、このようなカリカチュアとして本当に鬼は滅びきったのであろうか。(中略)『それをかく鬼とはいふなりけり』という文体のなかに、鬼とはやはり人なのであり、さまざまの理由から〈鬼〉

(5) 馬場あきこ著『鬼の研究』三一書房 一九七一年

と仮によばれたにすぎない秘密が隠されている（後略……）」と。オニは明らかにその存在理由を時代思潮によって外的に付与されたか、もしくはそれへの抵抗の故に自らを内的に規定していったものであった。

その内外を問わぬ〈ネガティヴ〉な規定性の故にヒトがオニとしてありうるとすれば、モノとしての〈ネガティヴ〉な存在があっても不思議ではない。

先に、デザインやプランニング行為の記号化による意味作用について触れたが、〈ネガティヴ〉なるモノについて考えるとき、この記号化の問題を素通りすることはできない。

ロラン・バルトは、言語学におけるソシュール以来の記号学の役割について言及し、それはその観察対象の〈模像〉を作り上げるべく記号作用系の機能を再構成することであるとしている。[6] つまり、その再構成という意味作用においてのみ対象の決定要因は探求されるというのである。

デザインやプランニングが記号作用（意味作用）としてあるとき、建築や都市に対して、デザイナー・プランナーがイメージするものは、明らかにその建築や都市の〈再構成〉つまりデザイン行為やプランニング行為が可能な範囲においてのみあるというのは、まさに必然とならざるを得ない。ここに記号作用のもつ本質的な効用もまたその限界性も存在するといえるのである。

〈再構成〉の作業は、ときとしてデザインボキャブラリーの発見・発明であり、また表象としての記号そのものの発見であったりするだろう。そして〈再構成〉行為にとって有用なものであるときにはじめて、それらの言語や記号が対象化される。〈ポジティヴ〉な内的探求が〈ポジティヴ〉な対象にのみ対応する関係の構造はざっとこのようなものである。

そして、このとき〈ポジティヴ〉な対象として顕在することなく存在するモノの意味が重く

(6)『零度のエクリチュール』みすず書房　一九七一年

のしかかる。

　マラルメがその詩作という言語による一種の記号作用の限界性に挑んだ姿を〈沈黙〉による言語解体として初めて位置づけたのは、M・ブランショであったが、[7] いま、モノとしての〈ネガティヴ〉な存在はこの記号作用の限界性に向かうマラルメの苦闘にも似てむしろ〈沈黙〉というそれ自体の眼差しをもって自らを語りかけるのみである。

　ひたすら近代建築や近代都市の〈再構成〉のレールの上を走ってきた〈ポジティヴ〉な行為が、街の片隅に当たり前の姿をして黙ったまま存在している無名の建築や表象やそれらが構成する空間を素通りしてきたのは、当然のことでもあった。しかし、〈ポジティヴ〉な行為が破綻を来たすときこそその無名なモノや空間がいっきょにその存在の意味を主張する。いや、その存在の発現の可能性は、〈ポジティヴ〉な行為それ自体のなかにすでに胎内化されていたはずである。なぜなら、そのようなものこそ、〈ポジティヴ〉な行為に、意味作用を拒否されてきたものではなかっただろうか。

　いま「輝ける都市」の〈魔術〉も都市化の〈混乱〉の前に色あせた感がある。近代の合理主義こそ、あらゆるものの〈秩序化〉のなかにその〈混乱〉を統御してきたものではなかったのだろうか。近隣住区の構成理論は、その〈コミュニティ〉の時代的な意味作用の変遷のなかで、その生命を潰えようとしている。

　そんなとき、界隈性の名のもとに、人びとの賑わいをもつ商業建築群が脚光を浴びる。そこでは〈ポジティヴ〉なるものの装いはそれ自体の効用をもち得ないであろう。〈ポジティヴ〉なスマートさやらは、まさに疎ましい視線を一斉に浴びることだろう。それぞれの街にそれぞれの表情がありそれぞれのモノの眼差しがあれば、界隈性とは、なんの屈託もなく人びとどうしが行き交うなかに、その建築群の一つひとつのファサードを織りなすモノの眼差しが人びとと

(7) モーリス・ブランショ『焔の文学』(重信常喜訳) 紀伊國屋書店　一九七四年

交感するときに現出する表情の総体であるに違いない。そして、むしろそれは〈ポジティヴ〉なるものの埒外に、つまり〈ネガティヴ〉なるものとして存続してきたことにより獲得した〈意味〉であったはずである。なぜなら〈ポジ〉と〈ネガ〉は、〈ネガ〉が一端認知され近代化のなかに組みこまれれば、ついには〈ネガ〉たりえなくなるという代替可能な関係をつねにもち続けてきたのだから。

4　〈無名性〉なるものの集合

デザインやプランニングの行為が記号作用という抽象化のそれであるとき、それはおのずと「賭け」の内容をもたざるを得ない。記号作用それ自体が、つねに潜在化している〈ネガティヴ〉なるものの抽象化はなし得ないという宿命をもつものであれば、デザイン行為の結果として提出される〈模像〉としての建築や空間がすべからくその周囲との〈意味〉に対応するという保証は何もないからである。優れた賭博師とは、もっともよく負け方を知っている者のことであったという。いや、むしろ最後のツボのひと振りでそれまでの勝勢がいっきょに逆転されることもあるという蓋然性に対して、つねに心の準備ができているということであろうか。であれば、優れたデザイナーやプランナーの条件とはおのずと明らかである。〈ネガティヴ〉なものの冷たい裏切りの行為に、つねに準備ができているということにでもなるのだろう。徹底して探求した意味づけが、いざできたモノが使われてみると予想外の使われ方をしているなどという〈裏切り〉の新たな発見は、次の記号作用への大きな飛躍をもたらすことになる。

そして、この〈裏切り行為〉への心構えとは、決して記号作用における傲慢さからは培うことのできないものだということは、しばしば経験の教えるところである。〈ネガティヴ〉なるものとは、本質的に記号作用を超越してデザイナーやプランナーに嘲りの笑いをもって応えるものであるからである。

それは、つねに乗り超えられるべき運命にある前衛あるいは知識人と、大衆との関係にも似て妙である。

記号作用における倣漫さの廃棄とは、近代の思潮に連なるあらゆる既成概念の廃棄と究極的には等価であるはずである。〈ネガティヴ〉なるものが人びとの存在そのものの意味総体という真理をもって報復するという、そのメカニズムにスムーズに対応できる精神構造は、〈ポジティヴ〉なるものの起因する既成概念を否定しうる地点に醸成されるに違いないからである。

近代の真の終焉とは、〈ネガティヴ〉なるもの、〈無名性〉なるものが、その正当な意味を了解可能な領域に見出すことなのであろう。

二十年間のタイム・トンネルを形成しうるあの街の眼差しは、赤提灯やネオンサインやボーイや夜の蝶、赤いビニールシートの座席など、〈ポジティヴ〉なるものが素通りした〈無名性〉の集合というアーバニティの意味そのものの具象なのであった。

「廃市」

「筑波国際環境造形シンポジウム85」の屋内展（六月一日〜九月十六日）[*]に、作品『廃市』を出品した。本稿は、そのモティーフにまつわる制作意図を綴ろうとするものである。

*一九八五年

1 廃墟

おそらく、あらゆるジャンルにおいて、制作をつねとする者にとって自らの手になる作品がまったき「完成度」をもって創出される、ということはありえないことだろう。そこに表現しきれなかった「何ものか」を確認しつつ、彼は時の流れに合わせて、いったん「完了する」ことの「妥協」のなかにわが身を委ねているに違いない。作品というものは、その意味で、つねに「未完」の産物なのだといってもよいだろう。したがって、われわれが第三者の鑑賞者の立場でそこに初めて存在するに到った作品に接してその美的価値を認めるのは、実は「未完の」価値を略解しているにすぎないともいえる。作者自身にとっては相当程度に了解されている筈の、「残余の」（あるいは「欠落した」）、作品につきまとうこの種の「未完の」価値の宿命とはまったく逆説的な位置を占める価値のあることに、われわれは気づいている。前者が、作品の存在プロセスにおける生成的段階でのそれであるとすれば、後者は、終末的段階でのそれである。ことに「作品」が、われわれの生活感覚の上で容易に眼に見えるようなスケールであればあるほど、その「終末的価値」の「威光」も壮大である。都市や建築の廃墟が、その終末的位相においてわれわれに語りかける内容は、それらの全存在プロセスを逆照射して、しばしばきわめて雄弁である。アテネのアゴラの礎石に腰を下ろして瞑想していれば、フュステル・ド・

クーランジュの描くアテネ市民の日常生活が澎湃《ほうはい》としてくるし、ウシュマルの「魔法使いのピラミッド」の上からユカタンの密林を眺めていれば、「ラカドーネの祈禱師」の古詩が浮かんでくる。廃墟は、すべて一切の過去を呑み込んで、ただただ静かにそこに在るだけである。だが、これほど寡黙にしてしかも雄弁である「作品」をわれわれは他に知らない。それは、もはや直接うかがい知ることのできない遙かな過去を語らずにはいない。「未完の」作品のすべての価値をほとんど知ることのできないわれわれが、廃墟を通して忘却の彼方の価値を再認識するという、この逆説的な事実はすこぶる興味深い。しかも廃墟は、そこでくりひろげられたであろう、あらゆる人間的なレアリテを超えて、「たまさか地上物の建造を神に委ねられた建築者」（ポール・ヴァレリー）はもとより、あらゆる人間の営為の虚しさとその存在の卑小さを、余すところなく示さずにはいない。それは、もはや「美」を超えた「啓示」とでもいう以外にない。

2　集住

狩猟採集の時期から、農業の大革命によってわれわれの祖先は、その居を一定の場に定めるに到ったというのは、人類学や考古学の通説として周知のことがらである。定住は、やがて群的居住の形態に到る。集住Synoikosは、何よりも人間が社会的動物であることを示す。数戸単位の極小集落から、今日の一、〇〇〇万人単位の大都市に到るまで、その動機と目的は定住に礎を置く共同体形成による多大の価値の獲得にある。時がゆるやかに流れている文化では、この「集住」が現出する物的環境の「確かさ」にしばしば出遭うものである。そのような文化では、文字通り、「存在することは住まうことである」（M・ハイデッガー）ことを再認識させられる。家屋や集落の「造り」は、永年にわたる「微調整」（あるいは試行錯誤）の結果として、ミスフィットが見られることはない。人間は、個人としても集団としても、空間との間に見事な「調和」を創り出している。C・アレグザンダーが、こうした文化を、無自覚文化unconscious cultureとして注目したことは、今日の環境形成を責務とする者としてきわめて当然でもあった（ただ、筆者は、「微調整」は伝承の形を取ろうとも、そこには明確な目的意識があった筈であり——つまり自覚的consciousなのであり——先のネーミングには疑問をもっているが……）。いずれにしても、「集住」は、人間集団の社会的価値の増大を目指す、もっとも原基的な居住の形態として歴史上注目に価する無数の多様な居住環境を生み出してきた。

3 都市

学的な位置づけとして、都市の起源をどこに求めるかについては、多くの説がある。農業革命後の一定規模以上の定住社会、「市民」Demotesの形成を見るに到ったより成熟した社会……等々。今ここでは、学的な「都市」の定義は関心の埒外である。「集住」の形態が、より大規模に、より高密度に進んだ「状態」を想定しておけば十分である。なぜなら、「存在と居住」との等価・同義的な本源的価値は、いかなる都市といえども、それが欠落していればそれはもはや「都市」の名に値しないし、「集住」のそもそもの動機・目的にすら背反するからである。O・ボルノウは、「住まう」というドイツ語wohnenの語源を尋ねて、「快適になること」の義を示した。「存在——居住——快適」、ハイデッガーとボルノウの思索を綴り合わせるとき、われわれは、改めて居住環境と人間とのもっとも初源的で、本質的な関係に思い到るというものである。「集住」の発展した結果としての居住形態が「都市」であるとすれば、都市は、ますます、この「関係性」を強く内包するものでなければならない。H・ルフェーブルの「都市的なるもの」l'urbainも、この文脈のなかでこそ位置づけられる。つまり、都市とは、きわめて多くの多元的な価値の提供によって、その住人に「快適なる」存在感を与えるものでなければならないのだ。

そのような多元的な価値の複合的な存在状況をこそ、彼は、l'urbainという一語で表現しようとしたのである。

4 鏡像

ふたたび「作品」論に戻らねばならない。すでに見たように、ここでいう「作品」とは、掌のなかに入ってしまう装飾品のような類いから都市的環境に到るすべての人為の「産物」を指している。そしてすべての作品がつねに制作者にとっては「未完の」成果であることも見てきた。あらためて今、そうした「作品」の本性を考察すれば、それは、二重の意味で「仮象性」を帯びたものとして見ることができる。作者にとっては、「やり残した価値」が永久に持続するということによって、彼の全イマージュのレアリテとは距離を隔てるし、第三者にとってはその「距離」の存在自身すらうかがい知ることができないということによって、作者のイマージュとの距離はいっそう遠いものになる。われわれの眼前にあるすべての作品は、その意味で「仮象」にすぎないとしても過言ではない。だが、その「仮象」にこそ、われわれ第三者は、すべての想像力を駆使して、「意味」の発見とその了解に努めているのである。そのような、レアリテとの距離をますます強くもって、「作品」が独行を始めるようなとき、その「意味」はさらに浮遊して拡散する。J・ボードリヤールが、こうしたほとんどレアリテの稀薄な「産物」に「シミュラークル」（擬装体）という総称を与えたのは、今日的状況のなかで卓見というべきであろう。われわれは、今や、レアリテのきわめて稀薄な、モノの「仮象」に取り巻かれているのかもしれないのである。「鏡」に映る、すべての映像は虚そのものである。

筑波研究学園都市は、着工後十数年が経過した。「ローマは一日にして成らず」。学園都市の永い未来にわたる像を、今、すべて見通すことはもとより不可能である。だが、しかし、この都市には、その計画や設計の初源的発想において犯している決定的な「誤り」がある。それは、一言でいえば、「場の精神」Genius Lociの理解の欠落であり、それの計画・設計への無反映である。「つくばセンタービル」の設計者は、「都市的なるもの」の欠落を指摘して、その設計に臨んだ。その指摘は正しかった。だが、その「回答」が「様式本歌取り」的ないわゆる「ポスト・モダニズム」の単体として顕現したとき、それは、筑波の「場の精神」にとっては、ポスト・モダニズムという装いを擬らした「モダニズム」以外の何物でもなかったろう。「建築という名のシミュラークルだ」。わがゼミの学生の吐いた言葉は、ある意味で正鵠を射ていよう。

この都市に、今、「集住」とその高度な蓄積としての「都市」とが希求する、真に「都市的なるもの」があるのだろうか。『廃市』の制作者（筆者）には、未来へのタイム・トンネルを抜けて振り返った、「廃墟」の学園都市が、きわめて美しくも雄弁である。やがて廃墟の都市は、ユカタンの密林のように、ほとんどすべての地上物が呑み込まれて、筑波の峰と森林とがシンと静まり返って、まるで人間の永い営為など何もなかったかのように、「自然」だけが存続していくのだろう……。そのような「仮象」の未来像のなかに今見えてくるのは、かつての地上物の一切を逆投影した「鏡像」としての「アングラ都市」である。そこでは、われわれは、カフカの『変身』よろしく、「ムシ」と化して地底を這廻り、過し方に想いを致して、その過誤への省察を伴いつつ、人間存在の意味を改めて噛みしめていることだろう……。

図94 『廃市』（3点組作品　カラーインク・エアブラシュ）

作家・作品論

批評は、日記などとは違う社会的な営為である。したがって、批評される側ばかりでなく批評する側も、等しく言論の世界に晒されることになる。すぐれた批評というものは、作家や作品を開かれた場に導き出し、その基底にある個的な情念や発想や作法に照明を当てつつ、それらを社会的な位置に据え直すことによって現代的な意義や意味のあり様を明らかにするのである。そうした批評の行為は、徹頭徹尾批評者の個的な思想に依拠するから、独断と偏見である惧れが多分にある。批評が唯一個的次元を超えるのは、批評それ自体が内包する豊かな感性による「切り込み」と説得力に富んだ「論理」そのものに依る。つまり批評者も、同時にその批評の「質」において厳しく問われているのだ。

「詩は詩人にしか訳せない」という言表は真実だろう。だが「建築は建築家にしか解らない」というとしたら、それは部分的にはそうだが、大いなる間違いという以外にない。なぜなら建築は詩やオブジェなどと違って、日常的な利用に供される「器」や「道具」である要素がきわめて大きいからだ。したがって、作家である建築家が他者やその作品を批評するということは、他の詩人やその詩に迫る詩人の役割を担いつつ、自らの手になる建築そのものの位置を社会的な存在として再確認するという還元的な自己点検としての意義をもつのである。

作家や作品を評した文章をここに集めた。書評という形で批評するものも少なくなかった。一、二を除けば依頼原稿として書いたものだから、対象の選定に私自身は関与していない。自分の意向で最初から作家論をやるなら、日本の建築家だけでも他に取り上げるべき対象があったろう。この部の分類は以下のようになる。⑴建築や都市の専門家を対象にしたもの、⑵評論家や思想家を対象としたもの、⑶その他の専門家を対象としたもの、⑷建築作品を対象としたもの、の四類型である。⑴では磯崎新、村野藤吾、川喜田煉七郎、秋岡芳夫、ブルーノ・タウト、オルムステッド・シニア、パオロ・ソレリ、ケヴィン・リンチ、イアン・マクハーグを対象としている。磯崎の最初の著作『空間へ』の書評が、私の二十代最初の「評論」だが(『建築』一九七一・〇五)、これは割愛した。⑵ではコリン・ウィルソン、宮内嘉久、宮内康、ジャン・ボードリヤールを対象とし、⑶ではデビッド・マコーレイ、⑷では槇文彦・藤沢市秋葉台文化体育館、愛知万博・ポーランド館が対象である。ほかに作家論としては、長大な「川喜田煉七郎論」(『商店建築』連載十一回、一九七六・〇九〜七七・十二)があるが、これも割愛した。

Alfama, Lisboa
27. July, 1982

9　建築家・デザイナー・プランナー

磯崎新論

そして夫がその深刻な研究に没頭したとき、そのとき、思わず叫んで、「これが見える、あれが見える、なほこれだ、なほあれだ」。そして……長い休止の後、ふたたびいった。「聖母マリア様、なんていろいろなものが見えるのでせう」。

——『サン・ヌゥヴェル・ヌゥヴェル』より

やや季節はずれの感のある秋雨前線がもたらした、真綿を敷きつめたような雲海がその水滴としての飽和度と重力との微妙なバランスのうえにまるで一枚の風景画のように静止している。と、見る間に雲たちがまるでなにかの暗示にでもかかったかのように、スーッと薄い白絹のようになって動き出した途端、サッとそれが切れ突き抜けるような南国の青空が拡がって、眼下にはもう国東半島が見えていた……。

私が磯崎について論じるのは、これが二度目になるわけだから、その意味では、〈聖地〉を〈巡礼〉するのは遅すぎるくらいだったかも知れない。しかし、私には今回の九州行きに当たっては、「見ておかねば話にならない」という意味以上の目論見が実はあった。

磯崎に関する小論を物して[1]からこの一年余りの間、私自身が建築というモノにより密着してきたという〈私〉にもっぱら関わる状況と、建築というモノが対他的に意味をもっていく（批評行為も含めて）その仕方という、まったく別個のことがらが、唯一〈表現〉の点においてのみ互いに切り結びふたたび〈私〉の回路に〈何がしか〉をもたらさずにはおかない……。その切り結びの〈交点〉をこそ、磯崎の諸作品は私に示していてくれるに違いないという、期待と

(1) 拙稿「パラドクスの終焉!?——磯崎新『空間へ』を読んで」『建築』一九七一年五月号

も願望ともつかないものがあったのである。
そして、この〈交点〉を〈表現〉の問題としてふたたび据え直すことが、もっとも新しいことだといまの私には思えるのである。

1　作家論あるいはヌーヴェル・クリティク

何についてであれ、〈表現〉の手段を経たものはそれ自体が生まれ出たその瞬間から、作り手あるいは書き手の許を離れ自身の存在を歩み始めるに違いない。それは、悠久性の時間のうちに自身の一回性のあの生成の仕方が外部との関係において消滅していくという意味で、モノそのものにとってはむしろ〈風化〉の歴史でしかないのであろう。

したがって、その創造の一回性に賭ければ賭けるほど、作者にとってはパトスの放出と〈風化の歴史〉との間に口を開ける深淵のどうしようもない虚しさがより強く予感されるものであるだろう。彼にとっては、創作過程の方法論とは、もはや瞬間瞬間に放たれたパトスの軌跡を追い求める、虚しさの支配する醒めた行為であるに違いない。その〈方法論〉は、あるときには予感される〈風化〉から自身の作品を少しでも守り覆そうとするいたわりの心情の表出であり、またあるときには作品の生成の瞬間にすべての創作意欲を凝結し〈風化〉との間の関係にはいっさい与るまいとする決意の表明でもあるだろう。

にも拘わらず、私たちは〈風化〉の歴史に与らないわけにはいかない。より原初的には、作品が私たちの網膜や脳裏に結ぶ像が私たちに〈何がしか〉を語らずにはおかない、ということにある。そして、この原初的な段階においてすら、〈風化〉は固有の価値を秘めるのである。

〈風化〉における固有の価値とは、言葉を継げば、価値の固有性ということである。あるいは、私たちのおのおのの内部に結ばれた〈像〉の固有性と、いい替えてもいいのだろう。感性とは全経験の謂である、といったのはメルロ・ポンティであったが、作品の表情がその経験としての感性というフィルターを経て私たち一人ひとりの内部に結ばれる像は、〈経験〉の固有性のゆえに固有であるのは自明のことである。そして、私たちの作品に対するいっさいの〈風化〉の作業は、この知覚領域の固有性から始まるのであり、〈風化〉という作品に対する〈冒瀆〉もこの点においてのみ許容されるのであろう。

クリティクという作品の風化作業は、多かれ少なかれ作家論の趣きをもつに違いない。いや、むしろ私たちのおよそ知りうるクリティクのほとんどは、この作家論の別称だったともいえるのではないだろうか。作品への接近は、その表情をしからしめた作家の意図へと、あるいは表情の背後に秘められた作家の沈黙へと遡行せずにはおかなかった。あるいはダイレクトに作家論と銘打つものは、もはや伝記とも呼ぶべき作家個人の〈経験〉のトレースであったりもした。なるほど、作家に〈密着〉することは、クリティクにとって不可欠の要素である。確かに私たちは、感受性―感性の総体としての想像力に身を委ね、作家の内に入ってゆく。そして作品と作者を結ぶかに見える、〈表情〉や〈作法〉や〈伝記〉をその想像力によって自家薬籠中のものにしようとする。すぐれたクリティクとは、これら〈表情〉〈作法〉〈伝記〉のすべてをほどよく混淆し、作家とその作品に対する〈万能薬〉として仕立て上げた業績に対して与えられた名称でもあった。

しかしながら、いま私たちは、正統化されたすべてのものを辞義通りに受け入れるわけにはいかない。正統性とは、すべての歴史過程においてひとつの選択枝に与えられたものであり、他のすべての捨象の上にある種の権威体系をもって君臨するという事実を、私たちはあまりに多く見てきてしまった。むしろ、捨象されたもろもろのなかに、こんにち何と多くの新しさを私たちは発見するだろうか。

体系化され、権威づけられたものが時間の流れのなかで自らの腐食現象を余儀なくされるとき、私たちには新しいもののみが注目するに価する。正統的なクリティクが私たちの〈拒絶反応〉を惹き起こすのは、あたかも作家―作品の全体性を獲得したかに見えるあのオプティミズムである。それは、作家―作品の不連続な関係性に、そして創作行為そのものにおける作家の孤高性についぞ到ることがないであろうという予感をもたらさずにはおかない。〈腐蝕〉というのは、こうした接近の仕方が必然的に内包せざるを得なかった構造的陥穽に潜む現象をこそ指すのであろう。

いま、私たちにとって新しい批評――ヌーヴェル・クリティク――とはまずすぐれて部分的であらねばならない。作品や作家に対するクリティクという〈風化作業〉が受手の側における想像力のすぐれた固有性に依拠するものであれば、両者の間における接近の方法もその軌跡もきわめて個別的であるというのが、私たちの基本的な了解であるだろう。

しかし、個別性の主張はそれ自体としては、作家あるいは作品に潜入し彼の個人的表出（パロール）を引き出すことのみではヌーヴェルたりえないと同様に、不十分さを免れることはできない。

評者の固有の想像力に発し、そこから作家・作品に深く潜入しあるときはその流れに従い、あるときは逆うといったプロセスそのものが、いつしか彼の固有の〈幻想〉を経て、時間から時間へ、個人から個人へ伝わるという時空間における普遍性――共同の〈幻想〉――を獲得する……そのようなクリティクのみがヌーヴェルと呼ばれるにふさわしい。このような共同の幻想は、逆にそれ自体が固有の価値をもって原対象を刺激せずにはおかないだろう。Ｊ・Ｐ・リシャールのいう[2]パラ・ランガージュとは、こうして確認された共同幻想として見るとき、私たちのなかに容易に溶けこんでくるのである。

(2)「サント・ブーヴと批評の体験」『パイデイア』9

そして、いま建築とその周辺に思いを致すとき、私は、このパラ・ランガージュのアナロジーに赴こうとする自らの衝動を否定することができない。〈私〉と原対象としての記号《シーニュ》である〈建築〉との間に獲得されねばならないのは、〈パラ・シーニュ〉(超記号)であろうと。磯崎とその作品は、こんにちこの〈パラ・シーニュ〉にとって魅力ある対象であることをやめない。

2 〈聖地巡礼〉あるいは〈ISO好み〉の表情群

東京からわずか八〇分ほどしかかからなかったのに、空港から市内に着くまでに一時間三〇分もかかるとは、アホらしいやら腹立たしいやら妙な感情に捉われながら、リムジン・バスは別府湾沿いの国道一〇号線をひた走る。一時間二〇分を八〇分とした巧みなコマーシャリズムの〈転位〉に半分はしてやられた、と思わず苦笑の浮かぶ頃には、海沿いの街の風景が私を招き出した。夏の陽光を浴びてキラキラ輝きながら寄せては返すやや鈍色の海、段々状にしかし整然と拡がる真青な田圃の列、そしていつしか海岸線の風景をわが物顔に占拠しだした白煙を吹く紅白縞の高層煙突の群れ……。初めて訪れたというのに、この街の招き方は、また何とファミリアーなのだろうか。私には、ここが初めて足を踏み入れる土地だとはどうしても信じられなかった。ポプラやソテツやプラタナスなどの植生の違いを除いたら、室蘭や八戸や直江津や清水や岩国や宇和島などここ十年余りの間にほとんどひとつの像となって私の記憶のなかに溶解してしまう風景と、それがまたしても重複してしまうのを私は拒むことができなかった。

永山則夫の銃撃が、実は青森と東京の風景のすぐれた酷似性がもたらす〈無表情さ〉を引き裂くことだったと意味づけたのは、松田政男や足立正生らの風景論者だったし、ビルの屋上から投身した恋人がヒロインの実像と虚像の風景のなかに溶解してしまうというきわめて解りすぎてしまったあの大島渚の《東京戦争戦後秘話》や、いっさいのストーリー性の無化のうちにアメリカ中西部の広漠とした荒原を二人の男がオートバイでひた走り、そして虫ケラのように蹴散らされて風景に同化していったあの素晴らしい《イージー・ライダー》などはもっぱら風景映画と称されたものだった。

ほとんど完璧に舗装された国道を走るバスのゆるやかな振動が、あるいは遠い街々の風景をあるいは映画の一つひとつのシーンをたぐり寄せる記憶の波と重なり合い、けだるい睡魔を呼び寄せながら、しかし〈均一性〉の新たな印象をもたらしつつあるうちに、いつしかバスは市の中心街に着いていた。

苔蒸した城壁と水藻のせいか緑色の水をたたえた堀のある城趾の角を曲がると、あの空中を浮遊するかのような舟形の医師会館旧館がまるでメルク・マールのように〈文化中心〉に誘いこむ。卒業設計がこれほど直截に実現しえていることに一建築家として私は羨やみの気持を禁じえなかった。彼のその一連の作品の第一作が、のちの倉敷体育館や代々木オリンピックプールのあの丹下の一連の作風に連なるようなアポロ的とさえいえる趣きをとったことは、コンクリート素材に対する実験という彼自身の言葉以上に、〈表現〉の問題として私には解るような気がした。そこには、〈文化中心〉に第一作を建築するという彼の若き日の気負いが感じられた。三階講堂のシリンダー状のシェル構造は、二本の巨大なピロティに支えられて確かにその存在を声高に語りつづけていた。翌日、あのN邸の中山医師は、シェル構造が採用されたいきさつを、ひとことで語ってくれた、「ピロティが好きなのと、シェルだと鉄筋量が少なくてすむから……」。私は、シェル構造が〈決定〉の原因か結果か知る由もないが――いやむしろデザイナーとしての〈確信〉からすれば、あれが結果であることは明々白々なのだが――施主をしてデザインと技術の自身の制作意図を易々として語らしめた、磯崎のひとかたならぬ建築家ぶりを知って改めて嘆息した次第だった。私は、今回の〈聖地巡礼[3]〉に当たり、できるだけ彼の〈年代

(3) 研究室の先輩でもある永田洋明氏の美しいエッセイのタイトルを借りた。「聖地巡礼―磯崎新の作品について」『デザイン批評』2

記〉に沿うようにと心掛けていた。それは、彼の現在のマニエラ論に到るまでのプロセスを私自身が自らの眼で確かめようという心積りだったからである、その限りでは、この医師会館旧館は、例の〈シンボル〉を始めとする〈記号論〉の第一系譜としてあるといえる。そして、それ以上でも以下でもないといえるのかも知れない。のちの作品群によって明確化されてきた、あのマニエリスム的手法は、したがって反近代的建築手法は彼の肉体のなかにあったのだろう、まだまだその姿を見せてはいなかった。

この旧館がよりヴィヴィッドな〈表情〉をもつようになるには、新館の出現まで待たねばならなかったのではなかったろうか。旧館の入口から入り、正面のガラス越しに新館の事務室へ進もうとしたとき、私はハッとして上をあぐぬいだ。旧館と新館のちょうどジャンクションの部分が何と劇的な空間を作り出しているのだろう。三〜四階の高さにおよぶ吹抜けのこのエントランスホールは、新館の側から中央部で垂直に立上るEVシャフトのコンクリート打放しのマスと二、三階でそれにとりつくように凹凸するホール談話室や映写室、そして旧館のあの大ピロティとシリンダー状講堂のファサードがこの狭い部分で向き合うのである。新館から旧館へ向かって片流れのようにかけたスカイライトから真白な光線が流れこみ、あるいは打放しの、あるいはビニール・ペイントの白いコンクリートの肌を映し出し、〈外部〉が〈内部〉を作り出すという逆説の空間をいっそう演出するのである。私は、白井晟一の親和銀行本店に触れてその手法を〈晟一好み〉という見事な一語に集約して展開した磯崎のあのエッセイをふと想い出していた。そして、私は、確実に磯崎の〈手法〉を実在のものとして了解しつつあった。それは、どうしても〈ISO好み〉としか名づけようがなかった。果たせるかな、新館は、多くの室のおのおのが固有の表情をもちながらひとつの大空間に出逢い、段々状の馬蹄形のコンクリート梁の上部から巧みに誘導されたハイ・サイドの光りの粒子がさらにこの出逢い劇を盛り上げる……。ビクトリア王朝時代の劇場のあの貴賓席を想わせるようなブースが、段々状に双方から迫ったその部分からこんどは一転して空中歩廊が、劇中主人公よろしく、大吹抜け空間を真一文字に横断する。部分が部分としての独自の言葉を投げ合う〈喧噪〉が、ほとんど白で統一されたカラー・コントロールのなかでもはや〈ISO好み〉のコーラスに和している。医師会館は、その新旧の出逢いが期せずしてそのまま磯崎の十年の歴史の彼岸と此岸を証すものであった。

桁の上に乗ってリズミカルに拡がる箱梁の切断された表情の雄弁をのぞいたら、医師会館と道路を隔てて連なる図書館は、その都市との関わりに関する限り磯崎の作品のなかではむしろ寡黙に属すほうであった。竣工後数年を経た打放しコンクリートの外壁のよごれが、どうしても灰色になりがちな日本の街のたたずまいと溶け合っているという事情に、まずそれは因るのだろうか。ひとわたり彼の作品を見終わったいま、私はそれだけではなく、この図書館の卓抜さは、「声低く語る」ことのできるほど練り上げられたデザインの周到さにあると気づいたのである。写真や図面で相当親しんできたつもりが、この〈巡礼〉において存在の直接性によってもっとも重みのある感銘を受けたのもやはりこの図書館であった。

〈ISO好み〉が、のちの作品によって継承され肉づけされていく、そのモティーフのほとんどすべてをそれは胚胎していた。すでに多くの人びとにより語り継がれてきた空間の〈意外性〉が、書を読みあさる少年少女たちのむせかえるような人いきれのうちに、もはや不可欠の要素として定着し、図書館のもつあの独特の鈍重なビューロクラティクな雰囲気のひとかけらも認めることはできなかった。

エントランスホールの、劇場の音響反射板さながらのハイサイド・ライトの連なりや閲覧室上部の半球状アクリルガラスのスカイ・ライトの群れは、〈光り〉に対する彼の執拗なほどの決意を語って余りあるし、箱梁と直交する対の耐力壁間の狭い緑の空間は〈闇〉に対する彼の憧憬が〈色〉に対する欲求と重なり合っていることをうかがわせたし、ホールの上部を空中でよぎる渡り廊下はその後もっとも取り入れられることの多くなる〈空間〉要素のプロトタイプであり、視聴覚室小窓の四分円の庇やサーモンピンクの階段室やモンロー椅子やトイレの扉絵もこれらの集合に与る重要な〈元〉としての役割を果たしていた……。プラニングからディテールに到る隅々まで、ひとりの男の貪欲なデザイン行為が明らかにモノの表象を借りて語りかけてくる。旺盛な反現代建築の姿勢をむき出しにしながら、しかし決定的にそれを突き放すには到らないアイマイな表情のうちにも、これはその〈固有性〉において決定的である。それは、磯崎のことばを借りれば「……ぼくらにとって、円柱のかわりにスプートニクやロケットのデザインを、沢庵和尚のかわりにビアズレーやビートルズのレコード・ジャケットをえらびだし、まったく異なった、日常の世界に浸されたぼくらの観念を構築することだけが残されている」そのような方法の実践に他ならなかったともいえるだろう。そこでは、ロゴスの必然がパトスの決断によって決定される途しか残されてはおらず、その〈手法〉はまさに〈好み〉と呼ばれるにふさわしい。そこでは、決定のいっさいが、彼の恣意にのみ委ねられているという意味でもっとも個的である。そして、もっとも個的なもののみが公的たりえるという逆説の鋭い矜持を私たちはこの建物に見出すことができるだろう。

医師会館、図書館を観てしまったものには、むしろN邸の原初的なモティーフが素直に受け入れられる。南側に隣接して新築された大きなホテルの出現は、外壁開口部を少なくしたいという当初の設計意図を改めて想い出させた。ビル街の谷間に沈みそうに見えながらも、外壁打放しコンクリートの求心矩形のパターンやガラス・ブロックのファサードはもはや幾何学模様がかもし出すあの冷たい感じを見るものには与えない。ピロティがその上部横架材よりもはみ出すというユーモラスともいえる独特のデザインがここではこの建物のホスピタリティに一役買っているのだろうか。私をもっとも感心させたのは、一人の老女とこの建物の日常的な関係であった。通りすがりの彼女は、ピロティで写真を撮っていた私を目ざとく見つけてこういったものだ。「私はこの建物が大好きで、とくにここ（ピロティ）が一番好きなんです。通りすがりにちょっと失礼してここに居ると、気持がスーッと落ち着くんですヨ」。一体、磯崎という男は、何度私を羨やませたら気がすむというのか。しかし、正直のところ、彼の作品が老女の〈好み〉に合うとは意外な発見であり、おそらくそれは、ここしかも庭の緑と一体化したこの薄暗いピロティ空間をおいては他にないだろうというのも、私の実感である。それは、この建物がやはり「声低く語る」ことを知っているからであると思われた。夏になると毎年きまってやってくる、学生たちや外国人にさえ、この自邸について話をするという中山医師の〈解説〉は、静かながらツボを得たものであった。教育委員長の要職にもあるという氏は、木製の白いベンチがふたつなにげなく置かれたピロティに立って、そこを子供たちの談らんの場に解放しようということも考えている、と語ってくれた。確かに、このピロティは、そのなにげなさのなかで活き続けている。かつて写真で見たとき、スケール・アウトでは……と思った四つのスカイ・ライトが、四周との関係もさることながら、この邸ではシャンとおさまっているのである。矩形や直線でとりしきられた全体の一部に大胆なアール部分を取り入れたらコルビュジエのサヴォイ邸を彷彿とさせるような、大規模な第一次案を断念したとき、このスカイ・ライトは彼のもっとも執着したモティーフであったに違いない。図書館のあの箱梁を思わせる一次案のスカイ・サイドライトが後退したいま、矩形の大きなスカイ・ライトこそ彼が意地でも実施にもちこみたかったデザインであったろう。一月の厳冬を暖房もなく、ある建物のスカイ・ライトの下で過ごし、肉体の芯まで凍てついたことのある私は、ふとそんなことを想い出していたが、中山医師に冬のスカイ・ライトのことなど聞くのはまったくヤボなことで聞かずじまいだった。デザインを機能の呪縛から解き放ったモノにいっさいのモラルはもはや茶番だった。

にも拘わらず、私は、岩田学園については、設計の主として計画上の問題性について態度を留保せずにはおれない。学校建築の計画をひとわたり（？）勉強したものにとっては、教室の一室分がまるまるはきかえ室として使われているなどというのは、まさに見るに耐えないことだった。あるいは、私も好んで用いる小さな矩形の開口が、何十人もの生徒たちの入る教室ではその風通しにとってすこぶる都合が悪い、と案内の岩田氏から聞かされたとき、私は、わがことのように考えてしまったのを告白せずにはおれない。さらに、階段の踊場に連なる、対称に並ぶ教室の共有部分などは、計画上も設計上もプアであるといわざるを得ない。しかしながら、彼がここで試みようとしたハイサイド・ライトの光りの扱いや、それにもまして都市空間に対するその〈語りかけ〉の表情の卓越さはこれらの問題点を忘れさせてしまうほどであった。ディテールに関しては、まだ気になることのいくつかがあったけれども、ツナギとしての基壇を挟んで向かい合う〈応答〉としての高低両教室群の〈記号性〉は明らかに、この学園とそして学園をとりまく街へとサインを送りつづけているのである。舞鶴橋から遠望した緑の森に浮かぶその秀麗な姿は、裏表のすべてを知りつくした恋人との別れにも似てフト立ち去り難く足を留めさすのであった。

福岡相互銀行大分支店については、もはや彼の手法は、そのシンボル性からディテールに到るまできわめて解るものであった。例の$\sqrt{2}$射影の新たな試みと真赤なパイプ状空調吹出し口が注意を惹いたが、それよりも私には、設計屋としてははるかにうまくなっている磯崎をそこに発見していた。そこには、ディテールも素材もまるでうまく使いこなす職人的な彼を見出すことができる。〈一本杉〉の塔とピロティのプロポーションは、もはや医師会館旧館ほどぎこちなくはなく、営業室外装や空中廊下手摺りのブロンズ・ガラスは適材適所といえるし、細かくは営業室外周のスティンレス製空気取入口のデザインなどは、まさに〈ISO好み〉の面目躍如たるものがある。

医師会館旧館、図書館、N邸、岩田学園とたどってきた彼のプロセスは、医師会館新館とこの銀行によってほとんど円熟の境地に達しつつある。これらの建物の、主として街に対する表情・構えは、街の〈均一性〉の表情に想いを致すとき——それは彼がいうような九州大分に固有なということではなく、もっと広く、根深い日本の風土そのものだろう——容易に了解されるものではあるだろう。むしろ、〈聖地〉で私が強く確認したのは、〈ISO好み〉が次第に明確になってきた、建築そのものに対する切りこみ方の問題であったと思われる。

福岡相互銀行本店は、これらの総括的地位を占めるものとして、全体的な表情をも含むよりトータルな〈ISO好み〉に対する別の角度からの接近が計られるべきだろう。

3 〈意味論〉からふたたび〈表現論〉へ

私は、〈観相学〉がどのような発生の系譜をたどり、またどのような学問的体系を包みこんでいるのか寡聞にして知らない。また、大して知ろうとも思わない。にも拘わらず、〈観相学的〉というサブ・タイトルをあえて戴いたのは[4]、私なりの理由があった。結論的にいえば、それはこうである。

対象への接近は、それがどんなジャンルのものであろうとまたその方法がどんな手段をとろうと、原初的に知覚そのものを経ないわけにはいかない。観るものにとっては、全経験としての知覚こそが彼のものであり、彼に固有の想像力とはそのようなものでしかありえず、また、創造力とは、そのような想像力と対象との相互作用のなかから醸成される他ないものなのであ

(4) 原題は「磯崎新論—その観相学的エセイまたは来たるべき〈パラ・シーニュ〉のために」

る。さらに、逆に対象の側からすれば、他者への〈語りかけ〉とは、他者の知覚領域への射程の謂であり、それは作者の創作意図あるいは観念と一度は切断されたすぐれて客観的な状態そのものであるといえよう。かくして、いま、私にとって意義あることは、ただ私の知覚領域へ信号を送り出す対象をひたすら観ること、これに始まりこれに終わることなのである。

私の視覚にともなう私の〈瞑想〉は、私の経験と習慣との間に揺れ動く不定型の観念の世界そのものであり、やがて私自身の創造力の粘液質的な原形質を形成するに違いない。

情報とは、対象の〈語りかけ〉の別称に他ならず、それはひとの五感のすべてにわたって刺激を与えつつ彼に〈瞑想〉の観念の世界を惹起せずにはおかない。すぐれた感受性とは、まずこの情報の刺激に対してつねに開かれた感覚が周到に用意されており、さらに縦横に揺れ動いてやまない〈瞑想〉の世界が容易に形成されるような知覚の全的状態をこそ指すのであろう。

おそらく、一九三〇～四〇年代はあらゆる意味でこんにちとアナロジカルである。芸術から政治にいたるまであらゆる状況が酷似しており、この数十年の間にほとんどラディカルな掘り下げがなかったのだとすれば、私たちにとって時間とは一体何だったのであろうか。過去に思いを馳せるとき、あの歴史主義に対する罵詈雑言を私たちは思い出す。しかし、問題とされるべきは〈悪弊の歴史主義〉でこそあれ、〈歴史主義の悪弊〉ではない筈である。私たちは、誰れも存在そのものの歴史主義を否認することはできない。

しかし、いま私が一九三〇～四〇年代を引合いに出したのは、それへの時間的遡行を許ろうというのではない。時間という四次元世界における隔絶した両地点における状況の酷似性がまるで空間の三次元世界でのそれのように、きわめて不連続なしかしすこぶるラディカルな事実を示していることへの驚愕が、捨象されたものへの好奇心へと変質していく私自身のある予感に満ちた、それは気まぐれなのである。だが、いま、私は、この自身の気まぐれを全面的に満たすほどの余裕を残念ながらもたない。わずかに、アナロジカルな〈事実〉をきたるべきものへの予感として記せるのみである。

科学技術上の進歩が芸術の領域において少なからぬ影響を及ぼさずにはおかず、それが古典的芸術の〈礼拝性〉にとって替わり新たな〈展示性〉において全的な価値を示しつつあることを、もっとも早くに指摘したのは、W・ベンヤミンであったろう。[5] それは一九三六年のことであった。『言葉』誌が、深まりゆくファシズム状況のなかで芸術に関するもっとも深刻な論争を連載していったのは、一九三七年九月からだった。こんにち、〈表現主義論争〉といわれるこの論争には、ルカーチやブロッホやゼーガースらが積極的に加わり、表現主義の「現にある状況を作品のなかに完結したかたちで固着してしまうのではなくその状況の見せかけのファサードを解体してしまおうとする試み」（傍点……引用者）をめぐって熾烈にわたりあった。私には、この論争には加わらず、しかしきわめて注意深く見守っていた、あの演劇における〈異化作用〉の定着者ブレヒト（彼は『言葉』誌の編集者でもあった）の『提言』が印象的である。「われわれは、真理の首に懸賞金をかけて、そいつをつかまえるためのあらゆる行動の自由を保証するだろう。要するに、われわれはリアリストとしてふるまうだろう。……芸術と関わりあおうとするリアリストは、その芸術がリアリスティックなものでありうるように、一定の行動の自由をそれに許してやるものだ。ユーモア、空想、表現の歓びなどをゆるしてやるものだ。彼は、現実の芸術家たちにはこういったものがそなわっているということを、ちゃんと知っているのである。……われわれは、批評の形式主義などまっぴらだ。リアリズムが問題だ[6]」。

こんにち、安易なリアリズム批判を行うものたち、あるいはリアリズムの〈正統性〉に固執するものたちにとって、これは含蓄のある発言であるだろう。

(5) 「複製技術時代の芸術」『ヴァルター・ベンヤミン著作集2』晶文社　一九七〇年

(6) 「表現主義論争への実践的提言」『表現主義論争』盛田書店　一九六八年

メルロ・ポンティが、フッサールに深く根ざし〈存在論〉に〈知覚論〉をもってして、哲学領域に新風を吹きこんだのは四〇年代前半のことである。[7] 彼は、いう。「事象それ自身に還るとは、認識以前の世界に還ることである。〈認識〉はつねに〈認識以前の世界〉について語るというだけであり、この世界に対してはいかなる規定も抽象的・記号的・依存的であって、その関係はちょうど、森や牧場や川がどんなものかをわれわれに初めて教えてくれた〈風景〉に対して、〈地理学〉が有する関係のようなものである。[8]」あるいは、「すべての科学は、その世界を構成するものが知覚的経験であることに気づかずに、〈完全〉で現実的な世界に位置しているのである[9]……」と。

私は、少々〈歴史主義〉の気まぐれな逍遥に手間どりすぎたかも知れない。けれど、すでに数十年も前に、〈表現〉あるいは〈知覚〉の領城で先人たちがすぐれた掘り下げを行っていた、その事実と内容とは、こんにちその状況の相似性を考えれば強調されてされすぎることはないと思うのである。

私にとってここ一～二年の間、いわゆる記号論の問題はきわめて興味深いテーマだった。言語論の主としてソシュールの開拓した分野に負うところの大きいこの〈認識論〉は、のちにやはりメルロ・ポンティがいみじくも抽象化したように、[10] その〈恣意性〉と〈示差性〉こそが決定的な要素なのであろう。言語に即しては、あの言語活動《ランガージュ》一般における社会的物象としての言語《ラング》とすぐれて個人的な言語《パロール》の二面性に絡むそれは宿命的な性質であるといえる。建築をめぐる〈デザイン〉の問題が、したがってひとたびこの記号論に密着して語られるようになったとき、それがこの二面性に派生する〈意味〉の抽出の論義へと赴いたのは、むしろ必然だったといえるだろう。

記号とその物象とには直接的な関係はないというあの冷酷な〈恣意性〉は、しかしながら、

(7)『行動の構造』（一九四二年）、『知覚の現象学』（一九四五年）の両著作は一本にまとめられ、ポンティの学位論文となったといわれる。いずれも、みすず書房 一九六四、一九六七年

(8) 前出『行動の構造』

(9) 前出『行動の構造』

(10)「間接的言語と沈黙の声」『シーニュI』みすず書房 一九六九年

それが他の諸記号との間に差違を生じる限りにおいて固有の価値をもつという〈示差性〉によって補われ、建築の行為とその表象の間における〈意味〉の探求へと赴かせたに違いない。そして、いま、この記号と物象に関わる〈二面性〉の果てしない循環論において手法《マニエラ》のテーマが浮かび出るのもむしろ必然であろう。

こうして、記号論の基底を素通りしてみると、あの医師会館旧館以来むしろ意識的にその建築行為において〈記号性〉を追求してきた磯崎が、マニエラ論をもって自らの方法論を補完しようとしているのも、容易に了解されるのである。彼の言葉によれば、それはあるいは「作者の観念の影としての形式の自立」であり、あるいは「観念または概念の原形質としての原イメージは、非個性的な手法をうみだすことによって形式に同化する」というのである。これは、先の言語論上の用語に従えば、まさにパロールの形式化以外の何ものでもないであろう。

しかし、私は、〈晟一好み〉といい、あるいは克明に作品そのものをたどることによって発見してきたあの〈ISO好み〉が、「非個性的な手法」によって形式化されるなどとは期待していない。いや、むしろ記号と意味をめぐる宿命的な溝を埋めつくすことのできる方法論などはランガージュの世界としてのみ成立するのであろう。この、デザイン行為と方法論との関係に関する私の基本的な考えは依然として変わっていない[11]。方法論とは所詮行為のあとの論理づけであって、パロールをラングに渉らしめようとする限りにおいてそれは多かれ少なかれレトリックの趣きをもたざるをえないと思うのである。

にも拘わらず、磯崎のマニエラ論は、依然として彼の〈方法〉をうかがわせるものとして、その意義を減じてはいない。「視覚的な異化作用」といいあるいは「個別の意味の発生」という彼が執拗に追い求めてきたモティーフを、それは明らかにラングとして示してくれている。

記号論の本質的位置づけは、いま、いっそう重要な時期に到ったのではないだろうか。記号

(11) 前出「パラドクスの終焉!?……」参照。

—意味を結ぶ認識論的な意味論は、むしろ存在論の課題に密着することによってより今日的な状況を露わにすると思われる。記号というきわめて明証的な〈事実性〉と意味あるいは意識上の〈曖昧性〉の二元論は、サルトルのあの即自と対自の二元論がその〈絶対性〉にも拘わらずついには〈世界内存在〉を説明しつくすことができなかったように、芸術あるいはその周辺における存在一般の関係性を明らかにすることはできないのではないだろうか。なぜなら、記号という〈事実性〉が認識論的に意味と呼応し合うようなものであるとすれば、一体、意味が一度認知された明証性の上にさらに引き続いて屋上屋を重ねていくというような開かれた可能性——〈曖昧性〉——をどのように位置づけようというのだろうか。あるいは、こういい換えてもいいだろう。一体、〈記号〉と〈意味〉の固定的な一対一対応などというのが、ほんとうに明証化されるのだろうか、と。サルトルによれば、対自＝意識が余すところのない眼差しをもつときには、それはたちまち凝固して即自にまで凍結されるという。あるいは、対自は存在者の無化において露わになる〈存在の無〉であった。しかしながら、〈事実性〉において対自が〈存在の無〉ではあるとしても、それは内属的なあり方において即自するものである以上、依然として自己の〈事実性〉を帯びざるをえないことは否定しえないであろう。

であるとすれば、私たちは、ふたたび徹底して自己であるものへ回帰すべきではないのだろうか。経験とは、徹頭徹尾個別的である。この「自然的で素朴な」（フッサール）全経験こそが、知覚そのものを形成するものであれば、認識以前の〈事象〉そのものに還れ、というあのポンティの〈マニエラ〉〈行動規範〉はすぐれて示唆的ではないだろうか。磯崎が、本気で〈自己消去法として のマニエラ〉を考えているとしたら、それは〈存在〉の無化がついには存在の本質に到ることはなかった、という存在論のあの自家撞着を招くのではないだろうか。記号論は、ここまで立ち到ったとき、磯崎個人のためにもそして私たちのためにも危ういと思われてならない。三〇

～四〇年代の先人たちのあの未来的な〈暗示〉が歴史の闇のなかでより一層光彩を放ちつつあると思うのは、私一人だけであろうか。

回帰すべき行方は、事象そのものであり、知覚対象としての〈表情〉あるいは〈展示性〉そのものでなくてはなるまい。

〈表現論〉は、ふたたび正当な位置を保証されるに違いない。

4 〈表情〉、〈表現〉あるいは〈パラ・シーニュ〉

東京湾上の船の上から京浜工業地帯の彼方に見た夕暮れの太陽は、乳白色の空中に浮かぶ熟れたカキのように赤く、モネのロンドン周辺を描きまくった絵画のそれと重なりあって、ひとしきり私の幼少時の心を揺さぶった。それは、文明と文化とがある高みに達しえた、もはやその先には〈凋落〉と人のいう現象のみが待ち受けるような爛熟の美の象徴であったのかもしれない。

大分から博多に向かう車窓から見た北九州の工業地帯は、ふとそんな私の記憶をよみがえらせた。化学工学の粋を集めて精密に設計されたに違いない、ある大化学工場の野ざらしのプラント・パイプ群は、あるいはうねりあるいは弯曲しながら空中を這いまわって複雑に絡み合い、その造型の美は建築のもつ整合性をせせら笑うかのように見るものに迫ってきた。白金《しろがね》色に塗装されたパイプ群は、むしろ冷たい光沢を投げかけるのみであったが、その姿はなぜか予言的であった。

ガラス窓とブロンド色のアルミ板カーテンウォールが市松模様のように拡がるふたつの大きなビルの壁の向こう側に、サーモンピンクの大壁面を見たとき、私は、「やはり……」と独りで合点しているようであった。タクシーがひっきりなしに交錯する駅前広場を通りながら近づいていくとそれは予想以上に遥かに圧迫感をもって迫ってくる。福岡相互銀行本店はその色彩と垂直性のスケールにおいて、まず私に信号を送り始めた。建築とはアセンブリーだといったのは他ならぬ磯崎自身であったが、彼のコトバがこれほど辞義通りに徹底されているのを私は他に知らない。おそらく大分県立図書館以後明確に対自化されてきた、すべてのものがほとんど無修正といっていいぐらいに、ここには寄せ集められている。アプローチ部分、赤砂岩の垂直な壁を極度に意識している三階に相当する赤花崗岩の水平な〈大梁〉とそれを受けるピロティとは、隅角部からのアプローチという設定まで含めて、図書館のあのイメージと同じである。事務室扉やエレヴェーターの階数表示文字は八重州東京支店で初めて採用された、あのコンピューター文字のデザインであったし、彼自身のデザインによる応接室Dのインテリアの求心矩形は、かつてN邸の外壁を飾ったものであったし、モンロー椅子はもはや欠かせぬ家具となっていた。近代建築の無装飾性をしか知らない人びとをアッといわせたあの図書館以来の色彩は、インテリアにおいていっそう多くの試みがみられた。それは、四階事務室が白、六階役員室が黒―灰色、七階会議室が青、十一階食堂が黄色というような、フロアーごとに基調色を設定しつつ、大会議室の天井から壁にかけての大規模な青白縞模様から果てはキーパンチャーの休憩用ソファーのサイケ調まで、実に観るものを楽しませてくれる。役員会議室のスカイ・サイドライトはもはやN邸の機能的な要請を忘れさせるかのように、外壁赤砂岩のためか淡いピンクの光の粒子を薄暗い空間に拡散し、その下になにげなく置かれた黒い花瓶を浮き出させて絶妙である。その奥の小会議室では、ガラス越しのブラインドを兼ねたタピストリーにモンローの大きな片目が織り込んであり、磯崎のウィンクとダブルイメージとなって彼のくったくのない茶目っ気が見事なデザインとして現われている。

白井晟一の手習いが肉体的な訓練として彼の観念を現実化する方法のうちにその建築の〈作

法〉を支えていたとすれば、あらゆるパートがディテールが呼応するようで断絶しその自由な形姿をほしいままにしている磯崎の〈手法〉とは、日常的に徹底して追求されてきた彼の〈遊戯〉そのものではなかったろうか。それは、デザインの〈決断〉が論理的必然であることを信じつづける者へのシニシズムであり、すべての方法が客観化されうるという〈確信〉へのパロディでもあるだろう。いや、彼の観念の世界では、そうしたアンチとしての遊戯ではなく、本質的に遊戯である〈瞑想〉こそが絶えず揺れ動いて止まないのであろう。そして、この〈瞑想〉は、あるいはエーゲ海の、あるいはニューヨークの、イタリアの、スペインの、エジプトの、パリなどの街々の〈表情〉を駆けめぐり、デザインの〈決断〉の瞬間に一瞬にして、選択されたモノとして立ち現れる。もはや〈瞑想〉とモノとの間には、いっさいの〈論理〉の介在がない。私たちが、知りうるのは色、形あるいはそれらの組み合わせとしてあるモノのレアリテのみである。ランガージュとして、このレアリテの〈語りかけ〉を見聞することはできても、一瞬のうちに造られた深淵の彼方に隔絶されてある彼の〈瞑想〉に、もはや私たちはたどりつく術《すべ》をもたない。彼が、〈射映〉〈増幅〉〈転写〉〈切断〉〈布石〉〈梱包〉〈応答〉などによって、それを明確化してラングからパロールへの橋渡しを試みることによって——それ自体は方法論の問題としてすぐれた問題提起であることの意義を十分もつものであるが——仮にパロールの共有が可能としても〈瞑想〉の世界を私たちは共有することはできない。その〈表情〉のレアリテが、とことんまで鍛え磨かれた〈恣意性〉が利用可能な範囲の素材を借りて現れた、〈仮象〉であることは明らかである。〈瞑想〉と〈仮象〉に関わるこの〈恣意性〉こそソシュールが記号に見出した第一特性であった。私たちは眼前にくりひろげられたこのモノたちのドラマにタイトルをつけるとすれば、ただ〈ＩＳＯ好みの……〉といえるのみである。このドラマがこのようなレアリテとしてあるからこそ、私たちは磯崎を磯崎として認知する。

知覚するものとしての私たちにいえることがあれば――そしてこのことが大事なことだと思われるが――その〈仮象〉の〈恣意性〉ではなく〈示差性〉についてである。

彼自身が認めているように、〈仮象〉がもっとも入り乱れて存在しているのは外部空間においても内部空間においても一～二階営業室周辺であることは間違いない。茶色を基調としてデザインされたこの空間は、およそあらゆる〈仮象〉が語りかけて止まず、かつてはその混在によって〈ISO好み〉のコーラスを為していた各エレメントがここでは、むしろ互いが互いの声を消し合うかのようにハモらなくなってしまっている。バルトークの四重奏をして特異ならしめたあの不協和音ともそれは違う。和音になる以前の、それは段階といえるかも知れない。たとえば、円柱内部の真白な応接空間は、やはりスカイ・ライトによって光の効果を狙っているのだが、円柱以外の部分から流れこむサイドライトや照明効果によって相殺され、十分に活きてはいない。また、細かくなるが外部コールテン鋼鎧戸の止金物の無造作さは、鏡のように磨かれた赤花崗岩の素晴らしさに比べて気になる点でもあった……。

この建物は、確かに見るものに、いや街の一つひとつのエレメントにさえ語りかけて止まない。図書館やN邸のあの声の低さに比べたらもっとも高い部類に属すともいえるだろう。そして、それはそれなりに非常によく解ることなのではあるが……。けれど、私は、この声の高さについて考えないわけにはいかない。このことは〈示差性〉がもっぱら与る〈表現〉の問題として興味深いことだと思うからである。

私の心の隅に巣喰うある種の恐怖感がある。それは、私事にわたるが子供の頃謡曲好きの父に連れられて能楽堂へ出かけていって見た、女面の表情である。おそらく、それは。『野宮《ののみや》』と呼ばれる曲目だと思うが、光源氏の寵愛を葵上に奪われていまは、深草の里に静かに暮す六条御息所の醒めた表情であったのだろう。『深井』というずっと後になって知ったその女面は、その夜、私の夢の世界に逆パースペクティヴとなって次々に現れては私に迫ってきた。徹底した無表情のその貌は、人生の表裏のすべてを眺めた果てに自とそなわったものなのだろう。私は、その表情に語りかける一切のものをもち合わせてはいなかった。解りそうでいてしかし絶対に越えられない深い溝を内奥に秘めてただただ静かにそれは真暗な虚空にボーッと浮かぶのみであった。夜、夜中眼を覚ましてひとりすすり泣いていた私を覚えている。

行為とは徹頭徹尾孤独なものではないだろうか。とくに〈表現〉において、自らの内部と外部との間の厳とした乖離、あるいは徹底した意識の裂目をひとたび知ったものにとって、それは宿命のようにまといつかずにはおかないであろう。にも拘わらず、私たちが〈表現〉に固執するのは、〈私〉のものでしか決してありえないその孤絶を掘り下げることにおいてのみ固有の経験の深みを得られるのであるし、そして逆説的にそのような固有性こそが、自らと乖離の彼岸にある世界との断絶や分断を相対化させうるということの予感があるからである。

このとき、おそらく私たちは、〈表現〉そのものを、この内部と外部を統一的に結びうるような手段としてあらしめうるなどというオプティミズムを抱くことはできないであろう。残されているのは、ひたすら〈表現〉すること、そのような断絶や分断を徹底して自己のものである〈瞑想〉の世界に刻みこみつつ、〈表現〉そのもののなかへ投企すること、これである。

このような〈表現〉は、その〈表情〉において、イロニーを秘め、あるいはアンニュイのあるいは爛熟のシニシズムを秘めずにはおかないであろう。一見してホットではあるが、しかし全体としては徹底的にクールであるに違いない。それは、一方では孤高性の深化と他方では乖離への架橋という〈表現〉の投企のもつ宿命的な二面性を自らに課すことであり、そのような〈表現〉におけるせめぎ合いは必然的に自己解体的であるという関係性をも見据えた行為であるからであろう。

〈自己消去〉ということがありうるとすれば、それは、〈方法〉のなかにではなく、観るものの全的経験としての知覚に語りかけることによってそこに架橋を形成する、つまり、そこで固有性が普遍性のなかに同化していくような〈表情〉そのもののなかである筈である。〈方法〉とはつねに論弁的であるが、〈表情〉はつねに先験的である。〈表現〉するものと外部世界、あるいは〈知覚〉するものと作者とが、かろうじて意識を共有しえるかもしれないという幻想の幻想は、このような〈表情〉においてのみ可能なのであろう。断絶や分断を醒めた心象としてしかしなにげなく表出しえている、そのような〈表情〉こそは、こんにちもっとも孤高であるがもっとも普遍であるという逆説を獲得しうるであろう。

〈パラ・シーニュ〉とは、もはやクリティクにおいてよりも、創造の局面において、このような〈表情〉が記号の〈示差性〉の発展的解消としてもちうる、それは全的内容を指すであろう。このとき、それは記号論の限界を超えているに違いない。

磯崎は、その先験的な可能性においてつねにもっとも魅力的な存在として、私にはありつづけている。

しかし、その彼のモノも、まだ、そのような〈表情〉は見えない。私には、そのような〈表情〉を作り出してしまう磯崎のほうが、あの能面にもまして、遥かに〈怖い〉存在である……。

村野藤吾小論

村野という人は不思議な人である。私たちのように若い世代は、つねに先人へのアンチが、その心意気が青い果実のまままきわめて直接的に創作へのパトスとして変質していくのを認めざるを得ないし、また、それが唯一の特権であるように思う。私自身、たいていの場合、世代に関係なく先人とその作品にはそのように接して来たし、とりわけ存命中の人びとにはその感は深い。しかし、村野はどうも別のようなのだ。それが困る。原稿を依頼され、そのつもりで作品も見たが、なかなか「村野流」とやらを「斬る」ような衝動が私のなかで生じてこない。どうも、もう少し深い静かなところで私の感性がたゆとうているように思えてならない。それを明らかにするには、私自身がつねとしているクリティークとは別のアプローチが必要なのかも知れない。

1 〈村野好み〉を垣間見た

丸の内界隈は変わっている。もちろん界隈という表現に、人びとの日常的なアクティヴィティが錯綜するあの空間体験をこめた上である。車や雑踏やチャイムやスピーカーから流れてくるサウンド、街ゆく人びとの群れや装い、街がそれらの人びとをかかえこんで息づいている、その息づかいと臭い、マッシヴであるかと思うとやたらとナーヴァスであったり、にぎにぎしくも寡黙であったりするそれらの眼差し……。

あらゆる「表情」が私たちの五感を通して語りかけてくる。空間体験とは一滴一滴が私たちの五感のフィルターを通過してないまぜになった、こうした街の表情の溶液の総称なのであろう。そしてそのような溶液がおのずから生成されるようなところを界隈と私たちは名づけてきた。

そして、こと丸の内に関しては、界隈は一種独特である。〈日本のロンバート街〉を目指して、明治二十年代に早くも一大オフィス街を構想していた荘田平五郎などの〈夢〉は確かに実現されたとしてもよいだろう。その取り壊わしによって私たちの耳目をそばたてた、コンドル設計になる三菱一号館は明治二十七年にはすでに完成していた。あのレンガの赤い色合いはそのテクスチュアと窓廻りや出隅に切られた白いトリムラインとによって道行く私たちに暖かな眼差しを投げかけていたものだった。

しかし、戦後に建てられたモノによって形成された丸の内界隈は、むしろ界隈と呼ぶにはあまりに無表情でありすぎたことは否定しえない。三一メートルの軒高できちっと揃えられ、しかも壁面線がまるでひとつの面上に収まって延々と続くさまは、あたかも見事に訓練、統制された兵隊の整列のように、〈秩序〉の美学はうかがえても、人の本質的な温もりやましてさまざまな規範が何度試みてもつねにその内に閉じ込めることができなかった原初的な不条理といったものは期待すべくもなかったのである。確かに、丸の内は文字通りビッグビジネスの中心地として日本の近代化をそのまま示してきたともいえる。街としての「表情」がそのような位置と無関係ではありえないというのも当然であろう。学生時代の私にとって丸の内とは、そのような意味でまったく興味の埒外であったし、今なお多くの若者たちにとってもそうした関係は変わりないであろう。そのような事情を承認した上で、なお、丸の内は確かに変わりつつある。美観論争をあれほどにも花々しく惹起した、東京海上の赤い「超高層ビル」はひときわ群を抜いてその存在を声高に語りかけてくるし、三和銀行の黒っぽいビルもその容姿において主張するところは変わらない。近代合理主義に対する根本的な疑義が叫ばれ、他方では新宿において、五十数階のノッポビルが相次いで建設され「副都心」を形成しつつあるという象徴的な現象に、有能さをもって鳴るわが国の中枢が判断を誤る筈がないことを許らずもそれは物語っているのかも知れない。

丸の内が今までのそれであり続けることに対する惧れ——それは、冷徹な経済合理性の上に基づいた上での「軌道修正」を迫るものであったことは想像に難くない。丸の内界隈の近頃の変化の基底をこのように覗くのはあまりに穿ちすぎ、というものだろうか。

日本興業銀行本店がそのような丸の内に出現したことはある意味では素直にうなづけることなのだろう。しかし、私にはこの興銀本店ビルは、そのような丸の内一般の傾向とはどうもつながっているようでいて、実は見事に切断されているように思われるのである。

スチール、アルミ、ステンレス・スチールやガラス、そして本磨きの花崗岩などがきちっとモデュールにのって収まっている外皮……。丸の内のオフィスビルはそのエリアがそうであると同じように、わが国のオフィスビルの典型でもあった。そして典型にはいつも、いたいけな「模範生」ですらが好むと好まざるとに拘わらず被せられてしまうあの格式という名の〈装い〉が要請されていたのである。

そして、私たちの眼はあまりに素直に「模範生」の格式に慣れ過ぎてしまっていた。いや、むしろ彼らに対して寛大であり過ぎたというのが、ことの真相ではないか。前川國男の心意気というのは東京海上ビルの超高層によってその〈格式〉に挑んだという一般的な観点に止まるものではなく、むしろあの赤いタイルの外皮によって丸の内一体のエリアにもっとも特異な「表情」をもたらした点にこそある、と私には思えるのである。巨大さが巨大さであることによって価値をもつというのは、なるほど人の心の隅に巣喰うリビドー的な願望であるかもしれない。しかし、それがストレートに獲得目標とされるのは、進歩と合理の涯しなき進行を旨とする近代主義のあまりに単眼的な発想というものであろう。

そんなことを想いながら私は丸の内界隈を逍遙していた。「お堀端」は、あの人の心を物理的にまで侵してくる車とその排気ガスさえなかったら……などと意外な発見をしたのもひとえに「秋」という季節のなせるワザであったのかも知れない。

日比谷通りを大手町方向に折れてしばらくすると、世のアドヴェンチャーたちをしてあれほどにも魅入らせてしまったネッシーの勇姿もかくやと思われるほどに、一〇メートル近くにもせり出したキャンティレバーの大壁面が突如として現われる。興銀本店ビルの貌は変わりつつある丸の内界隈にひときわ特異な表情をもたらしている。キャンティのハンチを巧みに処理したあの大きなアールはまさしく村野ならではのデザインで、見る者をしてしばし足を止めさせずにはおかない。歩道と同じ赤御影の縁石と低いツツジの植込み、それに囲まれた人工池――ほとんど外構らしい外構のないこの建物の、この一角は明らかに一つの見せ場として目論まれている。村野が「宝塚カトリック教会」のような比較的小さな建物を除いて、この興銀本店ビルのように〈外側〉の表情によって街に信号を送り出すのもめずらしい。タイルや石を使わせたらまずこの人の右に出る者はない、とまでいわせている〈被膜〉は、むしろつねに声低く街に溶けこんでいたものだった。そして、そのような細心の神経で押さえこまれた被膜に対する想念をその反動のようにいっきに吐き出しているのが、内部空間であった。不定形の曲線が、まるでカゴから放れた鳥たちの飛翔のように自由に虚空を行き交う。そして装飾と色彩に対するあくなき追求……。それらは、確かに村野が、機能主義以来の現代建築とはまったくかけ離れたところで、自らの感性を磨いていたことを示して余りあるものであった。

池をおおうように突き出たこの巨大なキャンティは、根元の肝裏天井に色タイルが貼りこまれ、いかにも〈村野好み〉らしい造形を唱い上げている。〈被覆〉の声の低さを常套とした村野が、この巨大なキャンティを試みたのは、やはり丸の内界隈へのひとつの提起があったと見られるのである。そしてその提起の仕方は、明らかに前川のそれとは異なっている。

芸術院賞の対象となった埼玉県立博物館に代表されるように前川の建築にはつねにヒューマニティの何たるかを考えさせられるような眼差しがあり、しかもそれがあくまで現代建築の延長上で獲得されようとしている〈正統性〉がある。しかし現代建築の基底を流れる合理性とヒューマニティといわれるものにしばしば伏流する不条理性とに橋を渡すのはきわめて困難なことであるに違いない。前川の建築がときとして高い声を立てているのは、実はこの辺りの課題に対して真正面から立ち向かっている自身の〈思想〉に固執した闘いともいうべきパトスの表出がしからしむるところではないのだろうか。埼玉会館にしても東京海上ビルにしても、外部空間において生じている「かくあるべし」と「ある」というゾルレンとザインとの間にある古くて新しい〈落差〉は、もっとも前川らしい〈正統性〉がもたらしたもののように思えてならない。そして、あのあまりに有名な「異義申立て」のコンペ*以来一貫してとってきたこの旺盛な情熱こそ、前川が私たちを魅了して止まない点であった。近代主義の陥穽を補足すべくやっとその途についたかに見える、「変わりつつある」丸の内界隈の現況は、しかしながら、よくもわるくも大勢においては近代合理主義の「正統性」の延長上にあるといえる。

私は、前に興銀本店ビルは、この丸の内の変わり様とは似て非なるものであると記した。それは、ひとえに村野と前川の建築とその作法の違いであるといえるのではないだろうか。巧まさの点では傑出したこの両者が、このように明らかな差異を示して近接して最新作を建てたというのは歴史の女神の皮肉な配剤とでもいうのだろうか。

その差異は一言でいうなら、〈好み〉というあのすぐれて個的な資質に因るのだとする以外に

*一九三六年の「東京帝室博物館」のコンペ

ないだろう。その村野流の〈好み〉が必ずしも徹底しているとはいえない、この興銀ビルを観ても、その輪郭は知れるのである。

最近の村野の作品でその〈好み〉がもっともよく窺われるのは、迎賓館であるに違いない。片山東熊になる旧赤坂離宮を、ナショナル・ゲストハウスとするために注いだ村野のエネルギーは並大抵のものではなかったらしい。数年の工事期間中に、「あの見事な白髪が艶を失ったように思える」と私は工事に携わった人間から伝え聞いた。浦辺鎮太郎がその間の事情をこと細かく記している「村野藤吾語録」(『新建築』一九七四年六月号)はその意味で貴重なものだ。「語録」によれば、紫色の好きな村野は、五十数種もの紫を迎賓館で使ったという。村野たる所以という以外にない。

この迎賓館と併行して設計・建設された興銀ビルは、いろいろな点で迎賓館のダブルイメージが窺われるように思われるのである。先のキャンティレバーの巨大なマスは、全体が赤御影で貼りめぐらされている。そして、その色が実に〈村野好み〉なのだ。私は、あれほどイイ色をした赤御影を他に知らない。〈紫〉に固執する彼の情念が、小豆色の御影石をアメリカから運ばせたのだ。この御影石と、アルミのカーテンウォールとが交互に縞を織りなす外壁は、あの〈被膜〉の村野の面目躍如たるものがある。

そして、私たちをつねに感心させる芸の細かさをここでも彼は捨ててはいない。メインアプローチのピロティの足元を軽くしゃくったアール、御影石の大壁面にアクセントとリズムを与えている目地彫刻、カーテンウォールのマリオン受け、そして同じ御影石で造られた縁石などは、さすがに石の活かし方を心得た処理である。今、私たちが使うもっとも高価な材料である石はこのような感性によって初めて活かされる、とでもいうのであろうか。

この〈被膜〉で覆われた建物が街へ向ける眼差しは、確かに周囲のそれとは異質である。ペインガラスが嵌められたカーテンウォールとも相俟って、渋い小豆色の石の壁はどんなに本磨きの光沢を放とうとも、あたかも中世の城のようにズシリと存在の重みを感じさせる。そしてその「重さ」は石が本来的にもつ物理的な重みとも、渋い色合いがもつ心理的な重みとも違うのである。合理的な尺度でモノを測ることに慣らされてきた現代の私たちと、どこかですれ違う「重さ」をその表情はもっているのである。「絵にならない」と、しきりにカメラマン氏を嘆かせたこの表情こそ、現代と関わりながら現代とは別次元の世界を行く村野の感性が生み出すものなのである。

この彼の〈感性〉とその発現の仕方が建築の作法でどう関わりあえるものなのか。私はあとでふたたび考えてみたいと思う。いずれにしても彼の建築は、その感性が〈好み〉を通じて現出するものに他ならず、それは観念や思想以前のきわめて原初的・本源的なプロセスとして了解されるのである。それは多分に、了解可能性、明証性、関係性などの合理の綾で結ばれた近代主義とは一歩を隔てるものといえる。近代主義の延長上で変化を遂げつつある大方の丸の内界隈と、この興銀ビルが踵を接していながら基本的に異なるのは、まさにこのゆえであるといえよう。

〈村野好み〉は、建物の外部においてよりもしばしば内部においていっそう濃密である。興銀ビルは、それが必ずしも多くないとはいえ随所に瞥見できる。同行の菊竹清訓をして「仮にこの建物がなくなるようなことがあっても、この階段だけは残したい」といわしめた、地下一階貸金庫室への階段は、確かにこの建物では白眉である。「都ホテル旧館」「日生ビル」「千代田生命本社」でも必ず彼が挑んでいた階段への執拗なほどのデザインは、〈好み〉が実は通り一辺の思いつきやヒラメキで成るものではなく、永年にわたる試行錯誤と「現場」での飽くことなき探求によって生まれてくることを、計らずも語ってくれる。あの不定形の曲線を為す手摺など、いったい、現場において職人たちと膝つき合わせて「ああでもない。こうでもない」と気長に決めていく以外にどんな造り方があるというのだろうか。手摺子の曲面アクリル板とそのエッジの処理の仕方、微妙なねじれ方をしながら白いモザイクタイルの壁面とは独立して降りてゆく段板……宝石など預けていなくても心楽しくなろうというものである。

役員会議室のインテリアこそは、私たちにはほとんど「開かずの間」的な存在である迎賓館のイメージを多少なりとも与えてくれているに違いない。一歩部屋に踏み込んで、私はいままでのどんな大企業の役員室でも経験しなかったような、色彩と装飾のウズに巻き込まれてしまった。そこは、村野の感性が〈光〉と〈色〉と〈肌合い〉とにあるときは分解し、あるときは絡みあいながら乱舞する園であった。独特のアールをもって幾重にもうねっているカラフルな天井。その天井の真中に下げられたシャンデリアのユニークさ。花柄の絹製の壁クロス。青磁の花柄を焼きつけたモザイクタイルの壁。桜花をあしらった華やかなジュウタン。マホガニー製のサイドボード。会議用テーブルにかけられた純白の絹製クロス……。村野がもっとも力を入れた部屋というのもうなづける。

どのひとつを取り上げても彼のあのしなやかで確かな感性が伝わってくる。それは八十のヨワイになんなんとするいま、幾十年もの歩みのなかで一歩々々確実に自らを磨き上げて来た者にのみ備ったものであるに違いない。見事に練られたシャンデリアのFRPを透して拡散する淡い光は空中を浮遊してあるものは天井に向かい、あるものは壁に向かい、それらにあてがわれたさまざまのマテリアルに到達する。幾色にも幾段階にも仕組まれた色の競演に、光の粒たちはそれぞれの色を帯びて反射する。クロスやタイルのテクスチュアと曲面の複雑さがその反射の効果を幾倍にも増加する。何色にも染まった光の粒が、いまや、あらゆる方向に向かってブラウン運動の自由行動を開始する。あざやかな光の混淆——ひとりの男の〈三昧〉とでもいうべき〈好み〉が見事な光の詩を謳いあげている……。

エレヴェーターの天井も、村野のデザインだと聞いた。直径二ミリメートルほどのワイヤーを格子状に編んだそれは、必ずしも満足できるものではなかったという。三重に重ね合わせるのが難しかったそうだ。それにしても白く塗られたそのワイヤー格子の天井は、光源の明るさとの対比をできるだけ小さくすることによって淡い照明の効果を狙ったことがうかがわれ、これほどにも細かいところまで彼の神経が行き届いているのかといまさらながらに感じ入ったものである。〈好み〉とは、まさしく鍛え磨かれぬいた繊細な感性が生み出すものなのだろう。

〈村野好み〉が成就するには、このような感性が情念にまで昇華し、それの発露を可能とする、技術に対する適切な判断も不可欠であろう。興銀ビルの「隠された傑作」は機械室にこそあるといえる。あの、観る者をしてハッと足を止めさせたキャンティの巨大なマスが、実は空調機械室であるなどと、いったい誰れが信じようか。小豆色の本磨きの御影石で覆われた一番の見せ場が……。六階分の吹抜け——各階梁は通っているが——をとることによって、この巨大なビルの空調機械室をまかなったのはまったく見事である。さらに、この六層の階数を利用して少しずつセットバックさせ、そのズレのところが新鮮空気の取入口になっているというのだからますます感心させられる。屋上にしつらえられたクーリングタワーは、台形機械室平面をそのままに立ち上がり、しかもせいぜい一、〇〇〇～一、一〇〇ミリメートル程度の高さなのだから、全体が手摺を兼ねたパラペットに隠れてしまう。さまざまなダクトやパイプが垂直に入乱れて立ち上がるこの機械室に踏み入って見て、このまったき合理性が第一条件とされる場の設定がそれとはまったく異なるデザインの「目玉」によって成り立っているということを知って、コナンドイルの終末部での逆転劇のような思いがするのだった。確かに〈好み〉は、周到な技術的な裏づけと不即不離なのであろう。〈好み〉には何よりも「完全性」が要請されるともいえる。

もっとも、興銀ビルに関して気になる点のいくつかはあった。すでに村野をはじめ、各担当者が気づいている点でもあると思うが……。外装御影石と同じものを使って作られたテラゾーブロックがペントハウスなどに使われているが、風雨にさらされてエフロレッセンスを生じ到るところ白いシミを浮き出してしまっている。一般的には人のほとんど眼に触れるところではないが、外装材の選択に対して示唆するところは大きい。また、ローカの横引きの配管スペースと思われる部分が歩くたびに妙な音を立てるのも気になる点であった。

これらのより技術的な問題とは別に私が感じたのは、エントランスの狭さであり、外構の扱いであった。この二点は、先にも記したようなこの建物全体の、外側に対する構え方――〈被膜〉の低い声であるが「重み」のある――に起因するのかも知れない。キャンティの下の池のある外構は、ひとつの見せ場ではあるが、そのヨソヨソしさは否めない。エントランスを含めた建物の足廻りが、他の方法（たとえば「千代田生命」のような広場とか）をとることは考えられないのかどうか。この辺はなかなか難しいところでもある……。

2 〈感性〉〈作法〉〈ひととなり〉

村野は自らの作品やましてや、建築の方法などについてほとんど語ることがない。戦後の多くの建築家たちが自らを語ることによってその建築と作法を補いつづけていることを思うとなおさらその意味するところは大きい。もちろん彼の哲学のなかに、建築はアタマやコトバで創るのではない式の確たる銘があるであろうことは想像に難くない。それだけに、折にふれ彼が漏らすコトバの端々に私たちはその銘の真髄に触れるような気がするのである。

矢内原伊作・栗田勇との座談会で語られている淡々とした彼の語り口のなかに村野の人とな

りはもちろん、建築作法に対する一端をのぞくことができるであろう。[*]「ひとつの目標があって、あとは皆手段だとなんであろうと、その目標が達せられれば、それで私はいいと思いますよ」「戦いの歴史でしょうね……やった作家がつくるにきまっているんだから。そりゃ、作家が勝ちですよね」「つくるほうはしかしねえ、私流にいえば主観的にやっちゃう」「説得力のうまい人ならだんだん自分のほうへ引き寄せるようにしますね。私はへただから、そういうところはなるべくさわらんようにして、いやですからね。人間的にばからしいですよ。そういうことを考えるのは」「軽い、重さを感じないようにする、あれはとてもいい言葉ですね」「どうしても、村野なら村野という個性がね、人生観がつきまといますね。それがディテールとかテクニックの面にあらわれてくるんでしょう」「自分の思ったとおりにやるという点では、徹底的にやかましくいいますけどね、気は弱いですよ」「建築家にとっては、おまえの好きなとおりにやれというのが一番の殺し文句ですね」。会話の前後の脈絡を断って彼のコトバだけを抽出するのも妙なものだが、何気なく語られるコトバのなかにこその人が現れるというではないか。「村野流」に徹すること、徹しざるをえないこと、徹しられることに対する悦びがこれほど素直に（?）語られるのも村野以外には絶対見かけることができない点であろう。また、そこが村野でもあるのだが……。

私が、村野の作品に初めて触れたのは大学の三年生のころであった。建築の専門教育を受け始めたころである。音楽をやっていた友人のおごりでめったに出掛けることもなかった音楽会に誘われて、日生劇場へ行ったときである。建築の「ケ」にようやくかじりつき出したそのころの私は、不覚にもそれが村野の作品であることを知らなかった。御影石を貼られた外部ではピロティの大胆な扱いが眼を惹いたが、一旦内部に入ると、まったくの不定形の階段あり、ホールの天井はうねうねと波うつ多彩色タイル貼り、……「いったいいまどきこんな建築を創る

＊「座談会　芸術としての建築」『現代日本建築家全集2』三一書房　一九七二年

ヤツもいるのだナァ」……私はそんなことを想いながら最上階の一番奥の座席で、アマデウス弦楽四重奏団の演奏に聴き入っていた。と、どうであろう。曲目が進んで、バルトークの作品を演奏し出したとき、私は、あの見事な「不協和音」のバルトークが活き活きし出したのを感じたのである。伝統的な階律を乗りこえることによって自らの「音」を創りだしたあのバルトークが……。バルトークにとって綺想的で隠喩的で装飾的で倒錯的なそのような音こそが、もっとも彼の感性に忠実な表現手法であったのであろう。そして、演奏会場の容れ物が、あのときの日生劇場のようにピタッとキマッてしまったのを私は他に知らない。

うねうね、ボコボコした天井といわず壁といわずあらゆる面、それに色タイルが貼りこまれたテクスチュアが光の乱舞を伴って、バルトークの「音」にいっせいにハモリ出していたのである……。CIAMとせいぜいTEAM10ぐらいしか知らなかった私にとって、そのハーモニーは強烈な印象をもたらさずにはおかなかった。一昔以上になるいま、そのときの情況はいまでも鮮やかである。この、日生劇場でのできごとこそは、村野の〈感性〉と〈作法〉をもっとも直接的に、もっとも素朴に伝える象徴的なものだと思えてならないのである。予算的な問題など外的状況もあったであろう「興銀ビル」は、この「日生ビル」や「千代田生命」ほどには彼の代表作といえないであろうが、それにしても私たちはそこに村野の〈感性〉と〈作法〉を垣間見ることができた。いみじくも語られていたように、彼の個性が、人生観が生んだディテールであり、テクニックであった。

役員会議室を見終わって編集氏が私に尋ねたものである。「あれは、バロックなのかロココなんですかネ?」私の答えはただ一言であった。「イヤ、〈村野好み〉ですヨ」。まさに、それらは〈好み〉と呼ばれる以外のいかなる定義も適切ではないであろう。そして、彼の場合それは〈感性〉がきわめて直接的に〈作法〉に現れているという意味で、すぐれて純度の高いものといえる。

　ふつう私たちが感性と呼ぶものは、きわめて不定形の原形質的なものであるに違いなく、〈感性〉がしなやかであればあるほど、その流動性は大きなものであるだろう。その〈感性〉がある表現行為をとろうとするとき、私たちは流動的な粘液質にある一定のカタチを与えねばならない。〈観念〉が介在してくるのはこのときである。そして、この〈観念〉のあり様は、しばしば建築の方法論と同義語であったりする。なるほど、もともと論弁的な「方法論」であれば、〈感性〉を〈作法〉に亘らしめるべく挿入される後天的な〈観念〉は、同じ土俵で方法論に転換されるのも何の不思議もないといえるかもしれない。

　しかし、忘るべからざることは、あくまでも〈感性〉とはアプリオリに蓄積された、原形質の冥想的な世界であるということである。〈観念〉の介在を経て現出する〈表現〉がすでに〈パロール〉として独り歩きを始める宿命にあることは銘記すべきである。私が、村野の〈作法〉がきわめて純度が高い、とするのはこの点においてなのである。彼の〈作法〉にはほとんど論弁的なカゲリが見られないのである。先述の「語録」で語られている、〈遠い眼〉〈近い眼〉といい、白と黒の色に対する用心深さといい、庭に対する〈心〉の不可欠性といい、どれもやっと〈パロール〉のレヴェルで論弁的たりえているに過ぎない。ちなみに、これらのコトバから彼のいおうとするきわめて漠然とした意味は了解しえても、そのほんとうの意を汲むことは不可能である。金色よりも紫色が好きであり、定形のものよりも不定形のものが好きだ、という冥想の世界を論弁的に抽出することの〈曖昧性〉を方法論として有難がっている限りでは、「つくれ」たり「つくれな」かったりするのは至極当然である。〈観念〉が「方法論」としてつねに自己合理性・自己納得性の証しとしてありえているとすれば、それは何らあの近代合理主義のモダニズムと変らない。

村野の建築とその眼差しがつねにそうであるように、近代合理主義との訣別はそのような自己論弁性を脱却することにあるといってもよいであろう。〈好み〉とは、〈感性〉がそのような論弁性のカゲリをもっとも少なく、つまり、もっとも純度高く〈作法〉にまで昇華している世界の謂なのである。

後期ルネッサンスをもっとも深く彷徨した村野が、こんにちマニエリスム的と呼ばれる独得の〈作法〉を示すのは、まったく当然すぎるくらい当然であるのかもしれない。いみじくもE・R・クルティウスが指摘したように、マニエリスムの世界こそは、「古典主義以前であると、古典主義以後であると、あるいは何らかの任意の古典主義と同時期であるとを問わず、古典主義に背馳するあらゆる……傾向*」のそれである。村野の〈作法〉が一貫して、現代建築に関わりながら現代建築のあり様と離れていたことはやはりこの辺りに鍵があるといえるのであろう。クルティウスの「古典主義」を「機能主義」あるいは「合理主義」と読み替えるのは、もはや蛇足というべきであろう。

サン・ピエトロの広場をあのドームの一番高いところから俯瞰したものなら誰れでも知っている、あのベルニーニの廻廊こそは、マニエリスムの芸術家たちが好んで用いた曲線の典型だった。彼らは、円や正方形の定形を極力排除して、双曲線や楕円やあるいは「セルペンティナーダ」と呼ばれる蛇状曲線を用いたのである。私たちが簡単にアールと呼んでしまう村野の独特の曲線——手摺といわず壁面といわず彼が好んで用いている——の「原形質」もやはり後期ルネッサンスであったのかもしれない。そして、フィレンツェやヴェネツィアなどの都市の教会や宮殿を訪れるとき、私たちが驚きの眼を見張るのは、ヨーロッパ人たちの「様式」に対する限りなき執着であろう。

*ダスタフ・ルネ・ホッケ『迷宮としての世界 マニエリスム美術』(種村・矢川訳)美術出版社 一九六六年

ヴェネツィアのサンタ・マリア・ツォベニョS.MARIA ZOBENIGOなどは小さな教会であったが、初期キリスト教様式から始まって、エントランスファサード一面の素晴らしいバロック彫刻に到るまで、およそ何百年にもわたる「様式」の歴史が刻まれていた。そして、多くの場合、この「様式」にもっとも固執したのは後期ルネッサンスであるのも事実である。そこには確かに〈豊穣の美学〉がある。〈光〉と〈色〉と〈テクスチュア〉がさまざまの物象を借りて、散乱し、あるときは綺想的で隠喩的に、あるときは装飾的で倒錯的に、作者の感性が情念となって噴出したように、きわめて直接的に迫ってくる。

日本建築を創らせても「佳水園」などに見るようにあれほどの趣きをもつ村野のなかで、やはりこの〈豊穣さ〉が根強い基盤になっているのであろう。村野流の和風建築は村野のその〈感性〉によって、「いかなる古典主義にも背馳している」といえるのである。ほとんど村野はおろか建築すらも知らなかった学生のときの私が「日生劇場」で味わったあの感覚は、ロゴスの世界などではさらさらないパトスの世界において、バルトークと村野の〈豊穣〉の出合いに立会ったという、まさに決定的なできごとの証しだったに違いない。

〈村野好み〉は字義通り、徹底したものでありつづけて欲しいし、そうあるべきであろう。宮内嘉久の出版記念会で村野は静かに腰かけていた。列席者のうちでもっとも年少者に属す私など、ただ遠くからその姿を見やるのみであったが、あの小柄な静かな白髪の老人のいったいどこに、あれだけの〈感性〉と〈作法〉を支える創作のパトスが隠されてきたのか、建築に携わる者の末席を汚す私には、あの夜のグラスのウイスキーは格別の味がしたものだった。

そして、本物のマニエリストがつねにそうであるように、村野のこれだけの業績にも拘わらず、村野とその建築はすぐれて個的であり孤独である。その「個的」と「孤独」が〈村野好み〉である所以であるが、その村野をもってしても淋しさを感じさせるこの建築の世界とはいったい何なのだろうか。私たち、いや私たちよりももっと若い世代がより強く、建築のこの世界にいらだちを感じ、空しさを感じなければならない現実は、ふたたび、建築とは何なのかを私自身に問わざるを得ない。思わず襟を正してしまうような、村野の人となりと作品を前にして、いや、それが村野であるからいっそう、私は強くそれを感じるのだろう。私は、それを問いつづけていくであろうし、そのプロセスでふたたび本格的な村野藤吾論を試みてみたい。

グスタフ・ルネ・ホッケがマニエリストについて記したコトバが、フト心に浮んでくるのは何故だろうか。「(彼は、) 歴史的にも社会学的にも、孤立者でもなければまして畸人でもない。こうした人間像は、問題化してゆく宗教的・政治的価値の秩序と関連しつつ、ヨーロッパ精神史の特定の局面のうちにくりかえし浮び上るのであり、しかもそれはきまって宮廷、ブルジョワ・サロン、ボヘミアンの秘密集会のような、多少とも〈アレクサンドレイア的な〉文化の内部に登場するのである」*。実際、建築の世界は、そのようにしかありえないのか?

私の村野藤吾論は未完である。

*グスタフ・ルネ・ホッケ前掲書

川喜田煉七郎の復権を！

1　知られざる国際的な先駆者

この六月十八日*は川喜田煉七郎の一周忌であった。あいにくウィークデーに当たっていて、法要は二日後の日曜日に寺で行うことになっていた。当日、私がお焼香のために川喜田家を訪れることができたのはもう日が暮れてからだった。例のように夫人と長女のミナミさんにお会いして在りし日の故人のエピソードなどを伺ったりした。家人を通して語られる川喜田は決まって頑固でワンマンの夫であり父親であることが多い。骨太の「野人」は、家の内外を問わず弁慶であったらしい。そんな川喜田であればこそ、あれだけの「歴史」を遺すこともできたに違いない。

村松貞次郎流にいえば、いまどきの建築家や学生で川喜田煉七郎を知っている者は少ない、と確かにいえるであろう。ましてやその「歴史」の詳細については特別興味をもっている研究者ぐらいしか知っていないのではないだろうか。川喜田についてのきちんとした評論はこの村松の『日本建築家山脈』中のものしか見当らない。川喜田の残した大きな足跡とその鋭い問題提起を想えば、世の建築家も研究者も一顧も二顧も必要なのではないだろうか。彼の業績やその軌跡について、多少ともその事実を知れば、そこからわれわれが受けとるべきもの――批判的にも――はきわめて多いといわねばならない。そんな建築家の存在についてすら知られていない、ということはとくに建築の本源的なあり方についてむしろ閉塞状況にもある今日、大きな損失ですらあると思われるのである。

川喜田の名をわれわれの記憶に結びつけるものは、何といってもあのウクライナのハリコフ

＊一九七六(昭和五十一)年

劇場コンペ入賞のできごとである。もっとも戦後世代のわれわれなどは、当時の実際を知るはずもなく、伝説的に伝わる話や紹介文を通じてそれを知ったのであるが……。そのコンペは一九三〇（昭和五）年に行われた、もう半世紀も前のできごとである。新生ソヴィエトのウクライナ共和国が、ハリコフに多目的利用の大オーディトリアムを建設するために、広く世界各国に公開のコンペを催したものであった。日本の数案を含めて各国から一流の建築家が応募した。そんなレヴェルの高いコンペで、川喜田は見事四等に入賞したのであった。あのワイマール・バウハウスの創始者、ワルター・グロピウスすら八等であったことを考えれば、彼の入賞は快挙であった。日本の建築と建築家が初めて国際舞台に登場したといっても過言ではない。川喜田はそのとき弱冠二十七歳、すでに分離派として名を挙げていた山田守や堀口捨巳らの華々しい建築運動の陰にあってむしろ無名に近い存在ですらあった。そんな彼が、いきなり国際コンペで堂々と高位入賞を果たしたのだから、当時の建築界の「驚き」も容易に推察されようというものである。一九三〇年といえば、その分離派の人びとがわが国の近代建築の扉を初めて開いた年からわずかに一〇年しか経っていなかった。有名な分離派宣言（「我々は起つ。過去建築圏より分離し、総ての建築をして真に意義あらしめる新建築圏を創造せんがために……。」）が述べるように、彼らは当時の様式主義偏重の建築界の風潮にひとつの変化をもたらそうとした。そんな建築の近代化のまだまだ端緒だったといってよい。その意味からいっても、川喜田は日本の建築史に大いなる足跡を残したといえるのだ。

また一九三〇年は、村野藤吾が村野・森建築事務所を始めた翌年でもあり、前川國男が大連市公会堂のコンペで第一席を取ったのが一九三八（昭和十三）年、丹下健三が「ミケランジェロ頌」で人びとの耳目を集めたのが一九三九年であったことを考えると、川喜田の先駆性はそれだけでも知れる。私はいま、敢えて村野・前川・丹下というわれわれにはあまりに名の知れた大先達たちをここに並べた。もちろん、川喜田との対比を意識してのことである。今なお、健在で存分の活躍をされているこれらの「陽の当たりのよい」建築家諸氏が一方に厳として存在し、その記憶が薄らぐぐらいならまだしも名すらがそれほど知られずに逝った大先達が一方に在る……？？？？？

私の素朴な、あまりに素朴な疑問がペンを自然に運んでこのクウェスチョンマークをいくつも書かせた。彼、川喜田自身のあり方そのものが「疑問」なのか、それともあれほどにも偉大な先駆者を包容しきれなかったわが建築界——社会といったほうがよいのかもしれない——そのものが「疑問」なのか。小説的、それも伝記的小説としての興味としてなら前者に重点がおかれてもよいだろう。しかし、川喜田のあり方を広い視野から、しかも今日的な観点から見るのだとしたら、力点は当然後者におかれねばならないだろう。

2　わが国初の造形教育と旺盛な啓蒙活動

川喜田の遺したもうひとつの大きな先駆的な仕事に、デザイン教育がある。スケールの大きい彼は、自らの設計や創作だけの世界に留まって外に踏み出ることがない、というような人間ではなかった。ウクライナのコンペを溯ること六年、一九二四（大正十三）年に実は彼はすでに建築家として「注目」を浴びてもいたのである。蔵前工業高校（東京工大の前身）の卒業設計（図面枚数五〇枚になんなんとしていた）は、当時の「サンデー毎日」が掲載するほど「画期的」なものであった。わずか二十一歳であった。この霊楽堂の卒業設計とウクライナ・ハリコフ劇場の実績をもってすれば、事務所にこもって設計に専念してさえいればその後の彼の建築家としての道は大きく変わっていたに違いない。彼はそれをしなかった。建築や建築家というものを、そんなに限定して狭く彼は考えてはいなかった。一九二〇年代といえば、建築界にあっては先述のように分離派による近代化の運動があったもののその新しい理念が国民的基盤で通用するほどわが国の文化一般も新しくなりきってはいなかった。日本の国内を見る同じ眼が、彼にあって国外の動向を窺う眼と重なり合っていた。一九一〇〜二〇年代にかけては、周知のようにヨーロッパであらゆるジャンルにわたって新しい芸術運動が巻き起っていた時代である。ロシアのシュプレマティズムや構成主義、スイスのダダ、イタリアの未来派、オランダの新造形主義等である。そして、それらの動きのなかから建築の世界では、ワイマールに一九一九年、グロピウスがバウハウスを創立し、まったく新しい造形教育を展開し始めていた。元来、建築そのものを多角的に把えていた川喜田は、「霊楽堂」以来音楽家の山田耕筰を通じて村山知義、仲田定之助らの美術家たちとの親交を深めていた。そして、独学でドイツ語、フランス語、ロシア語を短時間でマスターしてしまうほどの才をもち合わせていた彼は、渡欧した村山、仲田らの話やその資料、そして彼らの新しい実践などを見聞して、考えるところ大いにあった。

ウクライナ・コンペの翌一九三一（昭和六）年、彼は「建築工芸研究所」（のちの「新建築工芸学院」）を設立して、多角的な造形教育を始めるのである。川喜田によれば、この「デザイン塾」には「山脇巌・みち夫妻もかけつけてくれたし、市浦健・橋本徹郎・宮本三郎も同人として参加してくれた」*ように川喜田を中心に斬新な教育が試みられた。デザインの基礎、絵画、写真、工芸、建築、織物から演劇に到るまでバウハウス・システムがわが国で初めて実践されたのである。「構成教育」という名称も、当時これらの造形教育の近代的総合的な意味づけのもとに川喜田自身によってつけられたものである。この「新建築工芸学院」での教育と併行して、川喜田は『建築工芸アイ・シー・オール』という雑誌を発行する。平均四〇〜七〇ページの月刊雑誌で六年間続いた。プラッツの『近代建築史』の翻訳連載をはじめとして、ニュース、家

* 「デザインブームの前を駆けるもの」『日本デザイン小史』ダヴィッド社　一九七〇年

具・台所・商店の設計から「学院」での構成教育の作品発表など実に造形雑誌としてユニークなものだった。こうした川喜田の実践教育から桑沢洋子、亀倉雄策、勅使河原蒼風などが生まれていった。そればかりでなく、彼は仲田と共訳で『建築新潮』にアドルフ・ベーネの『現代の目的建築』(原本一九二三年)を紹介するなど、啓蒙的役割を大いに果たすのである。これらの多くの著作、翻訳文は当時の建築家や学生に争うように読まれたという。

川喜田が三〇年代に果たした、わが国建築、造形史上の役割はあまりに大きい。今日の造形界は何らかの形で彼の影響を受けて成長発展してきているとしても過言でない。

3 時代の転換と商業建築への専心

一九三〇年代というのは、すぐれて先駆的・暗示的な時代であった。あれほどに華々しく展開された芸術運動が世界的な規模で急速に退潮していく時期でもあった。それらの内包していた問題は、ことごとくすぐれて根元的であったにも拘わらず、むしろ経済的・政治的な時代の歴史的転換の動きのなかに呑みこまれてしまった。多くの芸術家が国外に亡命するか、もしくは沈黙を余儀なくされていった。わが国もその例に漏れなかった。先駆的なあらゆる言動が封殺されていったなかで、川喜田も決して例外たり得なかった。世界大戦は着実に開戦へ向けて「準備」が進んでいたといえる。

川喜田自身にその回顧を語らせよう。「デザインブームは今、経営ブームとゴーゴーやロカビリーブームと一緒に、若い世代を支配しているように見える。(中略)われわれがこのデザインブームの前を駈けた時代は、ちょうど昔の戦争みたいに、刀一本で敵に切りこんでいって、夢中でわめき突きしたものである。そうしないと生きてかえれなかったからだ。(中略)この血にうえた一匹狼どもの反動との闘いは、それだけはげしく苦しかったが、今ののんきなデザインブームの何倍ものえもの（ママ）は、たしかにその瞬間に獲得したのである」*。

それ以後、いわゆる建築界で川喜田の名が語られることはほとんどなくなった。戦後の日本経済の復興と歩調を合わせて進展した建築ブームのなかで、村野・前川・丹下らが一斉に復活したのちになっても……。われわれが伝聞した風評は、当時こうだった。「川喜田煉七郎は商業建築のほうへ行ってるらしい」。そして、その風評のなかに「彼はアウトサイダーだから……」といった何ともいえぬ「響き」もこめられてあった。

そんな「風評」のことを川喜田が知らなかったとは思えない。マクルーハンの最近の著作さえも書棚にあったことを考えれば、昔から一貫して彼ほど時の流れに敏感であった人間もそうザラにいないのではないか。彼は、自ら進んでアウトサイダーたらんとしていたと考えられる。「霊楽堂」の大部の図面でもって帝大のエリートたちが主催した分離派公募展で彼らをしのいで衆目を集め、さっそく推薦会員として認められたり、そしてウクライナのコンペといい、その後の驚異的な啓蒙・教育運動といい、権威の衣をまとって闊歩していた鼻もちならない俗流世界に対する、それらは文字通り「一匹狼」の真摯な問いかけであったのではなかったろうか。戦後またささやかれた「商業建築云々」にしてもそうである。一方で銀行やオフィスビルに手を染めている建築関係者が、こと「商店建築」になると「コマーシャリズム」のレッテル貼りに賛同する。そんな形式主義の無内容なことをイヤというほど見、聞き、知ってきた川喜田であった。それは、ちょうどソヴィエト・パレスの国際指名コンペで、コルビュジエやメンデルゾーンらの新進気鋭の建築家たちの案を退け、レーニン像を戴いた古典的な設計案を採用した「社会主義リアリズム」のようなものである。川喜田の書斎を訪れてみたらよい。項目別に分類され、書類箱に収められた何万点もの商業建築に関する資料がある。彼が自ら足で集めたものである。彼は、各国の街を歩き、その眼・耳・鼻で人びとが日常的に集い、憩う生活空間の何

*前出「デザインブームの前を駈けるもの」

たるかをとうの昔に了解していた。店のカンバン、ショーケース、照明器具などの一つひとつに庶民の日常的な振舞いが直結していることを。それらの「総体」としての建築・造形の世界が存在することを。そこにこそ、ほんとうに生活に密着した建築の世界が開かれていることを。そこでは、生活も建築もデザインも都市もすべてが「ひとつ」であった。トータルにこの商業空間の建築的本質を明らかにした者で、川喜田の右に出るものはいない。彼は、そこにこれまでのすべての自身の建築的実践の総括的成果を注ぎこもうとしていた。

川喜田の絶筆となった全集物がある。全一〇巻の予定で構想され、すべての資料と準備が整い第六巻まで出版して、彼は仆れた。『店舗とディスプレー』（六巻）（ビジネス社、一九七四年）がそれである。各項目四ページのうち三ページまでが彼の実に達者なイラストがぎっしり画きこまれている。衣料、装身具、食品、家具、デンキといったおよそあらゆる業種の店舗のすぐれた計画・設計手引書である。素人にも解り易くという、あの戦闘的な川喜田には、一見想像もできないような濃やかなやさしさが伝わってくる。逆説は真なりとはよくぞいったもので、「一方」が本物であるとすれば、それはつねに相反する「他方」を併せもつということでもあるだろう。川喜田は本物であった。その川喜田が、この全集の執筆中こんな風に語っていたという。「理論もさんざんやりましたがね。理論なんかいくらこねったってしようがない。マスターベーションだ。つくづくそのことが分りましたよ」*。そして、この全集の出版に当たり彼はチラシに書いている。

「……かためて編集して、ツクヅク見ますと、漸く自信のようなものも出てきます。つたないものではありますが、これで私の一生の仕事が出来たように思われます」。半年後に、彼はこの全集が未完のままこの世を去った。

彼の遺したものは、大きく深い。人間を、建築を、デザインをもっとも深く見つめ行動して

＊森田雅子『爽』Ⅶ号

きた人間の軌跡であった。そして、彼の問いかけは、本質的であるがゆえに今なお続いている。

応えるべきは、一人ひとりであるはずである。

秋岡芳夫小論

1 〈モノ師〉の嘆き

この国でモノづくりに関わりのある人なら、いつも胸のなかに何やら苦くて侘しいものを含まされるような経験をしているはずだ。〈モノ師〉たらんとしていればいるほど、その度合いは強いはずである。「何で、ここんところの良さが解ってもらえないのか?」「コスト以前の問題なのに!」「一体、こんなことでイイのか?」……つぶやきはほとんど毎日絶えることがない。そんな苦汁を飲みながらそれでも〈モノ師〉たちが、モノづくりに関わり、こだわり続けているのは、わが子をいとおしむ心にも似たそのモノに対する愛着の精神以外の何ものでもないであろう。そんな〈モノ師〉たちの生きざまは、ある意味では悲愴ですらある。

こんなことにどうしてなってしまったのか? 著者の秋岡芳夫が自ら〈モノ師〉のひとりとしてそう問いかけることからこれらの著書*は成り立っているとして過言ではないであろう。氏は先頃も朝日新聞の夕刊が連載している各界各氏の《日記から》の連続エッセイで同様の論旨を展開されていたので御記憶の向きもあるだろう。三千点に及ぶわが国古来の道具を収集し、「消費者ではなく愛用者に」の〈モノモノ運動〉にも挺身している氏が、これらの著書で述べているいろいろのことがらは、人とモノとの関わり具合いがまったく危うくなっている今日まことに意義深いといえる。『木《しらき》』『住《すまう》』『創《つくる》』という標題にも感得されるが、氏の軽妙な筆の運びは、深刻な問題を扱いながら読む者をして識らずのうちに、われわれの先人たちが日常生活のなかで築きあげてきた文化とその尊さに思いを致すようにしてしまう。なかなかの書き手でもある。

私は、自分の好みも手伝ってか、中でも『木《しらき》』をもっとも興味深く読んだ。〈木とつき合って

*秋岡芳夫著『木』『住』『創』(いずれも玉川大学出版部、一九七七年)

きた日本人〉〈日本の木工〉の二章に分けて書かれている木についてのさまざまなことがらは、〈木の文化〉の表相を語りながら木を通じた人びとの生活と歴史とそして美意識との深い関わりをほぐして見せてくれており、立派にひとつの日本文化論にもなりえている。たとえば、漆の椀の話。古いイイものだったら普通に日常生活で使っていて優に三十年はもつ。そういう椀の木地は百年、二百年の老木が使われた。今どきそんな椀は何千円もするかもしれないが、三十年使うとすれば一回の使用料はわずか五〇銭——経済的合理性から見てすらイイモノは高くはないし、だから生活のなかに溶けこんでもいた、と。また、たとえば、道具と工具の話。道具というのは、人間がそれでモノを一つひとつ作るいわば手の延長のようなものだから、使う人間が自分で使い易いように自分流にそれを作ってきた。だが、昨今、そんな風にして自分用の道具を作る職人も減ってきた。因果は別にしても〈出来合いの道具〉が蔓延《はびこ》ることになる。それはもはや道具ではなく工具である。職人は道具によって自分の腕を他に誇ったが、工具ではもはや出来映えが揃ってしまう……。

2　道具から工具へ——職人世界の崩壊

氏が随所で述べているように、そんな道具をもってイイ仕事をする職人の姿は二十年前にはごく一般的に見られたものだった。ここ十年で鉋《かんな》の需要が九五％も激減したということが本書でも書かれているが、それだけ腕を誇れる大工が減ってしまっているということになるのである。およそあらゆる職人仕事がいま、そうした危うい状況に見まわれている。文化というのはすぐれて総体的なものである。先に〈因果は別にして〉と述べたのは評者の勝手な言い廻しであったが、因果はほんとうはハッキリしている。職人の世界が崩壊しているとすれば、それは職人が悪いとかダメだとかということではないはずである。職人を培ってきた土壌それ自体が崩壊しているのである。職人の世界がそれらしくあり続けているときに、そうした現象とそれを育んでいる素地を総称してわれわれは文化と呼んできたのではなかったか。文頭に述べた〈モノ師〉のつぶやきは、そのままその文化の崩壊の証言でもある。職人や〈モノ師〉は、自分たちの作るモノへの評価がなければ存在できやしない。一年やそこら使って捨ててしまっても当座は一〇〇円で買えるプラスティックの椀のほうが何千円もする漆の椀よりも好んで購《あがな》われる、というような刹那的、衝動的な趣向のなかでは文化が生まれ育つわけはあるまい。著者は、同じことを「家を建てる遊び」などによって指摘する。職人の世界は、「負けず劣らずの物好きな旦那振りを発揮していた昔の注文主」たちによって支えられていた、と。われわれが子供の頃には、母親に頼まれて得意気に包丁を砥石で研いだものだった。それが日常であった。建具屋の前を通れば、目立て屋がヤスリで鋸《のこぎり》の歯の一つひとつをていねいに目立てていたものだった。小半日、そんな風景を眺めてはわが家の鋸をもち出して目立てのチャレンジをする。何種類かのヤスリはどこの家にもあったようだ。最初から、素人のそれも子供にうまく行く筈がない。木端で試し切りをしては、目立屋よろしくアグラを組んで鋸と向かい合う……。鉋の台直しまではやらなかったが、歯は研いだし、鑿《のみ》などももちろん自分で研いでは切れ味を見ていたものだった。二十年前頃のことである。旦那衆はおろか子供がいっぱしの職人気取りをしていたのだから本職たちは下手な仕事はできなかったはずである。その一種の緊張関係のなかで職人たちが燦として輝き、その仕事ぶりはわれわれの耳目を惹きつけずにはおかなかった。この二十年間で確かに大きく変った。それは大量生産大量消費に関わるおそらく文明の本源的な問題に因んでいる。

3 足元からの文化総点検

秋岡の三冊の本を読んでいて、私は、自分の立場から、さまざまな想念が浮かんでいた。建築設計屋のハシクレとして、学生たちに接する教師のハシクレとして、すばらしい広大な雑木林の一帯を切り拓いて開発してしまった〈学園都市〉の半住人として、そして何よりも一人の消費者・生活者として。それぞれの立場において、氏が綴る問題を包みこんでいる。木に関わること、住に関わること、創ることは、われわれの日常においてごく一般的であり、それだからこそ本質的に生活と社会との総体のあり方に関わってくることがらである。前述の私事に関して一例を挙げよう。北関東は、古事記や風土記にも出てくる山の麓に拓かれた二、八〇〇ヘクタールもの広大な〈新都市〉は、いまその周辺既存地区とのあまりに異質なあり方が私には気がかりでならない。この地区のほとんどは、かつては水利も悪く耕作には不適の土地として数百年程前まではまったく顧みられなかった。そんなところに人びとが住みついていくときにひとつの典型的な集落の形態が発生する。塊村である。二〇～六〇戸ほどの集落がこの地域ほど数多く散在しているのは他にはほとんど見られない。われわれは、〈デザイン・サーヴェイ〉の授業で、学生たちにそれらの集落の調査研究の課題を一年間にわたって出している。彼らと行をともにしながら、私のなかでは、歴史のなかで人びとが作り上げてきたまったくすばらしい集落の姿に対する賛嘆の念と、そして確実に崩壊している農村の内部実態に対する暗然とした思いとが複雑に巡っている。かつて、スペインの建築家にも同じようなことを聞いた。イベリア半島でも着実に近代化が農村を襲っており、すぐれた集落が十年、二十年後に果たして同じ姿で存在しているか？　と。

　われわれのことはわれわれが考えるしかない。われわれ一人ひとりが自分の立っている場で、できるところから〈文明の本源的な〉ことがらに取り組んでいくしかない。秋岡の仕事ぶりとこれらの著書は、どのような立場の人間にとっても示唆するところすこぶる大きいといえよう。

ブルーノ・タウト小論

1 ブルーノ・タウト没後四〇年

最初から私事めいて恐縮だが、ある建築雑誌が毎年行っているアンケートがある。ここ一年の作品と書籍のこれはと思うものを推薦されたしというものなのだが、私は『続建築とは何か』を躊躇なく挙げた。そして短評に「わが国建築世界の問題点を数十年後の今なお透視している慧眼」と記したものだった。この本のもっとも簡にして要を得た「評」をせよといわれたとき、私にはこれ以外の表現が思い浮かばない。

ブルーノ・タウトがトルコでいわば客死してから今年*がちょうど四〇年目に当たる。『SD誌』がこれを機に彼の特集を組み、またこの欄で彼の著作に触れ得るのも非常に意味深いことである。われわれは、現代建築に関わる多くのことがらを優れた欧米の建築家たちに負うてきている。コルビュジエ、ライト、ミース等々、それは枚挙にいとまない。しかし、わが国の建築の課題を文化と風土という総体的な関係のなかで位置づけ、もっとも鋭い今日的な示唆を与えた者は、タウトを措いて他にはいない。しかも、その〈示唆〉が今日なお新鮮なものであるとすれば、彼について語られるべき意義はますます大きいはずである。

＊一九七八(昭和五十三)年

われわれが容易に接しうる彼の著作で翻訳刊行された主なものは、この本を入れて八冊になる。刊行時代順に列挙すれば以下のようである。

①『ニッポン――ヨーロッパ人の眼で見た』（一九三四年）
②『日本の芸術（邦題・日本文化私観）』（一九三六年）
③『日本の家屋と生活』（一九三七年）

④『日本美の再発見』（一九三九年）
⑤『建築論（邦題・建築芸術論）』（一九四八年）
⑥『建築とは何か』（一九七四年）
⑦『日本　タウトの日記』全三冊（一九七五年）
⑧『続建築とは何か』（一九七八年）

①②は森儁郎の訳で、あとの③〜⑧はすべて篠田英雄のすぐれた訳業による。⑦は例外として、これらの著作は多分に〈重複〉している。①②④⑧――伊勢神宮や小堀遠州に言及するなどの〈重複〉のなかで確実に日本文化に対する彼の洞察が深まっているのも判る。⑤⑥については、篠田の詳しい解説や、長谷川堯のすぐれた解説（⑥）があるので詳しくは触れない。ただ、⑥のうちの「建築に関する省察」は一九三五〜三六年に書かれ、これを加筆補正したものが⑤（一九三六〜三七年）であることは知られていてよいであろう。

2　貧困な日本建築事情への警句

これらの著作のなかで本書⑧は、もっとも直接的にわが国の建築を題材にしているものであり、いわば警世的な趣きすら備えている。いくつかの例を引用しておこう。

「こういう伝統的なもののなかに、日本の現代建築が精しく観察せねばならない貴重なものが含まれているものである。」（「日本の現代建築」）

「かつては、建築主からもまた職人からもいたく尊重された小堀遠州のような人物を出した建築家という職業も、今日では建築主や請負業者の僕に転落した。」（「同前」）

「建築に関する諸問題は、一般に大きな興味をもたれているのに、却って建築家のほうがその解決に努力を払わないのは、私にはまことに不可解である。」（「同前」）

「しかし西洋は、みずから恃《たの》むところが極めて篤く、これを直接に模倣するようなことはまったく、或いは殆どなかった。ところが日本は、芸術的文化の領域において、しばしば無批判な模倣を敢えてした。」(「同前」)

「ヨーロッパでは、建築家は長年の闘争ののちに、僅か数か国だけではあるが国家によって認められた団体を結成し、その団体に属する建築家の権利と義務とは詳密に規定されている。」(傍点ママ、「西洋の建築と日本に対するその意義」)

「そして建築のすぐれた質は、恐らく闘争によってのみ生じるであろう。すぐれた質のもつ静かな落着きは、外的闘争との対照としてのみ生じる。(中略)いずれにせよ高い質をもつ作品は、苦悩の性格を帯び、また眠られぬ幾夜かの名残りをとどめている。」(「同前」)

こうしてみると、おそらく誰もが、「数十年ののち今なお透視している」ことに首肯せざるを得ないだろう。この本でタウトが主張しているところは、ほとんどここに列記した諸点に尽きているともいえる。しかしながら、「いまなお透視し」「新鮮である」とは、一体どういうことなのであろうか。われわれの先人たちはこの四十年間、これらタウトの警句をどのように受け止めてきたのだろうか? 「建築家にとってどうしようもない国」「日本の建築家は建築の真の精神をまだ十分に把握していない」そんな状況が、いま胸を張って「大いに変わった」などといえる者がいるのだろうか? むしろ現況は、ここ数十年間の社会・経済の大きな流動性のなかで建築に関わる動きは当時とは比べものにならないほどであるし、それだけ危機的ではないのだろうか? 彼の指摘した「伝統と創造」「建築家の自立」の課題は、さらに遠のいてしまっているという見方さえできる。

彼が、ことさらわが国の建築界の状況に言及しているのは、彼がしばしば述べているように、「日本文化を愛するが故に」だけではなく、彼の建築哲学のまったき明証としてある伊勢神宮、桂離宮を生んだ「過去」の日本と「現在」の日本との間の「驚くべき」隔りのゆえであったに違いない。彼にとって建築とは、唯一〈釣合いの芸術〉であった。長谷川が見事に照らし出したように、それは、「認識行為の具体化」というすぐれて哲学的な意味においてであったろう。時空間を超えて自然界との間に創造としての〈調和〉を可視させること――タウトの建築論の真髄がそこにある。そのような〈調和〉の文脈のなかで、彼の説く風土の個有性も了解されるし、建築が技術や構造という狭い枠組に閉じ込められるのでなく、「最高の社会的芸術」(『建築芸術論』)として文化総体のなかでこそ追求されるべきだ、としていることも十分に理解できる。

3　創造的文化の「第三日本」を！

彼のこうした建築哲学から見たとき、わが国の建築世界の当時の状況は、「第三日本」を形成しうるのかどうかという重要な時点に位置しているのであった。真に創造的なものは直接的な模倣とは無縁だ。なぜなら、あらゆる認識の形式が時空を超えて自然界とは別種の世界を構想するというすぐれて個的な作業であるからだ、とするタウトにとって、「日本」という「昔ながらの純潔の光輝を放っている」(『日本文化私観』)語は、文字通り十分に個的であるときに輝いているのであった。「第一日本」は、その意味で「朝鮮と支那」の文化を摂取しつつ、「独自な吸収同化を行った」大和時代のことで、伊勢神宮にもっともよく具象される世界であり、「第二日本」は「偉大な融和総合の形が成就した」平安時代と、長いブランクの後に小堀遠州らによって「復興」された十七世紀桂離宮に代表される世界なのであった。ナチスドイツを逃れてわが国に第一歩を印したときに直感的にもった彼の日本観はまったく誤っていなかったろう。

建築の皮相な欧米模倣と建築家の劣悪な社会的存在とは、伊勢と桂を識る者にとって「第三日本を！」と叫ばずにはおれなかったであろう。しかし、彼は自問自答する。「一體、第三日本

――上述の如き渾一せる文化の国日本の曙光は、微かながらも既に照り始めてゐるのであろうか。率直に答えることが必要であるならば、『否《ナイン》』と答えざるを得ない。」（前出『日本文化私観』）

四十年余りを経た今日、「第三日本」の曙光は、本当に照っているのだろうか？　「黙り《ヤー》」と答えられる人を筆者は知らない。それは、本書で彼が指摘していた批判のすべてが今日的に新鮮であり過ぎるからである。

しかし、「第三日本」への努力＝〈闘争〉こそが、その曙光をもたらすであろうことも間違いない。タウトの存在はますます意義深い。

パオロ・ソレリ小論

1　ソレリの講演を聴く

鳴り物入りで開かれた「日本文化デザイン会議」(一九八〇年七月三・四日、横浜)のメイン・ゲストのひとりとして招かれた、パオロ・ソレリの東京でのふたつの講演会を見聞した。もっとも、日本文化デザイン会議については、案内を受け、プログラムに眼を通していて、「さて、いったい主催者はどういうつもりでソレリを招いたのだろうか」と思ったものだった。癖や傾向を知りすぎている人たちが寄り集って今さら何を語り合おうというのか、私には野次馬的酔狂さは持ち合わせていなかったが、案の定(といっては気の毒だが)「会議」への新聞評などがきわめて厳しいものだったのは周知のとおりである。

「横浜会議」に多少筆を割いたのは、私が見聞した一方の講演会が、あまりにソレの再現を見せられるようなもので、高い入場料を払った割には、まったくといっていいほどソレリの何たるかを引き出すことができずに、いや、むしろパネリストのつまらない質問によってソレリを矮小化さえしてしまっていたからなのである。七月十三日の草月会館の「パオロ・ソレリと話す!」は、粟津潔、黒川紀章、工藤国雄といった人びとを配したのだが、先のように無惨な結果になったのだった。準備に当たった「ソレリの会」の人びとの労は多とするが、「横浜会議」の「ミニチュア版」を安易に設定し、そのことにより、何よりもソレリその人の真価を曇らせてしまった責任は大きいのではないか。

翌十四日は、アメリカンセンターと日本建築家協会の共催、菊竹清訓の司会で行われた。こちらは、前日の約半分(正味二時間)だったが、むしろ聴衆からの質疑とソレリの答弁が面白く、ソレリ自身の考えも相当に展開されており、より実質的だったといえる。

2 精神的合一化としての都市哲学「アーコロジー」

パオロ・ソレリについては、ようやくここ数年の間で衆目を惹くようになったぐらいで、それまで一部の建築関係者を中心にした部分以外には、あまり関心をもたれてこなかったというのが実状であろう。

一九一九年イタリア、トリノ生まれ。トリノ大学で建築の博士号を取得。四七年、フランク・ロイド・ライトのタリアセン・ウェストに学ぶ。一年半ほどの滞在ののちイタリアに帰国。同地でセラミック工場の設計監理に携わり、五五年再渡米。アリゾナのスコッツデールに住みつき、翌五六年「コサンティ財団」（クラフト、建築、都市などに対する思索と実践の団体）を設立。現在、七五マイルほど離れたところに、ソレリの思想を実現すべく、「アーコサンティ」を建設中。なお、「コサンティ」というのは、イタリア語で「モノ以前」を意味する由。ざっと見た彼の経歴である。

ソレリの哲学を示す言葉は、何といっても彼自身がつくった、建築と生態を結び合わせた「アーコロジー」である。五〇年代から六〇年代にかけての、コサンティにおける彼のアーコロジーへ向けてのエネルギッシュな邁進ぶりは、六九年にＭＩＴ出版局から出された、多数のプロジェクト群を収載した同名の本[(1)]によってうかがえる。その真黒な表紙の大版の本に描かれた、建築図面の常識からはるかにハミ出た、妖しくも稠密な都市像の数かずが与えた強烈な印象は、今も私の脳裏から離れずにあるほどである。彼のアーコロジー哲学は、今回のスライド主体の講演では、必ずしも十分に伝わっていないキライがあったが、それは一言で要約するなら、物質の精神への生成過程という、彼の終末論的「教義」を具現化する「都市の効果」を総合的に

(1) Paolo Soreri, *Arcology : The City in the Image of Man*, The MIT Press,1969.

表現するもの、ということができるだろう。異端の神学者、哲学者、古生物学者、テイヤール・ド・シャルダンに私淑したソレリにとって、質量とエネルギーの世界は、空間と時間の変数を伴う「複合化」による「消費」の果ての究極状態において、神的な世界に変質するのである。そこは、精神が物質を、メッセージがメディアを合一化する絶対的世界でもある。シャルダンが、生命現象を宇宙生成の一環としてとらえ、そして、内面へ向けての複合性・凝縮性にその宇宙像の真髄を見るとき、(2)ソレリにとって、都市というのは、人間の諸活動が複合化され、凝縮化され、持続されることによって「新しい」宇宙＝神的世界を達成するための、「過程」そのものにほかならない、というのである。(3)物質に分解された現代の都市を「エキュメノポリー」と彼が名づけ、それとは反対に精神的合一化へのイメージの都市を、「アーコロジー」と呼ぶのも如上の脈絡によるのである。

「ノヴァノアI」とか「バベルⅡA」とか「バベルディガ」とか命名された多くのプロジェクトが、どれも数万人から数百万人という巨大な人口をもちながらも、せいぜい平面的には数マイル四方に収まってしまうコンパクトなものになっているのも、文字通り、複合性・凝縮性の具体化に他ならないのである。

3　アリゾナにおける「アーコサンティ」

アーコロジーを具体化している「アーコサンティ」は、ソレリ定住以来のセラミック・ベルはもとより、金工・木彫・絵画などの手工芸的手法が建築の建設方法におおいに応用されている。土を盛り上げてその上面に塗料で絵を描いておき、コンクリートをその上に流して固まらせて土を掘り出すと、内面に壁画が印画されたドームが出来あがるといった類いである。すでに、延べ数千人をこえる世界各地からの学生たちが、そんな手造りの都市の実現に共鳴し参画

(2) Teihard de Chardin, *Le Milieu Divin Hymne de L' Univers*, Editions du Seuil,Paris, 1957 邦訳『神のくに・宇宙讃歌』(宇佐美・山崎訳)　みすず書房　一九六八年

(3) Paolo Soreri, *The Bridge Between Matter and Spirit Is Matter Becoming Spirit : The Arcology of Paolo Soreri*, Doubleday Anchor Press,1973.邦訳『生態建築論　物質と精神の架け橋』(工藤国雄訳)　彰国社　一九七七年

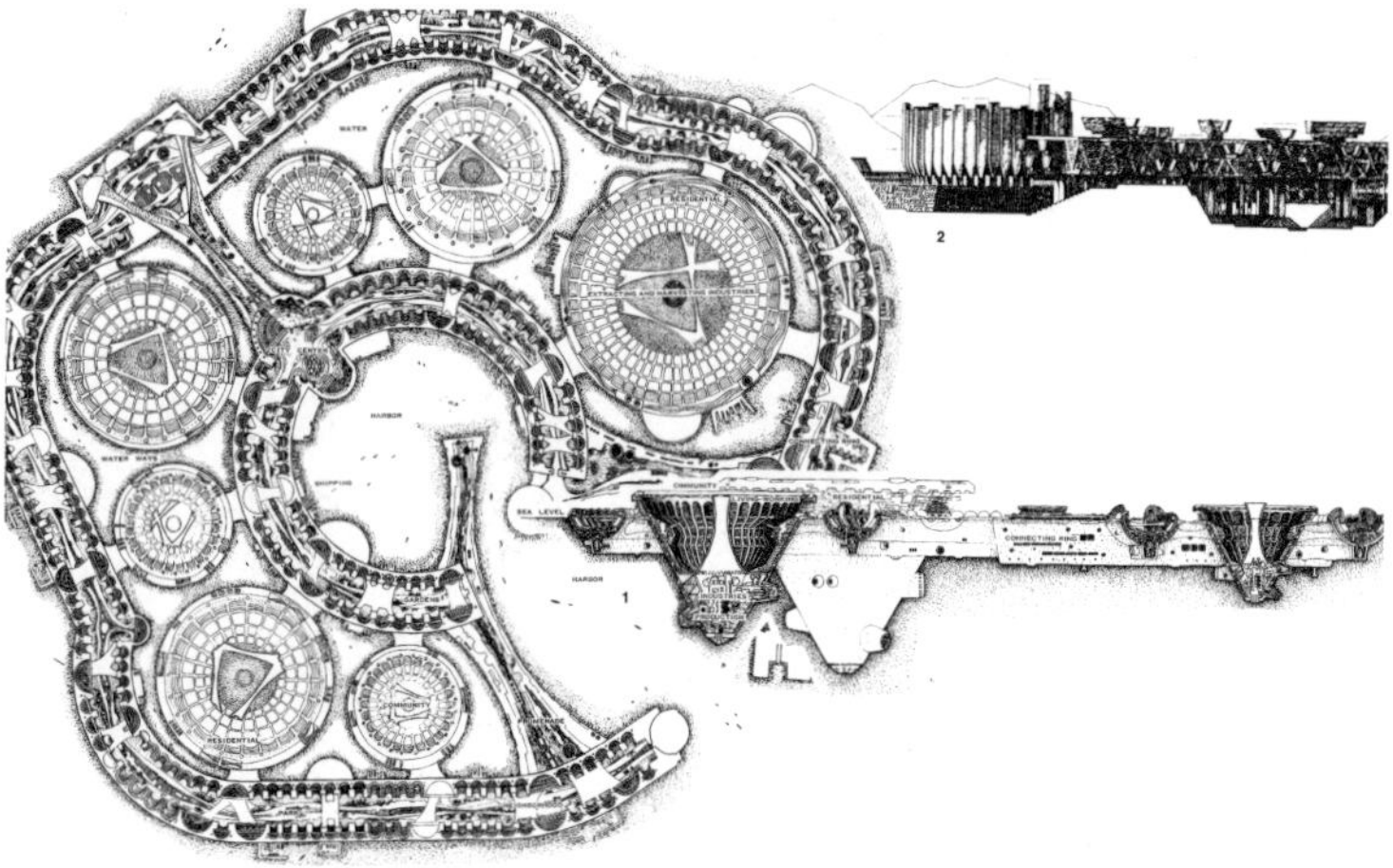

図95　Babelnoah
図96　Novanoah II

しているという。まだ全体計画のほんの二パーセントでしかないというが、赤茶けたアリゾナの砂漠に、セラミック・アプスのドーム状の建築の房があたかも地から突き出た生きものの一部のように、不思議と興味深い光景を作り出している。完成まで何年かかるかわからないが、何ともソレリの執念を感じる思いがする。

　私にとって、「アーコロジー」というのは、ちょうど、ルフェーブルの「都市的なるもの」の「我有化」と同じように、「都市革命」に対するひとつの仮説として興味深くもあるわけだが、しかしそれが、アーコサンティというリアルな姿をもって現われつつあるのは、複雑な感を否めない。イメージの世界はイメージのなかでこそ整合性をもつものだ、ということを私たちはイヤというほど体験しているからであり、アーコサンティの具現化が精神と物質の合一化を保証するとは限らないからである。

図97　アーコサンティ小景（1981年）

フレデリック・オルムステッド・シニア小論

一九六三年、アメリカ・ランドスケープ・アーキテクト協会American Association of Landscape Architectsは、「ランドスケープ・アーキテクト」という「語」の使用百周年を記念して、その職能の確立者である、フレデリック・オルムステッド・シニア（一八二二―一九〇三年）の一大再評価を行うことにし、特別委員会を設けて彼の著作や計画（案）の収集・整理に当たった。作業の成果は、一九六〇年代後半に向けて全米各地を廻る「オルムステッド展」として広く公開され、彼自身の再評価はもとより、身近な環境整備に対する関心を多くの人びとにもたらしたといわれる。昨今、ますます困難な多くの都市的課題を抱えるアメリカにとって、それは文字通り時宜に適ったテーマであったに違いない。彼の再評価は、一面で相似的状況をもつわが国と、われわれ自身の基盤の再点検にとっても意義あることである。

オルムステッドは、周知のように三〇八ヘクタールもの巨大なニューヨーク・セントラル・パークの計画者であったが、ほぼ四十年にわたる活動のなかで、多くの設計・計画に従事し、前述のようにランドスケープ・アーキテクトの職能を確立した。彼が手掛けた計画は量的には一〇〇をはるかに超えるといわれるが、むしろその質的な幅広さが興味深い。主なものを分類すると以下のようになる。[1]

a・都市公園　セントラル・パーク（N.Y.,1858–80）、ニュー・ブリテン公園（Conn.,1867-70）、サウス・パーク（Chicago,1871）、マウント・ロイヤル（Montreal,1873-81）、国立動物園（Washington D.C.,1887-93）等

b・住宅地設計　リヴァーサイド（Chicago,1868-69）、プロヴィデンス（1882）、チェス

(1) J.G.Fabos, G.T.Miled, V.M.Weinmayr, *Frederick Law Olmsted, Sr.: Founder of Landscape Architecture in America*, The Univ. of Mass. Press, 1968による。

　　　　　　　　　ナット・ヒル（Mass.,1884-88）、バッファロー（1888）等
c・別荘地設計　ロード邸（N.J.,1874）、ビルトモア別荘（N.Carolina,1888-93）等
d・都市設計　シカゴ博覧会会場（1890-93）
e・公共施設　マサチューセッツ総合病院（Boston,1872）等
f・キャンパス設計　カリフォルニア大学バークレー校（1866）、イェール大学（1874）、ハーヴァード大学（1886）、スタンフォード大学（1886-89）等
g・保全計画　ヨセミテ（1864）、ナイアガラ瀑布（1869-85）等
h・地域設計　ボストン・パーク・システム（1875-95）

オルムステッドについては、一九六〇年代後半から一九七〇年代前半にかけて比較的多くの専門家が再評価を試みているが[2]、彼の歴史的評価は、職能の確立者としての役割は別にして、おおむね以下のように整理できよう。

①　自然―人間に対する希有のバランス感覚により、都市における「自然」の重要性を示した。

②　すぐれた先見性により、「時代」を超越したヴィジョンを提示した。

③　希有な「感受性」により、大枠から細部にいたるまで、敷地の固有性を最大限活用した。

われわれにとってとくに示唆に富むのは、彼自身がつねに自らを「まったくの非実務的な人間」（A wholly unpractical man）と規定していたことである。彼の一生は、近視眼的な立案・決定によりつねに計画の「矮小化」「皮相化」をしかもたらさない、「実務的な」な部分との対決の連続だったともいえよう。彼自身の旺盛な著作活動（*Forty Years of Landscape Architecture* など）は、その間の事情を示すに雄弁である。

(2) 以下が代表的なものである。
S.B.Sutton, *Civilizing American Cities : A Selection of Frederick Law Olmsted's Writings on City Landscape*, MIT Press, 1971.
Leonard J.Simutis, *Frederick Law Olmsted, Sr. : A Reassessment*, AIP Journal, XXVIII No.3, Sep.1972.

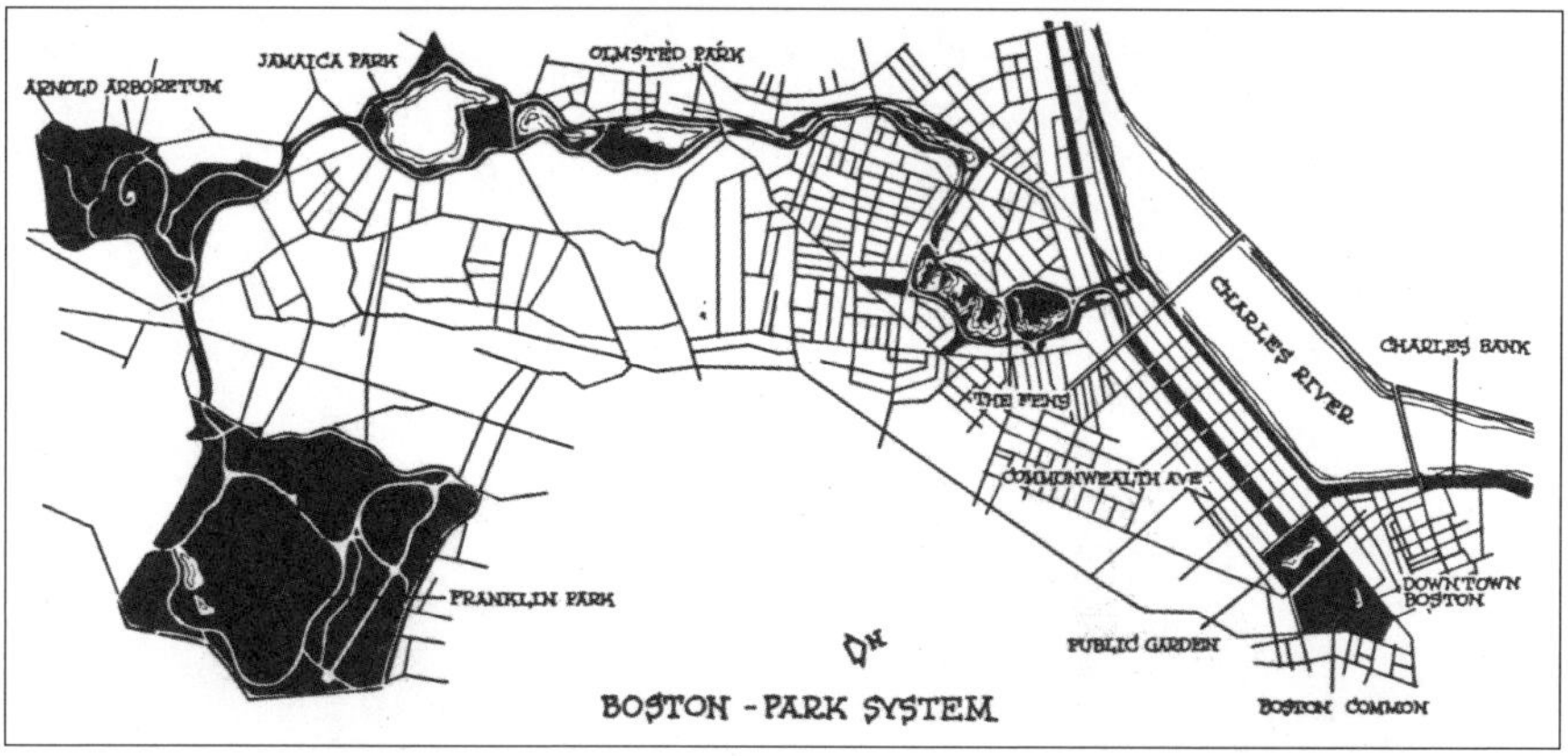

図98　ボストン・パークシステム全図
図99　スタンフォード大学キャンパス俯瞰図

ケヴィン・リンチ小論

1　リンチ急逝

ケヴィン・リンチ Kevin Lynch がまったく思いがけなくも急逝した。ボストン一帯にようやく春の訪れた、本年（一九八四年）四月二十五日、ボストンから程遠くない大西洋上の保養地として有名な島、マーサズ・ヴァインヤードの彼自身のサマー・ハウスで心臓発作に襲われそのまま帰らぬ人となった。享年六十六歳、あまりも早すぎる逝去だった。結果的に氏の「晩年」の一年間に当たる期間、マサチューセッツ工科大学（ＭＩＴ）に滞在し、実質上のアドヴァイザーとしての氏に親しく接し、きわめて多くを学んだ者として、ここにささやかな頌辞を捧げて哀悼の意を表すとともに、多くの人びとと氏の学徳への追慕の念を共有できればと思う。

2　プロフェッサー・プラクティショナー

リンチは、六十歳でＭＩＴを辞してのち、かつての教え子、Ｓ・カーと組んで小規模な都市計画事務所を営んできた（小規模とはいってもその業務の依頼先は、アメリカ国内はもとより中南米、中近東、ヨーロッパに及んでいた）。その事務所の「経歴書」に彼は自らを、「都市計画家・都市デザイナー・教師・研究者・著述家」と記していた。Ｊ・デューイ以降、いっそう教育におけるプラグマティズムの傾向を色濃くもつアメリカの大学では、元来、専門知識と実務経験との有機的結合が尊重され、都市計画や建築の分野では、プロフェッサー・プランナーやプロフェッサー・アーキテクトがむしろ大学教育の専門家としては一般的な存在である。だが、一方で、アメリカ社会のプラグラティズムが要請するのは、はるかに「狭く、深い」専門性であり、教育の現場がそのような「分業」を前提とした狭い専門家養成に当てられているのも強い傾向である。勢い、その「分業性」は、実務家《プラクティショナー》としての大学人に、それぞれ「狭い」意味の専門性を求めることになる。「建築家」は「研究者」ではなく、ましてや「著述家」などではない。こうした分業社会において多くの職能を横断的に完遂することは、きわめて至難であり稀有なことである。それが可能なのは、きわめて限られた才能と人格の持主においてのみであるだろう。ケヴィン・リンチは、まさしく狭い専門性を超えて、実に多くの職能においてつねに一級のプラクティショナーとしてもあり続けた稀代の大学人であった。

3　理論家としての「登場」

すぐれたプラクティショナーであることは、必ずしもすぐれた大学人であることを意味しない。MIT卒業後わずか一年にして（リンチ三十歳）母校の教職の地位を与えられたリンチにとって、大学人としての職を全うすることの意味は、厳しく、深かった。タリアセンにおいてF・L・ライトから「初めて世界を見ること」を学び、L・マムフォードの著作からは、徹底した人間主義に基づく文明論・都市論を汲みつくしていた彼にとっては、単なるプラクティス以上のものが大学において「都市」を究めるために必須だった。サバーティカル（大学がその功績などに対して与える一年間の有給休暇）をフィレンツェで過した彼は、多くの中世以来のイタリア都市を巡って、「都市空間と人間」との親密な関係に強く感じるところがあった。ほとんどすべてのかつてのコムーネ（自治都市国家）は、豊かな「イメージャビリティ」をもってその全体と部分の空間像の把握を容易ならしめていた。「現代の都市デザインにおいてもっとも必要なのは、このイメージャビリティをどのような形態を通して構築すべきかである」。帰国後、G・ケペシュを共同研究者としてフォード財団から三か年の研究助成を受けた彼は、この課題を見事に「理論化」することに成功する。のちに『都市のイメージ』（原著一九六〇年）という書物にその研究の成果はまとめられた。それまでの都市計画や都市デザインは、道路やオープン・スペースなどの具体的な物的空間の形成を、交通量や一人当たり標準量などという「データ」かあるいはプランナーやデザイナーの個人的な直感に委ねていた。彼は、「イメージャビリティ」という「人的位相」を導入することによって、この恣意的な物的位相の形成法に大きな「修正」を迫った。確かに、K・レヴィンらのゲシュタルト心理学派の人たちは、すでに二十年以上も前に「地理的環境」と「行動的環境」の二分法によって「人的位相」の重要性を指摘していた。しかし、リンチはこの「人的位相」の課題に、「アイデンティティ」と「ストラクチュア」という空間概念を結合することによって――つまり、パス・エッジ・ノード・ディストリクト・ランドマークの五つの「都市形態素」を抽出することによって――都市空間形成の課題をきわめて具体的に示したのである。その年、『アーキテクチュラル・フォーラム』は、その書評で、リンチのこの理論的貢献をいみじくも「カミロ・ジッテ以来」と評したものだった。以後の都市デザインの実務や研究は、ほとんどこの『都市のイメージ』の理論を無視しては存在してこなかったとしても過言ではない。もともとすぐれた実務家だったリンチは、以後この分野における「理論家」としての位置を確固としたものにしていくのである。

4 形態論・時間論

理論家としてのリンチの論考には、ふたつの大きな特色がある。第一は、議論の中核をつねに都市形態そのものに据えているという「首尾一貫性」であり、第二は、新たな理論の展開がつねに自身の従前の理論的成果に基づいた思考の深化と課題の再検討に依っているという「漸進的発展性」である。このふたつの特色は、彼のすべての著作を通して容易に見出すことができる。彼は、形態に固執しつつも、それが時間的要素とはつねに密接な関係をもつことの重要性を主張してきた数少ない都市理論家でもあった。時空間の二元性ではなく、むしろ東洋的思想や習慣における一元性的な性格を洞察していたのであり、西洋的な思惟・思弁の伝統に必ずしも囚われていなかった。『時間の中の都市』（邦題、原著一九七二年）は、その代表的なものである。そこでは、時間は数百年という史的スケールで検討もされれば、一日のなかでの「変化・推移」としても探求されている。前者に対する視座が歴史的環境の保全の課題として具体化されるべき「歴史感覚」の付与・養成という、都市デザイン上の責務と関係づけられていれば、後者は文字通り場所に付随する「時間感覚」そのものの重要性を指摘しようとするものであった。近年の著作に頻繁に出てくる「時空的」space-temporal という彼自身の表現は、こうした「時間論」を示唆するキー・ワードでもある。

5 規範論・都市論

卓越した実務家でもある彼は、一連の著作のなかで、都市計画や都市デザインがそのプロセス上で検討しなければならない技術的課題に対しても十全な配慮を怠っていない。『敷地計画の技法』（邦題、原著初版一九六二年、改訂二版一九七一年、同三版一九八四年）はその典型であり、ほぼ十年ごとに改訂されるというその技術的主題への周到さも相俟って、広くこの分野における教科書的な位置を保ち続けている。しかし、昨今の彼の理論的貢献で特筆されるべきことは、「規範論」の提示であるといえよう。事実上の最後の著作となった『居住環境の計画——すぐれた都市形態の理論』（邦題、原著一九八一年）は、「物的位相」「人的位相」、形態論、時間論、技法論といったすべての主題・主張を統合しつつ、すぐれた環境を創出するための、人間居住環境の「理解・計画・運営」の三位一体の根底に位置する理念と方法を、従前の「計画

〈意志決定〉論」「機能論」を止揚するものとして提示したのである。いわば、この書は彼の三十有余年にわたる都市・環境に対する思索と実践の集大成としての位置を占めるものといえる。その理念系の基本になる「〈環境〉性能規範」performance dimension は、あらゆる文化や状況に適用されるべく、「柔軟な」指標としての副規範群によって構成されている。その総合的有用性は、「都市形態論」をもはや「都市論」の域にまで昇華せしめており、文字通り、この書は、現代におけるもっとも総合的な「都市論」の先駆者たりえているのである。

6 豊かな実践

既述のように、彼は卓越した実務家でもあった。ＭＩＴ就任以降でも手掛けた主要プロジェクトは三〇を遥かに超える。ロードアイランド州立公園計画（一九五二年）などの〈造園計画〉、ボストン・ガヴァメント・センター計画（一九五九年）などの〈都市デザイン〉、ケンドール・スクウェア計画（一九六五年）などの〈再開発計画〉、コロンビア・ニュータウン計画（一九六八年）などの〈住宅地計画〉、ポール・ダルブレ海浜計画（一九六八年）などの〈レクリエーション計画〉等々、多種多彩なプロジェクトのいずれもが卓抜な洞察力と構想力に裏づけられている。

7 その哲学と人間

彼は、明らかにＦ・Ｌ・ライトやＬ・マムフォードに連なる、健全なアメリカの文化的伝統を継ぐ者としての位置を占めている。機械文明に対する人間性の謳歌は、まったくこの三者に共通する「哲学」である。『居住環境……』の最終章、「場所のユートピア」は、すぐれたリアリストが逆説的にすぐれたイデアリストでもあることを示す貴重な証文でもある。「環境は書物である」「場所と時間とプロセスの祝祭」という文言は、ほとんどユートピアン的な環境哲学の詩的言表にさえなっている。そしておそらく、その「イデア」は、あらゆる他者に対する「暖かさ」「慈しさ」、自らに対する「厳しさ」「慎ましさ」、そして何よりもすべてを包みこんでしまう「寛さ」「大きさ」という、彼の人間的資質にこそ負うているに違いない。その早すぎる逝去は、彼を知るすべての者をしてその偉大な人間性を偲ばさずにはおかない。その大学人としての所業は、まさしく〈学徳〉と呼ぶにふさわしい。

ケヴィン・リンチ略歴

一九一八年シカゴ生まれ。イェール大学卒業。タリアセン、レンセレーア工芸研究所、陸軍技術隊を経て、ＭＩＴ都市計画学科卒。グレンズボロ都市計画局勤務を経て、一九四八年から一九七八年までＭＩＴ都市計画学科スタッフ。一九七八〜八四年同大名誉教授。カー・リンチ・アソシエイツ主宰。一九八四年四月二十五日没。

主著（年代順）

・*The Form of Cities*, Scientific American, April 1954.
・*Some Childhood Memories of the City*, AIP Journal Summer, 1956. (with A. Lukashok)
・*Environmental Adaptability*, AIP Journal, No.1, XXIV, 1958.
・*A Theory of Urban Form*, AIP Journal, No.4, XXIV 1958.
・*The Image of the City*, MIT Press, 1960. 邦訳『都市のイメージ』丹下・富田訳、岩波書店、一九六〇年
・*Site Planning*, MIT Press, 1962. 2nd ed., 1971. 3rd ed., 1984. 邦訳『敷地計画の技法』前野・

佐々木訳、鹿島出版会、一九六六年（原著初版）
・*The View from the Road*, MIT Press, 1964.（with D. Appleyard and J.R. Myer）
・*What Time is This Place?*, MIT Press, 1972. 邦訳『時間の中の都市』東大・大谷研究室訳、鹿島出版会、一九七四年
・*Managing the Sense of a Region*, MIT Press, 1976. 邦訳『知覚環境の計画』北原理雄訳、鹿島出版会、一九七九年
・*Growing up in Cities*（ed.）, MIT Press, 1977. 邦訳『青少年のための都市環境』北原理雄訳、鹿島出版会、一九八〇年
・*A Theory of Good City Form*, MIT Press, 1981. 邦訳『居住環境の計画——すぐれた都市形態の理論』三村翰弘訳、彰国社、一九八四年

補注　ケヴィン・リンチの急逝に当たり、筆者はこの間いくつかの「追悼文」の執筆を依頼された。本稿と重複する点が多いのは、その性格上やむ得をないが、それぞれ異なる視点からの言及を試みた。参考までにそれらを列記すると以下のとおりである。

＊「ケヴィン・リンチの遺産——追悼に替えて」日本都市計画学会機関誌『都市計画』一九八四年六月号
＊「ケヴィン・リンチの逝去を悼む」日本建築学会機関誌『建築雑誌』一九八四年七月号
＊「ケヴィン・リンチ追悼」雑誌『A＋U』（アーキテクチュア・アンド・アーバニズム）一九八四年七月号

図100　ボストン市コプリー・スクウェアに建つトリニティ・チャーチ（H.H.リチャードソン設計，1875）
ケヴィン・リンチがボストンでもっとも好んだ建築である。

イアン・マクハーグ小論

1　日本国際賞の受賞

日本国際賞の授与機関である国際科学技術財団から、二〇〇〇年度の授賞対象である都市計画部門において存命中の適切な受賞候補者を推薦するよう求められたとき、即座に脳裏に浮かんだのがマクハーグ教授だった。一九八四年に第二の恩師ともいうべきケヴィン・リンチを失ったいま、都市計画において理論的貢献が顕著な人物は他にまったく思い当たらなかったのである。同賞は必ずしも外国人に与えられるものではないし、ナショナリズムも手伝ってできれば日本からとも思ったが、わが国の都市計画の関係者は実務に「密着」しているのが良くも悪くも特色であり、世界的な理論的貢献をしてきた者などはどう考えてもいそうにないというのが率直な感想だった。

わが国で理論家が育ちにくいのは、すべての分野に共通した問題であるということはしばしばいわれる。現実的な開発事業と直接的に関わる「泥臭い」実学である都市計画の分野において理論的な貢献をすることは、いっそう難しいというのが一般的な見方でもあろう。しかも、国土総合開発計画や多くの公共事業に象徴されるように、この国の「計画」の論理は、学問的な論理を「超えた」（無視した）その時々の目先の政治・経済的力学や、事業そのものを所管する「官」の恣意性に強く左右される傾向が顕著であって、実学としてさえも理論を深化・普遍化させるような学的探求の価値が認知されにくい実情であることは否めない。このような社会の性状は、学者・研究者にとってきわめて不幸であるといわざるを得ない。しかし、だからといって、そのような「現実」に追随して唯々諾々とそのベクトル上に身を置くなどというのは、

図101　つくば市での記念講演会で講演するマクハーグ氏（2000年5月）
図102　つくば市での「日本国際賞受賞」記念講演会

あまりに安易な方向ではなかろうか。

マクハーグ教授を世界に知らしめた*Design with Nature*(1)を何度も読んできた私にとっては、その理論の内容と先駆性は十分理解したつもりであった。したがって、今回、氏を筑波に招くに当たっては、氏の理論そのものよりも、都市計画や地域計画という彼我において同様に泥臭い領域であるにも拘わらず、このような壮大かつ本質的で説得力に富んだ計画理論を生み出した「原動力」は何であったのかということが、むしろ大きな関心事であった。氏の来日の直前によ うやく入手したその自伝*A Quest for Life*(2)によって、その淵源がおぼろげながら掴めたように思える。

(1) Ian L. MacHarg, *Design with Nature*, The Natural History Press, 1969.

(2) Ian L. MacHarg, *A Quest for Life*, John Willey & Sons, Inc, 1966.

2 志願入隊——志願除隊——アメリカ留学

氏は、一九三八年十八歳のときに英国陸軍に志願入隊している。高校は中退していた。翌年第二次世界大戦が勃発し、そのまま前線に配属されて北アフリカと南欧の戦地を転戦することになる。同級生や地域の友人たちで志願入隊などする者がなかった状況を振り返って、氏は自身の入隊について、ファシズムやナチズムに対する強い反感ゆえの独立的行動だったと語っている。一九四四年には大尉になって何人もの部下を指揮して転戦する。一九四六年には少佐に昇進した。すでに入隊前にランドスケープ・アーキテクトのD・ウィンタースギルに弟子入りして造園学を自らの専門と定めていた氏は、その専門を修めるべく、少佐の地位を捨てて退役し、またしても果敢なチャレンジでハーヴァード大学のGSD（Graduate School of Design）に入学する。「果敢」というのは、高校卒業の資格もBA（建築学士）やBS（科学学士）の学位もない者が大学院に挑んだからだ。GSD・造園学科長のポンド教授に手紙で「直接交渉」を行う。幸い、戦時の特殊事情への配慮としてGSDには予備必修コースがあって、それを収めることを条件にそのような者の入学が可能だった。ＧＳＤ四年間の在籍中に、氏はＢＬＡ（造園学士）・ＭＬＡ（造園修士）・ＭＣＰ（都市計画修士）の三つの学位を取るという「離れ業」を演じる。志願入隊と軍隊での実戦活動、ハーヴァード大学ＧＳＤへの入学と四年間の猛勉強……その後の氏を特徴づけている強い挑戦的意志と不屈の行動力は、十〜二十歳代の若さのなかにすでに十分窺うことができるのである。

3　『デザイン・ウィズ・ネーチャー』の逸話

Design with Nature の初版本が自費出版であったことは存外知られていない。一九六〇年代前半からのペンシルヴァニア大学での「人間と環境」と題した授業において、すでに都市問題や環境問題への対抗命題としてはもとより、地域計画・都市計画の基本的理念として生態学的発想を重視するという先駆的な考え方に確信をもっていた氏は、さらに進んで地球規模で環境を考察すべき「時代性」を意識していた。だが、それを理論化すべくサバーティカルの一年間を割いて執筆したまったく新しい書籍の意味を、正しく理解する出版業者はなかった。安易に妥協すればフルカラーの地図が二、三色刷りになる惧れもあった。自らの資金を投じて所期どおりの本づくりに徹し、ＡＩＡ（アメリカ建築家協会）やＡＩＰ（アメリカ都市計画家協会）などのメンバーに直接パンフレットを送って注文を取り、そして夫人・子息の家族総出で梱包発送するという、「信念」を貫く徹底ぶりだった。時代を先取りした本の真意と価値は世間がすぐに認知する。その後出版社が引き受けた本は、三十五万部を売りつくし、この分野の専門書としては前代未聞のベストセラーとなった。

4　モンテ・カシノと二人の巨人

氏の著作から感じる氏の人となりには、「強さ」を根底で支える「慈しさ」がある。自然に対する氏の深い思い入れは、氏が少年時代を過ごしたスコットランドの風土の豊かさに強く結ばれている。六年に及ぶ第二次大戦の死線をさ迷った戦場から故郷に帰還し、心身ともに疲弊していた氏を、深く包んで癒してくれたのは、何よりもこのスコットランドの自然そのものだった、と氏は自伝で述べている。そして、戦争の悲惨と残酷のなかで、人間対人間の、そして人間対自然の静けさ平和の尊さを、後にも先にももっとも強く思わされたのが、イタリアの戦地モンテ・カシノであったことも。おそらく、その思いの奥にあったのは、「そこ」で氏自身が人生のもっとも多感な時期を過ごし、「そこ」の一部であることを体現していた、人と人が、人と自然が静けさのなかで共存するスコットランドの風土そのものであったに違いない。平和こそが自らの夢の中心であると、氏は語る。

モンテ・カシノといえば、それに遡ること約三十年、第一次大戦の最中、ルードウィッヒ・ヴィトゲンシュタインが捕虜となって収容されていたところだった。彼こそ、バートランド・ラッセルにあの『プリンキピア・マテマティカ』の発想を「友人にしてかつての弟子であったその人に学んだ」といわしめた人間だった。収容所のなかで彼は、ひとり静かに思索に耽っては、記号と数字が並ぶメモを綴っていた。このメモが後に、論理学に大きな位置を占める『論理哲学論考』の土台になることを、彼自身も予想していなかったといわれる。[3]ヴィトゲンシュタインは戦争の悲惨さと愚かさを、理論の純粋さに集中することで対比的に告発していたに違いない。モンテ・カシノという土地が、時代を超えてその戦場の体験を通して二人の「巨人」を生み出したことは、歴史の偶然を超えた妙味という以外にない。

(3) 本書別稿「ヴィトゲンシュタインに学ぶ」(一四六―一五八ページ) 参照

5　アメリカの強靭な知性の系譜

かつて、私はケヴィン・リンチの著作を翻訳出版した際に（『居住環境の計画――すぐれた都市形態の理論』）、その解説のなかで、著者リンチについて、ライトやマムフォードに共通する哲学を共有し、そこに健全なアメリカの大地と文化の香りを嗅ぐ、と記したことがある。比較的短い期間ではあったが、リンチに親しく接して感じたのは、狭い目先の社会に安住することのない高い志操、社会に対する透徹した眼差しと健全な精神、他者に対する慈しさと包容力、自らに対する厳しさ、強烈な信念と行動力であった。マクハーグについて知れば知るほど、その人間性はリンチのそれと不思議なほど重なってくる。畢竟、アメリカの大地と文化の香りとは、そこに生き、それを担う巨人たちの強く豊かな個性と哲学が醸し出すものなのだろう。それら巨人たちをひとつの滔々とした「流れ」として観れば、そこにわれわれは彼国の強靭な「知性の系譜」を感得するのである。

マクハーグ教授の提唱したエコロジカル・プランニング、それは、アメリカの大地と文化に通底する強靭な知性の産物であった。

10 思想家・評論家

コリン・ウィルソン小論

1　文明の危機に対する意識と予兆

おそらく、「生」そのものの閉塞状況を人びとが意識化し始めたのは、「西洋」の成立期に遡るといえるのではないだろうか？　この場合「西洋」の定義が明らかにされねばならないのであるが、僕らにいわゆる歴史的教養として与えられている西洋的世界の統一というあのゲルマン民族の移動の最終的な終息＝フランク王国の中・西ヨーロッパの支配確立という政治的歴史過程の「通論」をここでは超えて考えて見るべきなのであろう。

それは、とりも直さず人びとの精神的構造の変容自体が問題なのであり、そのような精神的歴史過程として把えれば、キリスト教による文化的風土の制覇ということに帰着することができるだろう。歴史的事実としては、周知のようにそれは、コンスタンティヌス帝の「改宗」（三一二年）にまで遡るのであり、キリスト教自体が皇帝の庇護のもと、宗教世界における唯一の「主流」の地位を確保し、それまでの被迫害者としての身分を放棄した時点として了解されるのである。

西欧世界における「近代主義」への再検討は、その精神的基盤を育んできたキリスト教自体の歴史的な検討を不可避としているとしても過言ではない。

さて、「オカルト」（occult）とは、そもそも「覆う」「隠す」という意味のラテン語に由来し、本書[1]の意を伝えるとすれば、「秘学」とか「隠秘学」が妥当なところといわれる。キリスト教世界の確立過程が、およそその教義的対立物を駆逐していく歴史そのものであったことを想起すれば、「オカルト」という言語自体が、連綿と築かれてきた西洋文明に対する予見的な「反措定」

(1) コリン・ウィルソン『オカルト』（上下）（中村保男訳）新潮社　一九七三年

の響きを与えずにはおかないのである。あるいは、西洋文明がその貪欲な発展の節々に忘れ去り、もしくは圧殺し去ったモノたちの執拗な「情念」の総体を想い浮かべても、決して不思議ではないであろう。

ここ数年間、世界的な規模で近代合理主義に対しさまざまの批判的検討がなされてきたことはまさに歴史的な事実といえるのではないだろうか。それは、明らかに「進歩思想」によって予定調和的世界を形成してきた文明的文化的紐帯の切断と消滅を物語るものであり、したがって個々に分断された魂の漂泊が内から叫ばずにはおれない「状況」そのものともいえるのであろう。「事物を見通すことのできる孤独な人間」とは本書の著者ウィルソンをして著名ならしめたあの処女作『アウトサイダー』(2)で展開された重要な論旨でもあった。おそらく、現代的な意味でもっとも早くこの現代の時代閉塞を指摘したのは、あの『西欧の没落』のO・シュペングラーであったろう、わずかに一、五〇〇部という限られた初版のこの書物が書店の棚に埃にまみれたまま永く置かれたままであったという事実は、彼シュペングラーのアウトサイダーぶりを物語って余りあった。一九三〇年代になってようやく彼が広く評価された、西洋文明に対する危機的意識の昂揚というあの時代状況は、いま六〇年代の後半から七〇年代にかけて、またしても予兆的な事実を語ろうというのだろうか……。

(2) 『アウトサイダー』(福田・中村訳)紀伊國屋書店 一九五七年

2 「実在」の回復を目指す「オカルト」

本書は、そのような意味で現代の西洋世界における一証言としての地位を十分占めるものといえるであろう。ウィルソンがこの膨大な書物で精密に展開しようとしたのは、一に現代における閉塞状況を超えるべき人間の潜在意識的能力の再評価という点に尽きるのである。『アウトサイダー』によってすでに示された精緻な分析手法が本書でも遺憾なく発揮され、「オカルト」

に関する書物を五〇〇冊は自邸の書庫に蔵すというウィルソンは、「オカルト」の歴史的検証に莫大なエネルギーを費やしているのである。

第一部は、〈通観〉のタイトルのもとに、「厄介なのは、人間が考える小人《こびと》になってしまい、合理主義者たちの世界が、倦怠と卑小さと〈通俗性〉とが究極の真理となっている白昼の世界となっていることなのだ」といった彼の本書執筆の動機・目的が中心に展開され、さらに未来の科学としての「魔術」の可能性が結論的に言及されている。

第二部は、〈魔術の歴史〉として、原始時代の魔術、カバラや中世の悪魔学、十九世紀の魔術とロマンティシズムの関連、ラスプーチンとガルジェフを中心としたロシアのオカルティズムなど文献学的とでもいうべき詳細多岐の分析がなされている。

第三部は本書の結論部分で〈人間の潜在能力〉と題して、魔女や狼変身術の史的分析から霊、夢の問題、人間の意識を埋める「星気体」の存在などが説かれて、ふたたび人間の超能力——ウィルソンは「X機能」と名づけている——の「未来性」が主張される。

すでに記したように、本書は、数多くの文献をもとに「オカルト」の史的分析に相当なページをさいており、『アウトサイダー』執筆と関連して著わされた彼自身の『殺人百科』(3) さながら、「オカルト百科」とでも呼ぶにふさわしい体裁すら整えている。しかし、この書物は、先述したようにただ単に「オカルティズム」に対する興味本位で編まれているのではなく、著者の目的はもっぱら、現代における「実在」の回復という哲学的命題にあるといえる、新実存主義者を自認する著者ウィルソンの、この命題への取組みは、むしろ彼の「軌跡」をたどることにより、さらに明瞭にされるはずである。

(3) 『殺人百科』(大庭忠男訳) 弥生書房 一九六七年

3 前著『アウトサイダー』再考

『アウトサイダー』は、ある意味でこのオカルティズムを先取りするものであったろう。「アウトサイダーは、なによりもまず社会問題である」と語り始めたとき、すでに彼は現代の生の普遍的な課題を自らに課していた。「……すべてが野蛮で、無統制で、不合理なものに艶だしを塗って、なんとか文明的、合理的なものに見せかけようとする試み」（同書）が一般的な現代に対し、「真理を旨とするがゆえにアウトサイダーである」（同）人間の本質に彼は鋭く迫ったのである。

バルビュス『地獄』の主人公によって「深くものを見る」人間としてのアウトサイダーに加えて、ウェルズ『盲人の国』によって先述の「事物を見とおすことのできる孤独者」としての本質を探り出していく……。

サルトル、カミュ、ヘミングウェイ、ヘッセ等の作品中の主人公やあのアラビアのロレンスやニジンスキーなどにさまざまの「アウトサイダー」の質を見出した彼が、この書物で展開した視点は次のように要約されるであろう。

自己の「存在」をつねに生の中心課題として見つめること、自己の「存在」のあるがままの姿を自己の一部として表現しうることがまず何よりもアウトサイダーの要件であるが、同時に彼は本質的に生の快楽を感得する能力がはるかに図抜けているのであり、そのような資質に自ら課す「存在」の深化の作業は、〈苦痛の閾〉と呼ばれるにふさわしいものである。知的なあるいは感情的なあるいは行動的な「生」の問いが、究極的に肯定的なものであろうと否定的なものであろうと、こうしたアウトサイダーの生こそが、現代を生きる個々人に課せられた問題であるのだ……。

『アウトサイダー』は、一九五六年に初版が出されたとき、まず何よりもその現代性のゆえにたちまち世界各国に翻訳されて広く膾炙したのは周知の事実である。しかし、優れた問題提起性にも拘わらず、著者ウィルソンは自らに満足しなかった。彼は、第二作の評論の冒頭にこう記したものである。「『アウトサイダー』は不完全な作品だった(4)」と。そして、このとき、彼はすでに本書『オカルト』のテーマを『アウトサイダー』の発展的課題として暖めつつあった。

「病む文明との関連において彼（アウトサイダー）を検討することは歴史の領域に入ることにほかならぬ。それゆえにこそ、この書は同時にふたつの経路を辿り、さらに深く〈アウトサイダー〉をつきつめる一方、文明の没落という歴史的問題の方向にも進むことを試みねばならない。ひとつの路は内側へ、神秘主義へと導く。他は外側へ、政治へ通ずる」（傍点引用者）。

『オカルト』に辿りつくまでのウィルソンには確実に『アウトサイダー』の深化の一方の「実験」が試みられていた。それは、「歴史」の領域ではなくもっぱら「想像力」の領域だった。処女小説『暗黒のまつり(5)』は、彼自身の、「〈実存的な思想家〉を救える唯一の行動は創造である」という言葉を実践したものだった。主人公ジェラード・ソームが異常な性犯罪者のなかに生の価値を見出していくプロセスは、『罪と罰』のラスコーリニコフのあの心理的葛藤を彷彿とさせる。

「生きていることが彼を疲れさせるんじゃないかと思います。彼は現実を受けいれられないんです。世界の現実が彼を打ちのめす。だから彼はそれをなにか美しい、かけ離れた観点から眺めようとする……」犯罪者をかばうソームの言葉は、『アウトサイダー』で展開されたウィルソン自身のそれとまったく同じである。「彼の目的感覚は彼を狂信者に仕立てあげ、彼の欲望は性よりも高いところを飛翔することができません」。

ソームと犯罪者オースティンとの間には、犯罪そのものに対する「理想」と「現実」とが複雑に絡みあってついには両者が相容れないという結論で終わっているが、二作目の小説『ガラ

(4)『宗教と反抗人』（中村保男訳）紀伊國屋書店　一九六五年

(5)『暗黒のまつり』（中村保男訳）新潮社　一九六〇年

スの檻』[6]では、犯罪と「実在」との関係がさらに深化される。先述の『殺人百科』は、これらの間に著わされた書物だが、ウィルソンにとって「病める現代」を自らのテーマとして引き受けることは、ひとしきり犯罪者とその犯罪とに秘められた「実在」のぎりぎりの淵を歩きつづけることと等価だったのである。

神秘主義へと進む『アウトサイダー』の深化の課題は、この「犯罪」のテーマを掘り下げることとまったく相互補完的な位置を占めていたに違いない。数学的分析法を応用して、自らの関心事に触れた書物のみをメモにしつつ、それがいつの間にか『アウトサイダー』の整理された資料と化していた……といった彼の日常作業は、生と死とその充溢に関する莫大な文献の史的捗猟であったろう。「病める文明」に対する批判的検討が「オカルティズム」への関心として次第に蓄積されていたであろうことは、想像に難くない。

(6)『ガラスの檻』(中村保男訳)新潮社　一九六七年

4 「X機能」による新感覚の充溢

僕らは、ようやく『オカルト』の内容を論ずるところまでやってきた。

「オカルティズム」における歴史的検討という、この書物が大半をさいていることがらは、二重の意味でパラドクシカルである。ウィルソン自身は、自らを決して「オカルティスト」ではないと断言してはばからないにも拘わらず(『暗黒のまつり』で犯罪者が究極的には彼自身によって断罪されたとき、それはきわめて暗示的であったが)、「オカルティズム」そのものに現代の桎梏を超えるべき潜在能力を見出そうとしているのがまずそれである。

二番目のパラドックスは、「オカルティズム」そのものの本質に関することである。「オカルト」とは、その本質において、非客観的、非論理的、非歴史的なモノではないだろうか。「オカルト」とは言葉の真の意味で、「秘められてある」ものであり、それが客観化され、論理化され歴史化されたときには、おのずと「オカルティズム」のもつ永久性、超越性は消滅するに違いないのである。それは、フーリエが『四運動の理論』[7]で説いた〈ファランジュ〉にも似て、文明と歴史の突然の終末の瞬間に花開くモノなのであろう。

　にも拘わらず、ウィルソンは「オカルト」の史的分析に取り組まずにはいなかった。本質における「オカルト」の非歴史性は、（西洋）文明の発展過程で切り捨てられてきたその歴史性と相容れないものではない。潜在的能力こそが現代のこの状況における「存在」開放の未来的科学たりうるという問題意識に立つ彼が、さらに、原始時代においては人は、この潜在能力の自然な行使によって「生」の真理に近づいていたと考えるとき、歴史の進行そのもののなかで萎え凋んでいった「オカルティズム」の歴史に想いを馳せるのは容易に肯定されるのである。「今でも私は、哲学を――つまりは知性に援けられての直観を通じての実在追求を――〈オカルト〉の問題よりも剴切で、より重要なものだとみなしている。しかし、〈オカルト〉に対するこのような非共感的な態度にも拘わらず、かずかずの証拠を吟味していくうちに、私は、〈オカルティズム〉の根本的な主張が真実であると信ずるに至った」。

　ウィルソンの視点をふたたびここで見ておこう。彼は、人には誰れにも〈潜在的な感覚〉があり、それこそが人間の根本的な進化欲求であって、「実在」と接触したい欲望だと考える。そしてこの〈潜在的な感覚〉を自ら「X機能」と名づけるのである。つまり、「X機能」は、「実在」への欲望であることによって、人が「現在の彼方に超え出ようとする潜在力」となるのであり、またそれは、いわゆる「第六感」とは異なり、人間精神のふたつの部分、意識的部分と無意識的部分とを合体させるものであるという。原始人においては、このふたつの部分が何ものにも遮断されることなく統一的に機能していた、つまり「X機能」自体が本来の役割を果たしていたが、文明の発達は、その制度や習慣などの徹底化によってこの「X機能」を後退させ

(7) シャルル・フーリエ『四運動の理論』（上下）（巌谷国士訳）現代思潮社　一九七〇年

てしまった。文明以後この機能を保持していたのは魔術者や神秘家にほかならなかった。彼らこそ、より深く自然のなかに入り、〈潜在意識精神〉の把握と力とを拡張することをめざしていたのである。すでに紹介したように、彼は、失われた「X機能」を求めてさまざまの「オカルト」を検討していく。この膨大な史的探索は、まったくその意味で彼の「証拠固め」であり、それだけでも読む者をして興味の淵に誘いこんでしまうのである。

周到に立てられたこの書物の筋書きは、単なる「オカルト」の史的検討にのみ終わってはいない。最終部において展開される「オカルティズム」に関する形而上的なテーマなどは、本書をいっそう面白くしている。たとえば、十九世紀に誕生した心霊術は、その精神集中によって非日常的な体験を与えうることを示したのだが、彼は、精神体の「収縮」が「力と、制御と、自由の新しい感覚」をもたらすことを、プリーストリーの「時間の三次元」やショーの「集中の第七段階」と対比させながら暗示する。この「精神の筋肉」こそ、彼のいう「X機能」にほかならないのである。

「生は死を発明した」と彼はさらにいう。そして、生か死かということが問題なのではなく、生命力そのもののなかに人間の根本的なパラドックスがある、と続ける。死という物理的な現象は、生命自体が個々に分解された「個性体」が日常の瑣末性という隘路に陥ったためなのであって、連続性の確立と「忘却性」の克服とが生命の物質に対する基本的な闘いなのだという。そして、そのとき「死後の生」が保証され、生と死はふたたび全体性を獲得するのだと説く。

自ら、キルケゴールやサルトルらよりも広い意味での実存主義者だと主張するウィルソン自身の「実存主義」がこうして随所に瞥見される。「X機能」による新感覚の充溢を、と説くこの『オカルト』をこうして素通りしてみると、僕らには、『アウトサイダー』において展開されていたテーマがフト想出されるのである。「詩的快楽」を享受する素質が備わったものこそ、「アウトサイダー」ではなかったろうか。「アウトサイダーは芸術家たりうるが、芸術家は必ずしもアウトサイダーではない」ウィルソンにとって、依然として病める現代における「実在」が、そしてそのまったき開放が問題なのである。

5 現代の超克は可能か

〈病める文明〉の只中にあって、僕らは彷徨するのみである。しかしながら、この数年の歴史的過程のなかで、本書でしばしば引用されるような「詩的快楽」としての生の充溢を体験した人たちも居るに違いない。それがウィルソンのいう「X機能」によるものであったかどうかはいまは問題ではない。文明史的な観点からすれば、文明社会の進行の過程で、さまざまの制度的慣習的掣肘がもたらさずにはおかなかった「生」の物質的側面への「後退」と、その体験がどのような関わりとしてありえたか、その点における意識化こそが問題なのであろう。

文明史の展開が突如としてその歩みを止めるとき、文明の軌跡の襞に織り込められてしまったものたちにふたたび光明が照らされるのは、また洋の東西を問わぬ歴史的な「常套」なのかもしれない。

『鬼の研究』(馬場あき子)、『魔の系譜』(谷川健一)、『悪魔学大全』(酒井潔)などがわが国においてこのところあいついで著わされたのはもちろんのこと、戦前の一時期を圧倒的に風靡したいわゆる怪奇小説の作家たち——夢野久作、国枝史郎、橘外夫、久生十蘭ら——が再評価されたのも最近の風潮を物語るものといえよう。

これらのなかで、僕にとってもっとも興味深かったのは夢野久作であった。とくに、十年の歳月をかけて何回か稿を改めて完成したという『ドグラ・マグラ』よりも『い・な・か・の・じ・け・ん』(8)などの初期の短編が遥かに趣きをもっていると思われる。さりげなく展開される

(8)『夢野久作全集 第二』三一書房 一九六九年 所収

各短編のテーマは、その何げなさの文体のなかでむしろより文学的に醸成されている。『オカルト』のなかで引用されてきた、さまざまの神秘的事実は、これらの夢野久作の作品のなかで見事に活きているともいえるだろう。『オカルト』を読みながら、僕はしばしばこれら久作の作品を想い出していたものである。ウィルソンは『アウトサイダー』のなかでこう記していた。ヘミングウェイはその『武器よ、さらば』において、サルトルが何万語を費やして語ったよりも遥かに的確に「存在」について語りえていた、と。「X機能」による未来的な「実在」の開放という問題提起を抜きにしたら、『オカルト』よりも遥かに「的確に」「オカルト」の問題を久作は自家薬篭中のものとしていたといえるかもしれない。

しかしながら、ウィルソンの〈病める文明〉における「実在」の開放という、この『オカルト』における問題提起は、十分評価されるべきものであろう。日常意識というスペクトルの下端外の「オカルト」能力と上端外の「X機能」の行使こそ、彼が本書において主張して止まなかった分析軸であった。彼は、現代の焦眉の課題は、この〈精神の筋肉〉たる「X機能」を育成することだ、として本書を結んでいる。「X機能」の育成は、「熟練した時計職人の特技である集中と精密さ」とが必要とされるとしてその可能性を述べているが、彼の主張するようにそれが「実在」開放の未来の科学として本当に成立しうるかどうか。問題は、きわめて根本的である。『西欧の没落』以後、「没落」的状況はいまや普遍的でさえある。「X機能」の真の可能性はその処女作以来ひたすら「実在」のテーマを掘り続けつつあるウィルソンが新たなシュペングラーとして立ち現れるときに明白に実証されているのかもしれない。

宮内嘉久・宮内康小論

何やら世の中がある種の「静かさ」を取り戻しつつある昨今、そんな「静かさ」のなかで都市と建築と人間との関わりについてじっくりと考えさせせられるような本が相次いで著わされた。宮内嘉久『廃墟から——反建築論』、宮内康『風景を撃て』の両著作である。*

はじめにお断りしておかねばならないことは、この両宮内氏は、評者が学生の頃から親しく交わってきてさまざまな点で教えられるところの多かった先輩であるということである。編集部からこの両著作の書評を依頼されたとき気軽に応じたのはそんな気安さからであったが、考えてみると客観的に「評する」には一面ではあまりに近すぎて、それこそ、この両著作の生まれてきた細かな背景はもとよりその人となりなどについても「知りすぎる」キライなしとしないのである。もちろん、編集部の意図はそんなことを承知の上でのことであったろう。とすれば、私のこの場合の構え方も、むしろそんな関係を「逆手」にとったところから進めるのが妥当なのであろう。つまり、「内側」からの眼を通してといった別のアプローチもありうるのではないだろうか。

*宮内嘉久『廃虚から—反建築論』晶文社　一九七六年
宮内康『風景を撃て』相模書房　一九七六年

1　二度の〈焦土体験〉による現代文化への総批判

『廃墟から』というのは、そもそも著者がタイプ刷りの個人誌の形で近しい人びと一〇〇〜一四〇人宛に、一九七〇年の暮から送り届けていた文字通りのミニコミ誌であった。この本は、そのうちの一号から三〇号まで（一九七〇年十一月八日〜一九七五年十二月二十五日）の分を原形の配列を変えずに全面収録したものである。著者については今さら紹介するまでもないが、前著『少数派建築論』などでも執拗に追求されていたように、建築の世界でジャーナリズムのあるべき姿を確立すべく、卒業設計の〈建築ジャーナリズム研究所〉はもとより、『新建築』編集部（そごう百貨店批判に端を発して、川添登、平良敬一、宮島圀夫らとともに解雇された事件はあまりに有名である）を経て、『国際建築』『建築年鑑』の編集の責に永らく当たるなど、文字通りその道の草分け的存在である。本書にも触れられているが、この個人誌を著者が発行するに到る〈情況〉があった。直接の契機は、著者が代表として営んできた「建築ジャーナリズム研究所」（われわれは当時「ジャー研」と呼んでいた）の「解体」であったと思われる。卒業設計に凝縮されていたであろう、建築ジャーナリズムに対するイメージの具体化としてこの組織が著者のなかで位置づけられていたことは想像に難くない。私自身が「間接的」というよりもっと深く関わったその研究所の「解体」は、当時の各地の全共闘運動で問われた大学そのものに対する本質的な問い掛けに呼応する「質」をもっていたものであったと思う。著者が〈廃墟から〉というとき、それは著者自身の第二次大戦直後の一面の焼野原における「原体験」に根ざすのはもちろんだが、半生を追い続けてきた「ジャー研」という組織体におけるそれは共同幻想との「訣別」を象徴するきわめて重い詩的表現として私などには突きささってくるのである。

　著者がしたがって、建築や都市の領域ばかりではなく、広く現代の文化情況の個々の相に到るまで、徹底して「甘い」共同幻想に対して「ノン」の姿勢を取りつづけるのも、そうした二度にわたる〈焦土体験〉によるものであると見ることができると思う。そして、そうした著者の発言は、自らをギリギリの裸の状態に追いこんでいるだけに——そしてこの本を何よりも価値づけているのは、すでに知命に達した著者の人間的な息づかいをさまざまな語り口のなかに感じられることなのであるが——読む者に鋭く重く、そして何よりも自分の点検を迫られるような「問い」としてのしかかってくる。その「重さ」の感覚が、毎回送られてくるときのほうが強かったように感じるのも、やはり少しずつ少しずつ著者との「対話」を強いられていくという、独特な「ミニコミ」の効用にあったのかもしれない。いま、こうしてそれらが一冊の本にまとめられてみると、それは著者がつねづね語っていた「持続性」を改めて認識させられるように、終始一貫した現代文化に対する総批判として存在しているのに気づくのである。

2 〈正当性〉へのゲリラ的徹底批判

『風景を撃て』は、前の著者（嘉久氏＝一九二六年生まれ）よりもずっと評者の世代に近い著者（康氏＝一九三七年生まれ）によるものである。ともすれば、そのストレートさによる小気味よいほどの共感が、あたかも政治的集会におけるアジテーションに対する反応にも似て瞬間的な「情熱」をかき立てられるような気もするが、しかし、この場合も、著者の発言の重みが一時的な「興奮」などに終わるものでないことは、読後に残る表現し難い〈感覚〉が何よりも証明するのである。その重みは、ひとつにはこの本の独特な成り立ちにもよっている。著者は、全共闘運動盛んなころに、東京理科大学の教員として終始学生の側に立って行動していたために、さまざまな「理由」をつけられて大学当局から免職されるのである。その不当な処置に対して著者は東京地裁に対し「地位保全・賃金支払仮処分申請」を行い、大学当局と長期の裁判闘争を行った。そしてそのときの「陳述書」がこの本のほぼ半分を占めているのである。

常識的には「陳述書」といったものが本になるとは思えないのだが、それは単なる「地位保全」や「賃金支払い」を求める条件闘争などではない、教育と教育者を媒介にした全面的な〈現代建築論〉としての内容をもっているのである。一見、理科大学における「事実関係」をめぐっての議論に見えるものでも、ことごとくのことがらが、今日の建築をめぐる救い難い「実態」を根本的に照射しているのである。

著者の勤務した大学のキャンパスを描写した冒頭の文章は、そんな荒廃した建築世界の全的な状況を暗示するかのように、簡潔だがすぐれて文学的な表現として、この本の巧みな「導入部」になりえている。「陳述書」の他に、この裁判が争われている時期に著者が新聞・雑誌等に寄稿した論文やエッセイが、この本をいっそう幅の広いものにしている。「アジテーションとしての建築」「現代遊戯論ノート」「賭博都市」「遊民の復権」「最高裁判所に何を見るか」「運命としての法」とそのテーマを並べてみると、前著『怨恨のユートピア』に含まれたさまざまなエッセイ等に繋っているのを知る。実際、それらにおいて著者が追求して止まないのは、現実の文化の種々相に浸透し、当り前のごとく振舞っている「正当性」という現代の妖怪を退治しようとするさまざまな「方法」なのである。たとえば、「アジテーション……」で著者が考える建築は、徹底して戯画的なプロジェクトであり、それにより、都市をまったく無意味なものにしてしまおうとするものである。そこでは明らかに意味をもって正当的に秩序立てられていたかに見える現在の都市が、いっきょに混乱しこれまでの都市的概念が通用しなくなるというような、ゲリラ的方法であったりするのである。そしてこの本の重みは、著者自らが語るように、そうした現代文明に対する根元的な批判——風景の否定——が、自身の肉体をもってあがなわれてきた裁判闘争と〈同義語〉であるということであろう。

3　日本的〈共同幻想〉の地平で

ともに近しい二人の著者に敢えてこの場で希望することは、この日本という土壌における人間——むしろ民衆といったほうが適切なのだろう——そのもののいっそうの追求である。現代都市論というのは、ル・フェーブルを俟つまでもなく窮極的には現代における人間の回復の追求であり、しかも、この日本という固有の空間と歴史によって育まれてきた人間の回復の課題が一義的である筈だからである。嘉久氏が「……フォークロアだ、中世的なるものだってえのは真平ご免だよ」（二八二頁）というのは、深く理解しているつもりである。しかし、いつかは、それらを乗り超えなければ、民衆の地平に本当に届くことにはならないのではないかと思うのである。両著者は、久野収の言を借りれば、「否定」というヨーロッパ的思想伝統の方法によっていることは明らかである。そして、それは明らかに全共闘運動の思想そのものでもあった。私が、いま主張したいのは、方法と思想とは密接に繋ってはいないかということである。日本の民衆が、日本的方法によって思考しているとしたら、少なくともその基盤に立つことは必須なのではなかろうか。〈共同幻想〉が流れに浮かぶウタカタのようにはかないものであったとしても、実体としての都市が存在している限り、そこにはまるで次元の異なった〈共同幻想〉が――望ましいものか否かは別にして――存在しているのではなかろうか。これに接近するのは、確かにきわめて危うい予感もある。歴史の二番、三番煎じを繰り返さないという保証はない。ミイラ取りがミイラになるとか、民衆への接近が、先入観の単なるあてはめであったり、接近という名の蔑視であることをわれわれはイヤというほど見てきてもいるのだから……。しかし、われわれは、「その道」を探らねばならないことだけは確かであろう。

いずれにしても、この両著作は現在、言葉の真の意味でラディカルでありつづけている。この「静かな」時節にこうした根元的な問いかけが広く読めるようになったことを素直に喜びたい。同時に、そんな「冒険」を敢えてした出版関係者にも敬意を表したい。両著作は多くの人びとに薦めたいが、とりわけ『廃虚から』は著者に近い世代に、『風景を撃て』は若い人びとに……。なぜなら、同世代に近い人間の語りかけは、それだけ強く心に響くだろうし勇気づけられるものだからだ。とりわけ、知命に近い世代や二十代の若い世代に、「居直り」や「諦観」や「シラケ」の情況が一般化してきている昨今において……。

ジャン・ボードリヤールを読む

ボードリヤールは、今日、その旺盛な著作活動により強烈な知的刺激を与えている者の一人といえよう。パリ大学で社会学を担当している彼の最大の関心は、「大衆社会状況」における「消費」の解読とそれによる既成概念の批判的検討にある。ここに掲げた最初の文献『物の体系』は、〈物から記号へ〉という「消費」の記号学的観点を提示した、今日の彼自身の考究の出発点を画する記念碑的なものである。そこでは、「生産」ではなく「消費」が、「物」ではなく「記号」が重要な概念となってのちの論考の基盤を形成している。『消費社会の……』においては、この観点はいっそう進展し、マスメディア、肉体、余暇、暴力など社会現象のあらゆる局面の記号性が主張される。『記号の……』では、「象徴交換」の概念が提出され、労働—生産の「古典的な」経済学の立脚点が「否定」される。『生産の……』および『象徴交換…』では、さらに進んで、記号が現実から自律した状況としての「シミュレーション」と、そのような「場」である「シミュラークル」という概念を示して、今日の社会のあらゆるシミュラークル性（ハイパーリアル）を暴こうとする。

物から記号へ、記号からシミュレーションへ、リアルからハイパーリアルへ……といった思考のめまぐるしいほどの展開は、必ずしも容易な読解を許すものではないが、「消費」による「生産」と「労働」の否定は、創造行為や作品・生産品との関わりを前提とする美術やデザインの「社会的価値と効用」という課題ばかりではなく、哲学・経済学・社会学等の多くのジャンルにとっても興味深い課題であるだろう。ただ重要な点は、ボードリヤールの「消費」への固執は、既成概念の否定の上に成立するとはいえ、消費社会の「謳歌」にあるのではなく、その根底的な「批判」にあることを観ることであろう。
年末年始のマスメディアを中心とする文字通りの記号の氾濫状況から逃れて、静かにボードリヤールとの知的交詢を楽しむのも、一興であるにちがいない。

ジャン・ボードリヤール主著書（日本語訳）
『物の体系』宇波彰訳　法政大学出版局（原著一九六八年）
『消費社会の神話と構造』今村仁司・塚原史訳　紀伊国屋書店（同一九七〇年）
『記号の経済学的批判』今村仁司・塚原史・桜井哲夫訳　法政大学出版局（同一九七二年）
『生産の鏡』宇波彰・今村仁司訳　法政大学出版局（同一九七三年）
『象徴交換と死』今村仁司・塚原史訳　筑摩書房（同一九七五年）

11 絵本作家

デビット・マコーレイ小論

1　建築・都市の「絵解き」本

学問の世界が細分化し、それぞれが己が領域を深く究めていくことによって「高踏的」になり、一般的な関心に向かっては門が閉ざされたり、敷居が高くなってしまっている、といった「批判」はしばしば聞かれるものである。都市や建築を対象とする私たちの専門分野も決して例外とはいえまい。とくに、歴史的なテーマや分野を対象とする部門では、この実証的な論考が中心になるだけにさまざまな古文書や論文の検討がなされることが多く、いっそうその感が深い。こんな事情はもちろん洋の東西を問わないことである。

たとえば、ルネサンスの有名な建築家ブルネレスキのことをまともに調べようとすれば、第二次大戦前までのものだけでも、著名な著作・論考は九百篇余りを数え、それらすべてに眼を通すとすれば、一体何年必要になるのかいささか気の遠くなるような感じさえする。(1) このような「事情」に一石を投じたのが、ここに扱うデビッド・マコーレイの一連の著作である。彼は、都市・建築に関わる典型的な事例を対象として、その巧みなペン画によって、これまで多くの専門家が考究してきた課題をいっきょに視覚化し、しかも、中学生が読んでも十分に解かるような絵本に仕立ててしまったのである。彼の対象としたものはこれまでのところ

CATHEDRAL（一九七三年）
CITY（一九七四年）
PYRAMID（一九七五年）
CASTLE（一九七七年）

(1) Corrad Bozzoni, Giovanni Carbonara, *FILIPPO BRUNELLESCHI:Saggio di Bibliografia I, II*, Universita'degli Studi di Roma, Istituto di Fondamenti della'Architettra, 1977.

UNDERGROUND（一九七八年）の五つである。このうち現在[2]はじめの四篇までは岩波書店によって邦訳本が出されている。『カテドラル』（一九七九年三月）、『ピラミッド』（同）、『キャッスル』（一九八〇年三月）、『都市』（一九八〇年四月）のそれぞれである。原作本の文章もマコーレイ自身が書いたものだが、非常に解りやすい英語であり、彼の細かな配慮が伝わってくる。原作の刊行順にそれぞれの内容を簡単に紹介しておこう。

『カテドラル』　紀元十三世紀から十四世紀にかけて建設される典型的なゴシック教会の建設のプロセスを描く。フランスは「シュトロー」の地に、一二五二年に着工し、途中、二度の「棟梁」の交替を見て、一三三八年に竣工するまで、ゴシック建築の「造り方」が実によく描かれている。とくに、石造天井をリブ・ヴォールトとして造り上げる様子は、ゴシック建築のもっとも特徴的な部分であるだけに興味深い。

『都市』　古代ローマ帝国時代における典型的な都市の建設を描く。適地の選定の仕方から、東西・南北に走る主軸線の設定、道路・上下水道といったいわゆるインフラストラクチュアの建設、さらに住宅・広場・公共施設の建設などに到るまでが、紀元前二六年—紀元一〇〇年の時代設定のもとに描かれている。

『ピラミッド』　古代エジプト王朝の国王と王妃のピラミッドの建設の姿を、紀元前二四七〇年から同二四三九年までの時代設定のなかで描く。二トン以上もある石を、できあがっていくピラミッドの四周に泥と粗石の斜道を廻らしながら運び上げていく様子は、それが、強大な王権下の苛酷な労働によって支えられていることをしばしば忘れさせ、巨大な建設工事の只中に惹きこまれるように思われるほど、リアルな世界を現出している。

『キャッスル』　時代は『カテドラル』と同じころ、イングランドによるウェールズ征服の

(2) 一九八〇年五月

ための城と城下町の建設の姿が描かれる。「兵糧攻め」に対する対策を十分に考慮して造られるこの典型的な中世の城は、井戸や巨大な倉庫はもちろん、敵襲に対する「落し格子」や「人殺し穴」をもつ城門、「鋸壁」や「矢狭間」「跳ね橋」などの軍事上の仕掛けはもとより、生活上不可欠の「竪穴便所」や「石造貯水槽」などの細かな仕組みが興趣を誘う。

マコーレイは、学生時代は建築を学び、今は、教師、デザイナー、イラストレーターとして広く活躍する今年、三十四歳のイギリス生まれのアメリカ人である。ここに見た彼の絵本は、どれひとつとしてそのとおりに計画・建設された実在のモノを対象としているのではない。どの対象についても、さまざまな専門書を詳しく調べ、『ピラミッド』の場合などは、エジプトでの現地調査を行うなど、考古学・技術史・都市史・建築史・美術史などの成果を十分に自家薬籠中のものとした上で、それら対象の「典型例」を示しているのである。もちろん、哲学や文学などの世界と違って、彼の対象としている都市や建築についての書物などは、ローマ時代のウィトルウィウスの『建築書』などは例外的なもので、ほとんど著わされていない。ましてや、それらの建設の「記録」など技術面のことなどは文献を通じて知れることはきわめて稀なのである。ピラミッドの巨石の運搬方法にしても、あるいは、既述のゴシック教会の「石造天井」のヴォールトの造り方にしても、多くの説があるし、学問的な厳密さを問題にすれば、彼の絵本はまずどれひとつとして成立しないほどなのである。しかし、彼は、それらの説をよく吟味した上で妥当な解決を試みている。たとえば、ピラミッドの場合は、巨大な王のほうに四本の斜道を、小さい王妃のそれに一本の斜道を設けて巨石運搬の問題点を解消しており、ゴシック教会の場合は、有名なJ・フィッチェンのすぐれた研究(3)に準拠してその理論を彼の絵のなかに「溶解」してしまっているのである。ここらが彼の絵本が単なる絵本でないところなのである。

(3) John Fitchen, *The Construction of Gothic Cathedrals : A Study of Medieval Vault Erection*, Oxford University Press, 1961.

2 生活・文化・文明の掘り下げ

マコーレイのこれらの絵本が「文明史」的な建設技術上のことばかりではなく、さらに私たちの興味を惹くのは、それぞれの対象物の建設にあずかる諸々の職人や農奴、まちの人びとの生活の様子が同時に描かれていることなのである。住生活や食生活の実態、それぞれの時代や地域の人びとの習慣や「生活の知恵」の断片などが髄所に散らばっており、立派に「文化史」の一面をもっているのである。たとえば、『都市』において、その適地を選定するときに、古代ローマの神官がその土地のウサギとキジを獲えて神に捧げる一種の「祭祀」を行うのだが、実は、その行事はそれらの肝臓を調べてその土地の良否を判定する「科学的」な意図と重複していることを、彼はさりげなく語っているのである。未開部族の間に広く見られる呪術的行為における科学性について、それが現代の科学とはまったく異なる独立の科学の体系としてあることを、「野生の科学」の名によって追求したのはレヴィ＝ストロースであった[4]。コンピューターに象徴される現代科学技術の体系のなかで、「進歩」思想を金科玉条のように信仰している現代人にとって、それは、驚くべき事実としてあるだろう。しかし、マコーレイは、古代エジプトの時代でも、ローマ時代でも、中世でも、人びとは、その生活のなかから適切な判断を得る「方法」をつねに見出していたことを示すのである。それが「歴史」というものの不変的な姿だ、といってしまえばそれまでだが、都市・建築の具体的な対象を扱って「文化」と「文明」との密着した姿を描出した視点には、やはり敬意を払わないではいられない。

この「視点」をこそ、学生諸君に多いに摂取して欲しいと、私などはつねづね希っていることである。昨年、「建築デザイン」のある教官から「授業のための何かいいネタ本はないだろうか」と相談をもちかけられたときに私が即座に薦めたのも、このマコーレイのシリーズ（英文版）であった。間もなくそのうちのあるものが教科書代りに使われ、学生諸君の受けとめ方も

(4) クロード・レヴィ＝ストロース『野生の思考』（大橋保夫訳）みすず書房　一九七六年

たであろう。

さまざまだったようだが、少なくとも「マコーレイの世界」から得たものは無意味ではなかっ

雑誌『図書』の本年三月号は、四部作の翻訳本出版に合わせて、このマコーレイの著作についての座談会を「視角的都市」のタイトルのもとに組んでいた。そこで考古学の江上波夫が、わが国における為政者の文化観の「低さ」について語っていたが、とくに明治以降の「近代化」におけるこの「都市」の現実ひとつとってみても、その点は首肯できるのだが、果たして、文化の問題は「官僚」や「政治家」だけの他律的な課題であるのだろうかとも思うのである。氏などもいうように、私たちは、「桂離宮」や「京都御所」などの多くのすぐれた造営物を歴史上もってきた。それらに関する美術史上、建築史上の専門的な研究も今では厖大な数にのぼる。問題なのは、「桂」に代表される私たちの「繊細な」「独自な」文化が、その厖大な研究群にも拘わらず日に日に薄められていることであり、そして、象徴的に、多くのイラストレーターやデザイナーがいるにも拘わらず、一人の和製マコーレイも輩出していない[5]、この私たち自身の現実ではないだろうか。

私は、つい最近、学生のサークル誌『画魔』の求めに応じて、これもある外国製の「絵本」のシリーズについて寄稿したのだが、ヴィジュアル・コミュニケイションのもつ質は、きわめて今日的な課題を示していると思われる。かつて、十八世紀に、ジョバンニ・バッティスタ・ピラネジは、ローマなどの古代都市を対象としたものや創作上の何百というエッチングによって、都市・建築の世界に非常に大きな影響を与えたものだった。

マコーレイは、今日、その独自のヴィジュアル・コミュニケイションによって、改めて、都市・建築の世界を、文化・文明史上のあるべき姿として据え直してくれたのである。

(5) この直後から、イラストレーターの穂積和夫が考古学や建築史の専門家と共著の形で、「法隆寺」「巨大古墳」「大坂城」「江戸の町」などの「絵解き本」を出版してゆく(いずれも草思社の「日本人はどのように建造物をつくってきたか」シリーズ)。

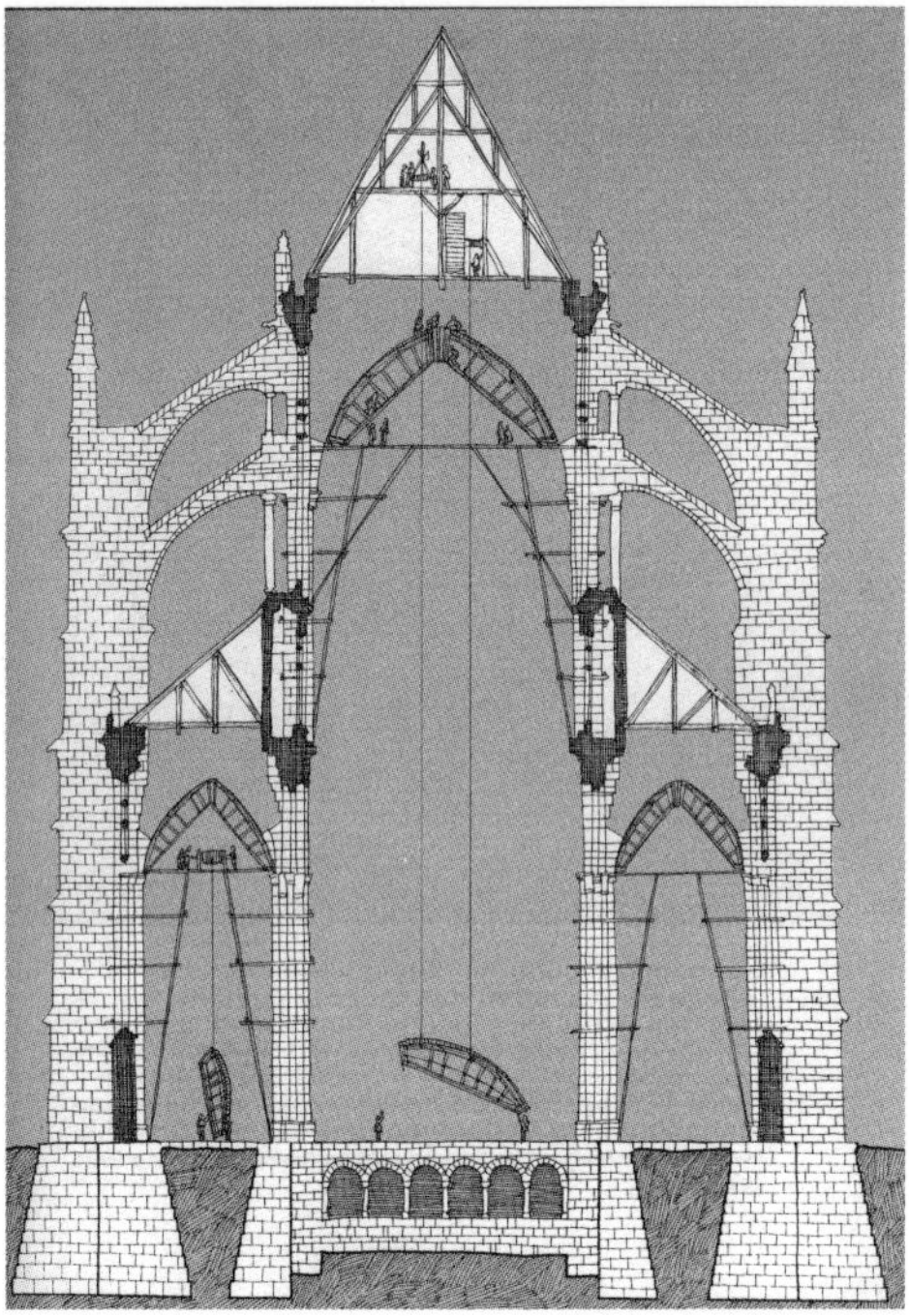

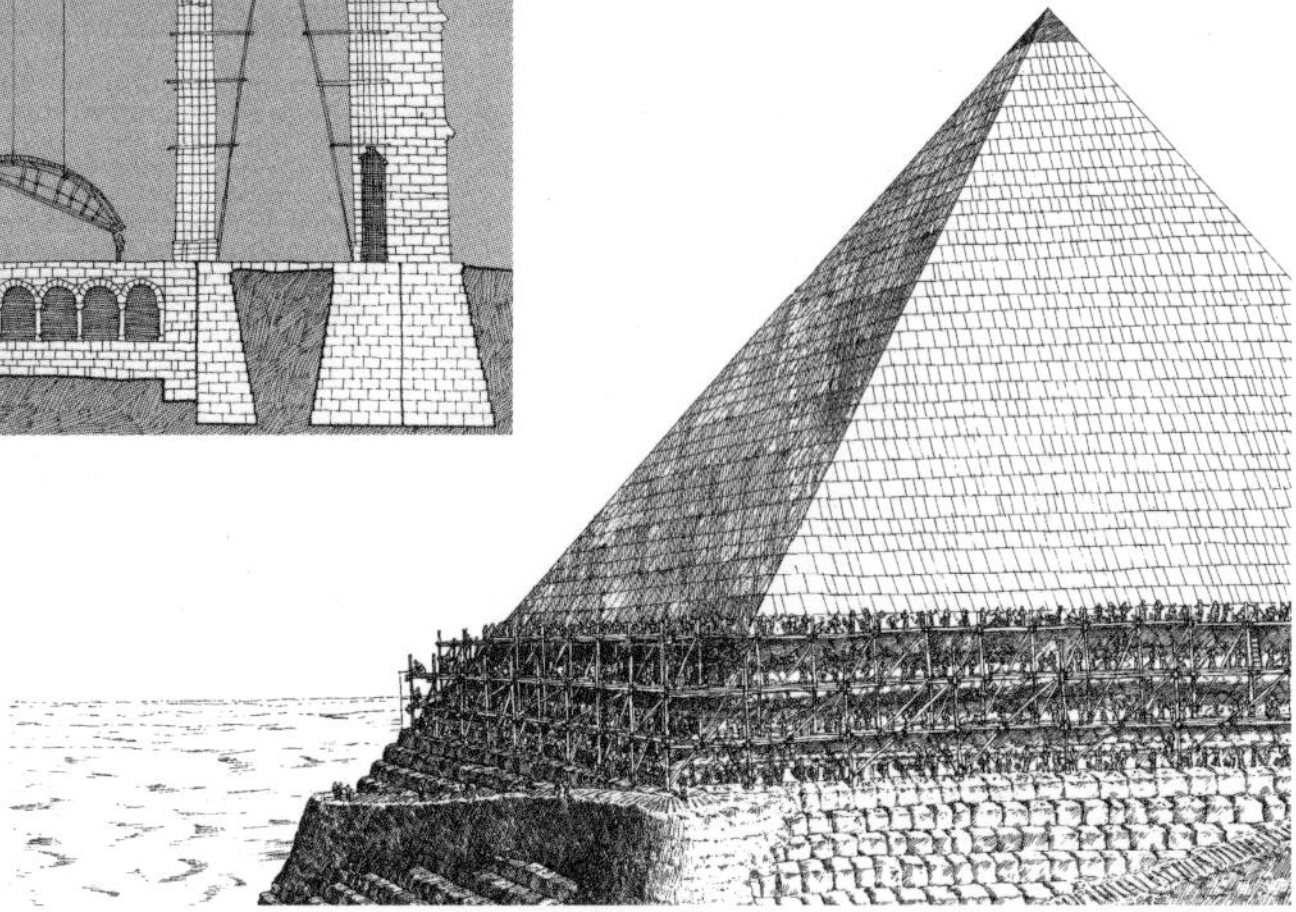

図103　カテドラルの建設
図104　ピラミッドの建設

12 建築作品

建築家のスケッチ

建築の世界がすぐれて総合芸術としてのそれであることは、もはやいうまでもない。近代的精神＝自我の目覚めとキリスト教精神＝神の退行という近代の成立が、芸術の世界にあっては、その建築の中心的役割の喪失という現象として顕在化してきたことを指摘したのは、H・ゼードルマイヤーであった。確かに、絵画や彫刻の芸術ジャンルとしての自立は、それらが宗教や神話の世界にテーマを求めるという必要をなくしたし、またそれらが単一の作品として画布や石塊として独立して存在し、建築の「付属物」であることをやめさせた。そして近代の技術社会は複雑な分業体制をつくり出して、一人の人間が多くの分野にわたってオールマイティの能力を発揮させることも、ほとんど不可能にした。

アルベルティやダ・ヴィンチやミケランジェロら多くの「総合芸術家」（ユマニスト）を輩出したルネッサンスというのは、芸術というものが本来もっとも「総合的」なものであることを示したが、同時に、それは来たるべき近代の個別芸術を生み出す背反的な質をも胎蔵していたのであった。近代から現代へ、確かに現象と現実とはますます個別化の極へと突き進んでいるようである。しかし、「中心の喪失」というのは、そうした情況が進めば進むほど、われわれ自身の「自己喪失」を意味しよう。W・グロピウスがバウハウスに賭けた夢はまさに、近代における建築の復権であったろう。私は、その理念は政治世界のドラスティックな流れのなかで頓挫したとはいえ、全面的に旧聞に属するものとは思わない。バウハウスに拠るも拠らないも、およそ建築家の苦闘というのは、「総合的」な創作におけるそれ以外の何物でもないし、すぐれた建築というのは唯一そのような「苦闘」のなかからしか生まれないことも、歴史は静かに語り続けてきた。時代の状況がどのように変化しても、建築の質と建築家の質との間の、この関係は不変であろう。

彼らにとって、スケッチとかパースというのは、単なる他者への伝達手段などというものではなく、まず自己のそうした「総合的」な創作活動における何よりの苦闘の印《しるし》であり、自己確認のプロセスそのものである。ダ・ヴィンチやミケランジェロの多くの建築スケッチをわれわれは今日見ることができるが、彼らの「描出力」は、文字通り次々に浮かんでは煮つめられていくイメージの豊かな具象化を示さずにはいない。ヨーロッパの国々の建築科の学生たちが今なお、古建築の克明な写生を正課として課されているのは、それらに対する観察力や描写力が、そうした「描出力」と無縁でないことを示してもいよう。

建築が建築家の質の反映としてあるとき、その「苦闘の印」であるスケッチやパースが、ひとり超然として存在するはずもない。あらゆる建築が、その建築家の個的世界を反映するように、そのプロセスとしての「証し」もまた、すぐれて個的であることを、われわれは知るのである。おそらく、それは、「逆また必ずしも真ならず」の喩と同様、結果として、すぐれた建築家によって、すぐれたスケッチやパースが残されているのであろう。

ここに、拾い集めたパース・スケッチは、そんな個的な映像を通じて、建築家とその個的世界を瞥見しようという意図によるのである。

1 チャールズ・レーニー・マッキントッシュ
CHARLES RENNIE MACKINTOSH (1868–1928)

マッキントッシュは、むしろここ数年前まではあのハイバック・チェア（ラダー・バックの椅子）をはじめとする家具類において、すぐれたデザインを遺した者として、その名が通っていた。現代建築の「合理性」の行き詰まりのなかでひとつの大きな課題として浮かんできた「装飾性」の問題が、アール・ヌーヴォーやA・ガウディの再評価に向かっていくなかで、改めてマッキントッシュの全体像が関心の的となり、その全貌が明らかになってきたといってもよいだろう。先頃、某美術館で行われた「マッキントッシュのデザイン展」は、一九七四年のミラノ・トリエンナーレ、ニューヨーク近代美術館（一九七六年）など彼に関する展覧会の急な動きと無縁でない。

身近にした彼の多くのデザインは、建築、家具、テキスタイル、水彩画など多分野にわたってわれわれを圧倒したものだった。

図105　C.R.マッキントッシュ「セント・マシューズ教会」(1897年)

ここに掲載したパースは、同展には出品されなかったもので、彼の建築家としての比較的初期の頃のものである。鉛筆とペンで描かれたパースは、その緻密で優雅な線描によって独自の表現をもたらしている。H・ギマールらがパリに拠ってあの地下鉄入口などを曲線の美によって形象していたとき、彼マッキントッシュは、むしろ直線的な美によって独自のアール・ヌーヴォースタイルを創出していたのだった。「グラスゴー様式」と世にいわれたものだった。彼は、前年の一八九六年、のちにその校長になる母校グラスゴー美術学校の設計競技に優勝し、ようやく建築家としての名声を挙げつつあった。ウィロウ喫茶店を飾った、あのもっともアール・ヌーヴォーらしい曲線と色彩（一九〇三年）のデザインは多くの水彩画からも推察されるように、もちろん彼独自のものだが、彼のグラスゴー・スタイルは単なる歴史のページとしてのいわゆるアール・ヌーヴォーではなく、すぐれて今日的である。このパースは、そんなグラスゴー・スタイルを象徴するものといえよう。

2　エーリッヒ・メンデルゾーン ERICH MENDELSOHN（1887−1953）

メンデルゾーンは、ドイツ表現主義派を代表する者としてあまりに有名である。彼が、少・青年時代を生きた一九一〇―二〇年代のヨーロッパ、なかんづくドイツは政治的にも文化的にもすぐれて劇的な展開を見たものだった。ワイマール共和国の成立と相前後して多くの先進的な知識人が、こぞってそれぞれの分野で声高に活動を展開した。一九一八年に結成されたもっとも先進的な〈十一月グルッペ〉のメンバーとしてメンデルゾーンは活躍する。同じ表現主義派の二十歳ほど年長のH・ペルツィヒがむしろ名を挙げ、これらの急進的な動きには超然としていたのとは対照的ですらある。「建築綱領」（B・タウト一九一八年）、「バウハウス綱領」（W・グロピウス一九一九年)などの格調の高い建築讃歌が相次いで唱えられたが、メンデルゾーンが「芸術労働評議会」で行った講演(一九一九年)は、それらに互して劣らず有名なものだった。「新たな意志のみが、その混沌たる刺激の無意識さのうちに、その普遍的なとらえ方の根源性のうちに、未来そのものをもっているのだ」と述べるその言葉は、まさに表現主義作家の面目躍如たるものがある。

ここに掲げたものは、彼のもっとも代表的な作品である「アインシュタイン塔」のスケッチと図面である。スケッチのほうは一九二〇年のプロジェクトで、図面は後年の実施案である。彼のスケッチはほとんどといっていいくらい、軟らかい筆に絵具を含ませて一気呵成に描いたようなものである。ペンなどの細密画的なものと較べて、力強く、大らかなそして何となく人間臭さを感じさせる表情をもっている。それはいかにも表現主義の建築が共通してもっていた「味」と「質」に連なる内容のものである。機能主義に道を譲った歴史的事実のなかで、ふたたび表現主義が脚光を浴びる要因は、このメンデルゾーンのスケッチ一枚が語っているとしたらいいすぎだろうか。

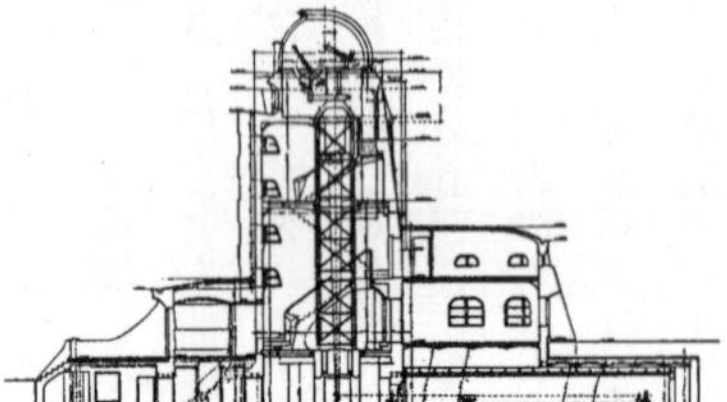

図106　E.メンデルゾーン「アインシュタイン塔」(1920年)
図107　同「アインシュタイン塔」断面図(1923年)

3 ブルーノ・タウト
BRUNO TAUT (1880-1938)

タウトについては、もはやあまり触れる必要もないくらいに、われわれ日本人には馴じみの深い外国人建築家の一人である。しかし、われわれは彼のすぐれた才能に十分応えるだけの機会を彼に与えたとは断じていえない。桂離宮の再発見等、わが国建築・工芸の本質的価値づけと近代化に対して寄与した大きな貢献に比して、われわれの対応はあまりに微小である。昨一九七八年は、タウトの没後四〇周年であった。特集を組んだある雑誌に機会を与えられたこともあって私なりに調べてみて*、彼について発見することも大いにあった。カントと同郷のケーニヒスブルクの生まれであること、おそらく彼の「最大の社会芸術としての建築」という建築論に、カントの美学が何らかの形で作用しているであろうこと、マグデブルクの建築課長をはじめとして、実に多くのジードルンク（集合住宅）を設計・建設してきたことなど……。

ここに掲げた二葉のスケッチは、ほとんど同じ時期に描かれたものである。建築史家が、しばしば「表現主義時代」あるいは「芸術労働評議会時代」という時期である（一九一八―二〇年）。既述のように激動のドイツを彼はもっとも先進的なメンバーの一人として活躍する。しかし、現実の建築の仕事はなく、もっぱら理論活動とプロジェクト制作に傾注していた。有名な「アルプス建築」が制作されたのは一九一七年、水彩画の美しいそのユートピアが本として出版されたのが一九一九年だった。空想的詩人建築家P・シェーアバルトを敬愛していたタウトの、この時期の作品群はもっとも素直な意識の発露であったに違いない。ペンでサラサラと流れるように描かれたこれらの線画は、そうした彼の創作意欲のほとばしるような情熱を感じさせ、個人的には私のもっとも好きなタウト時代でもある。後日、ナチスに追われて故国を去り、三年間日本に滞在した彼がほとんど欠かさずしたためた日記には、決まって、この流れるような

*本書別稿「ブルーノ・タウト小論」（二九五―二九九ページ）参照

線画の絵が描かれていた。「郷に入っては郷に従う」べく、それも毛筆で……。

4　フランク・ロイド・ライト
FRANK LLOYD WRIGHT（1867–1959）

「決して寡黙な建築家ではなかった」（H・R・ヒッチコック）ライトは、文字通り多くの建築論を書き記した。それらの多くが今や日本語に翻訳されて容易に彼にアプローチできるのはいうまでもない。アメリカがというよりも二十世紀が生んだもっともすぐれた建築家の一人であることはすでに定評のあるところである。シカゴのL・サリヴァン事務所に五年ほど勤めて独立したのち、仆《たお》れるまでライトは精力的な設計活動に従事していく。初期の「プレーリー・ハウス」（Prairie House）の時代から「帝国ホテル」を経て、一九三〇年代の「カウフマン邸」（落水荘）（一九三六年）、「タリアセン・ウェスト」（一九三八年）等による「有機的建築」の完

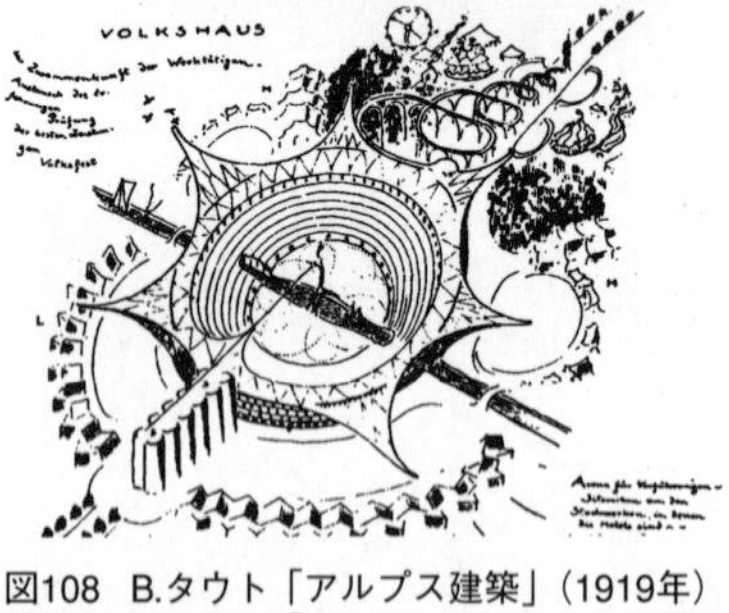

図108　B.タウト「アルプス建築」（1919年）
図109　B.タウト「コミュニティセンター計画」（1918年）

成、そして、一九四〇―五〇年代の「グッゲンハイム美術館」「マリン郡庁舎」に代表される「新しい国際様式」（ヒッチコック）へと成熟していく。

ライトは、あらゆる建築設計に当たって、詳細なパースやスケッチを描いている。「有機的建築」むべなるかなとでもいうべき、ひとつ建物に対して描かれるパースは、さまざまな視点から試みられている。鉛筆あり黒・茶色のインクあり水彩絵具あり色鉛筆ありパステルあり、その表現手段もおよそあらゆるものが採られている。着色透視図が水彩絵具によるものだという先入観にとっては、ライトの色鉛筆によるものなどは一種の驚きをもってその表現力の個性を知るであろう。

図110　F.L.ライト「ハンティントン・ハートフォード・リゾート」（プロジェクト，ハリウッド，1947年）
図111　同「ミッドウェイ・ガーデンズ」（シカゴ，1913〜14年）

掲載のパースは、外観のものが茶色のインクによる描線に色鉛筆で着彩するという、ライトがもっとも好んで用いた描法である。この建物は、ハリウッドの丘の上に建つリゾート施設のプロジェクトで実現はしなかったが、少なくとも四種以上のパースがさまざまな視点から試みられた。仰観のもっとも効果的なアングルがいかにも円熟期に入ったライトの質をしのばせる。もう一方は、比較的少ないインテリア・パースの例である。インクで描かれた住宅の内部だが、柱や腰壁、家具のデザインからすぐにライトのものだと知れる。彼の図面集を見て感じるのは、外観であれ内部であれ、きちんとしたパースの基礎的技法に則っていることである。このインテリア・パースからもそれがよくうかがえるだろう。

5 ル・コルビュジエ
LE CORBUSIER (1887–1965)

現代建築を語るとき、決して避けて通ることのできない建築家コルビュジエは、本国フランスでは必ずしも報いられる機会には恵まれなかったが、一九二〇年代以降の世界の現代建築の動向に与えた影響はあまりに大きい。二十代はじめの若い頃、A・ペレーやP・ベーレンスの下で仕事をする機会を得て建築家の何たるかを確実に身をもって見聞したであろう彼の、その後の建築家としての活躍は、もはや語る必要はないほどである。とくに一九二八年に第一回大会を開いて五九年にいわゆる「CIAM59」をもって幕を閉じた、CIAMの主導は現代建築のもっとも重要な運動として特筆されるべきである。もちろん、歴史はつねに変転流転を宿命とし、そのインターナショナリズムも「チーム10」の運動に乗り超えられたが、「機能主義」と「都市」とを主軸にしたその理論の重要性は「現在」における再点検を批判的に促すものとして、歴史に非常に大きく足跡を残していることに何ら変わりはない。

取り上げた図は、コルビュジエが、そのもっとも清風なインターナショナリズムを具現したもののなかでも有名な「サヴォイ邸」のスケッチである。一九一〇―二〇年代が二十世紀のもっとも重要な芸術に関わる時期であることは周知のことがらだが、コルビュジエがもっとも強く動かされた他領域の動きは、キュービスムであった。ことに、オザンファンとともに絵画の世界で活躍し、ピューリズムの一潮流を興したことは忘れられない。

画家でもあったコルビュジエは、定規を用いるようなスケッチを残さなかった。ペンで描かれたすべてのスケッチ類は、しかしながらいかにも自由闊達な雰囲気に溢れて、「住むための機械」を標傍した、あの建築理論とはおよそ無縁であるかのように見える。ピロティの有効性を

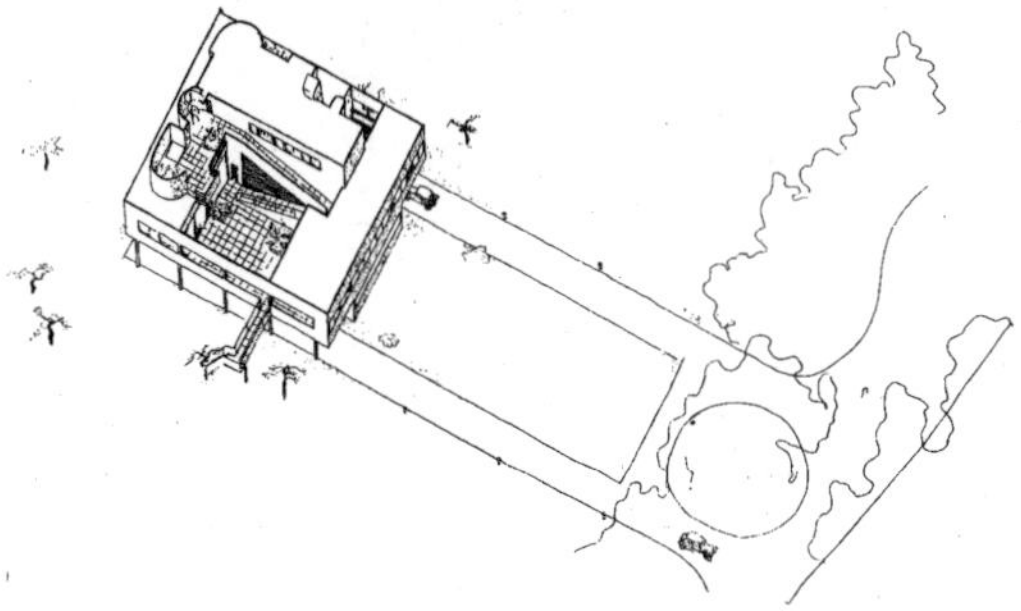

図112　L.コルビュジエ「サヴォイ邸」(アイソメトリック, 1927〜31年)
図113　同「サヴォイ邸」(遠景パース)

創出した、当時では最先端の空間構成が、こうしたスケッチのなかでむしろ現代的な無機性をすっかり剥落させて、柔らかな質をさえ提示している。もっとも、斜路と曲壁と明かり庭との巧みな空間の総合がそれをもたらしているのに違いはないのだが……。

6 ルードヴィヒ・ミース・ファン・デル・ローエ LUDWIG MIES VAN DER ROHE (1886–1969)

P・ブレイク流にいえば、「建築三巨匠」の一人をはずすわけにはいかない。ライト、コルとくれば次は必然的にミースということになる。彼もまた、建築家としての出発をベーレンスの下で行う。そして、むしろベーレンスの近代工業的作法よりもK・F・シンケル流のクラシック・スタイルに惹かれるのであった。有名なカール・リープクネヒトとローザ・ルクセンブルクのための記念碑(一九二六年)などは、この流れを汲むものといえよう。しかし、後年、渡米後のミースを通じて知る現代建築の祖型とでもいうべきあの無機的なスタイルが突如として生まれたわけでもなかった。一九二〇年には早くも、「ガラスの摩天楼」のプロジェクトによって、現代建築の最先端の姿を提示する。彼もまた、ベルリンを中心に、既述のメンデルゾーンやグロピウスやタウトらと積極的に建築運動を展開したのだった。一九一九年から二四年にかけて次々に発表されたプロジェクト競技設計案などは、そうした当時の全般的な風潮と無縁ではなかった。

ここに取り上げたパースは、その時代の代表的なもので、国際競技設計として行われたシカゴ・トリビューン社社屋の設計案である。先の「ガラスの摩天楼」とほとんど同質のこの案は、グロピウスとA・マイヤー案のそれと同じく当時のインターナショナル・スタイルを代表するものとして注目されたものだった。そして、両者を比較すれば明瞭だが、その「現代性」においてミース案が後者に勝っていたのは間違いない。明らかに、克明に描きこまれたこのガラス建築の絵は、やがて行き詰まりを迎えるドイツでよりも、第一次大戦後には最強の経済力をもつに到った、新しい国アメリカにおいてこそ開花するにふさわしかったといえよう。一九三七年、すでに廃校に追いこまれていたバウハウス（一九三三年）の校長であったミースも渡米の覚悟を決めたのだった。

図114 L.ミース・ファン・デル・ローエ「シカゴ・トリビューン」設計案（1923年）

7 アルヴァ・アアルト
HUGO ALVAR HENRIK AALTO (1898–1976)

現代建築の大きな流れのなかで、北欧フィンランドにありながら燦然と輝くアアルトの光輝は見逃すことはできない。一九二八年パイミオの「結核サナトリュウム」の競技設計に第一等を得たとき、彼は若冠三十歳であった。翌二九年から四年がかりでその建築が完成したとき、彼の「神秘的で肉感的な」そして「合理的で非合理的な」（L・モッソ）独特の質がすでに十分に予見されていたといえよう。ランドスケーピングの的確さ、全体配置計画の秀逸さ、建物外観のプロポーションの良さ、ベッドや階段手摺・洗面所などのディテールの周到さなど、確かに彼の卓抜さは眼を見張るものがある。アアルトが手がける建築の多くが、ほとんどこうした競技設計によって勝ち得ていることからもそれはうかがえる。

アアルトは、モッソがいうように現代の建築家では類を見ないような質を確かにもっている。かつての「総合芸術家」であった建築家をホウフツとさせながら、また、あまりにナイー

図115　A.アアルト「オタニエミ・フィンランド技術研究所」（競技設計スケッチ，1949年）

ヴな芸術家を感じさせるところがある。私は、アアルトの人間そのものは、面識もなくまったく知らないが、彼の手になったものは間違いなく、そんな印象を与えずにはおかない。彼のデザインした家具は、どれも北欧のよき伝統を受け継ぎながら使い易そうで、しかも、秀抜な造形感覚をもたらすし、画布に描かれた油絵も彼がすぐれた美的感覚の持主であることを語りかけて止まない。

ここに掲げたスケッチは、やはり競技設計で一等をとった、「オタニエミ・フィンランド技術研究所」の設計途中のものである。コンテ様のもので描かれたこの図は、一見それが建築設計のためのスケッチであることを疑わしめるほど絵画的ですらある。それは、まるで緑や黄やピンクの鮮やかな絵具を用いて画布に描いた彼自身の抽象画さながらである。あるときは極端なほどの直線で処理されているかと思うと、いきなり自由な曲線や曲面で処理されたりする彼の建築流儀が、この一枚のスケッチからもホウフツとするような感じがする。

8　ルイス・カーン
LOUIS KAHN (1901－1974)

カーンもまた、現代建築界にあって特異な存在であった。五十歳近くになるまで彼は建築設計のいわゆる実務にはほとんど携わっていない。イエール大学や母校のペンシルパニア大学での永年の教育活動もさることながら、いわゆるアメリカ流のモダニズムからは遠く離れた彼の建築哲学が、そうした「距離」をとらせていたと見るべきなのであろう。

カーンへの評価が高まったのは一九六〇年代になってからであった。一九三〇年代以降、CIAMを中心とした機能主義建築の行き詰まりが、ようやく世界的な規模で取沙汰されるようになってからである。同時代を生きながら、カーンが機能主義の潮流から歩を隔てていたのは、元来それが、グロピウスやミースら「旧大陸」からの「亡命者」「帰化人」たちによるものであったからかも知れない。いずれにしても、CIAMの崩壊の前にインターナショナル・スタイルのモダニズムは再検討され、それと呼応するかのようにカーンの輝きが高まるのだった。

彼の活躍場は、プロフェッサー・アーキテクトとしての関係からもフィラデルフィアであることが多い。掲載のスケッチは、有名な「フィラデルフィア中心地区計画」（一九五六―五七年）におけるものである。中心地区の周辺に巨大なドーナツ状の駐車場をいくつも設けて、車輌の地区内侵入をチェックし、歩行者を中心とした「市民センター広場」を計画しようという大胆な構想であった。多くの実際の設計がそうであるように、最終案にまとまるまでには、さまざ

図116　L.カーン「フィラデルフィア中心地区計画」（1956年）
図117　同「フィラデルフィア中心地区計画」（1957年）

まな種類と段階の検討が行われる。このふたつのスケッチは、初期のものと最終のものとを並べたものである。基本的な骨組みはほとんど変わっていないが、「ドック」と呼ばれる大駐車場などは種々検討されたことがしのばれる。

9 ポール・ルドルフ PAUL RUDOLPH (1918-1997)

アメリカに渡ったグロピウスが、在独時代のバウハウスを中心とした輝かしい活動から静かに退いていたとすれば、それはハーバード大学における教育活動に全精力を注ぎこんでいたためなのかもしれない。ルドルフは、おそらくそんなグロピウスが手塩にかけて育てたに違いない建築家だったろう。一九五八年には、四十歳にしてイエール大学建築学部の主任教授に招かれているから、彼の非凡さがうかがえる。イエールの彼の下へ、わが国からも多くの者が留学生として渡たり、昔のコルビュジエ詣*にも似た現象を惹き起したのは、それほど遠いことでもない。ルドルフには、もっとも洗練されたアメリカ的楽天主義と技術主義を背景にした造形性が際立っている。独特のマッスを組み上げて構成する建築の総体的な躍動性は、彼の真骨頂である。イエール大学の所在地ニュー・ヘヴンに展開された「既婚者寮」などの建築群はさながら彼の実演場＝デモンストレイション・スペースの観を呈している。

ルドルフがわれわれの注目を惹くもうひとつの点は、その克明な図面（drawings）であった。おそらくこれまでに多くの学生たちが、彼の「断面パース」を習字の手本さながら座右に置き、その技法の習得に余念なく鉛筆を走らせたことだろう。掲げたパースは、そんなとき、もっとも重宝がられた代表格のものである。点景を除いて、およそ定規に依らない線はなく、何度も何度も鉛筆を走らせて描いた「密度の濃さ」は、おのずと「ルドルフタッチ」の通称をすら生

＊前川國男（一九二八年）、坂倉準三（一九三一年）、吉阪隆正（一九五二年）などがコルビュジエのアトリエの門を叩いた。

んだ。感受性の鋭い緻密なルドルフをいかにも表す図柄ではある。メンデルゾーン、タウト、コルなど一九二〇—三〇年代の旗手がおよそフリー・ハンドで描いていたものとはまた違った「味」をもたらしている。

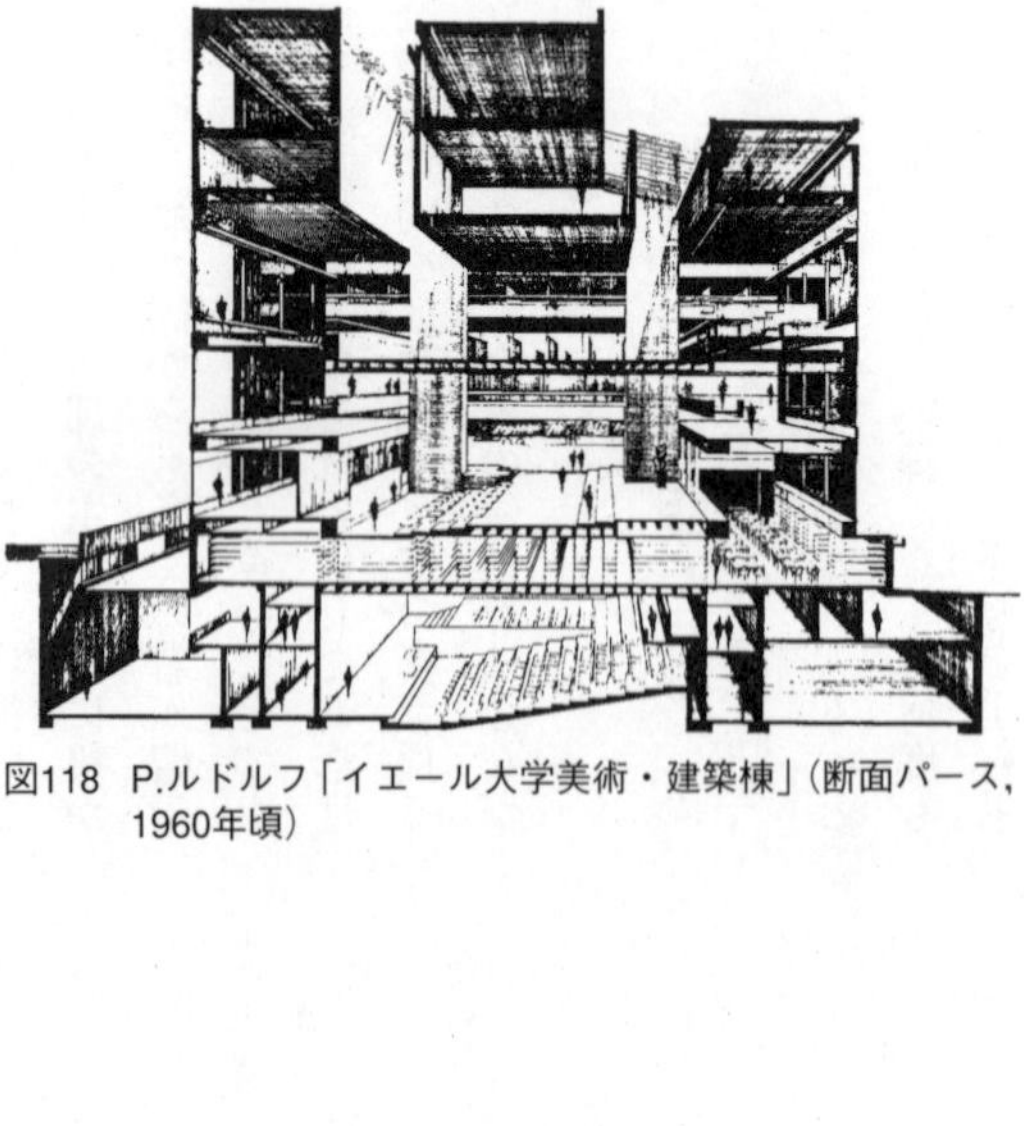

図118　P.ルドルフ「イエール大学美術・建築棟」（断面パース, 1960年頃）

10　パオロ・ソレリ

PAOLO SOLER (1920－)

現代建築家のもっとも特異な一人として必ず口の端にのぼるのが、パオロ・ソレリである。* ライトの下で永らく働いていた彼は、むしろ後期の文字通りの「有機的建築」の影響を強く受

＊本書「パオロ・ソレリ小論」（三〇〇—三〇四ページ）参照

けていたであろう。ちなみに、イタリア生まれの彼がアメリカに住むようになるのは、彼が二十七歳、一九四七年からである。彼は、独立した建築家としてはほとんど実際の建築を手がけていない。しかし、ガウディの讃唱者である彼のプロジェクトが、実に個性的な様相を呈して

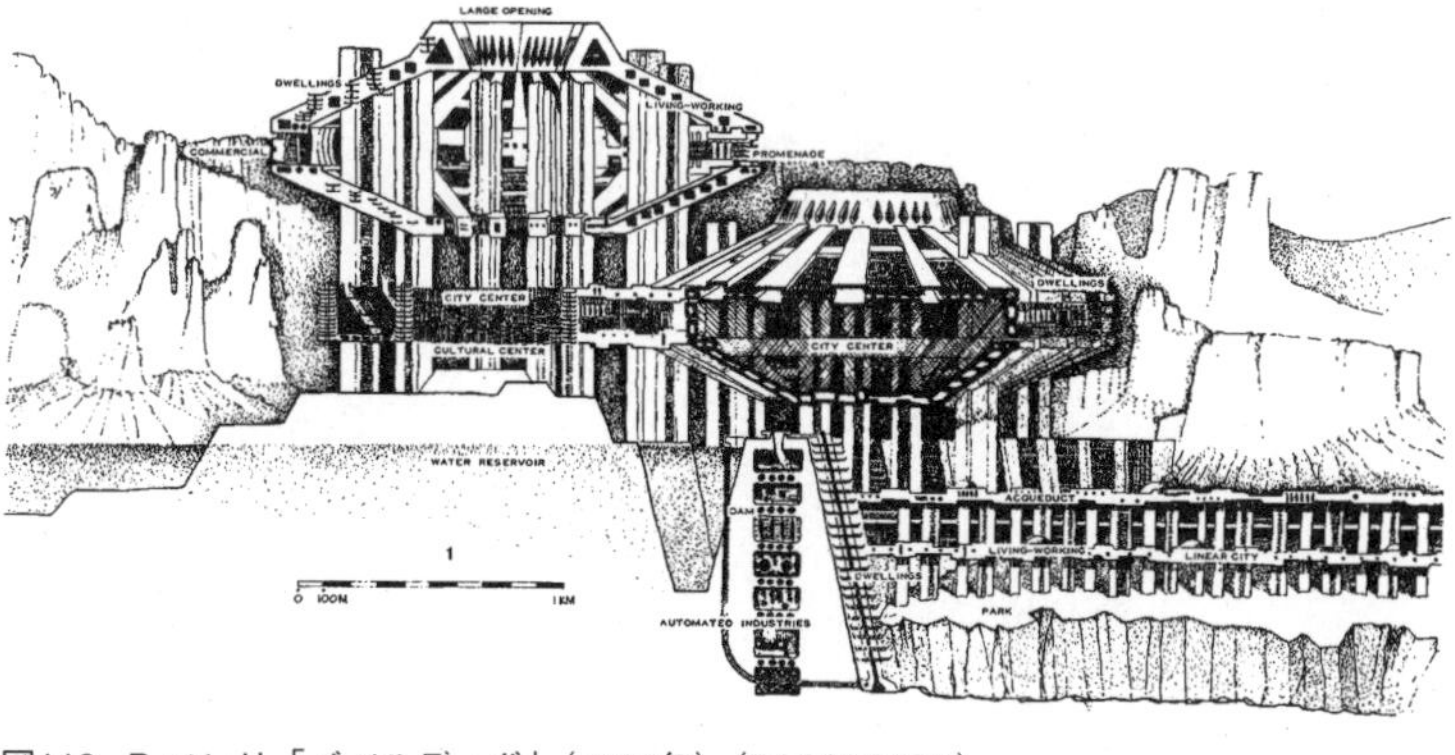

図119　P.ソレリ「バベルディガ」(1965年)(BABELDIGA)

いることは、ツトに伝聞されていた。一九六九年、彼のプロジェクト群を集録した本がはじめて出版された。*「まえがき」でP・ブレイクは、「正直のところ、彼のすべてを理解しているわけではない。…これは、特異な精神による産物だ」と述べ、さらにあの未来派のA・サンテリアを想い出させると続けていた。しかし、私にとっては、パオロ・ソレリとの出会いのほうがサンテリアよりもはるかに衝撃的であったことは間違いない。

掲げた図は、彼の一連のユートピアである都市に関するプロジェクトのひとつである。正確には「断面図」だが、彼の特異な都市を理解する上で、むしろこれを選んだ。これなどは、他の図面集のなかでは「おとなしい」ほうで、執拗に描きこまれたフリーハンドの特異な図の数々は、それだけでも一種異様な雰囲気すらもって迫ってくる。私は、今までにこれほど迫力のある図集に出逢ったことはない。ARCOLOGYと命名された彼の一群のユートピアは、NOVANOAH IとかBABELNOAHとか、いかにも現代神話的な個別名称を備えている。「これでもか」式に次々と展開される「未来都市」は、おのおのが数十万人の人口を、一、五〇〇人／ヘクタールほどの密度によって収容する巨大装置なのである。しかし、彼の描くユートピアが陳腐なSF画に堕しないのは、すぐれた建築的表現技術ばかりではなく、そこに大いなる人間臭を留めているからなのであろう。

*Paolo Soleri, *Arcology : The City in the Image of Man*,MIT Press,1969.

11 アーキグラム・グループ ARCHIGRAM GROUP

ピーター・クックを中心としたロンドンの若い建築家グループが、一九六一年に初めて雑誌『アーキグラム』を出したのが、このグループを今日あらしめた最初だった。「チーム10」以降の六〇年代建築の状況は、依る辺なき自問自答のそれであった。既存の方法論の破綻は明らかであり、それはまた方法が「論」として立てられたときにはすでに歴史のなかに存在し、否定の対象となるべきものに堕さざるをえないという、方法そのものにおける「循環論的存在論」の内容をすらもつものである。「建築の解体」がそのような「論」の証しでもあるかのように、きわめて峻厳な陵線を渡るかのようにしてほとんど唯一といっていいくらいの「方法」を獲得していった。アーキグラム・グループの唱える主張が、そうした「建築の解体」の一つの大きな、実例として紹介し分析されたのは耳目に新しい。彼らのほとんど唯一といっていいくらいの哲学は、メタモルフォーシスというものである。つまり環境総体の「実在的永久変化」である。あらゆる状況に対応して、一戸一戸の住居がひとつの基幹シャフトに取りつけられ、そのシャフトが次々に連絡してやがて都市を形成していくという、あの「プラグイン・シティ」な

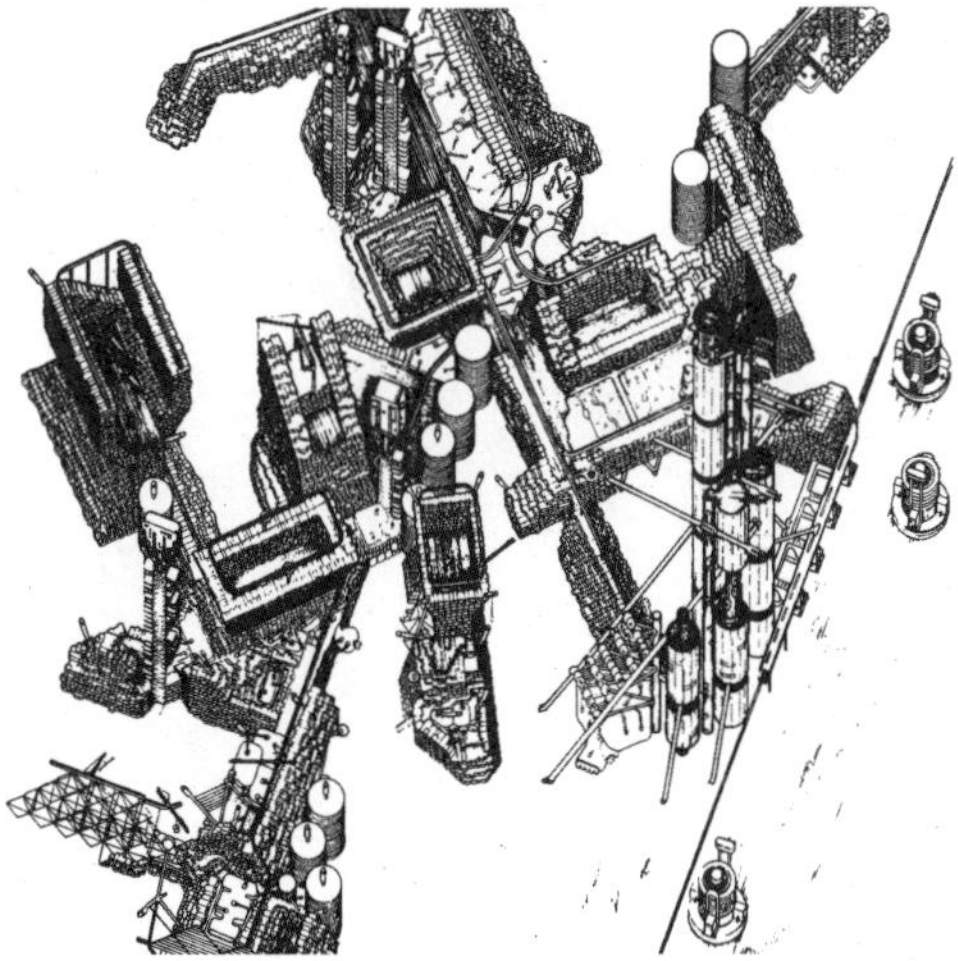

図120 アーキグラム「プラグイン・シティ」(鳥瞰図, 1962〜64年)

どは、確かにもっとも彼らの哲学を具体化して見せたものだった。あのプロジェクトの斬新さは、まさに、六〇年代の初めにおいてこそ見事に人びとの心を捉えたのだった。

彼らは、そうした建築哲学を言語の領域に止どめるのではなく、徹底して視覚化した。雑誌『アーキグラム』がその手段であったのはもちろんだが、彼らの提案は既存の建築表現を超えた、それ自身がヴィジュアル・デザインの作品であるような方法をとった。それはほとんどポップ・アートと変わるところがない。コラージュ的な図面がほとんどの学生の描く図面を席巻したのはまさにアーキグラムゆえであろう。添付の「プラグイン・シティ」の鳥瞰図は、そのような意味では彼らのものとしてはもっとも「まともな」図面に入る部類といえようか。

12 村野藤吾（一八九一―一九八四）

建築界の元老的存在として、今なおカクシャクとして設計に従事されている由。[*] もっとも「元老」といっても村野の場合いわゆる権力者的な臭いを少しも感じさせないのは人徳のゆえか。「日生ビル」に代表されるあの独特な装飾性に対する情熱こそが、彼を彼たらしめてきたのだろう。今日でもなお、照明器具のひとつまでデザインの筆をとるという。御本人はルネッサンス建築にもっとも魅せられたといっているが、彼のデザインから察すれば、それは後期ルネッサンス＝マニエリスムであろう。そうであればこそ、現代建築の機能主義・合理主義とは隔っている彼の建築作法がよく理解される。[**]

掲載のスケッチ類は、いずれも対象・制作年代とも不詳である。鉛筆、ペン、コンテ状のものとそれぞれ用具が異なっている。アアルトと同様なタッチを感じさせるうまいスケッチ類である。執拗、貪欲な彼はディテールの最細部にまでピリピリした神経を使っているが、そんなディテールのアイディアスケッチもさらさらと描くといわれる。

＊本稿初出は一九七九年

＊＊本書「村野藤吾小論」（二六七―二八二ページ）参照

13　吉田五十八（一八九四－一九七四）

戦後では建築界でもっとも早くに文化勲章の受章者になった（一九六四年）。ちなみに受章者は戦前の伊東忠太（一九三七年）を入れて、村野藤吾（一九六七年）、内田祥三（一九七二年）、谷口吉郎（一九七五年）の五人を数えるのみである。* 吉田五十八は、東京美術学校（芸大）の出として後輩の育成に当たってきた教育者でもあった。わが国でも一九二〇―三〇年代の大きな建築界の動きのなかでむしろ着実に自らの世界を築いてきたといえる。「在ローマ日本文化会

*原文執筆後現在までの受章者は、丹下健三（一九八〇年）、芦原義信（一九九八年）の二人になる。

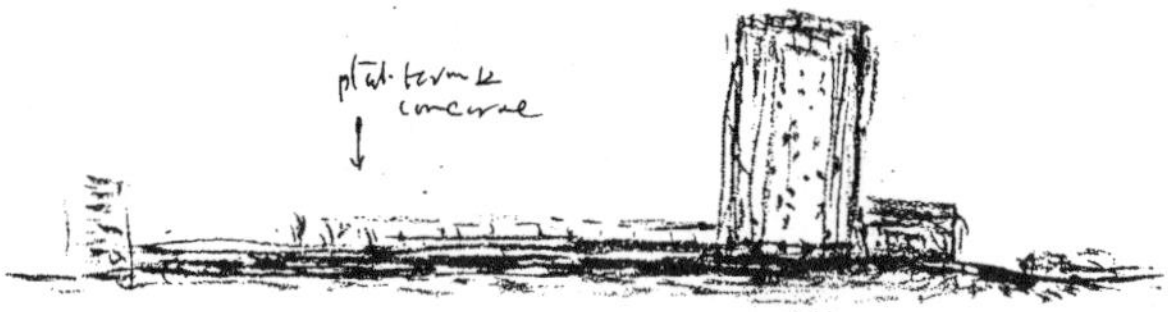

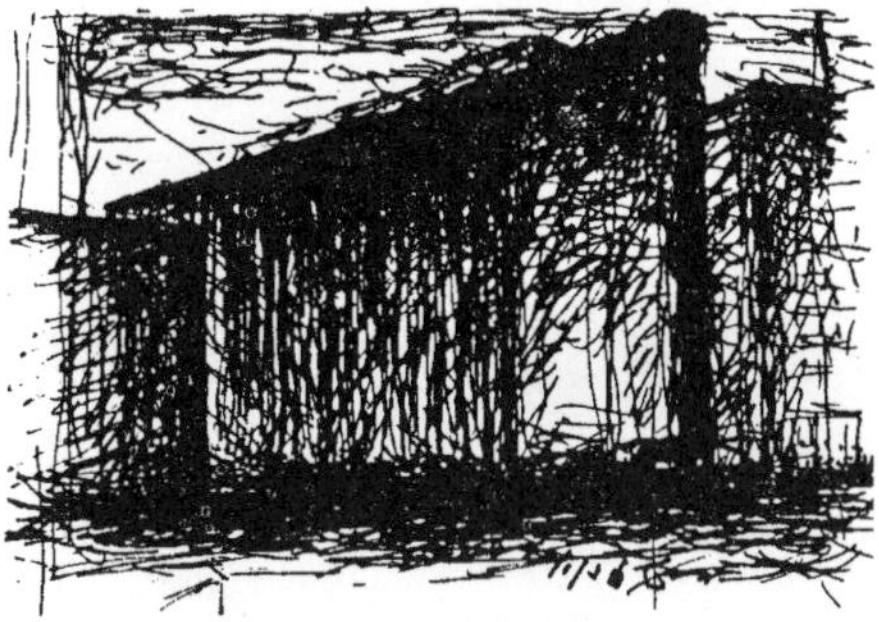

図121　村野藤吾「あるビルのためのスケッチ」
図122　同「あるビルのためのスケッチ」

館」など手がけた洋風建築も多くあるが、やはり私は彼の「和風建築」の秀逸さに惹かれる。とくに数寄屋風の住宅などを創らせたらやはり天下一品であろう。そうした作風に対して、彼のファンは多かった。「金があれば設計を依頼したい」という言葉を何度か聞いたことがある。ここに載せたパースは、いわゆる戴冠様式というコンクリート造の建築に屋根だけソリのある本瓦を用いたものを戴く形式の建物である。私の決して好む建築ではないし、いわゆる「五十八好み《イソハチゴノミ》」でもないが、戦前の一時期に流行《はやり》のスタイルとしてあったという歴史の証しにしておこう。絵自体は、正統なパースでその描き方もまことに五十八らしく堂々たる日本画調である。

図123　吉田五十八「松島ニューパークホテル」(1939年)

14　堀口捨巳（一八九五－一九八四）

堀口捨巳は、わが国建築界における現代建築運動の先駆的存在である。それまでのネオ・クラシックの様式主義に訣別すべく立った分離派建築会（一九二〇―二八年）の中心的メンバーとして活躍したのは周知ことであろう。後年「利休の茶室」など数寄屋建築や日本庭園の精力的な研究が著名だが、元来はモダニストとしての建築家の出発をしている。数寄屋建築等の歴史学的研究の成果に立って、堀口が設計の実務に携わった数寄屋風の建築は、まったく「たしかな」感を与えずにはいない。戦後の洋風建築は私は必ずしも好きではないが、戦前の洋風にはイイものもあってモダニストの面目躍如である。図はその代表的な作品だが、高台寺「時雨亭」と「傘亭」を今様にアレンジして渡り廊下で結んだところなどは秀逸である。パースの画風もいかにもモダーンな感覚が溢れていて時代を感じさせない。ペンで描いたものであろう。

図124　堀口捨巳「聴禽寮」（1937年）

15　川喜田煉七郎（一九〇二－一九七五）

川喜田に関しては一般にあまり知られていない。大きな国際競技設計においてわが国で初めて入賞した輝かしい業績ばかりではなく、バウハウス・スタイルのデザイン教育を指導したり建築の設計理論の先駆的研究を施すなど、わが国建築界において重要な役割を果たした。*

掲げた二葉の絵は一方は、ウクライナ・ハリコフ劇場国際競技設計四等入賞案のパースである。きちんとインクで描かれた建物に人物のモンタージュが施されている。川喜田がしばしば用いた手法である。

*本書「川喜田煉七郎の復権を！」（二八三－二九〇ページ）参照

図125　川喜田煉七郎「ハリコフ劇場」（外観パース，1930年）
図126　同「霊楽堂」（付属小劇場内部，1927年）

他方は、蔵前工高の卒業設計に手を入れて第六回分離派展に公募出品し、即座に会友に推されるほど出色の作品だった「霊楽堂」（或る音楽礼拝堂）の付属小劇場のインテリア・スケッチである。コンテで描かれたこの絵は、彼が並々ならぬ表現テクニックの持主でもあったことを示している。

16 前川國男（一九〇五－一九八六）

この人もわが建築界にあって貴重な存在である。筋を通すときの「頑固さ」において建築家で彼の右に出るものはまずいない。大高正人、鬼頭梓らは、いわば前川の弟子だが、彼らの仕

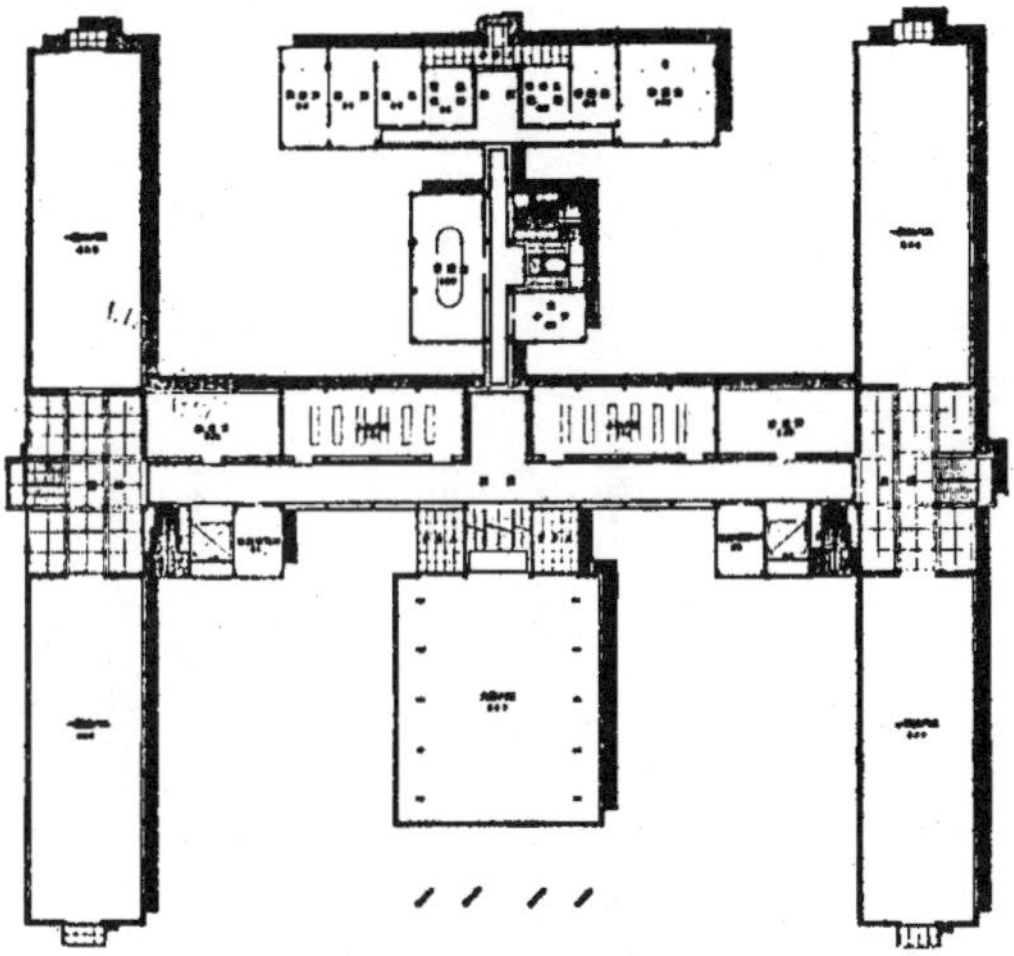

図127　前川國男「東京帝室博物館懸賞設計応募案」（外観パース，1936年）
図128　同「東京帝室博物館懸賞設計応募案」（2階平面図）

事ぶりを見ても、師・前川の建築への哲学の一端は知れるであろう。「筋の悪い設計は絶対に受けない」という発言が前川と鬼頭の御両人によって発せられているのを私は間接的に耳にした。「浦和市民ホール」「埼玉県博物館」「東京都美術館」と良い質の仕事がこのところ為されたが、そうした正統的な姿勢が報われたのでもあろう。

「筋を通す」前川をもっとも強く印象づけているのがここに挙げた「東京帝室博物館懸賞設計応募案」である。設計条件にあった「戴冠様式を用いよ」という事項に彼は抗う。敢えて条件違反のインターナショナル・スタイルでもって応え、見事入賞を逸するや「負ければ賊軍」の文章を発表して、「自覚した建築家達の拱手して徒らに時を過して居られるのを見る事は如何にしても傷心の極みではないか」と述べるのであった。一個の建築家の正統な態度をわれわれはそこに見る。今や、歴史的事実となった一九三六(昭和六)年のことであった。

17 白井晟一(一九〇五-一九八三)

親和銀行に代表される彼の特異な建築は、磯崎新が「晟一好み」と命名したほど、わが国建築界にあって個的な輝きを放っている。「現代のゴシック建築を」と彼自ら語るとき、彼は、その作品においてつねに試みてきたように、「精神と空間との呼応」「イメージと空間の視覚的具象化」といった独自の方法を求めているに違いない。それは、技術や合理性といった時代を反映する主義・思潮とは別の次元で建築を追求することを意味する。今日、白井の建築が何よりも魅力的なのは、まさにこの時代を超越した空間と人間との直接的な関係性に因るのであろう。そうした白井の建築作法は、認められるまでは、なかなか世間一般には容れられなかった。独立して設計活動を始めた一九三五年から大戦を挟む二十年間は苦闘の連続だったと聞く。

彼の存在を一般に知らしめたのは、ここに掲げた「原爆堂計画」だった。この計画案は結局実現されずに終わるが、設計後永くその実現を彼は希求していたという。斎場と美術館を水面下の地下道において連結しているこの計画案は、「原爆」という直接的なテーマを契機とした、彼自身の終末的観念のオブジェ化以外の何物でもなかったろう。彼の建築にはつねに彼の観念世界が色濃く投影されている。この図は、この記念堂建立のための浄財献金のために作られた英文パンフレットに描かれていたものであった。

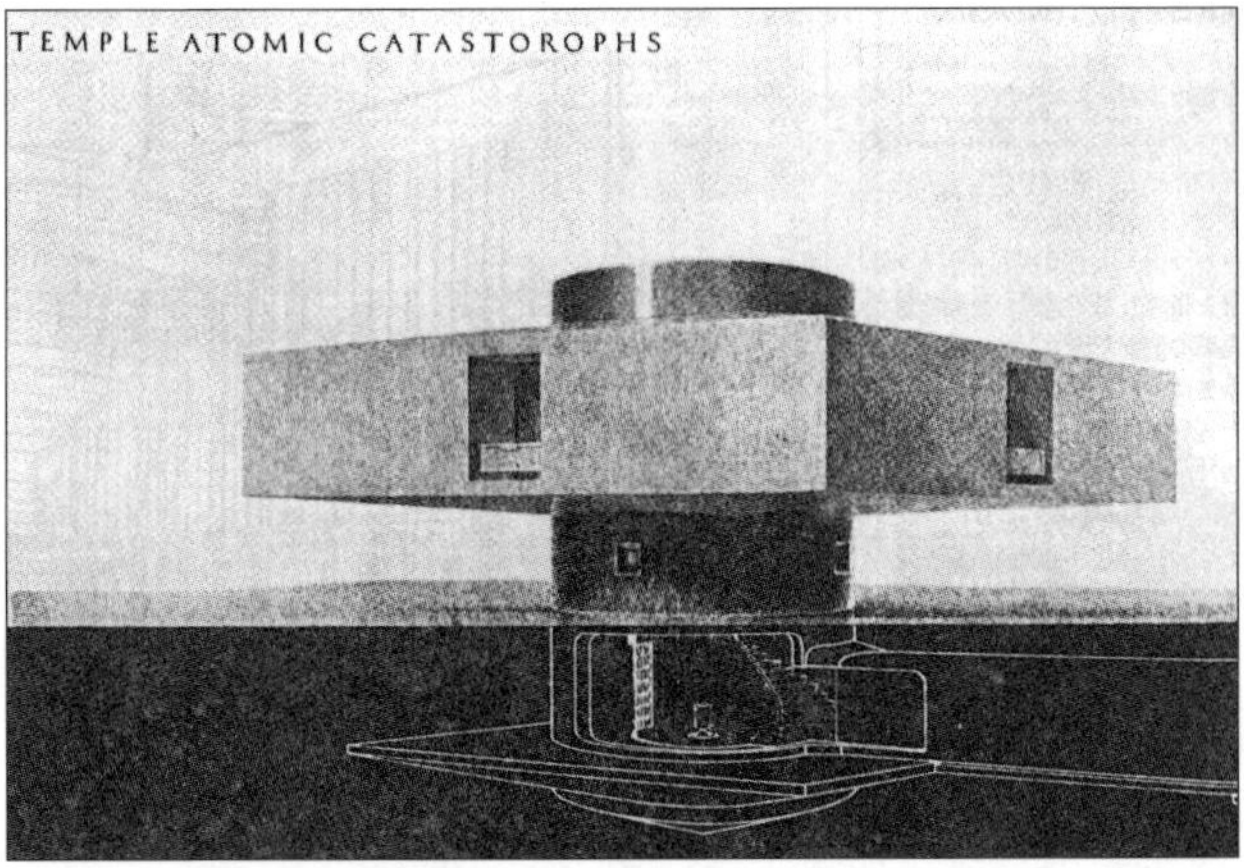

図129　白井晟一「原爆堂計画」(1955年)

槇文彦・藤沢市秋葉台文化体育館

1 モダニズムへの対峙

先頃(1)竣工した藤沢市秋葉台文化体育館を訪れて、久しぶりに建築を観ることの「面白さ」を味わった。その「面白さ」とは、車窓からの遠望による第一の瞥見による印象に始まり、対象物そのものの観察とそこでの空間体験による「発見」が、やがて徐々に建築の本質的課題への思念を迫らずにはおかなかったという、体験の充実感そのものといってよいだろう。そのような「体験」は「観察者」の印象に始まる内的プロセスをそのまま辿ることによって、もっともよく建築論議の一般性・普遍性にわたることになるに違いない。

この体育館の第一印象は、何といってもその外観のもたらす「象徴性」であった。それは明らかに、これまでの槇文彦の作品とは異質の相貌によるものといってよい。養生用の真新しいワラの幹巻きをまとったケヤキの巨木群を控えて、曲面体の屋根にその表現性を集約した巨大建築は、ステンレスの屋根材と打放しコンクリートの壁面によるモノトーンの色調と相まって、あたかもスペース・エイジのスペース・ベイスが大地に舞い降りた観さえある。しかも、その形態は、とりわけメインアリーナが何やら昆虫か甲殻動物を彷彿とさせて、モノトーンのもたらす無機性に対して、生命《いのち》の温かさをすら連想させるのである。複雑な曲面体としてのメインアリーナに対して、回転体のより単純な曲面で構成されているサブアリーナ棟が呼応し、その間をメインエントラス部が繋げている。この空間の「主—ツナギ—従」の配置は、かつてL・カーンがペンシルバニア大学の「リチャーズ医療研究所」の設計に当たって展開した、明快な空間分節の手法を想起させる。

(1) 一九八四年十月

図130　槇文彦「藤沢市秋葉台文化体育館」
図131　E.サーリネン「イエール大学ホッケー場」（デビット・インガルス・リング）

遠望→近望というアプローチの変化に対する、建築の「見え」そのものの変化は、その作者の建築観・建築理念が表出される重要なポイントでもある。ある場合には、それは納まりの処理に顕現するし、またある場合には、外装面の処理や壁や柱や天井といった基本的な部位の扱いにも反映する。この作品の場合、槇は、そうした「見え」の変化に向けて執拗な処理を試みて、外観の「象徴性」とともに、近代建築に対する声高な「問いかけ」を行っている。この体育館を初めて眼にしたとき、私の脳裏をかすめたのは、かつて雪道をボストンからニュー・ヘヴンへと車を走らせて観たE・サーリネンの「イエール大学ホッケー場」であった。それは何よりも、両者の形態上の類似性によるのだろう。だが、サーリネンがほとんど完璧といってよいほど破綻のない流麗な曲面によって、建築をあたかも完結したオブジェ的な芸術作品として仕立てていたのとは対比的に、槇は、むしろ意識的に曲面の「流麗さ」を避けている。竜骨に相当する立体トラスによって構成される二本の屋根部材を中心に形づくられているメインアリーナの屋根の「扱い」は、複雑な曲面同士の集合体として決して「完結性」を主張しようとはしていない。むしろ、その複雑な集合体こそは、「見え」の変化をまず屋根に求めた槇の「解法」のひとつであったろう。屋根の処理の過程で、槇の意識のなかでは、サーリネンと近代建築(モダニズム)とは対峙すべきものとしてダブルイメージとなって存在し続けていたに違いない。

　そのような「変化」の作為は、外装の扱いにもうかがえる。主・従両アリーナ棟の外壁には部分的にタイル(パールタイル)が張られているし、エントランス部の打放ちコンクリートの仮枠は二《ニ》・六《ロク》の在来木製パネルとメタルパネルとが意識的に使い分けられていて、テクスチュアの「変化」を演出している。柱の処理も同様である。エントランスホール部の柱は、構造力学的な必然性とはまったく関係なく、偏平矩形の断面をもち、また柱頭部はコンクリートのマスが切れて、鉄骨の細い部材だけが天井と連なっていて、柱の一本一本が自立柱のような印象を与えている。サブアリーナ棟三階の入口部のコンクリート柱も、屋根構造部材の鉄骨ポインテッド・アーチの曲率に合わせて、壁とは離して自立柱のような扱いにして見せている。また、同棟の階段室の処理、守衛室のアールの付いた開口部、ギャラリーと事務所棟部の間の通行用開口部の細やかなディテールなど、「見え」の変化は随所に散見されるのである。

この作品に見えるもうひとつの特徴は、徹底的に抑制されたカラー・コーディネイティングである。外観のモノトーンと同様、内部空間もメインアリーナの床仕上げを除いて、ほとんどグレー調で統一されている。観客席の金属製のベンチから手摺、はては換気用の垂直シリンダーに至るまで、この「抑えた」色調はいかにも槇らしい「好み」の表出とも思えるが、むしろ私には、昨今の建築作法の風潮に対する槇の「批判的回答」とも考えられるのである。つまり、色彩の饒舌が建築表現の本質的課題たりうるか、という命題に対する反語的な回答としてあるといえよう。

2 象徴的形態と「場の精神」

槇のこの作品に込めた「情念」の並大抵でないことは、彼らしいソフィスティケートされた様相を保ちつつも、従前の自身の作風から大胆に踏み出してまで大飛翔を試みたという、その「事実」が何よりも雄弁である。そして、この「大飛翔」にこそ、今日の建築世界が受けとめるべき課題が充溢しているのである。帰路の小田急線のなかで、私自身が「受けとめ」始めていたのは、およそ以下のような課題だった。

まず、第一にこの作品が、建築における「形態論」の課題を改めて示した点である。私自身、すでに十年以上も前に「表現論」の課題を中心に捉えるべきことを論じたことがあるが（「磯崎新論」[2]『建築』一九七二年十月）、それは、昨今はやりの「ポストモダニズム」と喧伝される「様式本歌取り」的な表現論とは無縁のものだった。近代主義のプロトタイプとして歴史的な意

(2) 本書「磯崎新論」（二四四―二六六ページ）参照

味をもった、あのヴァイセンホーフ・ジードルンクは、「陸屋根であること」が重要な設計条件だった。「形態規制」が、以後「インターナショナル・スタイル」の美名で横行する。近代主義の呪縛の重要な要素に、この「形態論」の課題が当初から存在したのである（拙稿「ヴァイセンホーフ・ジードルンク考」[3]）。槇文彦は、いま、「インターナショナル・スタイル」ともいえる自身の作風から飛翔した。しかも、徹底的に「屋根」にこだわることによって、形態の課題を自身に課したことは、二重に示唆的である。それもすでに記したように、「完結性」への回帰を求めるのではなく、それとはあくまで「対峙」するという今日的な姿勢を保ちつつなのである。

第二の本質的な課題は「象徴性」についてである。藤沢市の北端のほとんど人家のないこの敷地一帯は、「モニュメンタリティ」を試みる格好の土地であったであろうことは間違いない。「形態」の課題は、ある場合にはきわめて直接的に「象徴性」の課題と結びつく。しかも「象徴性」は、なにも近・現代に始まったことではなく、都市や文明の発祥とともに人間の営為のなかでつねに重要視されてきた造形価値である。結論からいえば、私の「形態論」はこの「象徴性」とはいったん厳しく断絶するところにその本質がある。C・ノベルク＝シュルツは、建築の歴史性を象徴性によって跡づけようとしたラポポートらの姿勢を批判して、自らは「場の精神」Genius Loci の重要性を提起した。彼のこの理念の淵源は、ハイデッガーの「在ることは住まうことである」にあるのだが、「領域」なり「場」に求められる基本的な価値については、私はほとんどノベルク＝シュルツと考え方を同じくする。「住まう」ことが存在の基底にある「場の精神」とは、必ずしも象徴性を意味しない。「象徴性」は、造形の営為にとってつねに魅惑的だが、またつねに「危うい」価値でもある。

この作品は、きわめて本質的な課題を、今日の建築界に提起したことは間違いない。作者の次作以降をいっそう注目したい。

(3) 本書「ヴァイセンホーフ・ジードルンクと一九二〇年代」（九五—一三〇ページ）参照

愛知万博・ポーランド館

1　新世紀における万国博の意義

万国博覧会は、一八五一年の第一回ロンドン博以来、建築やランドスケープデザインの傑作の特別なショールームとしてあり続けてきた。その歴史は多くの作品を想い起させる。ロンドン博のジョゼフ・パクストンによる水晶宮、一八八九年パリ博のギュスタヴ・エッフェルのエッフェル塔、一八九三年シカゴ博のフレデリック・オルムステッド・シニアによるウォーターフロント・アーバン・システム、一九六七年モントリオール博のモシェ・サフディによるユニット式アパートメント、一九七〇年大阪博の丹下健三による空中歩行大屋根構造などなど。プランナーや建築家は、画期的な作品を創るために心血を注いできた。この一五〇年の間、未来の発展に対する科学技術への楽天的な信頼が、こうした傾向を支えてきた。

しかしながら、愛知万博2005は、とりわけ自然との共存を通した人類のいわゆる持続的な発展が要請されている新世紀の初頭に当たって、より良き解を提示するよう求められている。それゆえ、愛知万博ではプランナーも建築家もどのような理念と実体を提案するのか、人びとの厳しい評価の眼に晒されているのである。そうした趣旨で、周知のように、愛知万博会場のマスタープラン自体が、名古屋圏の人びとの緑と肺である「海上の森」などの丘陵地帯の緑を保存するために何度も修正された。だから愛知博の統一テーマが「自然の叡知」となったのはしごく当然のことでもある。「公害の世紀」とか「戦争の世紀」といわれた二十世紀の次の世紀においては、人類は、あらゆる営為において知性に富んだ配慮が求められている。それはつまり、これまで当たり前のように存在してきた楽天的な巨大モニュメントのようなものは、万博

図132　ポーランド館正面全景

という祭の場でも安易に許容されることはないだろう、ということを意味しているのである。

2 柳小枝メッシュによる外皮の成功

クシストフ・インガルデンとその同僚たちによる愛知万博ポーランド館は、この課題に対する最良解のひとつである。ひと目で、その何百ものパネルで構成された独特の外壁が注目を惹く。コンピュータにより計算された三次元のパネル群は、編まれた柳小枝のメッシュによって成っているのだが、全体が一連の外部被膜を形成している。この柳小枝のメッシュは、二十もの村の大勢の職人たちが編んだものだと、建築家は語ってくれた。多くの場所の大勢の人びとによって色もテクスチャーも同じように揃えるといったパネル生産が、困難を来しただろうことは容易に想像される。だが、建築家は見事にこの問題を処理して、均一なパネル外皮の創出に成功した。この建築の外部はロウ・テクとハイ・テクの二種類のテクノロジーの融合によって成っている。つまり、上部の柳小枝メッシュによる外皮と下部の鉄とガラスの外壁とである。このパビリオンの成功の主要因が柳小枝のメッシュ外皮にあることはまちがいない。

おそらく、柳はポーランドの田舎の地域の典型的な景観を形成しており、また、小枝のメッシュ編みという伝統的工芸は広く行われているのだろう。建築家の自然や伝統に対するこだわりを感得し、そこに、時代の要請に対する彼の回答を見るのである。

この建築のさらなる興味深いアイディアは、柳小枝のメッシュがワルシャワのワジエンキ公園内のショパン像に結びついているということである。その公園を訪れた者は、裂けた柳の木の下で深刻な表情を浮かべているショパンを忘れることはないだろう。ポーランドの人びとが彼を誇りにしているのを私たちもよく知っている。先の大戦中ナチの占領下にあって、彼らは誇らしげにショパンの音楽に耳を傾けていたという。ナチの軍隊は、ポーランド人からその精

図134　ポーランド館アプローチ廊と「外皮」

図133　ポーランド館メインエントランスと「外皮」

神と文化を奪うために象徴的にこのショパン像を破壊した。ポーランドの人びとは、大戦が終わるとただちに、彼らのアイデンティティを確認しまた示すためにこの像を再建する。柳小枝のメッシュ外皮は、歴史のなかで再生するポーランド精神をも象徴しているのだ！　パビリオンを訪れる者はみな、この柳小枝のメッシュ下にある入口で暫く立ち止まり、そしてポーランド人の歴史と誇りに思いを致してみたらいい。

前述したように、鉄とガラスの現代的な素材は、柳小枝のメッシュに絶妙な調和をもたらしているばかりでなく、このパビリオンに見事な味付けをしている。私がこのパビリオンを訪れたときは一日中雨が降っていた。鉄製の柱に支えられたアプローチ廊の天井ガラスは、雨をその上で流れるいく筋もの細かな流れに変えて、幻想的なシーンを創り出していた。そのガラス天井を通してその上の柳小枝のメッシュ外皮の曲面を見上げながら、私はあたかもおとぎの国につながるトンネルのなかにいるように感じたものである。柳小枝のメッシュ外皮と現代的素材とは、思いがけずも劇的な調和を呈示していたのである。

パビリオンの夜景も見ものである。屋内の照明に照らされた柳小枝のメッシュ外皮は、大きなチョウチンのように暖かで柔らかな姿を醸し出す。私たち日本人は、永らく日常生活のなかで竹製のチョウチンを使ってきたから、この夜景は多くの訪問者を大いに喜ばすにちがいない。

建築の内部空間は、バルティック海から南部山地までのポーランド国土の断面を表象する、きわめて暗喩的なデザインになっている。国土の中部地方を表象する幾重もの曲線で造られた段状スペースは、観客用のベンチになっており、三方の内壁全体がスクリーンとなるマルチメディアのプレゼンテーションが観られるようになっている。内部空間は、ポーランド自体を紹介するいわば特殊装置の劇場である。

要するに、ポーランド館は、建築家のすばらしい創造性も含めて、ポーランドの自然と文化と誇りが詰まった精巧な「宝石箱」といってよいだろう。

3　多くの企業館は旧態依然

他のパビリオンに眼を転じると、瀬戸地区の木造建築群を除けば成功例はほとんどないといってよいのではないかと思う。とくに日本の民間企業のパビリオンは、以前の万博のような旧式スタイルを脱しているようには見えなかった。今日のハイテクを象徴するロボットやコンピュータ・グラフィックスのような展示を別にすれば、これらの企業パビリオンの建築的面白さはまったくといってよいほど感じられなかった。第二の千年期に対する真摯な問い掛けを感得できなかったのは、私だけであろうか。

ポーランド館をもっとも強く特徴づける柳小枝のメッシュ外皮は、デザインの当初からパネル一枚ごとに剥され、撤去されることを意図している。ほとんどすべてのパビリオンは、万博が終了すれば、壊されるか移築されるかの運命にある。ポーランド館はどこか適切な場所に移築されるべきである。たとえば、日本との特別な関係をもちながらポーランド精神を呈示する好例として、クラクフの「日本文化技術センター」の隣地などはどうであろうか。

4　「建築の脱構築」への期待

最後に、建築家・インガルデンへの私の期待を表明することにしたい。彼は、私たちの大学で国費留学生として学んだ時期があるので、その才能や人となりは学生のときからよく知っている。前作の東京のポーランド大使館や今回のポーランド館は、最初からポーランドの国そのものの重みを強く背負っていたから、ある意味、ポーランド固有の暗喩に依拠することを余儀なくされた面もあるだろう。私たち現代の建築家は、厳しい時代の要請に対する解となるような本質的に新しいアイディアとコンセプトを提示するように、等しく求められている。フランスの哲学者であるジャック・デリダ風にいえば、それは、「建築の脱構築」ともいい得よう。たとえば、一九六〇年代から七〇年代にかけて、イギリスのアーキグラム・グループは、プラグ・イン・シティやウォーキング・シティなどのプロジェクトを提案したものである。それらは、実現することを意図しないが、彼ら自身の理念を徹底的に体現することによって、若い学生たち、建築家たちを強く刺激した。これらのプロジェクトは、当時の「建築の脱構築」に値するものといえた。私はかつて、建築誌上でポーランド映画監督のアンジェイ・ワイダと、時代に対して本質的に批判的で過激であるような建築についての同様な議論をしたことがある*（『ＳＤ』一九八九年十一月号）。その議論のときも、私はアーキグラム・グループのことを思い浮べていた。

インガルデンが、日常的な建築デザインの仕事とは別のところで、近い将来この課題にチャレンジすることを期待している。それを観ることが、私の次のより大きな喜びである。

（英語原文から訳出）

＊本書「アンジェイ・ワイダ氏に聞く映画・演劇・都市・建築」（四〇九―四二一ページ）参照

文化論

ここではこれまで仕分けした「建築論」「都市論」「作家・作品論」に属さない個別ジャンルを扱ったものをひと括りとすることを意図して、総称的に「文化論」とした。

ウィトルウィウスが広い教養をもつべき建築家像を提唱した背景には、建築それ自体が多くの個別ジャンルを糾合する「総合芸術」としての位置を占めてきたことがあろう。バウハウス宣言を見れば一目瞭然、二十世紀においてもそれは変わらなかった。近世において絵画や彫刻が建築から独立した古い歴史はともかく、今日、学問や科学が細分化し、都市デザインやランドスケープ・デザインが建築から自立して個別化はますます顕著である。だが、細分された「葦の髄」から世界を観ることは至難である。総合的な視点や観点が逆にいっそう要請されているのが、また現代の時代性というものだろう。バウハウスの中心理念の重みは、二十一世紀の今日も決して減じるものではないと思われる。

建築家は自分の狭い領域に留まらず、自ら他領野に踏み入るような貪欲さや好奇心がますます必須とされるにちがいない。私自身についていえば、「べき論」から他領野を渉猟したことはまったくない。小学生の頃から、父親に謡曲を仕込まれ（一年もったかどうか、とにかく正座がつらくて逃げ出した）、ラジオにかじりついて落語を聴き、親の眼を盗んで映画館に出入りし、クラスメイトの雑誌や漫画本を読み漁り、相撲の実況放送の真似ごとをし、野球やトンボつりや川遊びに明け暮れて、まず学校以外には勉強する暇がまったくないほど貪欲にいろいろな遊びに夢中だった。むしろ、習い性というものだろう、長じて還暦を過ぎてもとにかく他領野に分け入ることは面白いのである。

ここに集めた文章は、次のように分類した。(1)文化総論的なもの、(2)祭りに関するもの、(3)芝居絵・謡曲・浄瑠璃などに関するもの、(4)デザインに関するもの、(5)工芸・陶芸に関するもの、(6)映画・アニメに関するものである。(1)には「物語性」「ワイマールの……」「ポーランドの建築……」「アンジェイ・ワイダ……」があり、(2)には「御柱祭を訪う」、(3)には「燃焼と怨念の美学」がある。これは、初期の文章だがわが国の伝統文化のなかで、「敗者」の世界に照明を当ててみたいというかねてからの構想が具体化したものである。(4)には「手の味の継承」「装飾」「クラクフのヴァヴェル城」「ワルシャワのワジエンキ公園」、(5)には「日本伝統工芸展……」「有田・唐津の窯元……」、(6)には「アニメ・メトロポリスを観る」がある。

Verona
M.M.

13 文化一般・文化史

物語性

1 展示性と表意性

最近、面白い本を二冊読んだ。『瞽女《ごぜ》=盲目の旅芸人』と『鳶職《とび》のうた』である。

前者は、映画「津軽じょんがら節」のあの美しい画面に一層の味を添えた「瞽女絵」の作者斎藤真一のエッセイであり、後者は、八王子で代々鳶職をしている尾股惣司のやはりエッセイである。物書きが本職ではないお二方のすぐれた語り口（書き振り）に、私はいつの間にか時の経つのも忘れて夢中になっていた。本の値段がこの一年の間に二倍近くにも騰っている実感からすれば、手近に読めて、しかも読後に何かズーンとしみるようなものを心の中に残してくれたのだから、私は著者たちに感謝しなければなるまい。

私は、たったいましがた大学で学生たちと、彼らの卒業論文のことで話合って来たばかりである。私にとって、論文の中味が議論の対象である以前に、表現そのものの体裁――つまり誤字・脱字がきわめて多いといった類いの――が云々されねばならなかったことは悲しむべきことであった。個々の論文に対する批判や討議のあとで、総評として私がつけ加えたことは、〈活字文化〉の不滅性についてであった。表現の体裁はもちろんのこと、論文の中味が独断的でありすぎたり、きわめて概括的であることの大半の原因を、〈活字文化〉に対する彼らの安易な姿勢に見たからであった。

私たちのように、日頃、図面やスケッチや写真や模型といったきわめて実体的なモノによって思考したり判断したりしている人種にとって、それらの〈映像〉のもつ大きさは計り知れない。長時間の議論が、たった一枚のスケッチによって終止符が打たれる、などというのは日常

図135 「星になった瞽女」（斎藤真一画）（油彩　97.0×130.3cm）

茶飯である。「話しことば」で意志の疎通を計っている限りでは、おのおののなかでもつ同じ言語の意味が多種多様にわたることがその原因であろう。しかし〈映像〉はことほど左様に万能たりうるだろうか? もちろん私はW・ヴェンヤミンが四十年も前にすでに指摘していたその「展示性」のすばらしい効果を少しも否認しようとは思わない。それまでの絵画の静的な「表意性」が文化の広大な基盤において、写真や映画の複製能力にうらづけられた即興の「展示性」にとって替わられるであろうことを、彼はもっとも早くに予言していたのであった。四十年後のいま、事態は相当程度に彼の予言通りである。しかし、絵画の「表意性」は消滅したろうか? 答えはもちろん「否」である。

2 物語性と四次元の世界

ことを、さらに〈活字文化〉との対応で考えて見よう。写真や映画はもちろんのこと、絵画や彫刻などの作品は観る者の視覚へ直接的に働きかけ、彼の感性の原形質に何がしの変質をもたらすことによってまずその存在を認知させる。その働きかけの「直接性」の強さは、視覚というすぐれて鋭敏な感覚を対象とするだけに、他に互して決してひけをとらない。ところで、私たちの感性とは個々にあってそのすべての体験を通じて育まれてきた瞑想の粘液質的な世界である。時間という四次元のファクターを伴って、それは時々刻々「体験」のなかで変容・形成されていくものである筈である。〈活字文化〉がそのレーゾン・デートルを見出すのは、実にこの四次元のファクターを重要な必須要件とする瞑想の世界だといえるのではないだろうか。すべての「書きことば」は個々に分解された文字であろうとも、ある意味では〈映像〉といえなくもない。むしろそれは〈記号〉——厳密にいえば〈書かれた記号〉〈印刷された記号〉——と呼ばれるべきであるが。この〈書かれた記号〉が、恣意性と示差性に基づく意味の二面性を基本的に備えることによって「展示性」を示すことは、ソシュール御大の記号論に委せておこう。いま、ここで重要なのは、「書きことば」が同じ「展示性」の土俵の上で〈映像〉と対比されることではなく、瞑想の世界に対し別の属性によって強く働きかけるということなのである。

私は、それを「物語性」とする。「物語性」は、基本的に四次元の世界のなかで成立する。瞑想の世界とは、別のいい方をするなら、〈時間〉の軸を取り込むことによってそれは展開を許る。瞑想の世界とは、もともと四次元のそれであった。個々に分解すればたいした「展示性」をもたない〈記号〉の集合体としての「書きことば」が、その集合の形象を借りて示すその「物語性」こそ、感性の総体としてのあの粘液質の世界に重要な位置を示すといえるのである。読者に吸収された「書きことば」は、彼の瞑想世界のなかで、文字通り瞑想を幾重にも織りなすに違いない。それは、彼の日常的な体験と、そしてたまには訪れるであろう非日常的な体験とのさまざまな〈輻輳劇〉のなかで微妙な綾を付加しつつさらに自らをも変容させながら彼の世界に解けこんで、いつしか彼の瞑想の原形質へと同化していくのである。彼の感性とは、そのような永続的な軸にそって形づくられている筈である。感性は磨かれるべきである。そして、「書きことば」は読まれるべきなのである。〈活字文化〉はそのような文脈において不滅といえるのである。

まるで、本屋のコマーシャルのように私は〈活字文化〉に肩入れしすぎてしまったようだ。丸々七～八時間にもわたる学生たちとの熱っぽいやりとりのチョットした興奮がさせたワザなのであろう。

3　土着性と無名性

私がここ数年来考え続けているテーマは、しかしながら、この〈映像〉と〈言語〉との関係にきわめてアナロジカルである。それは簡潔な言語表現をとるとするなら〈土着性〉あるいは

〈無名性〉といったコトバでしか表せないものである。いま、こうして書きながら、私自身あのソシュールが提起した記号の第一の基本属性である〈恣意性〉をつくづく感じるのである。すべての〈表現〉は、その表現主体と表現そのものとの間に生ずる意味の乖離を不可避とする。ましてや「書きことば」においておやである。私が温め続けている課題は、どんなに語ろうとも完璧たりえない。〈土着性〉あるいは〈無名性〉といったところで、私の意が一〇〇パーセント表現されえないことも自明である。にも拘わらず、やはり私は、第二の属性であるコトバの〈示差性〉に賭けて、語を綴りたいと思う。

私が瞽女というものを初めて知ったのは、四年ほど前、ある床屋で順番を待ちながらグラフ雑誌をペラペラめくっていたときであった。確か『最後の瞽女さんたち』というタイトルがつけられた写真の幾ページかであった。今でも脳裏に鮮やかな、あの映像の一葉は、当時の私にはきわめて強烈であった。乗用車はおろかトラックまでが通っている、アスファルト道路の路肩とでもいうべき端を前の人の背中にかろうじて手を触れて一列に並んで歩いている盲目の女性たち……。その雑誌には、彼らは何百年にもわたってまったく同じようなスタイルで農漁村の僻地を巡り、唱と三味線によって独自の芸能を伝えてきた、といったような解説がついていた。瞽女の実態はおろか、その文字さえ初めて見る私には、彼らのその〈芸能文化〉の何たるかよりも、黙々と（であるに違いない）列をなして歩んでいる旅姿の彼らの映像そのものに惹かれていたのである。

彼らについて、さらなる興趣を持つには、津軽三味線のあのすばらしい音色とリズムを経る必要があった。いまや、あまりに有名になった感のある、高橋竹山のあの太棹のなかにこそ、じつは瞽女の芸能が生き続けていたのである。渋谷の狭いアングラ劇場で演奏の合間々々に彼は、よくは解らぬ津軽弁で語ったものだった。たったいま、彼が弾き終わった「鰺ガ沢甚句」

についてトツトツとしかし笑いのツボを心得えて解説してくれた（津軽弁で表現できないのが非常に悔やまれる）。「鰺ガ沢や十三村にはよォ、そりゃ昔はァ、ハ、うんとこサ賑やかだったから、瞽女さんたちも船に乗ったり陸《おか》を歩いて津軽までよォーく来たもんだ。そりゃすげェベッピンさんもいっぱい来たンな。もっともワシャ眼が見えんけんど……」

　そして、斎藤真一の瞽女を描いた絵のシリーズは、決定的であった。私の瞑想の世界のなかで次第々々に形成されつつあった、瞽女とその〈芸能文化〉の派生態としてある各地の民謡――いったい十年前の血気盛んな（？）頃の私に民謡の世界が関心の対象になるなどと私自身信じられたろうか――がつくりだす私の想像力の世界に、それらはもっとも的確な像を与えてくれたのだった。卵型に大きく描かれた白い顔、そして八の字型に長く切られた見えない両の眼、まるで背中を掻く孫ノ手のような感じに細くデフォルメされた両の手……そして何といっても黒や紺青のバックに映える鮮やかな赤の色調……これほどにも具象的であるのにまたこれほどにも夢幻的な表情をもつ絵を私は他に知らない。シュールそのものといったイメージをもたらしながら、しかしそれらは瞽女たちの悲しく密やかな世界を如実に語りかけてくる。私のなかでは、もはや瞽女さんたちのあのグラフの一葉から始まって津軽じょんがら節はもとより私の知りうる限りの民謡と混じりあって、無名の〈芸能文化〉の閾が確実に形づくられていくようだった。

　〈無名性〉と〈土着性〉とは表裏一体である。そして、両者は時間という悠久の流れのなかで一体となって自身の歴史を形成する。両者を峻別することはあまり意味のあることではないだろう。むしろおのおのが抱えこんでいる不可欠な要因にこそ着目すべきであろう。私流にいえば、それはヴァーティカルな要素とホリゾンタルな要素とである。前者は時間の永さに、後者は空間の広がりに由来する。〈無名性〉も〈土着性〉もともにこのふたつの要素の絡み合いを何よりも前提としている。これら要素のどちらか一方が欠けても、〈無名性〉も〈土着性〉もありえない。

4　文化における「物語性」の開示

そして、文化の形成とはその発生から始まる流れのなかで、この〈無名性〉と〈土着性〉といったものの漂泊の歴史そのものを指すとはいえないだろうか。たとえば〈無名性〉はある場合には、ヴァーティカルな要素のひとつの淵に流れつくと、ある時代的な固有性をもち〈無名性〉たることを自ら希薄にする。天平文化という固有性に込められた一定の意味づけのなかでは、知られない筈の読み人が「雄渾」で「素朴」な『萬葉集』の重要な役割を担って登場する。ホリゾンタルな要素において顕在化したときもまったく同様に、〈無名性〉はその顕在化と引き替えに、今度はこの地域的な固有性を逆に典型的な一地方の一般性に平均化されてしまう。

文化はその内にこうして〈無名性〉と〈土着性〉の漂泊《さすらい》を不断に抱きながら流れていく。そして、それらの漂泊のあり様は、さまざまなちからの恣意とそれ自体をも巻き込んでいく絵巻そのものである。『記紀』の編者は聖徳太子の記述の段になると、決まって妙な昂まりを示しているという。梅原猛がそれらを微細に分析して法隆寺を太子一族の、「鎮霊廟」と見たてたことはあまりに耳目に新しい*。『記紀』の恣意性はつとに叫ばれてはいたが、法隆寺そのものの意味が大いに揺らいでいる。文化は、その変転極まりない絵巻という〈物語性〉そのものである。

その〈物語性〉は、二重の意味で私たちにとって今日的である。恣意の背後に漂う――つまり顕在化していない――〈無名性〉と〈土着性〉とが綾なす〈物語〉そのものに、より真実性が含まれているということであり、さらに、その〈物語〉は、私たち個々の感性の総体であるあの粘液質的な瞑想の世界を活性化させる、それ自身の〈物語性〉のイマジネイションによっ

* 梅原猛『隠された十字架　法隆寺論』新潮社　一九七二年

てのみ開示されるものだからである。

瞽女の一葉の写真と津軽三味線と瞽女絵とは、私のなかに少なくとも「無名」で「土着」の芸能文化の何たるかを、それらの〈物語性〉によっておぼろげながらにも示してくれた。同じ画家の手になる『瞽女＝盲目の旅芸人』はその〈活字〉を通して、漂泊《さすらい》の芸人たちをリアルに描き出して、私のイマジネイションの〈物語性〉をさらに豊かにしてくれたのだった。

（『鳶職のうた』については、身近なデザインの問題に関わるものとして、稿を改めて論じたい*）。

＊本書「手の味の継承」（四七四―四八〇ページ）参照

ワイマールの芸術と政治

一九二〇年代、とりわけドイツ・ワイマール共和国時代の「文化」に対する関心はあいかわらず根強いようである。邦訳も出たピーター・ゲイの『ワイマール文化』(一九七三年、みすず書房)やウォルター・ラカーの『ワイマール文化を生きた人びと』(一九八〇年、ミネルヴァ書房)は、欧米でも労作としての評価が高い。

今、ここにもうひとつすぐれた著作が出された。ワイマール共和国は、ドイツ革命(一九一八年)によるプロシア帝国の消滅と、ナチスによる「ドイツ第三帝国」の出現(一九三三年)との間に位置する、きわめて特殊な「国家」であったことは、今なお、現代史とりわけ政治史の立場から多角的な研究が行われていることからもうかがえる。ブレヒトの研究者としても知られる著者、ロンドン生まれのJ・ウィレットは、この特殊なワイマール共和国の政治的背景を、複雑な芸術の展開と結びつけることによって、前掲の二人が描ききれなかった「問題」を見事に解明しているのである。

本書のタイトルにある「The New Sobriety(新しい正気)」(イギリス版では表題、アメリカ版では副題)の語は、著者の視点をもっとも象徴的に示している。P・ゲイがワイマール共和国を「混乱のなかで生まれ、狂気のなかで生き、そして悲惨のなかで死んだ」と描写していたのはけだし名言というべきだが、ウィレットがこの「描写」を意識しているのは間違いない。芸術に限定してみても、表現主義、ダダイズム、構成主義、新造形主義、新即物主義、シュールレアリスムなど多くの運動が交錯していたのがこの時代であり、「思想のるつぼ」「芸術のるつぼ」としばしば形容されてもきた。しかしながら、ウィレットはこの時代において何が「新しい文明」の質を持っていたかを、そのるつぼのなかに見出そうとする。「新しい正気」の視点は、一九二四年から世界恐慌の一九二九年までの間の、この共和国の短い唯一の「安定期」の諸現象に向けられる。

一九二五年のマンハイムでの絵画展に対して現れた「新即物主義（Neue Sachlichkeit）」の語は、表現主義にとって代わる新しい時代様式の表象言語としても定着してゆき、また同じ年にワイマールからデッサウに移ったバウハウスは、ますます工業を指向するデザインを追求していった。そして当時の、ヴァイセンホーフ・ジードルンク*（一九二七年）に象徴される近代建築の新展開、主としてロシアの影響によるカメラや映画の新しい映像芸術、ピスカトールやブレヒトによる新しい舞台芸術、ジャズに象徴される新しい音楽の動向、これらはすべて「機械時代における芸術の大衆化」という、それまでの時代に見られなかった「新しい質」としてウィレットは評価する。「乗り超えられた」側の立体未来派（Cubo-Futurism）、表現主義、ダダイズムなどはいまだに多くの検討を要する興味深い対象であり続けているが、一方で、「新しい正気」が生まれ育ったのも事実である。

この著作における著者の真骨頂は、「新しい正気」をすら含むこのワイマール時代の芸術が、第一次世界大戦に始まるドイツの特殊な位置に深く関わっていることを示している点にある。

表題にある「一九一七」という年（ロシア革命）は、ラカーの前掲書の原題（Weimar: A Cultural History1918—1933）にある「一九一八」（ドイツ革命）とは、ここでは決定的な意味の違いをもっている。第一次世界大戦とその結果とは、ドイツを西欧から遠ざけ、むしろロシアに接近させた、とする著者の観点は非常に興味深い。徹底的な破滅と領土の割譲と膨大な賠償金とを背負いこんだドイツ国民は、物質的にばかりでなく、より精神的に強く打ちのめされた。この精神状況こそが、地理的な関係よりもはるかに強く、ロシア革命に彼らの共感を惹き出し

*本書「ヴァイセンホーフ・ジードルンクと一九二〇年代」（九五一一三〇ページ）参照

ていった、というのである。

「変曲点」という第三章では一九二一―二三年が扱われ、新生ロシアで新経済政策（ＮＥＰ）がとられた同じ時期に、リシツキーやカンディンスキーらのロシア・アヴァンギャルドが、構成主義やバウハウスなどを通して、ドイツの芸術に大きく影響を及ぼしてゆく様子が詳しく描かれ、その次の章で、芸術家や知識人達が惨めな敗戦の状況のリアクションとして、「技術」による「新しい時代」への「夢」を率直に追求してゆくという、「新しい正気」の「必然性」が展開される。

しかし、政治的にも経済的にも基盤の弱かったワイマール共和国は、世界恐慌による経済破綻を契機に、雪崩現象を起こしていく。この「雪崩」を見つめる著者の視点は、ロシアにおけるスターリン体制下でのゴーリキーなどの協力による社会主義リアリズムの進行を見つめるといった、国際的な観察の配慮をつねに示しつつ、きわめて冷静である。この共和国の「弱さ」は、発足当初からすでに胚胎されていた、とウィレットはいう。共和国発足当初に起きたローザ・ルクセンブルクとカール・リープクネヒトの虐殺は、社会民主党と共産党との「不和」を象徴する出来事だが、「この両党が協力関係をもっていたら、ナチスの台頭も許さなかっただろう」という指摘、あるいは「芸術は政治にまきこまれないという楽観主義が衰退を招いた一要因」という指摘は鋭い。

しかし著者は、芸術と社会政治的背景の関係性を強調する一方、安易な短絡を戒めてこの本の結語にしている。「現代への教訓は、芸術が望ましい社会政治状況への深い関わりによって利益を得られるということではなく、そうした社会政治状況は絶ってはならないということである」。

この本には、当時の芸術運動に関する地図、図表、克明な年表がついており、関心のある向きにはすぐれた資料としての価値も備えている。先にあげた二著作をじゅうぶん補うユニークなすぐれた文献として、邦訳と日本での刊行を試みたいというのが評者の願いでもある。*

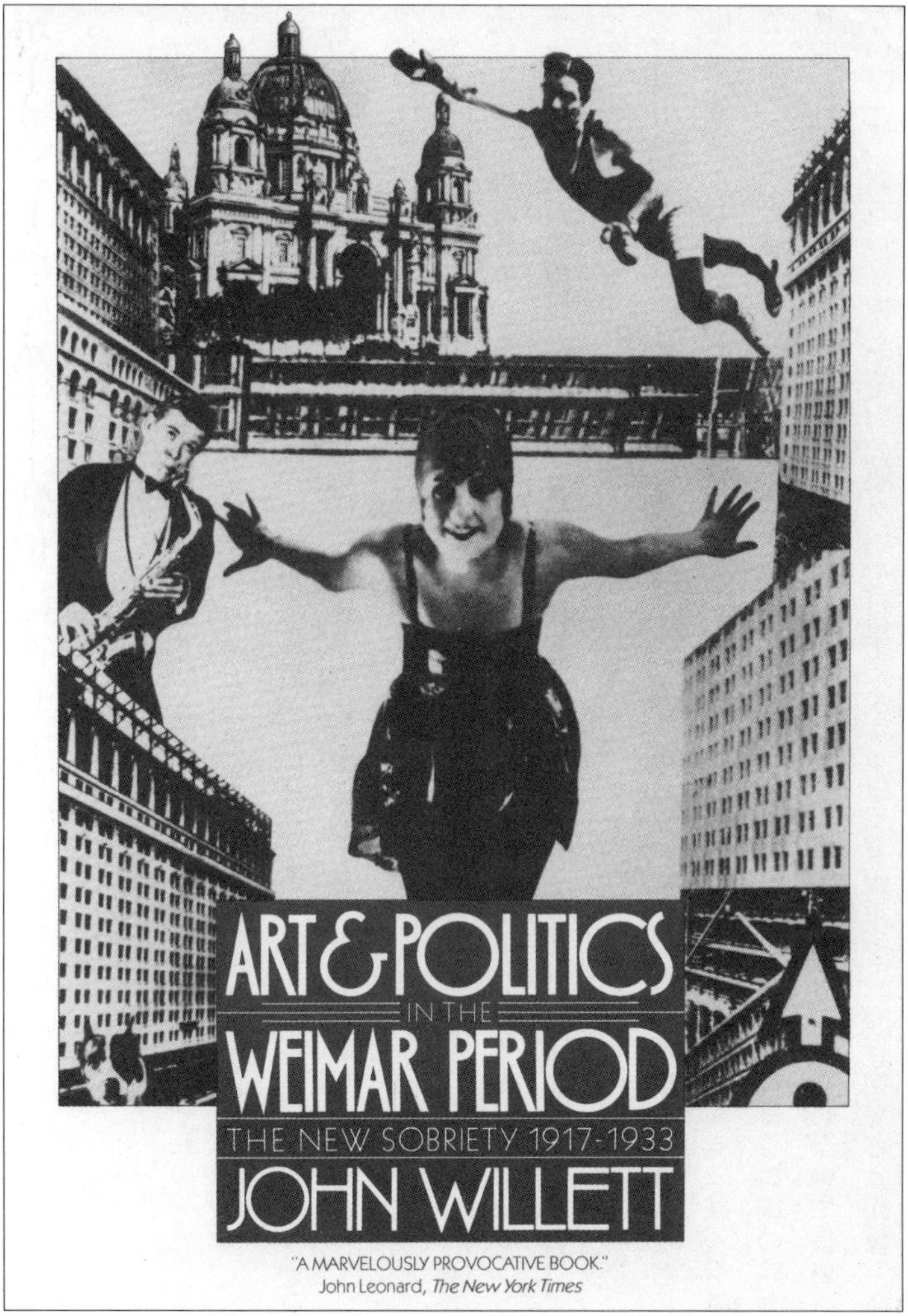

図136 J. ウィレット『ワイマール時代の芸術と政治』(アメリカ版)の表紙

* 原文は、アメリカ在住中に書かれた。

ポーランドの建築——特集に寄せて

＊本稿は、『ＳＤ』誌の特集「ポーランド建築」の巻頭に寄せたものである

コペルニクス、ショパン、キュリー夫人などを輩出したポーランド。それぞれの分野で光り輝く高峰をもってはいるが、私たちがこの国について知っていることはあまりに少ない。〈世代〉〈地下水道〉〈灰とダイヤモンド〉といった映像によって、アンジェイ・ワイダが強烈な印象を与えたのも、今の若い世代にはほとんど無縁な過去の〈事実〉になってしまっているのかもしれない。

今でも、地方都市に行けば、家々の外壁にはキリストやマリアの像が掲げられ、いつも花が絶やさずに飾られている篤い宗教心を見ることができる。国民の九〇パーセント以上がクリスチャンであるこの国は、おそらく私たちが想像する以上に、文化的・歴史的に〈ヨーロッパ〉そのものを風土のなかに根づかせてきているに違いない。

自主労組〈連帯〉による官製労働運動への〈異議申し立て〉が、その解散や戒厳令などの反応を引き起こしながら、ついには、事実上の〈連帯内閣〉の誕生を生み、共産党（統一労働者党）の〈一党独裁〉という東欧社会主義国の〈原則〉すら大きく変えつつあるこの国の昨今の動向を見るにつけ、キリスト教文化に深く根ざした、文化風土の固有性を感じないではいられない。この新しい制度とその〈試み〉が首尾よくポーランド再生をもたらすかどうかは、今のところ誰にもわからない。経済の破綻はもとより、各方面にわたる難題があまりにも多すぎるからだ。

だが、この国の人びとは、「時代は良い方向に動き出した」と異口同音に語るのである。伝えられる最近の急激なインフレも、新生ポーランドへの過渡的な困難なのであろう。この国の歴

史がまた新しいページを捲ったことは間違いない。

国家としてのポーランドは、しかしながら、歴史的にはほとんどつねに〈弱小国〉の悲哀をなめてきた。他国の王をそのまま自国の王として戴き、あるいは、隣接の強国群に国土を分割されて〈国〉が地図から姿を消したり……、と。そんな歴史をもつからだろうか、ポーランド人は逆にきわめてプライドの高い人びとだ。ナチスの前に全滅した〈ワルシャワ蜂起〉は有名だが、「ハンガリーやチェコのように他国の戦車がこの国に入ってくることはない」と彼らは語るのである。

天才はまるで遺伝における突然変異のように出現する、というよりも、彼らを生み出す土壌が備っていたのである、というのが、文化史が私たちに示す普遍的な史実である。コペルニクスもショパンもキュリー夫人もワイダも、彼らを育てたポーランド文化の〈厚み〉のゆえにあったといえよう。

そのポーランド文化は、他のヨーロッパ諸国と同じように、内側に民族的な固有性をつねに抱きながら、時の縦糸を紡ぐ横糸の汎ヨーロッパ的な動向という外側の共通性をつねに取り込みながら展開してきたようである。古い時代は措くとしても、一九二〇年代を中心にヨーロッパ各地で見られた芸術世界における、アヴァンギャルドたちの華々しい活躍もまた、ポーランドにおいて共時的に見られた現象であった。

建築の世界も、例外ではなかった。近代建築の歴史において、ロシアのアヴァンギャルドやオランダのデ・スティルがヨーロッパ中の人びとの耳目を集めていたとき、構成主義やシュプレマティスムや新造形主義ときわめて酷似した理念を唱うグループがポーランドでも相次いで生まれた。一九二八年に、〈ラ・サラ宣言〉を発してＣＩＡＭが誕生してからは、〈機能主義〉は、ポーランドのもっとも代表的な建築理念であった。

そして、現在、その経済的な困難さのゆえに、実例はわが国とは比べものにならないほど少ないが、いわゆる〈ポスト・モダニズム〉の傾向をも容易に見ることができる。

ブラジルやメキシコと並ぶ、世界の〈借金大国〉であるポーランドは、〈内需拡大〉に結びつくような社会資本への投資といった経済的余裕はほとんどない。それゆえでもあるのだろう。彼らは、外側の動向に関してきわめて〈敏感〉である。わずかな情報が、おそらく、わが国の場合の何十倍、何百倍もの価値をもって〈利用〉されているようだ。欧米の建築動向はもとより、彼らポーランドの建築家たちは意外と日本の事情についても精通している。

このことは、建築の世界に限らない。他のあらゆる芸術・文化領域についても同様だ。

クラクフの国立美術館の館長から、わざわざ〈日本コレクション〉を見せてもらう機会があった。歌麿・広重・英泉らのオリジナルの浮世絵や刀剣類などが相当量収蔵されていた。その特別展覧会のカタログで、近代絵画研究の専門家でもある館長は、「ポーランド近代絵画における浮世絵の影響について」という論文を書いていた。

文化についても、二国間の〈相互交流〉というものが望ましいとするなら、日本とポーランドの関係は、経済世界の貿易現象と同じように、ほとんど〈一方通行〉的といえるだろう。わが国から流出する量・質に比べて、彼国から私たちが得ているものは、文化交流に限定しても、きわめて些少である。〈文明〉はともかく、〈文化〉においては、相異なるふたつのものの間に存在するのは、その〈差異〉のみであるだろう。そこには、両者を分かつ質的な〈違い〉があるのみであって、〈高低〉の差があるわけではない。その意味で、文化は、つねに相対的なものである。〈差異〉というそのこと自体に価値がある。私たちがもっていないもの、私たちが経験することのなかった類いの経験をもつこと、あるいは、私たちがもった経験がまったく異なる仕方で〈消費〉されること、これらの〈差異〉を承認し合うことに、異文化同士が出合う基本的な意味があるともいえるだろう。

今回の〈特集〉において、私たちは、そうした〈差異〉を確認することになろう。木造の美しいユダヤ教会、ポスト・モダニズムを色濃く反映する昨今のキリスト教会群、かつてのアヴァンギャルドの諸作品、論争を引き起こした〈社会主義リアリズム〉の実践例……。異文化は、その〈差異〉の承認に意味があるとすれば、まずは、何よりもそれに〈触れる〉ことに第一義的な意義があるといえよう。

アンジェイ・ワイダ氏に聞く映画・演劇・都市・建築

1　映画とは何か

三村（以下M）　今回、ポーランドの現代建築について紹介することになったわけですが、私たち日本人には、ポーランドという国自体、まして建築の世界は、ほとんどなじみがありませんので、日本にもよく名前の知られた映画監督のアンジェイ・ワイダさんに、ポーランドの文化を背景とした建築と都市についてお話ししていただければと思います。

まず、映画人としてのワイダさんにおうかがいしたいのですが『ＳＤ』の読者は比較的若い世代ですので、われわれの世代にはとても有名な初期の三部作映画、〈世代〉〈地下水道〉〈灰とダイヤモンド〉といった作品を実際に見ていない人が多いわけです。そこで、日本でもすでに三部作については映画雑誌などでお話しになっていますけれど、まずは、三部作を作られたことも含めて、ワイダさんにとって映画とは何かという、非常に素朴なしかし根本的な質問からさせていただきたいと思います。

ワイダ（以下Ｗ）　私にとって映画は表現の手段です。表現の手段だけれど、その内容、伝えたいものは、芸術的なものだけでなく政治的なものも含まれている。特に、私の場合、映画は単なる純粋な芸術ではありません。

Ｍ　私たち日本人が、ワイダさんの映画に感銘を受けてきた理由のひとつに、社会主義国ポーランドの作家ではあるけれど、映画の主題自体が、きわめて人間そのものを扱っているということがあります。ほとんどのワイダさんの映画では、たとえば、〈灰とダイヤモンド〉の場合には、主人公のマチェクが、最後にゴミ捨て場でのた打ちまわって死んでいくというような〈悲劇〉に終わっている。政治もバックグラウンドにあるけれど、女と男の微妙な葛藤だとか、イデオロギーや主義主張などと主人公の心のなかの葛藤といった、非常に人間的なところが、日本人、あるいは日本に限らず世界的にアピールしている所以だと思うんですけれど。

ワイダさんにとって映画とは何かというのは、ある意味で戦争体験の内部告白を映画に重ねているのではという、日本の評論家による見方もあるのですが、表現ということもあわせて、ご自分の歴史と映画づくりがどう関わっているかということをお聞きします。

W　戦争の体験は確かにありますけれど、戦争が終わった後の戦後体験ですね。一九四五年以降は非常に積極的な人たちとか能力のある人たちは、ソ連の体制のなかに組み込まれていくということがあって、ポーランドの場合は、そういう人たちは政治的な情勢の外では仕事ができない。共産主義体制というものが、たとえば教科書であるとか、生活、芸術的な分野にも、あらゆる面でコントロールしようとする。だから、芸術家がそのコントロールと管理に対して戦うということは、当然の姿勢です。それが社会主義の国においての義務なのです。

しかし、最後まで首尾一貫して戦おうとする人は、体制側によって排除されてしまう。それは、ハムレットの「生か死か」To be or not to be と同じことです。「生きよう」to be を選ぶとすれば、体制側とはある接点をもたなければならないし、そうでなければ、国外に逃げていくより仕方がない。絵描きとか詩人とか、自分の内部に逃げていく場合もあるけれど映画作家とか建築家の場合には、その表現手段に金がかかるし、国が金をもっているわけですから、国と関係なしに仕事をすることはできないわけです。だから国との間でコラボレーションが成立する。それは給料関係ではなくコラボレーションです。戦後四十年の歴史のなかでは、当局側とあるコラボレーションなしには制作することが全然できなかったのです。

M　そうですね。おそらく、ワイダさんのフィールドの映画に限らず、すべての表現者、芸術家というものには、社会主義、共産主義に拘わらず、体制と自分の表現が衝突する部分が出てくる。だから、クリエイティブでもあり得ると思います。創造はある種の否定を含んでいるから、そういう意味では、ワイダさんがポーランドの戦後史、戦後体験のなかで、映画というものを表現手段にして表現者として歩いて来られたということは、私たち建築家も含めて、たいへん共鳴する部分でもありますし、ワイダさんの映画が一表現者の立場としてもよく理解できるという感じがします。

W　建築の場合には、そういう否定の要素はない、築くという現実のアクセプテーションではないかと思いますが。そして現実を受け入れない人は牢屋を作るようなものではないかと。現実を否定する場合でも、そういう文章を書くことはできるかもしれないけれど、実際に建てる場合には、その前提としてある現実を肯定してはじめて建築が生まれるという気がします。

映画の場合でも、たとえば〈灰とダイヤモンド〉を作ったこと自体が、その作ることができたという自由さを含んだ現実があるのだから、作った時点で現実を許容するという面はあるんですけれど。

2　日本映画への評価

M　ワイダさんは日本の映画監督のなかで、黒澤明、小津安二郎、市川崑といった監督をたいへん評価なさっているのをかつて雑誌で拝見しましたが、同じ映画監督の立場から日本の監督の優れたところを、どこに見出していらっしゃるのでしょう。

W　今あげられた黒澤、小津、市川さんたちに共通するよい点は、ひと言でいえば伝統ということです。過去の日本人の心理とか伝統的な美術とかドラマトゥルギーの性質とかいう部分でそれを非常にうまく生かしている。もちろん黒澤さんの映画はヨーロッパ的ですが、今後、彼の映画のなかにある日本的なものが再評価されて、ほとんどの黒澤作品の受け入れられ方が変わってくると思います。日本がヨーロッパ化、アメリカナイズしていることが原因のひとつですが、そういう意味で、将来若者にとって黒澤さんの映画のほうが小津さんのものより日本的だと受けとられるかもしれません。

3 表現手段としての演劇の重要性

M 今回、ワイダさんが日本に来られたのは、ご自身で脚本もお書きになられた芝居〈ナスターシャ〉の演技指導、演出のためです。映画作家でありながら演劇の演出もなさるという、表現媒体としてあるいは表現芸術そのものとして違うジャンルのものを両方なさるわけですけれど、日本の映画監督はあまり演劇をすることはないし、世界的に見ても比較的少ない存在だと思うのですが、どうして演劇という別の表現手段を求められたのですか。ワイダさんにとって映画と演劇はどう違うのか、そして最近、演劇に手を染められてきたのはどうしてなのか、その辺のことをおうかがいします。

W 演劇の場合は生身の俳優と生身の観客との直接的な関係が非常に重要です。それはドラマトゥルギーとか誰が演出するかということより重要な問題です。映画やテレビができて以来、演劇は死んでしまうといわれ続けてきたけれど、実際そういうことはなかった。どうしてかというと、現在のように技術的に発達した世界のなかでは、人びとはますます話をする機会が少なくなっているからです。昔に比較すると人びとの間の会話が、生活のなかでなくなりつつある。だから劇場というのは、人びとがお互いの間で会話を交わす最後の場所なわけです。

M そういう意味で、演劇は現代ますます重要な位置を占めてくるわけですね。

W 私の信じるところではそうです。おそらくインテリとかエリートは劇場に近づくだろうと思います。人びとは俳優同士が交わす会話を聞く必要性をますます感じるようになる。最近の演劇のなかには、技術的な面を強調した、言葉をあまり使わない劇がたくさんあって、そういうのも嫌いではないけれど、やはりヨーロッパの演劇の伝統はギリシアから出た、言葉で書かれた劇だと思います。

もうひとつ付け加えると、演劇で重要なことは、演劇は死んでいく芸術であって、舞台が終われば、もう誰も見ることができなくなるということです。その芝居を見た人の記憶のなかだけに残っている、それが一番美しいし自然なことだと思います。自然でないものは箱に入って残り続ける映画です。

M　おっしゃるように映像芸術というのは、フィルムや写真に撮るという、ある記録性という形で生命が残る性質がありますし、演劇やパフォーマンスのように瞬間的で一回性という性質をもったものもあって、表現それぞれには固有の特徴や性質があると思いますけれども、私たちは映画を見るとき、もう一度映画の話にもどりますけれど、私たちの記憶に残るシーンというのが、ある意味をもつような気がするのですね。

たとえば、日本でも有名なエイゼンシュタインの映画〈戦艦ポチョムキン〉のなかで、ロシア軍に発砲されて階段をころげ落ちていく人びとといっしょに、母親を失った乳母車が落ちていくアップのシーンなどは、私に強烈な印象を与えました。ツァーリズムの狂暴さをエイゼンシュタインが表現しようとしたもので、彼のいわんとするところがそのシーンひとつでよみがえってくる。

箱にしまわれてしまうけれど、私たちの記憶と映像が結びつく、そういう問題も表現につねにあるのではないでしょうか。

W　私は映画を作るときは、演劇のことは全然忘れるし、演劇を作るときは、映画のことを忘れます。映画は本当にすばらしい表現手段だと思っています。

4　クリエイティブなアイデアとその実現

M　ところで建築の話になるわけですが、先ほど、建築家が体制の外で仕事ができるかというお話がありましたが、私はものを作らない建築家というい方が成立する部分もあると思っているんです。イマジネーションの世界でプロジェクトを次々と発することで現在の建築の状況に対して異議を申し立てる、論じる、そういうあり方も建築の表現、あるいは建築家の存在としてありうるし、実際にそういうグループが存在してきました。たとえばイギリスのアーキグラムという建築家の集団は、徹底的にものを作らないで、空間のプロジェクトだけで自己主張をしてきました。そういう意味では、私は建築も建つか建たないかということよりも、そのプロジェクトに込められたテーマ、建築家の主題がどれだけ、それは同じフィールドでも文化全体に対してでもいいのですけれど、クリエイティブであるかということが一番大事ではないかと思っているんです。ワイダさんの建築観と私の建築観とは多少ずれがあるかもしれませんが、いかがでしょうか。

W　確かにそう思います。映画の場合でも実際に映画を作らなかったけれど、映画の歴史に影響を与えた、たとえばフランスのヌーヴェル・ヴァーグの父といわれているアンドレ・バザンのような人もいます。彼らの場合も最初に映画評論家がカイエ・デュ・シネマというグループを作って、映画はいかにあるべきかということを発表したりして、それから後で監督になったわけです。

彼らの考えは非常に飛躍的なもので、彼ら自身、彼らだけがそれを実現することができた。建築の場合でも、自分のすばらしいアイデアが、現時点では実際に建築にならなくても、それが実現される場合にはその人自身が設計しなくてはならないんじゃないか。

M　その点では私と共有できる部分があってうれしく思います。

W　ポーランドの場合は全然状態が逆で、建築のプランはたくさんあるんだけれども、実際に建物となるケースは非常に少ないんです。だから建築家は外国へ逃げていったり、学校で教えたり、実際の建築家としての活動の可能性は小さいというのが現状です。

5　東京──カオスとハイウェイの街

M　ワイダさんは日本にもう何度も来られたり、ヨーロッパ諸国にも出かけられていますが、ワイダさんの建築や都市、とくに最近の東京の街の印象についてお聞きしたいんですが。ワイダさんにとって、東京の街はどんな風に映っているんでしょうか。

W　ひと言でいえば、混乱、カオス。カオスのなかから出て来る唯一の要素はハイウェイではないか。街全体が、自然が作ったものと思考が作ったものとでできているとすると、ハイウェイだけに人間がこういうものを作りたいから作ったという意志とか思考を感じます。あるいは、ハイウェイは他の惑星に住んでいる人間が作って、街は日本人が作ったような感じがします。そしてカオスのなかには、素晴らしい建築的な作品がある。

M　それは非常におもしろいお話ですね。今まで外国の人に東京の印象をたずねて、ハイウェイに東京の特徴があるという話を聞いたのははじめてです。

W　クラクフの場合には、真中にひとつの中心があって、そのまわりに街ができている。閉鎖された街の形というのは、マイナスの要素も含まれています。プラスの面は自分がそのなかにいるんだという感じです。閉鎖された壁によって囲まれた街のなかで、ここに自分がいて、ここはみんな自分の街であるというような。マイナスの面はというと、クラクフに今計画されているミュージアムについて友人と話したりすると、彼らはクラクフを囲んでいる城壁のなかに作るべきだといいます。そうしないと誰も来ないよと、そういう制限があるのだと思います。

だから、私が語った東京の街の印象は、私が古い小さな街から出て来たということがバックグラウンドにあって、評価しているということです。

6 建築と都市との関係

M 東京とかクラクフという具体的なものから離れて、もう少し一般的なことをお聞きします。私たちは建築を単体とか個体というふうにいい方をするのですが、建築家にとって、個である建築と都市の関係がどうあったらいいのかということはいつも重要なテーマです。当然ながら人間集団をとっても、個と全体、個とグループといった問題があるでしょうし、建築の世界でもいろいろな考え方があると思います。個と全体のなかには相反するような緊張関係があるべきだとか、今のクラクフのお話のように徹底的に調和しているべきだという考えもある。個と全体を建築と都市と考えたときに、クラクフに暮らしているというお立場を離れて、どんな風にお考えになりますか。
W ひとつの建物と街全体の一番いい関係というのは、ひとりの人間とその社会との一番いい関係ということです。社会が私の個人的な権利、私が仕事を続けていかれるような権利を守ってくれる。
建築はそのことの表現だと思います。人によっては庭をもった家に住みたい人もいるし、ビルのなかに住みたい人もいる。私の場合は、他人から離れているということが生きるために必要な条件なんです。だからあらゆる点で対立、コンフリクトが起きる。建築のなかでも当然、そういう対立が現れてくるわけです。ということは、ある人の希望と他の人の希望の両方を受け入れなければならないし、それから、共生の要素も作っていかなければならない。自分の庭を線路が通ったとしても、私はそれを望むわけではないけれど、それを認めなければならないのです。

そういう意味で、建築は権力の一部です。それがはっきり現れてくるのは、十八世紀の合理主義が盛んだった時代で、権力者側は調和のある世界を作ろうとした。自分がすべてよく監督できるように、見ることができるような世界、たとえばベルサイユの宮殿のような。それは権力者側の理想です。

M　おっしゃる通り、建築の世界というのはクライアント、依頼人がいて成り立つデザイン、あるいは建設自体が成立するものですから、依頼人が権力者であればあるほど、力は強大でその意志が通る。そういう意味でベルサイユは典型的な例だと思います。

W　芸術家が自分の理想とか自分の考えを自由に表現するためには、民主主義が必要です。それぞれの建築家がクライアントを見つけることができなければならないわけです。しかし建築家とクライアントの総体が、現在の東京のようなカオスを生み出している。もし東京が天皇に支配されていたら、通りをはっきり決めて、ピョートル一世がやったように、ナポレオンやオスマンがやったように、同じくらいの区画に区分して、家のプランを選んで、それを建設したでしょう。おそらく、素晴らしく美しい街ができたかもしれない。しかし、それは強制の表現でしょう。

M　おっしゃるように建築と都市の関係は大小さまざまな力が働いてでき上がってくる。今のデモクラシーのお話は重要な観点だと思います。

もうひとつ、建築家側の立場からいうと、建築デザインの世界は、当然クライアントがいるという制約があるわけですが、表現者として自分の表現をつねに考えようとする。私はクラクフという街がたいへん好きなんですが、それは、そこに行けば、クラクフという街の雰囲気がある。別ないい方をすれば、ラテン語のゲニウス・ロキ、場所の精神、土地の精霊というものを感じることができるからです。クライアントの問題を別にすると、建築家というものは、そのゲニウス・ロキのなかでいかなる表現が可能なのか、またすべきなのかという問題をいつも引き受けざるを得ないのです。

7　ポーランド建築の動向

M　日本の読者は、ポーランドの建築や都市の状況についてあまり情報がありませんが、私たちの知りうる限りでは経済的にも非常に困難な状況だし、表現、とくに建築の世界において、なかなかチャンスがないという意味で、困難な状況にあるということは承知しているつもりです。しかし私が知るところでは、最近はとくに教会建築などでたいへんおもしろい建築が増えているようです。ワイダさんの目を通して、最近のポーランドの建築や都市の状況がどんな風であるのかをお話しください。

W　この数年間で一、〇〇〇以上の教会ができたことは確かです。建築家にとっては非常に大きな分野が拓けた、無制限にですね、と思いました。しかし長いこと建築家はたいして意味のある仕事をしてこなかった。そこで、自分の教会の設計によって、自分自身をすごく誇張して見せようとする。教会のほうも神の存在を表現するだけでなくて、共産主義者側に対して自己顕示をしようとしたわけです。そのために教会は純粋な意味での礼拝の場所、精神の集中の場ではなくなり、教会のなかに神が少なくなって、共産主義に対する城壁というように考える傾向になってきています。ポーランドの新しく建てられた教会は、宗教がもっとも必要としている表現が後まわしになっている、あるいはないんじゃないでしょうか。一、〇〇〇件の教会をまとめて一か所に建てたとしたら、世界建築の展覧会のようになるでしょう。しかしそれは、四十～五十年前の建築でしょう。技術的にも未熟ですし、本当に新しい建築が実現されているとは思えません。教会のなかには、いいものもあるし悪いものもあるけれど、驚嘆するような素晴らしいものはないのです。

それは建築家たちの責任ではありません。戦後のスターリン時代にポーランドの建築の伝統が清算されてしまったからです。現在のポーランドの建築、そういう教会建築は、ある意味でスターリン主義に対する反対の姿勢を現しています。

M　その辺はよくわかります。さすがに表現者として現在のポーランドの建築の動向を厳しくご覧になっていると思います。ただ私が何度かポーランドを訪れて、建築状況を見た限りでは、十年ぐらい前には、ポーランドの現代建築は、大きなコンクリートパネルでアパートや大きな建物を作るというような状況でしたが、ここ数年は、技術は多少プリミティブでも新しい表現の方向を求めるような、たまたまスポンサーの関係、財政的な関係で教会というものに限られていますけれど、新しい建築の世界が今ポーランドで始まったと思うのです。そしてそれが少なくともマイナスではなくプラスの方向で芽が出てきていて、いろいろな問題はあっても、そこから新しいポーランドの現代建築が拓いてくるのではないかと、むしろ積極的に評価したいのですが。

W　教会の建築そのものは非常に公共的なものですし、戦後四十年たってはじめてプライベートなクライアントが出てきた。ということは、それが気に入ったとか気に入らないとかいえるし、非常に大きな発展です。かなり、金持ちも増えてきているし、個人の住宅もできています。そういう建築のなかにはおもしろいものもあると思います。でもそれではまだ新しい建築が生まれ始めたとはいえないような気がしますけれど。

8　クラクフの日本文化センター

M　最後になりますが、ワイダさんは昨年、日本で京都賞を受賞されて、その賞金を基金にしてクラクフに日本文化センターを作ろうという構想をおもちだと聞いております。その日本文化センターについて簡単にお聞かせいただけないでしょうか。

W　とても大きな日本美術の収集が、一九二二年頃からすべて倉庫のなかに眠っているのです。一万点以上の浮世絵とか鎧や刀など、いろいろな素晴らしいものがあります。クラクフでは、そういうものをとくに展示するような場所がありません。

今世紀の初め頃、日本の美術はポーランドだけでなくヨーロッパの美術に非常に大きな影響を及ぼしました。現在では、日本のポスターとかグラフィック・アートも知られています。美術以外では、エレクトロニクスやいろいろな新しい技術に大きな関心が寄せられている。ポーランド人は日本に現代のもっとも進んだ技術の理想の姿を見ています。

昔からポーランドに日本を少しでも近づけることができればと考えていました。今のポーランドは、病院も不足しているし、そういう状態のなかで美術館を作る意味があるのかという問題はありますけれど、現実的な考えではなくて、気まぐれ的なことも人間の生活にとって重要だし、許されてもよいのではないかと思います。そうした日常的でないアイデアが実現すれば、ふつうの人びとの考える夢が実現する可能性もあるという実例になるのではないでしょうか。クラクフが死んだ街にならないで、生き続けて、これからまた文化が発展していく契機にもなるだろうし、クラクフの人びともそう感じるのではないかと。

M　是非ワイダさんの夢が実現されるように私たちも祈っておりますし、いろいろな形で協力させていただきたいと思っています。今日は本当に長い間、映画から演劇、建築や都市に至るまでさまざまな問題についてワイダさんのお考えを十分お聞かせくださって、たいへんありがとうございました。

［通訳・鴨治晃治］

（一九八七年三月、於ホテルパシフィック東京）

14 祭り

御柱祭を訪《おとな》う

1　諏訪の初夏

平成十六（二〇〇四）年は、七年に一度の諏訪大社の御柱祭の年に当たっていた。かねがね一度は観たいと思っていた。

もう二十年ほど前に、中央高速道のサービスエリアから見た、傾いた真夏の陽光を浴びて湖面をキラキラ輝かせていた諏訪湖の印象が強かった。ポーランドからの客員教授とその娘さんを上高地や妻籠などに案内し、中津川駅で彼らと別れて車で帰京する道中だった。「この湖が冬になるとすっかり凍りついて氷裂の長い盛り上がりの帯ができ、御神渡りの神事が行われるのだ」。はじめて見下ろす諏訪湖は、諏訪大社を中心とした古い歴史への興趣をそそるのだった。

佐久や原村、清里、野辺山、松本、安曇野、八方、白馬、志賀高原など長野県はよく出かけるところだが、諏訪地方を直接訪れるのは今回がはじめてである。

季節は五月初旬、天候良好。新宿を発った列車が小淵沢に近づくと、頂上部にまだ白い残雪を戴いた八ケ岳の大きな山容が青空を後ろに控えて右手に見えてくる。三〇〇〇メートル近い高山であることをあらためて思い知る。車窓に飛び込んでくる木々の若葉も、途中で見た甲府盆地のものとまた異なり、その緑はいっそう淡くなってきた。暦とは違って、まだこちらの季節は春なのだろう。列車は、右手に大きく回り込んでゆく小海線の線路と別れて、八ケ岳の裾野を巻くようにしてまた山際をまっすぐ進んでゆく。視界が開けてきたと思ったら、もう茅野であった。湖を抱える諏訪盆地の入口である。諏訪大社上社前宮に近いことをあらかじめ調べていたので、今回の宿は茅野に取っていた。駅を東に出ると、いかにも最近整備されたらしいきれいな駅前広場があった。真っ黒なＳＬ機関車が飾られていてそこが小さな「交通公園」であることを示していた。早立ちだったから、昼にはまだ十分時間がある。

諏訪湖と諏訪大社以外に、私たちがこの地域からすぐに連想するのは、温泉と精密機械工業のイメージである。昔は蚕業も盛んだったらしいが、紬や縮み、銘仙などの絹織物で今もその名が知られる産地と比べると、現在はほとんど歴史に埋もれてしまったようだ。温泉はともかくとして、どうしてこの地にわが国有数の精密機械工業が根づいたのか、私は不勉強で知らない。コンピュータ化の時代、ＩＴ関連機器の生産はこれからもしばらくは活況を呈するにちがいなく、関連の精密機械の製造も併せてこの地の機械製造業関係はまずは安泰というところだろうか。

今回の旅は、とにかく御柱祭の取材に徹することを目的として、温泉浴は他日を期すこととした。チェックイン前の時間帯ゆえ、宿に荷物を預けてさっそく「現地」に向かった。今日五月二日は、上社の「里曳き」である。前宮・本宮併せて八本の巨大柱が大勢の人びとによって曳行されるのだ。茅野駅西口の特設バスの乗り場から本宮に向かった。茅野の旧市街を抜けると、その名もゆかしい宮川を挟んで田園地帯が拡がる。この辺りは南北に山並が迫っていてそれほど広い平野ではないが、それでも草木の新芽は春の明るい陽光を浴びて輝き息づいていて、さながら遠来の（？）観客を歓迎するかのような風情だった。「ああ、ここは信州なのだ」とあらためて合点する。前宮、本宮の周囲一帯は交通規制が行われ、件のバスは一キロメートル以上も手前の臨時停車場で降ろされる。バス利用者はもとより、地元の家族らしい人びとがぞろぞろと本宮を目指して歩を運んでいる。気持ちが急いて早歩きしたせいか、本宮に着いたときには汗ばむほどだった。門前は両側に土産物屋や飲食店が建ち並び、多くの人が往き交って、祭の幟の行列ともども賑やかな雰囲気に満ちている。何よりも天候がよく、柱を曳く人たちもそれを見物する者たちも、この日は幸運に恵まれた。

2　里曳き

御柱祭といえば、下社の勇壮な「木落し」が有名である。それは「里曳き」前の「山出し」の一環としてあるから、もう一か月ほど前に終わっていた。「山出し」も「里曳き」も三日間で済む行事だが、御柱祭全体はずっと時間のかかる祭だという。二年前から深山での巨木の「仮見立て」が始まり、一年前の「本見立て」、当該年に入って二月の各柱担当地区の「抽選」、曳行綱の「綱打ち」があって、ようやく四月に「山出し」になる手順という。そして「山出し」と「里曳き」の間に、それまで六年間各宮の四周を固めて建ち続け役目を終える古柱の撤去作業がある。「御柱休め」という行事である。今回の上社の新しい八本の柱のモミの木は、社有林の八ケ岳・御小屋山の巨木が伊勢湾台風で倒木したため、立科町の町有林から選定・伐採されたそうだ。下社の場合は、東俣国有林に巨木の払い下げを受けて行うため、三年前に申請して見立てが行われるという。それにしても、上社も下社も「一の柱」の目通り径は一メートル近い太さだから、こんな巨木群を七年ごとに供給する信州の山々の「懐の深さ」を感じずにはいられない。と同時に、伊勢神宮の先般の式年遷宮ではついに台湾桧が使われたことを思い出し、諏訪御柱用の巨木調達は果たして永続的に可能なのだろうか、と少々心配にもなった。

里曳きは、山出しにより八本の柱が安置されていた「御柱屋敷」から始まる。神社側からこれを迎えにゆく「舟形神輿」の行列と、さらに騎馬行列、長持連、花笠踊り連、民謡連、龍神舞連などのさまざまな「出し物」が加わって、「御柱街道」は実に賑やかな非日常的な「晴れの空間」となる。

舟形神輿は、神ノ原地区の代々世襲の八戸の「山作り衆」がナルという細木で作り、恒例で茅野市泉野中道の氏子衆が「白張烏帽子」の装束で担ぐものであるが、今回の衣装は鮮やかな黄色だった。時代とともに色彩りも変わるのだろう。飾りといえば、御舟中央に据えられた十字型の大きな御幣（おんべ）だけである（諏訪地方では「御幣」をオンベと呼んでいる）。折口信夫は、祭りの旗竿の先端につけられる「鬚籠（ひげこ）」について考察するなかでこの諏訪御柱祭の御舟に言及している。[1] その論旨をたどれば、この十字型御幣は、まず神の依り代、人間からすれば「招き代」であり、神々の姿を偶像化して人型にしたものと解することができる。要するに新たに神木となる御柱群を、すでに神社に坐す神がお迎えになるというわけだ。なぜ、舟なのかは、諏訪湖の水神と密接な関係があると思われる。水上渡御の舟を移動御座と見立てたということのようだ。昔から、神様のご利益を得ようというのか、観衆はこの舟に賽銭を投げ込んできたそうだ。私が、本宮から「街道」を逆行して、この舟形神輿に出会ったときも、沿道の人の何人かはコインやおひねりを投げ掛けていた。

古式豊かな祭礼を想像していた私を少々驚かせたのは、若い人たちがグループを組んで進む「出し物」のいくつもの集団だった。顔のペインティングも衣装も道具立てもきわめて現代的で、むしろ西洋のパレードと見紛うほどであった。彼らが街道の要所要所で立ち止まっては、身振り手振りのパフォーマンスを観衆に披露するのだから、長い行列の歩みは実に遅々としたものである。七年に一度、この祭のために都会の職場も学校も休んで帰郷して盛り上げようという、彼らの「意気込み」や「エンジョイ」ぶりが大いに感じられた。街道沿いの家々では、座敷や物干し台などが臨時の「桟敷」に仕立てられ、食べ物、飲み物も山と積まれて、もう観客はどこも鈴なりである。演（や）るほうも観るほうも、街じゅうが一体となって楽しんでいる。こうして、祭は、地域社会がその連帯感のなかで「時代の色」を加えつつ伝承してゆくものなのだと、実感したのである。

(1)「鬚籠の話」『折口信夫全集　第二巻』中央公論社　一九六八年

図137　舟形御輿

しかし、何よりも「里曳き」の圧巻は、巨大柱の曳行そのものである。

前宮の四本、本宮の四本の柱全部がそれぞれの宮の敷地に収まる頃にはとっくに日が暮れてしまう。前宮付近の街道は、区画整理とともに新たに拡幅整備されたようで、広さも舗装状態もきわめてよく、巨大柱の曳行を演じ、またそれを観る「劇場空間」としては実にふさわしいものだった。その広い街道を、延々と一キロメートルは優に超えるであろう曳行の行列が埋めて進む様を、本宮側の少々小高い坂上から一望したパースペクティヴの光景は、壮観の一語に尽きた。

各御柱を曳行する担当地区の人たちは、柱ごとに異なる色鮮かなシャツと脚絆・地下足袋の姿に身を固めて柱本体や柱の前後で二本の角のように突き出る「メドデコ（梃子）」に取りついて小さな御幣（おんべ）を手に手に「ヨイサ、ヨイサ」と掛け声をかける。曳行の元綱の前方からは、「♪皆々様、力を合わせてお願いだあー♪」とよく通る木遣り唄が入り、御柱は大勢の老若男女の曳子によって少しずつ路面を摺って進んでゆく。柱の先頭では御幣持ちがキッと視線を前方に据え、御幣を高く掲げて誇らしげである。柱の両側には柱が回転しないように六尺棒を持った多くのデコ衆が寄り添っている。メドデコ衆やデコ衆のカラフルな衣装がまた晴れやかさを演出する。メドデコ衆の色はこんな具合だ。「本宮御一柱（本一）」—浅黄色と赤、「本二」—山吹色、「本三」—赤、「本四」—黒、「前宮一」—桃色と白、「前二」—白と赤、「前三」—赤、「前四」—赤と黄色。その昔は全部黒装束だったそうだ。確かに、明治・大正などの古い写真を見ると、デコ衆たちは皆揃い法被を着ていて、色も黒か紺のように黒っぽい。黒装束は神事としての敬虔さを示すためだったか、あるいは元来華美であったが江戸期になって「倹約令」などにより質素な形式に改めさせられたか、事情はよく判らない。だが、神事というものは元来、お神楽に象徴されるように歌舞音曲を伴い、色彩的にも華麗なものである。まして、地域総出

図138　行列の出し物

図139　「本宮二」の里曳き。前後のメドデコにもデコ衆が鈴なり。

で巨大柱を曳行し、また建てるという、それ自体大掛かりな祭礼なのだから、晴れがましくカラフルであるのも自然な姿なのだろう。演るほうも観るほうも、そのほうが愉快であるにちがいない。

曳行が一休みしたとき、御柱に近づいて御幣を持って先導していた初老の責任者らしき人に話しかけたら気さくに応じてくれた。御柱は社有林でなく立科の町有林から切り出したこと、曳行の本綱は藤の根である「根藤」を何年も前から集めておいて打ったものでどんな材料よりもこれが一番強い綱であること、家々に残っているのは足腰の不自由な年寄りだけで地区のみんなが総出で祭に参加していること、子どもの木遣り隊は地区ごとに指導者がついて一年越しで訓練してきたことなどをとくとくと語ってくれた。この祭こそが彼の生き甲斐であるらしいことが、その誇らしげな語り口の端々から伝わってきた。この休み時間を利用して、丘の上の前宮本殿に行き、参詣を済ませた。思いのほか質素で小さな宮だった。一般住宅などが通路いっぱいまで迫っているのを考えると、長い時間経過のなかで衰退し、本来の広大な敷地も壮麗な社も原形をとどめなくなったのだろう。振り返ると、境内の木々の芽吹きの淡い緑越しに茅野の市街地と田園地帯が眼下に拡がり、視線を上げれば、その向こうに堂々とした青い永明寺山の山並があって背後の八ケ岳山塊に連なっていくすばらしい風景がそこにあった。

上社は男神で下社は女神だということで、上社の御柱の前後にはみな二本の長いメドデコがV字型に突き出ている。これをつけたまま宮の鳥居をくぐろうというのだから大変である。前宮には街道に面した御影石造りの一の鳥居と境内を進んだところの青銅製の二の鳥居がある。しかも二の鳥居をくぐると奥の本殿までずっと急坂の連続である。いわば、ここらが里曳きの一番の見どころだし、演じるほうは腕の見せどころである。祭は観るほうも「参加」してこそ祭である。私は江戸っ子の血が騒いだか、二の鳥居を入ったすぐの急階段袖の石垣上端の一番前に陣取って見物することにした。自分の年齢がフト脳裏をかすめたが、「これが私の祭りへの参加だ」と自らに開き直った。メド綱を引っ張り片方のメドデコを地面すれすれまで傾げて、二本の鳥居をくぐり抜ける。他方のメドデコは常態よりも垂直に近い角度になる。そんな急角度のメドデコに地区色に染められたシャツ姿の十人もの若衆が止まり綱頼りにしがみついたま ま、鳥居に触れることもなく無事くぐり抜ける。観衆は拍手喝さいである。何トンもの巨大柱をコントロールするそのワザはまさしく長年鍛え抜かれたものにちがいない。

私の足元の石段は柱を引き上げるための木製の真新しいスロープがつけられている。幅は一・二メートルほどである。ここは名うての「メーミヤ（前宮）一の坂」である。ふたたび木遣り唄が入る。急坂は途中で休むわけにゆかない。一気に引き上げるのである。長い行列をなす曳子の呼吸も合わなくてはならない。まるで映画で見る戦場のようなけたたましい掛け声と熱気と土埃りのなかで、石垣上の最前列の私をかすめたメドデコともども前宮の「一の御柱」が上がっていった。「木落し」に負けない迫力の、里曳きのクライマックスを堪能したのである。初日からすさまじいエネルギーに圧倒され、重い足を引きずって、前宮から三キロメートルほどの距離を隔てた宿に着いた頃には、陽も沈み薄暮になっていた。あの喧騒がウソのように、もう静まり返っている街なかだった。

3　建御柱

翌三日もよく晴れ渡った絶好の日和だった。今日は前宮の建御柱《たておんばしら》である。その一部始終を見ようと、八時には宿を出て前宮に向かう。一〇時から始まる前宮御一柱の建て柱であったが、九時前に現地に着いたときには少なからぬ観衆が集まっていた。みな「特等席」を取ろうというのである。私は、御一柱の柱穴のすぐそばの斜面に陣取った。穴は径、深さとも二メートル

図140　「前宮」二の鳥居と階段

図141　「メーミヤ一の坂」を登る御柱

ほどのものである。すぐそばに二本の長い柱を逆V字型にした、御柱を引き上げるための高い櫓が組まれている。昨日のうちに坂道を引き上げられた御柱は、メドデコがはずされて穴に根元を向けて寝かされている。私の位置からは、根元から柱頭までよく見える。「山の神返し」の木遣りが響く。「♪山の神様お帰りだあー、皆様ご無事でおめでとう♪」。いよいよ白装束の「山造り衆」が現れて建御柱の祭事が始まった。もうこの頃になると辺り一帯は立錐の余地もないほど人が溢れている。メドデコを突き込んでいた大きな矩形のホゾ穴から先の部分を三角錐のように削り取る「冠落し」である。江戸時代から世襲で伝わるという朱塗り柄の特別の斧による最初の一振りの「斧入れ」と、続いて「手斧入れ」の儀礼的な所作が入る。あとは力強い斧さばきで先端はあっという間に三角錐状になった。斧で削られた木屑の片々を山作り衆が観客にばらまく。神柱の縁起物を手に入れようと、手を差し伸べて空中争奪戦が起こる。運よく手にした隣の家族連れの地元の女性は、「これを家に飾っておくと、次のお祭りまで家中が無病息災でいられるありがたいお宝なんだ」とわざわざ東京から見物にきた私に「解説」してくれて、その小さな木片を懐に入れるのだった。二、三、四の御柱の「建て」の準備もそれぞれ時間をずらして進んでゆく。「起こし」の準備で昼の休憩となる。

午後一時頃、年期の入った初老の男性の木遣り唄を合図に御柱に綱が巻かれる。「白張烏帽子」姿の氏子によるこれも世襲の仕事という。「七五三巻き」といって建御柱が終わって人びとが柱から降りたあとひと引きで簡単にほどける特殊な巻き方だそうだ。この綱を中心に何本もの倒壊避けのロープが取り付けられる。「乗り手」が鈴なりのように乗って、木遣りのあと、ラッパ隊の演奏に合わせてひときわ威勢よくかけ声と手拍子が起こる。観衆の全員参加である。最近のサッカーの応援風景を連想した。いよいよワイヤーでの御柱の「曳建て」が始まった。「しゃち（車地）」とよばれる伝統的な回転機でワイヤーを巻いて曳き上げていく。十字型の回転棒の

図142 「前宮一」の冠落し

図144 「前宮一」建御柱成就の巨大扇

図143 「前宮一」の建御柱

一本に二人ずつ、計八人が円運動して押し歩き人力で巻くのである。御幣を両手に抱えた先頭乗り手を筆頭に、大勢のカラーシャツ、地下足袋姿の男たちは御柱が徐々に建ち上がって傾斜がきつくなると、落とされないようにと必死に取りついている。その様子を見ているのが、建御柱の面白さでもある。子ども木遣り隊やラッパ隊がさらに次々と景気づけするなか、「ヨイサ、ヨイサ」の掛け声とともに御柱は垂直になるまで起こされてゆく。まあその時間のゆるやかに流れること！　ひとつ御柱が建つのにたっぷりと三〜四時間はかかる。それを観衆のほとんどは、立って見物する。演るほうも観るほうも、実に体力と辛抱が要求される行事であった。この日私は終始「前宮一」の建御柱を見物した。クライマックスは最後にやってきた。御柱が垂直になってラッパ隊の音やかけ声が止んで静かになった瞬間、サアーッと白い巨大な扇が拡がり、「祝　信濃国一之宮前宮一諏訪大社御柱祭」という大きな文字があった。扇がたたまれると、長大な垂れ幕が垂れ、「祝　諏訪大社前宮一之御柱大祭」と記されていた。次いで、金銀の何本ものテープが先端から四方に投げ下ろされ、傘状に観衆の頭上を覆った。テープはやがて風に流されながら地上にゆらゆらと舞い落ちる。これも縁起物だから人びとは我れ先にと奪い合う。乗り手の大半が降り、最後に先端に御幣が長い釘で打ち付けられて建御柱が成就した。「前宮一」の建御柱が終わったころには、陽はすっかり傾いて山陰に隠れていた。建ち上がった「前宮二」「三」「四」と徐々に低くなる御柱をひととおり見回って、前宮の境内を後にするころには薄暮が忍びよっていた。

四日は本宮の建御柱である。あいにくこの日は小雨が朝から降り出した。午後一番の「起こし」ということで、本宮の参拝や門前町のヒヤカシ歩きで午前の大半の時間をつぶす。原村の別荘から見物にきたという老夫婦とアーケード下のベンチで隣り合わせになり、暖かいウドンをごちそうになりながら小一時間いろいろな話しをする。日本橋で三井の本館を中心に再開発が行われ高層ビルが建つこと、パリのサント・シャペル教会礼拝堂のステンドグラスの見事なこと、アメリカの郊外型戸建て住宅地の質の高いことなど、海外旅行経験が豊富だという夫妻と話題は国内外の多岐におよんだ。

小雨そぼ降るなか、二の鳥居をくぐったすぐの「ひろば」を前にした位置で、「本宮一」の建御柱が始まった。前のほうの観衆は後ろの見通しをよくするためだろう、小雨のなかにも拘わらずすべて腰を下ろしたままの見物である。主催者側の統制ぶりをよく察することができた。夫妻と別れた私は、観衆の最後部で傘を差しながらの見物である。御柱が「しゃち」によってゆっくり引き上げられる仕組みは、昨日の「前宮一」と同じである。ただ、今日は雨で樹皮を剥がされ磨かれた御柱は濡れている。まだ、御柱の傾斜がゆるやかだった、つまり地面からの高さも低いとき（それでも五メートルはあったろうか）に、乗り手の二、三人が足を滑らせた。幸い、彼らは綱を掴んで落ちることはなかったが、ひときわ観衆のどよめきを誘ったものである。木落しばかりか、建御柱も危険と隣り合わせである。山出しの途中、御柱が横回転して脇を歩いていた人が下敷きになり落命したような事故もこれまで何度もあったそうだ。状況が状況だったし、そんなことを思いながらの見物だから、今日の建御柱は観るほうもいっそう緊張したものだった。「本宮一」のフィナーレでは、「平成二十二年御柱祭で又逢いましょう」「祝本宮一皆様御協力ありがとう」「祝諏訪の御柱日本一」の三本の長大な垂れ幕が下がった。ラッパ隊の景気のいい演奏とかけ声がしばらく続いた。

「本宮二」に回ったら、こちらも建御柱は終わっていた。すぐ脇の立派なケヤキの大木の前では少々見劣りがしたが、前宮も合わせて八本のうち唯一樹皮つきの御柱はまた特別風情があった。里曳きのときにもこの「本宮二」の樹皮つきについてその由来を尋ねたのだが、結局

図145　諏訪大社上社本宮門前町
図146「本宮一」の建御柱

「慣例」ということしかわからなかった。「本宮三」は拝殿裏の樹林のなかである。まだ、建御柱の行事が続いていたので、観衆の最後尾、樹間の傾斜地に分け入って見物する。御柱の先端は手前の木の枝に隠れて見えない。小一時間ほどで完了。狭い樹間の道を大勢の観衆がぞろぞろ出口に向かって降りてゆく。雨で柔らかくなった樹林地のドロで靴は汚れ放題だ。さらに奥の山の樹間に建てられた「本宮四」は、アプローチ路が判らず結局見ずに境内を後にした。

臨時タクシー乗り場で一時間ほど順番を待ち、茅野の駅に向かう。駅前ビルのなかの旅行会社の脇で、御柱祭のテレビ放送の観客席が設けられていた。地元のテレビ局は三日間朝からずっとフルで放送したそうだ。私がここに寄ったときには録画で祭りの一部始終が放映されており、帰途の列車の時間つぶしを兼ねテレビを観て過ごした。本宮での曳行担当地区の抽選会、元綱の根藤による綱打ちなど、外部の見物人が通常見ることのない貴重な映像が流されて興味深かった。

年甲斐もなく、三日間朝から晩まで、里曳き・建御柱と義理堅くお付き合いしたためか、東京への列車内では心地よい睡眠に終始身を委ねることとなった。

4　御柱祭の原像

諏訪地方の住民がこぞって参加し、これほどまでに壮大に盛り上げる「柱の祭り」というものは、いったい何なのだろう。素朴な疑問が前々からあった。今回の現地視察を機会に少し調べながら考えてみた。

巨木信仰というのは、わが国以外にも世界各地にある。J・G・フレイザーがイタリアにおける巨木信仰をきっかけに、トーテムポールなど巨木の原始的信仰について広く文化人類学の立場から考察したのは有名である(2)。

(2)『金枝篇』(永橋卓介訳)生活社　一九四三年

一九九八年に学習院大学東洋文化研究所の主催で開かれたシンポジウム「縄文から弥生へ――巨木と鳥竿」においては、こうした各地の巨木信仰に関して考古学・古代宗教学・民俗学などの研究者・専門家の報告があり、またパネル・ディスカッションも行われた。(3) 大林太良は、ギリシア・ゲルマン・スラヴ・北欧の古い柱信仰について、萩原秀三郎は、最近発掘された中国古代の三星堆遺跡で発掘された巨大神樹と『山海経』の太陽神信仰との関連や北方民族・ホジェン族の神杆に象徴されるシャーマニズムの実態などについてそれぞれ報告している。

一方、北村皆雄は、チベットやネパールなどにおけるアジアの柱信仰の実態を詳しく述べている。(4) とくに、ネパールのインドラ祭りにおける柱の「扱い」は、山からの切り出し、里曳き、旧王宮前広場での建て柱などの一連の行事が諏訪大社の御柱祭ときわめてよく似ていて、注目に値する。北村は詳しい説明をしていないが、古代インドのウパニシャッド哲学に由来する創造主ブラーフマンを中心とする伝統的な多神教の宇宙論・宇宙信仰におけるインドラ神の「東方守護神」としての役割を想起すれば、この柱祭りも小宇宙の構築における太陽神信仰と密接な関係があることが推察される。

以前、私はインドの古代都市の構造について論考を記したことがある。(5) 小論では、インド古代都市は「マーナサーラ」などの規範書に基づいて計画・建設されるのだが、「東方重視」の構造となっていること、それが太陽神信仰に由来するものであることを具体例に即して明証した。インド古代都市の中心には、創造主ブラーフマンの居城であるメール山を象徴して黄金寺院が建てられた。その中心には、ブラーフマンの分身であり、生命と豊饒の象徴である石造のリンガ（男根）が設置された。それは、大宇宙の写像としての地上の小宇宙を形づくるための「中心」の設定として不可欠のものであった。このメール山は、ヒマラヤ奥地のカイラス山に比定され、中国に伝わっては須弥山となったことは周知のことがらである。また、聖山カイラスの

(3) 諏訪春雄編『巨木と鳥竿』勉誠出版　二〇〇一年

(4) 「アジアの御柱」『図説御柱祭』郷土出版社　一九九八年

(5) 「ヒンドゥイズムにおける都市の東西軸について」『筑波大学芸術研究報23』筑波大学芸術学系　二〇〇三年

信仰に付随するチベットの「サカダワ祭」では、巨柱が建てられカラフルな多くの幡が飾られる。「生命の柱」ともいわれるが、宇宙＝世界の創造主にちなむ新生・再生のシンボルでもあるようだ。一方、ネパールの山間部で行われる春祭りでは、集落の中心部に高い柱が建てられるという。これも、ヒンドゥイズムのリンガに見立てられたものという（北村）。

先の大林の報告では、ギリシア・ゲルマン・スラヴ・北方ユーラシアに共通的に見られる古来の柱信仰は、原始的宗教における「世界の中心軸」を象徴するものとしての「世界柱」「世界樹」に由来するものとされたが、アジアにおける柱信仰の原理もきわめて類似性が高いことがうかがえる。

こうした巨木信仰については、とりわけわが国の歴史との関係において考察しようとすれば、縄文文化における巨柱の特殊な存在を避けて通ることはできないと思われる。

青森県三内丸山の中期縄文遺跡からは、周知のように根元が一メートル近い六本の巨柱列が見つかっている。柱の芯々間の距離がタテ・ヨコともすべて二・四メートルと見事にモデュール化されていることや、材がすべてクリの木ということが判明している。柱底面の突き固め粘土層の耐力から推定された柱の長さはほぼ一六メートルとされた（諏訪大社御柱祭りの「一の柱」と長さ・太さがほぼ一致することは注目に値する）。このほか、日本海側の縄文遺跡で多くの巨大木柱遺構が発見されていることも注目される。三内丸山遺跡以外に、以下のような縄文遺跡が報告されている。

富山県朝日町境A遺跡　　縄文後期
滋賀県能登川町正楽寺遺跡　　後期
石川県金沢市チカモリ遺跡　　後・晩期

石川県金沢市米泉遺跡　　後・晩期
群馬県月夜野矢瀬遺跡　　後・晩期
石川県能都町真脇遺跡　　晩期
新潟県青海町寺池遺跡　　晩期

これらの巨大木柱が列をなして方形や円形の空間を形づくっていたことも報告されている。正楽寺遺跡もチカモリ遺跡も、直径六メートルほどの円環柱列が見られる。それらはもちろん通常の住居や倉庫などの跡ではなく、祭祀空間であったと推定されているのである。

諏訪大社の御柱祭を考える場合、その神事が大社の主祭神である建御名方（タケミナカタ）神とは必ずしも関わりをもたないということが重要な観点となろう。『古事記』の国譲り神話では、出雲の大国主神の子・建御名方神は、服属を拒絶して結局この諏訪の地に「封殺」されている。『日本書紀』にはこの件は記述がない。わが国の古代史は、周知のように、朝廷により編纂された『記紀』があまねく史実を伝えているわけでもなく、また「記紀神話」が列島の神話を漏らさず収録・整理しているわけでもない。上田正昭も指摘しているように、諏訪地方には記紀神話にはない諏訪明神の国取りについての神話がある。[6] 室町時代に編まれた『諏訪大明神画詞』などに記載されている、侵入者・建御名方神（諏訪明神）と受けて立つ側の先住民・洩矢神との闘いの神話である。洩矢神は破れて建御名方神が諏訪に定着することになる。だが、両者の関係は徹底的な支配・被支配ではなく、賢明な「棲み分け」によって融合が図られる。建御名方の子孫である諏訪氏は「大祝（おおほり）」として生神の地位に、洩矢神を崇める先住民の長は守矢氏を名乗って「神長」（筆頭神官）の地位に着いたという。諏訪大社上社前宮は、元来この洩矢神を祀った神地という。守矢家では明治五年に世襲神官制が廃止されるまで、ミシャグチ神祭祀法などの秘伝祭祀技法が一子口伝で継承されてきたが、七六代守矢実久の代で実

(6)「諏訪信仰の原像」『図説御柱祭』（前出）

質的に絶えたそうである[7]。

興味深いことは、この洩矢神が、縄文期の信仰に遡るとされる自然万物の精霊ミシャグチ神の信仰と深く関わっていることである。守矢氏の祖先はおそらく、きわめて古い原始信仰におけるシャーマンのような地位を占めていたと思われる。御柱祭の「山出し」の際に唱われる木遣りは「♪御小屋の山のモミの木は、里にひかれて神となる♪」というそうだ。原始人・古代人がこのように唄っていたかは別にして、そこには、原始信仰における精霊や神のシンボルとしての柱、あるいは神の依り代としての柱の存在が明確に示されている。山頂や山腹の磐や岩場に神が依り宿ることを本旨とする磐座信仰が成立したように、屹立する石柱や木柱に神が宿る信仰があっても不思議ではない。古代インドのバラモン教やヒンドゥウ教の教義に基づく「小宇宙」の建設において、その中心にリンガの石柱が建てられ、ネパールの山村では春祭りの折それに代わって木柱がいまでも建立され、「生命の柱」と呼称されていることが想起される。リンガは宇宙の創造神ブラーフマンの分身であり、再生と豊饒のシンボルだった。

宮坂光昭は、北陸地方の縄文期遺跡群の柱跡に加えて、縄文前期にさかのぼる諏訪郡原村阿久遺跡や茅野市阿久尻遺跡における方形の柱跡など諏訪地方における縄文期の柱信仰に言及しつつ、諏訪の御柱祭の起原を縄文時代に求めている[8]が、私の考えも同様である。

縄文期の「柱信仰」は、その時期で終わることなく、この列島のなかでさまざまな形式を取りつつ存続してきた。たとえば、大阪府東部大東市の生駒山山麓に鎮座する「須波麻（すはま）神社」の例である。同社は、その名称からも往古の河内湖の水辺（州浜）に立地したことが推察されるが、この地域一帯からは縄文期の土器・石器や弥生期の木棺や木製農耕具など遺物が多数発掘されていて、弥生期から古墳期までの祭祀場を継承していると考えられている。祭神は、「木神」とされ、また出雲系ともいわれている。この地域は往古大量の樹木供給地でもあり、

(7) 守矢早苗『守矢神長家の話』神長家守矢資料館

(8) 「強大なる神の国」『御柱祭と諏訪大社』筑摩書房　一九八七年　「日本における柱信仰は縄文時代から」『図説御柱祭』（前出）

木霊を崇める祭祀場があったと推定されている。また、伊勢神宮でも「柱信仰」を見ることができる。内宮も外宮も二十年ごとに式年遷宮を行うことは周知のことがらである。神殿の建立敷地は「古殿地」と呼ばれ、造替用地とあわせてつねにふたつ並んでいる。遷宮のもっとも核心となるのは、正殿の下の「心の御柱」（斎柱（いむはしら））の造替にあるとされる。新たな遷宮を待つ空地としての古殿地には、この「心の御柱」のみが屋根を葺いた小舎のなかに残されて鎮座する。造替までの二十年間、この柱こそ、祭神・天照大神の依り代の象徴として存続する。それは、「再生」のシンボルでもある。また、イザナギノミコトとイザナミノミコトによる国造り神話にも「柱」が登場する。天沼矛（あめのぬぼこ）を海中でかき回して滴り落ちた塩からオノゴロジマが生まれる。二柱の神は、その島に降り立ち、そこで「天の御柱」を見立ててその柱をめぐりながら「みとのまぐわい」をして大八嶋国（日本の国土）を生む。八世紀に編纂された『古事記』に記されたこの神話は、海人族の島生み神話に由来するといわれるが、ここでも「柱」が誕生・生産や豊饒のシンボルになっていることが注目されるのである。

さて、すでに見たように、中部日本から北陸・東北地方にかけて祭祀施設と推定される巨大木柱の跡が多数発見されているのだが、なぜ、諏訪地方にだけ「御柱祭」の形式が残ったのか。不用意な推論は慎むべきだが、敢えて推察すれば、他の地方では諏訪のように被侵略側の守矢氏のような、土着的原始宗教のシャーマンの役割を継承するような神官の地位を許される者がなかったからではないだろうか。さらに、諏訪の場合は、侵略側が大和朝廷に「国譲り」をした「敗者」であったことも幸いしたにちがいない。出雲系の氏族がクッションになり、大和朝廷の「天照大神」をいただく国家神道がこの地域一帯を席巻することがなかったのであろう。

前出の『諏訪大明神画詞』には、「当社造営（略）桓武ノ御代ニ始マレリ」とある。桓武が在世中、蝦夷征伐の事業に腐心したことはよく知られている。何度も失敗を繰り返し、渡来系の坂上田村麻呂を征夷大将軍として東国に派遣し、ついにアテルイを首領として服《まつろ》わなかった蝦夷の地を平定する。田村麻呂は遠征の途中諏訪を通るとき、諏訪明神に必勝祈願をしたという。「造営（式年遷宮）」のしきたりは、戦勝後、その費用調達を含めて諏訪明神の加護への「報奨」として定式化されたものであろう。「壬申の乱」に勝利することになる大海人皇子が、吉野を出奔して東方に向かう道中、伊賀の地で伊勢大明神を遥拝して戦勝祈願をしたのが想起される。田村麻呂の戦勝祈願は、諏訪明神が桓武の時代すでに東国において重要な信仰上の地位を確立していたことを証すエピソードである。諏訪の地の信仰は、桓武はもとより天武や出雲族の活躍よりもずっと古くから土着的原始宗教として営々と築かれていたと考えてよいだろう。

現在の御柱祭は、そのきわめて古い「柱信仰」の祭礼の原形を継承するものと思われるのである。

5 諏訪の御柱祭と風土

諏訪の御柱祭は、諏訪地方挙げての一大祭礼である。正式には、今日でも「諏訪大社式年造営御柱大祭」という。十四、十五世紀の諏訪神社造営奉仕の庄・郷の所在についてみると、木曽を除く、諏訪郡・伊那郡・佐久郡・小県郡・筑摩郡・安曇郡・埴科郡・水内郡・高井郡と信濃国全域に及んでいる。(9) 桓武期に制定された造営（大祭）に向けての「一国ノ貢税、永代の課賦」が徹底されていたということでもあるだろう。

だが、神社の造営大祭が、古くからの宗教的なシキタリに始まるとしても、国家の制度によって定式化された単なる強制的な貢税・課賦の「負担」でしかなく、住民に何の「見返り」もなかったなら、人心を捉えることはできずに朝廷の衰退とともに制度ともども廃れてしまったにちがいない。律令制が崩壊したのちも、鎌倉・室町・安土桃山・江戸、そして近現代の明

(9) 宮坂光昭『諏訪大社の御柱と年中行事』郷土出版社　一九九二年

治・大正・昭和と連綿と継承され、今日のように、情熱的で華麗なそして豪勢な祭りとして挙行されるには、強く人心を捉える祭りとしての本質的な「魅力」と「効用」があるにちがいないのである。

ほとんどすべての祭りがそうであるが、諏訪でも地域社会の人びとによって誇らしく担われている要因の第一は、その地縁性そのものにあるといってよいだろう。祭りを担う地域住民は、その行事を通して自己のアイデンティティを確認することができる。当該地域に居住する者も、大都会に出ている者も、その祭りに参加することで非日常的な「ハレ」の時空を共有して、わが故郷の山河と同郷人であることの良さを確認するのである。こうした故郷への愛着心や自負心こそが地域文化が形成される原点でもある。有島武郎は、実在した江戸後期の諏訪出身の建築彫刻師・立川和四郎をモデルとした戯曲『御柱』を著している。大正十年のことである。下総に建立中の寺をその腕の良さに対する妬みから同業の大工によって放火炎上されてしまった主人公・龍川平四郎は、すべてを許しながら、建築彫刻師としての誇りを胸に故郷へ帰る決心をする。最後に、孫の仙太郎とともに御柱祭の「山出し」の場面を、家のなかで製作中の虹梁に綱を結んで演じるのである。「お小屋の山のもみの木は里にひかれて神となる。やれえんやらさんのうぃえー」。有島は、諏訪人のなかにある「御柱祭」の重みと誇りを実によく捉えて最後のクライマックスに用いている。

第二に、「御柱祭」を盛大に支えてきた要因は、その「平等性」にあるだろう。「冠落し」の斧入れや「綱巻き」など特殊な作業については世襲制による固定化はあるものの、身分制が厳しかった封建時代でも、この祭りへの参加には身分の違いや職業の別などいっさいなく、すべて平等に扱われてきたという。この平等性の淵源には、きわめて古い祭りとしての歴史性を考えると、『常陸国風土記』が伝える古代筑波における「歌垣」のように、無礼講的な徹底した

「自由さ」が元来あったのではなかろうか。民衆の精神的開放が、祭りを通して顕現するのはいずれの場合も共通現象であるだろう。

第三に、「山出し」「里曳き」「建御柱」について、「地域担当制」をとってきたことがあろう。ある種の競合制である。祭りを統治の面から「利用」する手段としても、こうした「分割制」は有力な方途であったろう。それぞれの地域は、自分達のプライドをかけて他地域に負けまいと総力を挙げることになる。狭い地域に対する愛郷心はいやがうえでも醸成され、祭りへの情熱はますます高揚する。事実、柱の曳行の早さの違いや、元綱の男綱・女綱の絡みなどをめぐって何度となく争いが起きてきたという。地域に別れて競馬の勝利を争うイタリア・シエナの「パリオ祭」も、この地域制ゆえに住民をヒートアップさせて祭りを盛り上げてきた。「わが地域のために」の情熱の発露は、アイデンティティ確認のもっとも原基的な姿である。

第四に、「観光化」も一役買っているだろうが、観衆の存在である。冒頭記したように、祭りはそれ自体が「劇場」である。演じる者は、観る者の好反応にはますます乗せられるものだ。他所からわざわざ見物にきてくれる観衆が多いほど、地元民は自らの祭りに誇りを感じるだろう。平成十六年度「御柱祭」の見物人のデータを調べてみた。「山出し」は上社四六万人、下社五二万人、「里曳き」は上社四一万人、下社三九万人である。それぞれ、時期がずれて挙行されるから、結局「御柱祭」全体では一七八万人である。これはすごい数字である。これだけの観客が、祭りの主役である地元民の演技を注視するのである。ますますカラフルになる祭り衣装も、こうした大勢の観客の人出と無関係ではないだろう。

第五に、「芝居演技」そのものの豪快さ、勇壮さ、威圧感などがあるということである。大勢の人びとが見物に押しかけるということは、それだけ見物価値があるということだ。やはり芝居はハラハラドキドキの演出のほうが、人を惹き付ける魅力に優れる。下社の「山出し」における「木落し」の命がけの勇壮さは、その手の「演出」「演技」の最たるものだろう。また、もし柱が細く、短いものなら、「山出し」も「里曳き」も「建御柱」もそれほど魅力的ではありえない。一〇メートル近い太さで一五メートルを超える長さの巨木だからこそ、威圧感に満ち、非日常的でありうるのである。「建御柱」は、五階建て建物の屋上の高さに匹敵する御柱先端に乗り手が取りついて起こされてゆくから、スリル満点でもある。そして彼ら乗り手が実に見事に、まるで造作なくその高さから降りてくるのである。観る者が圧倒され、手に汗握るような魅力こそが、諏訪の「御柱祭」を個性的なものにしているのである。

こうして、諏訪の「御柱祭」は、長年、地域外の関心を惹きつつ、しっかりと地域に根を下ろして地域そのものの祭りとなってきた。まさしくそれは、地域住民の愛郷心と誇りという精神的な紐帯を促し、また地域文化をひいてはわが国文化を代表する貴重な文化財としてもあり続けてきたのである。

この年の秋十月下旬、家人を同道してふたたび諏訪の地を訪れた。

建御柱のあと、それぞれの宮の四隅を固めて建つ御柱の常態としての姿を確認したかったからである。今度は、諏訪湖畔の上諏訪温泉に宿をとって温泉浴も楽しむことにした。諏訪地域一帯は、あの御柱祭の賑やかさがウソのように、秋の静けさが支配していた。早朝に湖畔の遊歩道を歩いて、初めて眼前にする湖の大きさを実感する。なるほど、古代人が水神の存在を信じるに十分と思われる水面の拡がりである。

レンタカーを駆って、上社の前宮・本宮、下社の春宮・秋宮の四か所の神社を巡る。それぞれの神社で一から四の御柱を現認する。いずれも柱固めが施され、向こう六年間無事に神木としてあるいは標柱として屹立し続けるよう、堂々と聳えていた。あれから五か月ほど経っているので、真新しかった御柱がやや色灼けして見えた。こうしておのおのの神社の四隅を占めて建つ御柱群を見ていたら、あらためて円形や方形の空間をなして発掘された縄文期の巨大木柱列遺構のことを想い出した。考古学の専門家は、住居や倉庫とは異なる祭祀施設としての列柱空間であると推定していたものである。

折口信夫は、社（やしろ）について、建物のない神地としての原形に言及しつつ、諏訪の御柱が四隅を占めるのは、「社標（じめ）」として神の坐所を造るためであるという見方を述べている。[10]要するに、縄を張り標めて禁足地としての神地を確定するのと同じ意味をもつものだというのである。周知のように三輪大社は元来本殿をもたない神地が拝まれてきたし、春日大社の原形も『東大寺山界四囲至圖』が示すように空地としての神地だった。宗像大社にはその原形である神地としての「下高宮」が今も残っていて、仮設的な「ヒモロギ」を設けて祭祀を執り行っている。折口の主張は、神社の実際の発展形式の常道にも合致する。縄文期の祭祀空間の列柱数は四本以上のより多くを数えたが、諏訪の「神地」はより洗練され、四隅のみを画することで一定空間を聖地として標めたということなのであろう。前宮、本宮、春宮、秋宮のそれぞれに、本殿も拝殿も建物がいっさいない空地としての神地の原形を想像した。伊勢神宮の「古殿地」に見るように、白い玉石が敷き詰められ四隅を巨柱が占める「斎庭（ゆにわ）」の像が浮かんできた。

一方、上田正昭は、神座としての神柱、聖域や祭場を示す標柱などの時代相による変貌を通してその位置づけを行っている。[11]おそらく、御柱の信仰は、すでに記したように、より古い形式は、神の依り代としてのあるいは神の分身としての独立的な「神柱」から始まって、信仰がより社会的・集団的に組織化されるとともに「聖地」が形成されその場所を画する複数の「標柱」へと意味づけを変えつつ存続してきたのであろう。

(10)「古代人の思考の基礎」『折口信夫全集第三巻』中央公論社　一九六八年
「御柱の話」『同全集別巻Ⅰ』中央公論社　一九七四年

(11)「古代史の聖域」『御柱祭と諏訪大社』（前出）

図147　屹立する上社「本宮四」（2004年10月）

図148　同下社「秋宮一」（2004年10月）

それぞれの宮の四隅を固めて静かに屹立する姿をあらためて見て、諏訪の御柱は、この「神柱」と「標柱」の双方の古く長い歴史を担いつつ今日に至っているのだろうと、しみじみ思ったのである。

徒歩でひと所をじっくり歩いて回るのも旅のあり方だが、車利用のメリットは、行動範囲がずっと拡がることである。下社へ諏訪湖畔の道路を向かっていると立派な島木赤彦記念館が現れた。そうだ、下諏訪の町は彼の故郷だった。周知のように、アララギの総帥的歌人として明治・大正期の近代日本における和歌の復活・隆盛に大きな役割を果たした。萬葉調の素朴な写実性をその歌の心髄に据えて多くの秀歌を残した。彼の歌には信州や諏訪の自然を詠んだものが多い。

宮守りのとものみやつこ夜もすがら燎火（にはび）つかへて年まつらしも
建御名方神のみことの神うつり御座（みくら）高知りいや古の國
霧こむる諏訪のみづうみ空は晴れ日影ほのぼの霧を渡るも
いそのかみ古杉の下の神の田は穂を孕みたり注連縄を張りて
驚きて山をぞ仰ぐ雲の中ゆあらはれて見ゆ赤崩（あかくえ）えの山
仆れ木にあたる早淵（はやせ）の水も見つ寂しさ過ぎて我は行くなり
小夜更けてたぎつ早淵の鳴りわたる川の向うか伊那節の聲

下社からの帰り道、旧中山道の坂道の途中に歌人・今井邦子文学館があった。ここは、邦子が預けられて三歳から十八歳までの少女時代を過ごした祖父母の旧家、宿場旅館「松屋」のあったところである。今は下諏訪町がきちんと手を入れて立派な民家風の記念館に再生した。諏訪の地は邦子の事実上の故郷だった。偶然といえば偶然、必然といえば必然、邦子が歌の師と

図149 今井邦子文学館

仰いだのが、赤彦だった。家出同様東京に出て、新聞社に働きながら少女期から志した歌の道を歩んだ彼女は、二十八歳のときに急性リュウマチを罹って生涯不自由の身となる。情景を詠みつつも、内奥の「心」を表出する彼女の歌は豊かな感性に裏づけられていて、読む者に深く届いてくる。

幸《さきはひ》のよき人なれやわが籠るこの家の湯に癒えてを帰る
指のさき綻れし冬の手袋を今日ぬぎて来て手にしむ日光《ひかり》
物言はぬ背子には深き憂ありわがまごころにひびかざらめや
いにし日に祖母《おほはは》としてをがみたる塩尻山のをしき日のいり
高山の雲のうごきは常なけれ心にとめて我は寂しむ
みすずかる信濃より来しをとめごの紅きもろ頬を吾はしぞ思ふ
朝山の鳥のさへずりすがしけれ重き憂ひは晴れぬものから

上社の御柱をもともと調達してきた社有林は、「山出し」の木遣り唄にもあったように御小屋山にある。八ヶ岳の尾根から西側に展く山地の一隅を占めている。八ヶ岳の西山麓を走ると、もうすっかり紅葉が色づいていた。足を延ばして、蓼科山と天狗岳の間を流れる渋川が作った横谷峡を訪れた。車を降りて、八ヶ岳西麓斜面の大地を切り裂くように鋭く切り立った絶壁を片方に見ながら、渓流沿いの山道を行く。ここは蓼科高原の最南端を画する「地峡」である。二時間ほどの遊歩は、盛期の紅葉の見事さを堪能させてくれた。諏訪地域の自然のすばらしさをあらためて認識する。

諏訪人が誇る、歴史も文化も自然も、「そこ」に営々とあることに二度の訪問で少しは解った

図151　横谷峡

図150　横谷観音展望台から見た横谷峡。遠景は茅野市街地

ような気がした。これからも、諏訪の地の歴史や文化や自然は、少々の変貌を伴いつつもその根幹は変わることなく存続してゆくにちがいない。

紅葉の混ざる森を控えて佇む御柱のそれぞれが、遠い過去から遥かな未来への悠久な時のながれを静かにしかし雄弁に啓示しているように思われた。

15 芝居絵・謡曲・浄瑠璃

燃焼と怨念の美学

僕らは求める　力を　まっすぐで純粋な簡素で
単一な　僕らは求めない　なにものも
僕らは確立する　それぞれの瞬間の活力を
――トリスタン・ツァラ

ついに壁に貼りきれずに、天井にまでその勢いを拡げつつあるポスター群のなかに、しかもマリリン・モンローのそれと並んで、二枚の映画ポスターがあって、四六時中ぼくを見下ろしている。幕末、土佐の絵師金蔵(1)を主人公とした映画のそれである。

一方は、「藍屋道満大内鏡《あしやどうまんおおうちかがみ》　保名内《やすなのうち》（葛《くず》の葉《は》子《こ》別《わか》れ）」の場面で、保名の女房になり一子晴明までもうけた白狐の「葛の葉」が、晴明との別れに悲嘆に暮れている図のクローズ・アップであり、他方は、「双生隅田川《そうせいすみだがわ》　三段目　人買惣太自害《ひとかいそうたじがい》」の場面で、これは芝居絵屏風の全体をとり入れている。

泣き叫ぶ晴明を容易に想像させるような、乳房も顕わに乱れている「葛の葉」の姿、事ここに及びついに自らの腹を大刀でかっさばき、なおも最後の見栄を切っている「惣太」の修羅場……。

忘却こそがすべてであり、なにごとも時の流れのなかに呑みこまれ、日常が日常の上塗りによって「歴史」となり、精神的にも肉体的にも、その情況に順応しつつあるやに見受けられる、

(1) 本文3絵金の情念――アダ花の復権、参照

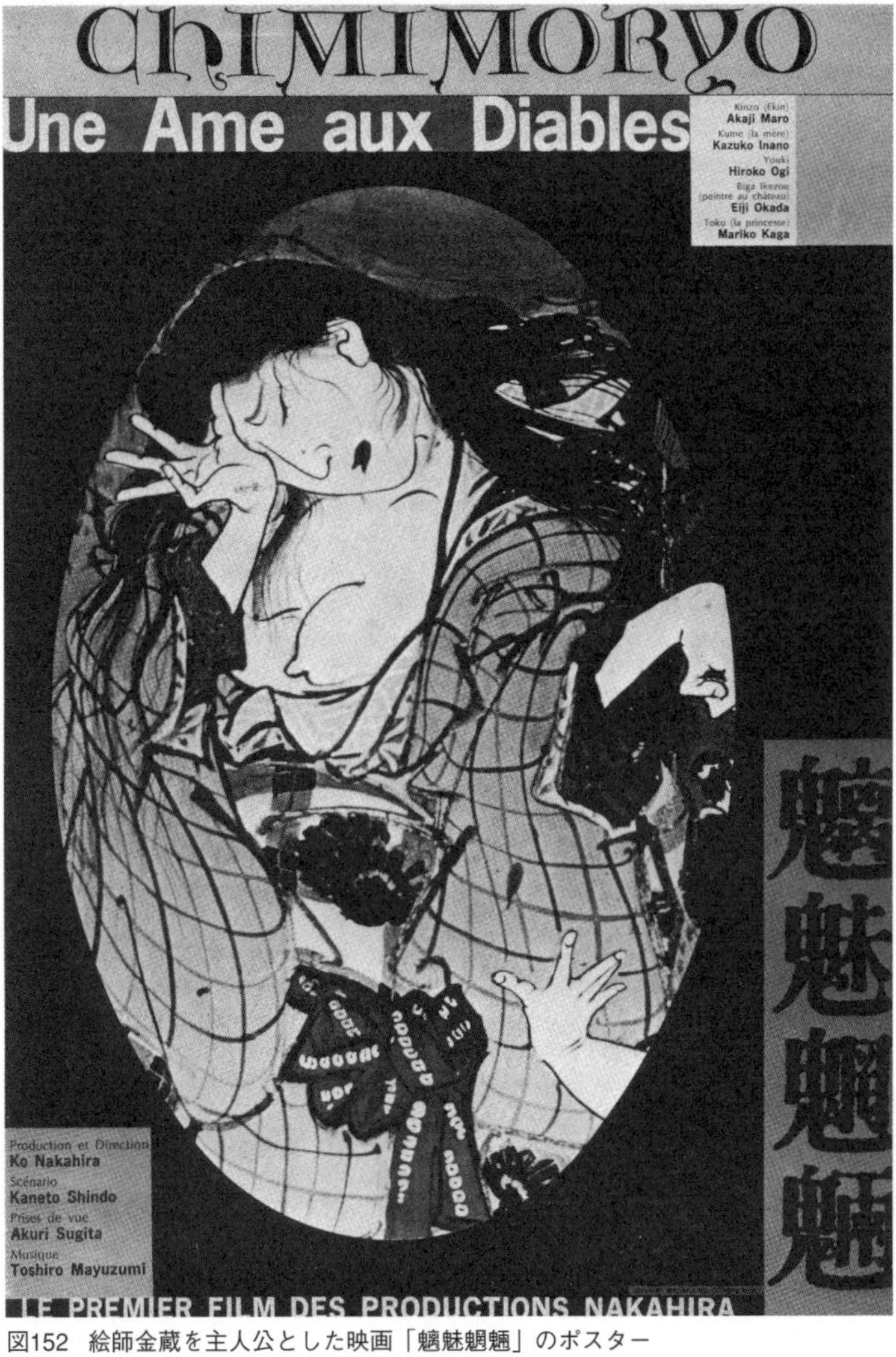

図152　絵師金蔵を主人公とした映画「魑魅魍魎」のポスター

昨今の「普遍的情況」……と、この二枚のポスターが肉体の表情そのものによって語りかける内容とには、一見、天地の差があるようだ……。いや、そうではない。

天地の開きに見えるとしたら、それは見る者が立つ位置の位相のズレに起因しているといえよう。この「普遍的情況」をそのようなものとして切り捨てることは易い。しかし、同時にそれはことの表相は把ええても、決して、深相には迫りえず、「時」を経てきた現在から何かを見出す術を失うことになるだろう。

いま、ぼくらに必要なのは、「普遍的情況」が「時」のフィルターを通り、さらに偏光レンズを通って屈折した姿をとってきていることの了解であり、そのようなメカニズムを把えるべき立脚点に立つことである。燃焼がまったきプロセスをとって完了した場合の完結性と、それが不完全のまま移行していく屈折性との双方の「美的世界」への肉薄が問われているともいえよう。

1 計量化の悲劇――未来論の楽天性

それにしても、あれほどにも華ばなしく自らを宣揚していた「未来学」が、このところすっかりとナリをひそめてしまったのはどうしたことだろうか。

確かに、サイバネティックスをはじめとするあらゆるテクノロジーの、楽天的なあまりに楽天的な発展が描きだす未来図などが、遠からずその鍍金がはがされ地金をさらけ出してしまうであろうことは、誰れにも予見されたことであった。

未来主義者がその発想の位置において歴史主義者と対極を占めていることは自明である。しかし、このことをもって未来主義者に対する決定的な批判とするには足りない。現に、彼らには、「過去の偉大な経済学者や思想家のヴィジョンから学ぶことなしには、未来学本来の三つの仕事を十分に達成することはできない」（坂本二郎）という反論が用意されている。

そのとおり！　エンゲルスを引合いに出すまでもなく、いまだかつて過去との関わりを何らの形もとらずに、つまり何らの弁証法的な発展形態をとらずに、存在しているものなどありはしないのだ。未来主義者の、あるいは未来論の「美的世界」に対する主要な問題点は、その頼みとするテクノロジーが、生における「情念」と「意味」とをきわめて楽天的にも統一的に発展させうるとしていることにこそある。

カリスマの教旨が、時の流れとともにそのエピゴーネンたちによっていつの間にか歪曲させられたことを、ぼくらはしばしば耳目にしてきている。

あの「サイバネティックス」のウィーナーが、遺言書ともいうべき『科学と神』において告白していた〈危機感〉を、いまオプティミストたちはどのように聞こうというのだろうか。

「しばしば機械崇拝者たちは、……機械がわれわれに代って困難な思考をひきうけてくれるだろうと考えている。これは途方もないまちがいである。（中略）未来の世界は、われわれの知能の諸限界への闘争がますます必要になる世界であり、奴隷ロボットにかしずかれて安閑と寝て暮すことのできる世界ではない……」。

ウィーナーには、「情念」と「意味」の間に横たわる溝をサイバネティックスといえども埋め尽くすことができないどころかますます裂目が広がるかもしれないことに対する予感があった。

そして、エピゴーネンたちがその「歪曲化」の過程で駆使したのが「計量化」の作業にほかならなかった。定量概念は、ほとんどすべての分野に適用されていった。「社会科学はサイバネティックスの実験場として適当でない」(2)にも拘わらず……。

記号論が、その言語学という発祥の地からさまざまの領域へ狩出されていったのは、まさにこのような事情においてである。

(2) 本文既出、N・ウィーナー『科学と神』（鎮目恭夫訳）みすず書房　一九六五年デザインに関わる領域において、ゲシュタルト心理学などの援用を得てシンボル操作を試みてきた人たちがいる。アメリカのG・ケペシュ、D・アップリヤード、P・シールなどである。彼らの仕事を見ると、きまって定量操作の段階で厚いカベにぶち当たっている。シンボル操作のシステム化がつねにこの地点において、あたかも「創造主」によってハネ返されている感がある。「バベルの塔」建立のためのレンガを造るのに、「記号」と「意味」をこね合わせて、最適な粘土を創出することも、まず不可能な、それは現代の神話を暗示しているかのようである。

2　不連続性の共有——過去への遡行

過去への遡行が、ただ「時」の共有に対する憧憬としてあるなら、それは、スノビズムか実証主義のアカデミズムにとって、きわめて重要な発想ではありえても、ぼくらには無縁のものである。

一昔半ほど前、建築論壇を賑わした「伝統論争[3]」について、いまは誰れも語ろうとしなければ想い出そうとすらもしない。「伝統論」はほんとに決着がついたというのだろうか。少なくとも、何世代か後をいく者にとって「伝統論争」がその内容において、「形式の継承」が伝統の主要テーマとしてありえたというような何とも皮相な印象ばかりを与えているのは、故なしとしないのである。

伝統の意味は、「意味」が「形式」を具備していく仕かたのなかにこそあるといっても過言ではない。その「仕かた」が対象とされるとき、伝統はもはや「時」の意味を失い、それ自体の存在を語りはじめる。そのような伝統は、実証を旨とする歴史主義とも、表相をのみ摂取しようとする形式主義とも無縁なものである。

「存在」が「時」の意味を失って、それ自身を主張するとき、そこにはじめて不連続の連続が

(3) 一九五三年、針生一郎がヨーゼフ・レーバイ（ハンガリー）の「建築の伝統と近代主義」を紹介したのがひとつの契機となって、日本の近代建築とその伝統に対する問題が論議された。丹下健三が「現代建築の創造と日本建築の伝統」（新建築一九五六年六月）を、岩田知夫（川添登）が「伝統と民衆の発見をめざして」（同誌一九五六年七月）を、白井晟一が「縄文的なるもの」（同誌一九五六年八月）を記すなど一九五六年までの間、きわめて活発であった。

成立する。いま、ぼくらにとって必要なのは、むしろこの「不連続性」の凝視であろう。「連続性」が「時」の運命にもてあそばれてきた例をぼくらはいくつも知っている。たとえば、段階論的発展がつねに真実であるなら、ヴェトナムにおけるロストウの悲劇など起こりはしなかったのだ。(4)

過去への遡行が意味をもつのは、この「不連続性」の共有を措いてほかにない。現在の「普遍的情況」を「直視」するために、そこからの「脱出」を計るために、不連続性を求めて、あえて過去の領域へ踏み入るのである。

おそらく、「不連続」の共有がもっとも確かなものとして実感されるのは、「存在」の「意味」が明らかな「形式」をもって発現している場合である。現在を生きる者には、その生きのびる過程において担ってきた、いや生きる代償として断念せざるをえなかった「夢」に対する想いを、何らかの形で抱いているはずである。それは、悔恨であり怨念である。果たしえなかった夢を抱いて生き続ける者にとって、燃焼と怨念が最高度に結晶化された世界は、それだけで劇的であり美的である。そこでは、人はその世界にわが身を仮託し、ひとときのカタルシスを得ることができる。この不連続の連続を成立させているものは、「共鳴」にほかならない。この共鳴の心的構造を誰れも否定することはできない。なぜなら、いま在る者のうち誰ひとりとして過去に負債を負っていないものはないのだから。

にも拘わらず、「不連続性」の共有とは、この共鳴をそのまま是とすることではない。共有は共鳴を超えるところに成立する。両者はその意味で峻別されねばならない。

共有と共鳴の差は、その心的ヴェクトルの方向性が消費型か否かの違いにある。しかし、そのヴェクトルをにわかに計量することはできない。両者は、文字通り連続的でありなおかつ不

(4) 『経済成長の諸段階』の著者、W・W・ロストウは、ヴェトナム政策の理論的指導者として活躍した、ケネディの最高顧問の一人であった。

連続的であるからだ。共鳴が突如として共有に転移することはないと誰が断言できよう。計量が可能だとすれば、それはつねに「結果」においてしかないだろう。

3　絵金の情念——アダ花の復権

アダ花とは、ついに実を結ぶことがなかったか、もしくは、瞬時のうちに花を咲かせてウタカタのように消えていってしまったために冠された名称であった。「アダ」とは「徒」、つまり無駄を意味していた。だが、無駄というのは、有効性の概念によってはじめて「測定」されるものではなかったか。測定者があり、対象物があるとき、その有効性の判定は、彼の主観に委ねられる以外にはなかったのである。「時」というものに意志があり、それが歴史を形成してきたものであるなら、歴史とは、まさしく測定者の主観の展示場以外の何物であろうか。

時代の主人公であった測定者によって否定されてきたものと、怨恨を抱きつつ生きねばならないものとの間に、不連続の連続という可能性が拓けてくるのは必然である。「時」のなかに埋もれていた「アダ花」がキラッと輝いてその姿を垣間見せてくるのは、このときである。「アダ花」は復権されねばならない。

それは、情念がすさまじいばかりの裸形の姿をとって結晶している世界であった。近ごろ、これほど衝撃的な展覧会を見たことはなかった——渋谷のあるデパートで開催された「絵金展」である。

土佐の夏祭りの一夜だけ公開されていた彼の絵が、いまこうしてぼくらの前に「アダ花」のいとも鮮やかな花を咲かせているのである。ことに、歌舞伎・浄瑠璃の世界を赤や緑の極彩色で六尺四方の二つ折りの屏風に凝縮させた芝居絵屏風は圧巻である。そこには、憤怒、悲哀、

図153　絵金芝居絵屏風「双生隅田川　三段目」—惣太自害の場—

痛恨、慙愧といった、いわゆる「三段目物(5)」の情念が見事な形式をもって描かれているのである。芝居の全編にわたるストーリーが一枚の絵に集約されているという仮構と、描かれた人物の一人ひとりの肉体の表現によって、観客はいつの間にかそれぞれの芝居の世界に惹きこまれてしまうのである。その吸引の強さは、おそらく実際の芝居以上のものであったろう。この芝居絵屏風をほとんど一日に一枚の割で描かねばならぬほど注文があったと伝えられていることにも、それはうかがえる。

　情念を一つの形式に昇華させているきわめて稀な例をぼくらはそこに見るのである。たとえば、傑作の誉れの高い「伊達競《だてくらべ》阿国戯場《おくにかぶき》累《かさね》（土橋）」の絵における人物描写とその絵画空間の構成は、「巧み」という表現をはるかに超えるものである。遊女高尾に魅せられてしまった主君。主家安泰のために自ら高尾斬殺の刃をとった力士絹川谷蔵。何の定めか高尾の妹累（かさね）と契りを結んだ谷蔵。高尾の怨念のタタリによっていま累は醜女と変わり果て、主君の愛人歌方姫をかくまった谷蔵の事情も知らずに、博徒金五郎に吹きこまれて、嫉妬の思いに鬼と化し、二人につかみかかるその姿……。「白描」に示されるようにそこには、人物描写における絵金のなみなみならぬデッサン力が燦然と光っており、この絵を一層盛り立てている。しかし、絵金の絵の非凡さは、主要テーマの展開と並行し、バックにおいて物語の流れを補ったりその場面の情趣を独特の風景描写で盛り上げるという仮構のもつ想像性なのである。その仮構の世界がもたらす幻想は、実際よりもはるかにリアリティをもって見るものに迫ってくる。それは、たかだか三時間程度の「時間芸術」である芝居をいっきょに六尺四方の空間に凝縮し、なおかつそこに永遠の「時」をもたらしたのである。絵金の芝居絵屏風がおそらく実際の芝居よりもはるかに魅力的であったであろうと想像させるのは、実にこの点においてである。

　芝居絵屏風といえば、江戸のはじめから歌舞伎の舞台や小屋の見物席まで克明に描いていた

(5) 古浄瑠璃は普通六段形式から成っていたが、近松の「時代物」によって五段形式に定式化された。各段にそれぞれ、「徐、破、破、破、急」の筋書きをもたせ、とくに「三段目」の「破」において、葛藤がクライマックスに達し、もっとも「血なまぐさい」場面が見られるのが普通である。「時代物」を「修羅物」「三段目物」などと称するのは、そのためである。

一種の風俗画としての「演劇図」と、のちに菱川師宣によってはじめられた木版画の浮世絵の「役者絵」に触れておかねばならない。それは絵金を理解する上で不可欠であるからだ。

絵金が幕末土佐山内藩のお抱え絵師となる以前に、江戸において三年ほど狩野洞白に師事して狩野派の画風を学んだことは、その乏しい伝えのなかにも明らかにされている。しかし、当時の狩野派にはもはやかつての生彩がなかったことは史実が物語っている。絵金のこの間の成果は、わずかに「白描」の花鳥風月によって偲ぶのみである。彼の真の人生は、探幽の偽絵を描いたという醜聞によって城下追放に遭い、土佐各地を放浪しつつ日陰者の苦汁を味わうところからはじまったのである。

当時、江戸においては、浮世絵の発達によって舞台図や役者絵の制作が盛んであった。鳥居派に始まる歌舞伎絵も、(勝川)春章、(東洲斎)写楽によって「大首絵」という新形式の似顔絵として発展し、さらに幕末にいたって(歌川)豊国の歌川派による隆盛を見ていたのである。絵金が、大量生産を前提とした木版という浮世絵の手法もとらず、またブロマイドとしての役者絵を描かなかったのも、江戸と四国という距離的な違いが決定的な要因であったと考えるのは早計ではないだろうか。

金蔵は、当時の下層階級を代表する髪結いの子として生まれ、その画才が認められてお抱え絵師になったのだが、彼にとっては狩野派もお抱え絵師も権威の庇護に安住し、形式主義に堕するような世界ではなかったか。探幽の「模放」もむしろ痛烈な批判の行為としてあったと見るべきだろう。彼にもっとも理解のあった、藩主容堂候息女徳姫に対する想いも、封建秩序の厳然たる身分制の前に断念しなければならない。城を追われた金蔵は、いまや血縁の者からも「前科者」の眼で見られながら、放浪を続けねばならなかった。ふたたび土佐に戻り、絵師として活躍するまでのほぼ十年間は、乞食同然の生活であったという。自らの出生の宿命に対する、あらゆる権威に対する、封建身分制に対する怨恨は、彼のなかで逆巻く流れとなって、このときの流れとともにさらに、さらに深められていったに違いない。しかも彼のなかには、人生の深部まで下降した人間の強さはあっても少しも暗い影はない。彼の描く絵には、生を充実して生きている人間の表情がある。芝居絵の女に、女形であるのに乳房があるとは……！　芝居絵ばかりでなく、絵馬提灯や白描や横幟などには、エロティシズムとユーモアさえある。

絵金の絵がひとたび人の眼に触れ、その口の端に乗り四国中に名を轟かすのに、さして時日を要しなかったのも当然であった。彼が人生のすべての怨恨をその六尺四方の空間に、肉筆をもってたたき込み、燃焼させたとき、人びとの心を把えないはずはなかったのである。

4　怨念と終末論——否定と肯定と……

怨念の論理は、終末論との対比でさらに明らかになる。

「連続性」の概念は、そのまま「進歩」の概念を補強するものであった。「進歩」が実感としてある（という錯覚）うちは、「連続性」に対する信頼が揺らいだことは、歴史上一度もなかったのである。換言すれば、「進歩」に対する信頼と「連続性」に対する信頼とはつねに表裏一体をなしているのである。

預言者とは、つねに現在の破局という地点から発想する者であった。現世の現実に対する透徹した「絶望」こそが彼の投企の礎であった。預言者の預言が、したがって、大きな説得力をもって人びとの心を把えるとき、それは確実に現実における「進歩」の信頼が崩れつつあるときであった。むしろ、そのような現実が預言者を必要としたともいえる。

わが国において、「進歩」の信仰がはじめて崩壊したのは、平安朝末期であった。藤原氏の栄華が絶頂を極めたとき、その貴族的支配権の崩壊は予定されていたのである。うち続く戦乱と日々深まる貴族社会の崩壊の現実を前に、社会的不安は、ついにその階級的危機の体験を媒介にしてさらに人間存在そのものの危機を把握させたのであった。この風潮は鎌倉時代に入ってさらに徹底していった。

源信[6]が『往生要集』において、厭離穢土、八大地獄を叙述したのは、このような「現実」と「預言者」の関係を示す典型といえる。ここに到ってはじめてこの現世否定の社会思潮は芸術における展開をも見るようになったのである。『十界図』『病草紙』『地獄草紙』『餓鬼草紙』などが、人生の厭相を徹底的に暴露して、「悪の芸術」を唱いあげた。

泥土に倒れふした一糸まとわぬ裸体に多数の火末虫がまとわりつき皮肉を喰い破り、白骨すら露出している……『地獄草紙』、膨脹した腹ばかりが目立ち手足は棒のようになっている餓鬼の女の姿……『病草紙』など、人生の悪を前提とするところを主張することが狙いであったといえよう……。

ここに、現世の全的否定から出発するという終末論の原型がわが国においてはじめて定着したのである。怨念とは、「現実の否定」が現実そのものによって否定され、日の目を見ずに欝屈した情念の謂であった。終末論の全的否定は、その窮極において人類救済の全的肯定に相亘るものであった。いま、怨念の前には、全的肯定の世界など何も約束されてはいない。怨念とは深く暗い深淵そのものであり、それが燃焼の花を咲かせて完結するのか、「預言者」といえども誰にも予見されえない。

5　美の結晶——近松浄瑠璃の怨念と燃焼

怨念がもっとも生なましい裸形の形で開花しているのが絵金の芝居絵の世界であるなら、近松の浄瑠璃こそは、情念がもっとも円熟した完成度をもって集中されている世界である。

(6) 源信（九四二—一〇一七年）、またの名を恵心僧子といい、天台恵心流の祖。日本浄土教の先駆者として名高い。

わが国古来の文学的伝統を古浄瑠璃の形式に則って定着させ、しかも格調の高い近代庶民演劇としての操り浄瑠璃として変質させた、近松の功績に関する文学史的もしくは演劇史的評価はもはや多言を要さない。浄瑠璃とは、中世の盲法師によって琵琶や扇拍子を用いて語りはじめられた「語り芸術」が、のちに人形カラクリ、大立廻りなどの付加によって発展した特異な「演劇」であった。

河原者に身を投じていた近松が、竹本義太夫のために初めて浄瑠璃の脚本「出世景清」を書いたとき、庶民演劇としての浄瑠璃は、いまなお稀に地方に保存・継承されているようなきわめて素朴な操り浄瑠璃であった。人びとは、太夫の語りと三味線の音に合わせて、黒子が操る人形の悲劇の世界にわが身をおいて、人形とともに涙していたのである。

中世の「諸行無常」の精神が色濃く語り継がれてきた浄瑠璃は、やはり、「時代物」と呼ばれるもののなかにその伝統的な性格を見出していた。遠い過去の世界で自由に空想をくりひろげ、夢幻境を現出することこそ悲劇におけるカタルシスにとってもっとも相応しい方法であった。

語り物の最高峰としての『平家物語』を題材に、近松が『平家女護島《へいけにょごのしま》』を書いたのは、享保四（一七一九）年、近松六十七歳のときといわれる。

法皇と結託し平家転覆を計ったとして、清盛の逆鱗にふれ、薩摩の鬼界が島に流された俊寛を中心に描いたその「二段目」に注目してみよう。

中宮のお産の祈りのための大赦があり、鬼界が島にも赦免の使いがやってきて、赦免状を見せる。しかし記されているのは同じく流罪に処せられている成経、康頼の名だけである。悲嘆にむせぶ俊寛……。

謡曲「俊寛」のその場はどうであろうか。

図154　近松門左衛門作/歌舞伎「平家女護島」一俊寛一装置図

俊寛（節）〽　こはいかに罪も同じ罪。配所も同じ配所。非常も同じ大赦なるに。ひとりの誓の網にもれて。沈み果てなん事はいかに。**クドキ**〽　此程は三人一所にありつるだに。さも恐ろしく凄まじき。荒磯島にたゞ一人。離れて海士の捨草の。浪の藻屑の寄るべもなくあられんものかあさましや。歎くにかひも渚の千鳥。泣くばかりなる。ありさまかな。

（中略）

俊寛（節）〽　申し直さば程もなく。

成経（節）〽　必ず帰洛あるべしや。

俊寛（節）〽　これは真か。

赦免使（節）〽　なかなかに。

俊寛（節）〽　頼むぞよ頼もしくて。

地〽　……幽なる声絶えて舟影も人も……。消えて見えずなりにけり。

きわめて淡たんとして、まさに幽幻の趣きをもって終わっている。俊寛の歎きもむしろ平板とさえいえる。

近松のこの場の脚本はこうである。

もしや礼紙を尋ねても僧都とも俊寛とも。書きたる文字のあらばこそ入道殿の物忘れか。そも筆者の誤りか。おなじ罪同じ配所非常もおなじ大赦の。二人はゆるされ我独り誓の網にもれ果てし、ぼさつの大慈大悲にもわけへだての有りけるか。……もしやもしやと長らへて浅ましの命やと。**スエテ**　声もをしまず泣き給う。

この部分は、謡曲をほとんどそのまま書き替えたものである。その後を見よう。近松は能登守教経を登場させその手紙による俊寛赦免を創出する。だが、赦免使瀬尾の口をついて出た、都にある俊寛の女房討首の話に、これまでの怨念がいっきょに爆発する。

地色　三世のちぎりの女房死なせ。何たのしみに我ひとり京の月花見たうもなし。二度の歎きを見せんより。**詞**　我を嶋に残しかはりにおことが乗ってたべ。……**地**　女はとても叶はぬうぬめ乗れと啀みかかれば。それは余り了簡なしとかくお慈悲とだまし寄り。瀬尾がさいたる腰刀ぬいて取ったる稲妻や。弓手の肩先八寸ばかり切り込んだり。……砂にむせんで片息の両方あやふく　**三重**〽　見えけるが。瀬尾が心は上見ぬ鷲。つかみかかるを俊寛が雲雀骨にはったと蹴られ。かっぱとふせば這い寄って馬乗りにどうど乗ったる刀。とどめをささんとふりあぐる。……始終を我が一心に思ひさだめしとどめの刀。瀬尾請けとれ恨みの刀。三刀四刀し、ぎるひっきる首おし切って立ちあがれば。船中わっと感涙に少将も康頼も。手をあはせたるばかり**フシ**　にて物をも。いはず泣きゐたり。……

ここには、もはや謡曲の幽幻はミジンもない。近松によって、俊寛は、ただ悲嘆に暮れる一法師から、自らを流罪にし、あまつさえ女房を討首にした張本人清盛に対する復讐に燃える修羅に化身させられたのである。俊寛のすさまじい怨念のほとばしりは『平家女護島《へいけにょごのしま》』のひとつの圧巻のシーンを創りだした。

近松は、これ以前に元禄十六（一七〇三）年、五十一歳のときに大阪曾根崎天神の森であった心中事件に取材して『曾根崎心中《そねざきしんじゅう》』をものし、これによってはじめて「世話物」の地位を確立していた。のちの『心中天網島《しんじゅうてんのあみじま》』、『心中宵庚申《しんじゅうよいごうしん》』といった一連の心中ものにおいて近松が描きだしたのは、当時は卑しめられ軽んじられていた町人庶民の屈従の生における人間性の回復であった。社会規範によって遂げられぬ若い男女の相愛の想いは、情死というもっとも昇華された形をとって燃焼されたのである。

虚にして虚になく、実にして実にない「皮膜」(7)の物語の数かずは、ついに浄瑠璃をその歴史的掣肘から解放したのであった。近松の世界には、最高度に結晶化された怨念と燃焼の美があった。

6　負の領域への下降——凝縮と沈黙と……

異端とは、「時」の正系によって埋葬されてきたものの総称である。しかし、吉本隆明がいみじくも指摘したように、正系はそれ自身では存在できないし、存在もしない。その背後につねに異端を抱えこむことによってはじめて存在しうるのである。だが、それはその固定的なあり方を定立するものではない。異端と正系は、ひとつの契機によってつねに逆転する関係をもちつづけてきたし、これからもその関係は変わらない。

「アダ花」の毒が毒でありうるのは、それが異端としての存在をひきうけている状態においてであった。「アダ花」が「アダ花」であることをやめるとき、その毒はその静止の過程で消滅するか、正系としての毒に転化し新たな異端に立ち向かう。「アダ花」の沈黙性とは、その異端としての地位を固執する姿の象徴である。しかし、それは持続における存在への恐怖感によってはじめて可能とされる。

「不連続性」の共有とは、まずもって、この「恐怖感」の共有にはじまるはずである。負の領域への下降ほど存在にとって恐ろしいものはない。この下降の過程で、怨念はますます凝縮される。凝縮のエネルギー量と沈黙の深さとは等価である。

沈黙が雄弁に転化するのは、一瞬のうちであった。凝縮のエネルギーが、徐々に放たれることは決してなかった。その転化は、燃焼という現象をもって発現した。そこには見事な狂咲きしかありえなかった。だが狂咲きの前過程を人は決して見ようとしない。

(7) 穂積以貫がその著『難波のみやげ』で、「芸というものは実と虚の皮膜の間にあるもの也」という近松の「虚実皮膜論」を紹介しているのは有名である。

スペイン市民戦争に従軍記者を志願した、ジョージ・オーウェルでさえも、ガウディの狂咲きを理解しえなかった。眼の前にそそり立つサグラダ・ファミリアに、彼は「何と醜悪だ」とつぶやくのみであった。(8)

ちょうど絵金の生きた幕末に、日本全土を襲った「ええじゃないか」の嵐を、有効性の観点から切り捨てることは簡単である。だが、封建性の「正系」によって徹底的に抑止されてきた人びとの、沈黙が雄弁に転化する、エネルギーの発露の過程を見ないわけにいかない。なるほど、沈黙のなかで負の領域に直面する恐怖感は、そこからの離脱の衝動を必然的にもたらすだろう。だが、凝縮のエネルギーがその離脱のエネルギーに転化して消耗される事実を否定できるものはいない。

正系の背後に抱えこまれた異端は、それがキラッと輝くとき自動的に正系を照射する。正系（オーソドックス）は、つねに権威（オーソリティ）の力を援用することによってその存続性を確保してきた。権威はそうした正系の恣意性を暗黙のうちに了解することによって、正系の庇護をえてきた。両者の相互依存性は宿命的でさえある。権威とはそのような意味で、権力と同義語たりえた。

一九六八年から七〇年にかけて全国的に吹き荒れた「狂咲き」(9)の嵐は、正系と権威のこの関係をあますところなく暴き出した。権威はそのとき明らかに権力そのものであった。だが、権威は正系の庇護のもとに「つつましくある」ことによってその威厳を保ちえた。権威が権力そのものの姿を露わにしたとき、彼は同時にその地位を失った。いま、この「狂咲き」の過程を見たものにとって、権威の虚妄性はあまりに明らかである。そして、その虚妄性の獲得の代償として、「狂咲き」はそれ自体の燃焼を完結したかに見える。

(8) ジョージ・オーウェル『カタロニア讃歌』（鈴木・山内訳）現代思潮社　一九六六年

(9) 日本全国で起こった大学紛争。「全共闘運動」の一連の行動を形容。

いや、そうではないだろう。完結というには程遠い、それは「美的世界」ではなかったか。現在の「普遍的情況」とは、まさしく屈折のそれであり、沈黙のそれである。「ええじゃないか」を否定し、現在のこの情況を否定しうるには、「離脱」への焦燥と沈黙への凝縮のもつ深い意味を、まず共有することが不可欠である。その「共有」が可能なのは、負の領域への下降を、存在への恐怖を、引き受けていく以外にありえない。

燃焼とは、その下降への道程が果てるところに咲き乱れる美の世界である！

16 デザイン

手の味の継承

1　地に着いた細やかなセンス

さきごろ、仕事でパリに行ってきた知人に会った。芸大の彫刻科を出たが、実力とはあまり関係なく恩師―教え子といった「関係」で賞が決まってしまうような展覧会の舞台裏など、学生時代にイヤというほど見知ってしまった彼は、今はファイン・アートとしての彫刻そのものよりも「装飾」をできるだけ広く扱う観点から仕事をしている。その彼がこんな話をしてくれた。

パリに多少でも生活してみて判ることは、彼らの文化の深さのほどだ、と。映画でもしばしばおなじみのあの地下下水道は、電線や電話線などの「共同溝」としても現在大いに役立っており、また、セーヌ川のキレイなのももちろんそのおかげである。しかし、パリには都市ガスがほとんど普及していないといった、われわれにはまったくのアンバランスとしか思えないところがある。そしてパリ市街地にわれわれが享受しているような都市ガスのネットを、新たにはりめぐらすには、新しいパリをひとつ建設するくらいの工事費がかかるのだと。そんな「前近代的」な生活基盤にいる彼らが、たとえば、最下層といわれるルンペンのおじさんがネッカチーフを首に巻き帽子を被ってズックのショルダーバッグを下げて街中を歩いていても、そのピタッと決まったスタイルは、原宿くんだりにもってくればもっともＮＯＷな感じとして通用するほど、「センス」というものを身につけているという。家具をとりあげても、ルイ王朝時代の金具が今でも容易に手に入るし、また椅子の貼地の布なども当時のものがきちんと保存され、いつでも貼り替えができるのである。地下鉄の案内表示板、広告板、舗道のストリート・ファーニチャーの類いに到るまで、「センス」の眼が届いていないものがない。そして、ルーヴル博物館には、およそ古今東西のすぐれた美術品が、数日ぐらいでは見きれないほど蔵されている。収奪と搾取の植民地主義によるものとはいえ、彼ら自身にそれらを見分ける「鑑識」の眼と保存への情熱がなければ今日われわれが見ることすら不可能であったろう。彼らの文化とは、そもそもまったくのオリジナルであるよりも、そうした他国のすぐれたもののなかからそのエッセンスを抽出し、それらを彼ら流にアレンジする能力の謂とさえいえると思う。そして、その能力が何百年もかかって着実に磨かれ鍛えられてきているところに、彼らの「伝統」を見るのだ、と。

三年ほど前、私自身地中海を巡っていて強烈に感じたモノを彼もまた熱っぽく語ってくれたのである。彼らが、われわれ日本を見る眼は、つねに彼らの歴史になかった日本独自の文化の蓄積に向いているのであり、ここ十年ほどの驚異的な経済的発展はオイルショックで底が割れただけにいっそう興味の埒外に逐われてしまったし、「没落の西欧」とはいうものの彼らのイキの永さは、同時にモノを見る眼の確かさともつながっているのだ……。私たちの話は、延々と続いたものだった。

こんな具体的な例もある。今現場にかかっている建築のインテリアの計画でのことである。私は、二人の若い女子所員にそのインテリアの仕事を委ねていた。何室かある洋室の宿泊室のテキスタイルは、カーテンとベッドカバーとその他の「小物」について統一的に、同一室には同一種のものを使う原則でデザインすることとした。ただ、大ホテルの宿泊室とは異なり、室数が何十何百というオーダーにはならないので、レディーメイドのものを対象に選択することとした。ある時間が経ち彼女らが選択したテキスタイルは、われわれが国外はもとより国内のインテリア誌などでしばしば見受けるような感じの外国製のものだった。私は彼らに、およそ次のような話をして、その選択の再検討を促した。「モダニズムそのものを第一印象として強くもつものは、しばしば飽きの来るものが多い。宿泊室だから四六時中の生活ではないとしても、たとえ一日であったとしても、室の空間イメージとしてそういう印象をもたらすものは感心しない。それに、洋室だからといってモダニズムの典型のような色彩やパターンのものを選ぶのはどうか？　日本の布地には、古来すばらしい色や柄のものが無数にある。テキスタイルと横文字になったとたんに、どうして眼が西洋に向いてしまうのだろうか？　日本独自のもので、それでいてインターナショナルな質をもつものだって数多い。そんな視点がわれわれには欠けているのではないだろうか？」。そして、われわれが最終的に見つけたのは、スウェーデン製のテキスタイルだった。それは市松模様がクラデュエーションをもって変化する種類のもので、明らかに逆輸入といえるものであった。国産テキスタイルメーカーがまったく西欧かぶれの安直なものしか作らない（一冊何万円もかけて作るという見本帳が、年を新しくするにつれ、ますますその傾向を強めているのである！）のにくらべ、彼らは着実に他国の美のエッセンスを彼ら流にとり入れている。私は、そのテキスタイルの輸入業者であり、またインテリアデザイン業者でもある人びとにいったものである。「逆輸入は手っとり早いけれど、あなた方のフィールドでも、もっと足元を見つめて仕事をしてほしい。もともとわれわれの伝統的な布地パターンをわざわざ高い関税を払って買わなければならないなんて、悲しいことですヨ」。

2　身近な「伝統」の再発見

伝統とは確かに恐ろしいものである。ほとんど悠久の時間のなかでそれは形成されていくものなのに、しかしながら崩壊・消滅するにはそれほどの時日を要しない。私は、大学で主としてインダストリアル・デザインを専攻している学生たちに、よく話すものである。もちろん、他者への語りかけとはつねに自らに対するそれでしかありえない、という意味で私自身に対する自戒でもあるのだが……。「IDかマス・プロダクトを前提としたモノのデザインの世界であろうとも、にわかに世界的な広がりで成立するとは限らない。われわれの周辺にはあまりに借物のデザインが多すぎるのではないか。マンジャロッティが彼独特のアールをもったイスをデザインすれば、いくらも経たないうちに国産メーカーが似た（そして非なる！）モノを生産する……。マス・プロといっても彼らの世界では、生産の仕組みそのものがいきなり超近代的なものになったわけではなく、彼らの製品のなかに流れている伝統的な手づくりの味を読みとるべきではないか。彼らのイキの永さとは、前代のものを完全に破棄して現世を泳ぐといったものではさらさらなく、実に前代と現世の確実なところを結んでいる、その持続性・連続性にあると思う。マンジャロッティのイスは彼ひとりが突然神の啓示によって生み出したものである筈がない。ギリシア建築をこよなく愛した彼のなかに、とうとうと流れてきたイタリアの血のあることを想うべきである。そして、われわれは明治以来百年このかたわれわれの足元はどうしたのだろうか？　IDをやろうとするなら、まず民族博物館に行ってごらん。素晴らしい、ウームとうならされてしまうような「民具」の数かずがある。そのエッセンスをまず君らは〈盗む〉べきではないか」。

　われわれ日本人の舶来主義は、何も今に始まったことでも、またデザインの世界のことだけでもない。早期発見が治療の鉄則という。気づいたときには、すでに百年も経ってしまい、その間の「破壊」ぶりは確かにすさまじいものがある。しかし、破壊を喰い止めわれわれ自身をとり戻すには、われわれ一人ひとりの自覚――再発見――以外にないではないか。デザイナーが一人でモノが作れるというのも間違いだし、市民的なレヴェルでその「再発見」の作業が地道に積み重ねられていく以外にないだろう。

3 「味」を生む技術とその再評価

マス・プロの製品のなかにさえ瞥見されるあのクラフトの味——西欧の現代文化をもっとも端的に示唆するこの事実の意味をもう少し深く考えてみたい。

われわれが学生の頃、理工系の学生なら大抵誰れでも「技術論」の洗礼を受けたものである。高度経済成長がその途に着いたばかりの頃の技術論は、生産力の増大こそが富の増加を保証するというあの生産力理論に直対応するものであった。そこでは科学技術の「進歩」が生産の増大を促すもので、だからこそ、技術はつねに革新されねばならない、と。技術に対する無邪気ともいえる至上主義がそこにはあった。そして、その回答は、いまやあまりに明らかではないか。結果における破綻は、その原因における誤謬を点検させずにはおかない。技術とは、生産力と直対応するような意味で、つねに革新さるべきかどうか。つまり、この問いには、生産力の増大という結果によってのみ技術の「質」が問われるのか、ということが含まれている。そして技術の質とは当然製品そのものの質に関わってくる筈である。アダム・スミスならずとも、ヘアピンの大量生産は、そのコストダウンによってヘアピンの大量普及を見た。「富の分配」がより平均的になったのは事実である。だが、手づくりのヘアピンの「味」はどうか？　分配の平均化の代償として、われわれは「味」を失ないはしなかったか。ナイロンは、絹に類似した低廉の靴下を可能にした。しかし、絹は絹である。レイヨンの和服はあくまでレイヨンであり、つむぎはつねにつむぎである。

われわれは、技術におけるある種の代替不可能性をまず大胆に認めるべきではないだろうか。一子相伝という言葉がある。漢方薬など一種の秘法的な術が代々親から子、子から孫へと伝えられその薬の稀少価値を保持してきた。このような場合は特殊であるが、われわれが日常接している「技術」の多くは本質的にこのように時間の永さのなかで培われてきたものではないだろうか？　旨いスシを喰いたいと思えば、多少値が張ってもウデのいいオヤジさんのいるいつものスシヤに出掛けてしまう、というのが人情である。そして、そのオヤジさんの握るスシにしても一朝一夕でできたものではなく、何十年という年期が入っていることを忘れるべきではないのだろう。

以前、この時評で触れた、『鳶のうた』という本のことが想い出されてくる。八王子で昔から鳶をやっている尾股惣司が実に巧みな文章でわれわれが今日忘れつつある素朴な日本の「味」を記している。

橋桁を全然用いないでできている猿橋のあの不思議さは、私も小さい頃から少なからず興味をもっていたが、その足場を掛ける難しい仕事を、九十一歳になる足場掛では神様的な爺さんの指導を受けて仕上げた話、「つん留」こと、つんぼの留さんが一人前の仕事をして老母を少しでも養えるようにと、木柄大工にさせていった棟梁たちの人情話、「小舞屋」（古くからの日本住宅の真壁の芯づくりの職人）、「トントン屋」（屋根の下に板を貼る職人）、「穴屋」（材木に墨かけどおりにどんな穴でもあけた職人）、「木引職」（太い材を縦割に鋸をひく職人）等の、今はわれわれがほとんど見ることのできない職人たちの話、竹を使ったら名人芸だがもうそんな注文をする施主がいなくなってしまい、もっぱら釣竿作りに精を出している建具屋の亀さんの話……。そんな職人さんたちの話は、とくに建築に携わっているだけに私には何か胸をしめつけられるような哀しく懐しい響がある。ここには、一子相伝などという半ば特権的な技術伝承ではなく、すぐれて日常的で素朴な「腕」の重みがある。そして、氏の物語は決して失なわれるものを弔うような挽歌の響はないけれど、われわれに訴えているその事実の意味はきわめて大きい。一市民として一人ひとりに帰ったとき、われわれのなかに古いよい味を切り棄ててきた経験はないだろうか？　ひとつのいいモノよりも十の手頃な安手物を大事にしてきた日常性がいつの間にかとり返しのつかないほどの根無し草的状況を招来していたのに……。伝統などというものは、何も御大層な美術界にではなく、われわれの身の廻りの生活とその態度に大きく依存していることを改めて肝に銘じたいものだ。

西欧の街とそのたたずまいに、あるいは家具やさまざまのデザインに伝統的な「味」を見出しうるとすれば、それは彼らが日常生活のレヴェルでそれらに貴重な価値を見出しているからであることを銘記したい。そして、次にそれはわれわれ自身の一人ひとりの問題であることを。

装飾

1 能動的な行為としての「飾りつけ」

アールヌーボー・アールデコ展（一九七五年十月二日〜十三日）の盛況について、私は前回の時評で「伝統と創造」「装飾」のふたつの課題がその現象に潜んでいるとした。* 前者については短い文章のなかで充分に展開し得なかったキライがあるが、「創造的継承」の問題を提起した。デザインに関わるほとんどといっていいくらいの領域でわれわれ日本人の「外向き」の志向性が、文化的遺産を文字通り消滅させつつあり、しかもやっと気づいたときにはせいぜい「保存」の課題としてしか取り組めなくなっている厳しい状況を招来してしまったこと。そして、その文化遺産を単なる「伝統」の彼方の骨董品化することにより、その創造的モチーフに転化する、というもっとも基本的な創造行為を脆弱なものにしてしまったこと。「日本伝統工芸展」との対比においてこれら「見る眼」の志向性の問題を指摘したのである。

さて、「アールヌーヴォー……」の盛況は、「舶来品」をありがたがるその「外向き」の志向だけでは説明がつかない。観客の層がほとんど二十代の若者たちであったことがそれである。「外向き」の志向性だけであるなら、同じころサントリー美術館で開かれた、「ロシアの工芸とイコン展」の動員数の違いは問題外としても、観客層が多岐にわたっていたこととの相違はどのように考えるべきなのだろうか？　私は、そこに今日における装飾の課題を見るのである。

装飾について語ろうとすれば、ほとんど一冊の本を必要とするだろうし、語るべきことは多い。私の論点は、その「今日性」という点に絞って今日の「表現」というわれわれの日常的な

*本書「日本伝統工芸展とアールヌーヴォー・アールデコ展」（五〇〇―五〇六ページ）参照

テーマと関わらせたい。

　二十代の若者たちが、「アールヌーヴォー……」に押し寄せたのはすぐれて示唆的である。基本的には、それは「ファッション」と深く結びついているともいえよう。もっともファッションという日本語をどのような意味で使うかが問題であるが。いわゆる「流行」というよりも、ロラン・バルトがいうような広義の「衣装の体系」（モード）というふうに考えたい。* われわれの社会的使用に供されるものは、多かれ少なかれ意味作用をもつという点において、「記号」として見ることができるとして記号論をきわめて広く定義づけたのが他ならぬバルトであった。彼は、衣装のようにもともと体を覆う目的・機能を持つようなものは「記号性機能体」として特別な位置を与えている。つまり、そうした日常生活品はもともと実用性・機能性から出発した「記号」である、というのである。確かに、衣装はある意味では典型的な「記号性機能体」といえる。そして、生活史的観点からすれば、戦後三十年の歴史のなかでもっとも「記号的」な変化をもったものということもできる。戦争体験やあるいはそのおぼろげな記憶でももっていさえすれば、ツギの当たったカスリとモンペの姿が、ミンクのコートに変わったこの大変化を確認できるだろう。衣裳は明らかにその社会的使用において意味作用を変える。ミンクのコートは、たかだか零下二〜三℃にしかならない東京の真冬において、もはや防寒の機能を期待されてはいない。若者たちがカッコよくぶら下げているロングマフラーは、寒気から首を守るのではなく、コートの衿を取り巻くだけである。モードはここでは確実に機能を離れた別の意味を主張する。明らかにそれは「飾り」である。生活行為のもっとも基本的要素としての「衣」におけるこのような「傾向」は、単に衣生活そのものに止まらない。

　『アン・アン』とか『ノンノ』とかいった若い女性層を対象とした雑誌が、決まって毎号インテリアと称した部屋のデコレーションを掲載しているのは、この事情を見事に物語る。雑誌の

*ロラン・バルト『モードの体系』（佐藤信夫訳）みすず書房　一九七二年

内容と読者のそれとは、相補的な因果関係を形成しているのはいうまでもない。「つくる者がいるから読む」のであり、「読む者がいるからつくる」のである。バルトはモードの記号性を分析するなかで、「書かれた（印刷された）モード」「写真に撮られたモード」「着られたモード」の三つに分類し、おのおのが着る側・観る側との「距離」の隔りの相違によって、意味作用が段階的に異なることを明らかにしている。実際、「書かれたモード」は、作り手である企業や団体の特定の意図が、ほぼ一方通行的に主張されるだろうし、「着られたモード」は着る側の主張が大いに与かっているだろう。つまり、同じモードを媒介として、そこに現出している意味の作用が大きく異なっている筈なのである。若者の女性層を対象とした雑誌のインテリア記事や写真は、その点に関する限り本の作り手である人びとの一方通行的な意図がある。「書かれたインテリア」あるいは、「撮られたインテリア」でしかないからである。ところで、「書かれた」「撮られた」「着られた（作られた）」という「記号」の存在の仕方は、確かにバルトのいうように三様の意味作用をもつが、それらは互いに無縁であろうか。答えはもちろん否である。記号を媒介とした作り手と受け手との関係は、おそらく単なる「因果関係」などではなく、幾重にも行きつ戻りつする弁証法的関係であろう。

マンションのテナント工事などで、しばしば「とにかくスペイン風にしてください」などというオーナーの依頼が多いといわれるが、「撮られたインテリア」がこのようにして「作られたインテリア」に変質していく現象にしばしば出喰わすものである。記号の三様のあり方は、受け手である消費者に近ければ近いほど、彼の主体的、能動的な行為としての意味をもつ。「書かれた装飾」「撮られた装飾」は、客体として存在する「飾り」でしかありえないが、「作られた」それは、明らかに彼の行為が関わっている。見る対象としての「飾り」から、行為としての「飾りつけ」へと転回する。ブティックはもとより、装飾品店やインテリア用品店の盛況は、衣裳やインテリアそのものが「見る」行為から「着る」「飾りつける」という、より能動的な質へと変わりつつあることを雄弁に示していよう。「衣」と「住」にまつわるこうした傾向を考えるとき、「特異な様式美を示すアールヌーヴォー……展」の特殊な現象もより闡明になるであろう。

2　プリミティーフの衝撃

飾りつけることとは、しかしながら、人間のもっとも基本的な欲求であるに違いない。文化人類学という専門領域以外で、いわゆる未開民族に早くから大きな関心を示したのはシュルレアリストであった。一九二六年五月号『ヴァリエテ』誌に掲載された世界地図は、知る人ぞ知るきわめて興味深いものである。そこでは彼らにとって既知のところは抹消されているか極端に歪小化されている。その逆に太平洋に浮かぶ島々が大きく扱われているのである。ニューギニア、ビスマルク、ハワイ、イースター島などは何倍何十倍にも拡大されている。わが日本は、彼らにとってはすでにエスタブリッシュメントで興味の埒外であったらしく、見事に落とされている。ここには彼らが興奮と驚嘆、いやおそらく畏敬の念さえもって土着民の「プリミティーフ」に接したであろうことが如実に示されているのである。「世界の変革」を目指した彼らが、戦闘的な運動における自らの創造の糧として、また活動の有力な証左として未開民族が示す素朴な「美」に注目したのは、芸術そのものにとって示唆するところ大である。

素朴で大胆な「美」が、彼ら未開民族の日常生活のなかでごく当り前のこととして存在していた。その存在の仕方こそあらゆる領域においてエスタブリッシュメントにがんじがらめに拘束され、したがってその変革を行おうとした当時のヨーロッパ的状況にとって大きな衝撃であったのであろう。

未開民族が彼らに衝撃を与えた「プリミティーフ」とは一体何だったのか。私見によればそれこそが「装飾」の美に他ならないのである。日常生活に定着した「美」とは、「美」それ自体の「風俗性」を意味しよう。そして風俗性とは、また、一定の時間的・空間的な拡がりのなかでその存在が公認されたものにだけ与えられることばである。その意味ではむしろ「普遍性」と置き換えられてもよい。「飾ること」とは、すべての民族の歴史のなかで、普遍的に見られた行為である。文化人類学や考古学が示すように、日常生活の「特異性」に対してその行為は発生した。祈願、奉祝、示威、呪咀等々の目的は宗教的儀式として、あるいは戦闘などの具体的な行為として現出することが多かった。そうした形式をもたなくとも、密かにその思い入れを「表現」することもあった。周知のようにラスコーの動物の壁画などはその典型といわれている。いずれにしても、これらはたんたんとした日常生活にあって、おのおのが「節」の役目を果たしたに違いなく、その意味で「特異」といえるであろう。言語は、発生的にそもそもプリミティヴである。「ハレ（晴）」とは、そうした「特異性」を示すことばであり、日常を示す「ケ」〈褻〉に対応する。「晴れがましい」「晴々した」「晴れの〇〇」などと使われる語源である。先の祈願・奉祝等の儀式は、その意味ですべからく「ハレ」に相当する。ハレはケときちんとしたケジメをつけるためにも、いっそう特異化される必要があった。特異であればあるほど、その儀式の効果や目的の達成度が大きいと考えられた。そして、ここに「表現」としての「飾りつけ」という行為が発生した。「祭る」こととは今やほとんど「飾りつける」ことを抜きには考えられない。その行為は、集団であれ、自己主張と自己確認の手段・方法として定着していったのである。

3　「装飾」の復権

自己を確認し、主張する証としての「飾りつけ」――「美」――が未開民族の世界においてごく素朴に存在していたことが、自己を回復する「変革」の一大運動を目指したシュールレアリストたちにとって「驚異」であったのは想像に難くない。確かに、それらは今もって「新しさ」を主張して止まない。「飾ること」が日常性のなかでその地位を獲得する過程で「意味」変化を招来するのも容易にうなずける。「飾ること」の「風俗性」はそのもっとも外的な「形式」において模倣の対象となり、それは広く伝播する。ギーディオンが記したように、そこに芸術の発生もまた求められるのであろう。

今、手許に『日本装飾大鑑』(光村推古書院)がある。たとえば、「正倉院御物纐纈《こうけち》文様」などは、先の「アールヌーヴォー……展」の折に見たテキスタイルときわめて似ている。おそらくシルクロードを通じてつながっていた当時の東西文化を考えれば、ペルシャの文様が模倣されつつはるか東方の島国に運ばれても何の不思議もないだろう。

そして、また一千年以上を隔てた今、われわれは、アールヌーヴォーの表現のなかに、正倉院御物の二重写しを見ることになる。記号の共時性は、言語学において古くから指摘されていたことだった。同一種の意味内容を表現する言語が、離れた地域に同時に存在することはわれわれがよく知るところであるが、芸術という広い表現体においても事情は同じであろう。一千年はおろか、この先人類の歴史が何年続くとしても、時間をまったく超越した「共時性」をわれわれは発見するのではあるまいか。人類史的には明らかに遅れている未開民族の「美」が今なお驚異をもって受け入れられる、その「新しさ」は、この共時性という考えを抜いては考えられない。

そして、共時性とは、民族の発達程度に関わらないという点において、それ自体通時的な普遍性をもつと考えられる。「飾りたてる」こと、そのなかにハレの「美」を見出すことは、時の経過を問わず、われわれの生活そのもののなかに定着している普遍性なのではないか。アドルフ・ロースの「装飾罪悪論」(一九〇八年)も、機械文明の一方の側面に肩入れしたものといえるのではないだろうか。機能美を追求したあげくの現代建築が、深刻な壁にぶち当たっているとき、「アールヌーヴォー……展」とその成功が意味することのひとつは、「装飾」そのものを、このようにわれわれの日常生活における基本的な欲望として大胆に承認し直すべきことではないか。装飾それ自体を「罪悪」として抹消することから生まれたものは一体何だったのか?機械文明が着実に「人間らしくあること」の跡を消しつつあることを見るなら、「プリミティーフ」といった論点に到らなくとも、装飾は「表現」のもっとも革新的な今日性を目指す方向で復権されるべきではなかろうか。

クラクフのヴァヴェル城

ポーランド南部の古都クラクフ（Kraków）は、第二次大戦の戦禍を逸れた稀な都市であった。侵略してきたナチス・ドイツによって占領下ポーランド政庁が置かれたという事情もあるが、おそらくベルリンよりもずっと奥行きの深いその都市としての歴史性・文化性に彼らが一目置いていたためではなかったか。親日家のポーランド人たちは、そんな運命をたどったこの都市を「ポーランドの京都」などという。

実際、クラクフは、十六世紀の末にワルシャワにその地位を譲るまで永らく統一ポーランドの首都であり、文化の中心地であった。ヨーロッパ大陸第二の古い歴史をもつヤゲロンスキ大学（創立一三六四年）がこの地につくられ、広くヨーロッパ各地から学生が集まった。地動説のコペルニクスもこの大学から輩出した。現在、市の中心部にある旧市街地は中世以来の街並みがよく残り、往時の姿が偲ばれる。旧市街地を囲む城壁や城門は、保存の手が加わって観光客の写真撮影の格好の背景となっているし、ヨーロッパ最大級を誇る二〇〇メートル四方の中央広場は、文字通りこの都市の「ヘソ」となって行き交う人びとが絶えない。

ヴァヴェル城〈Zamek Wawelski〉は、この都市の旧市街地の南端の丘の上に位置している。地図で見ると、洋ナシの実のようなおもしろい形をしたこの旧市街地に、コブのように貼りついているが、実は、この城の部分がクラクフの発祥の地でもある。

紀元五世紀から十世紀にかけて、南スラヴ系の人びとは、各地に「グルド（Gród）」と呼ばれる要塞集落を建設した。当初は、木柵と盛土を何層にも積み上げて保塁を築いたが、時代が下だるにつれてより堅固な石造となる。中世以降、グルドは発達していくそれぞれの都市の「核」

図155　ヴァヴェル城外観

となった。ヴァヴェル城は、そのグルドのひとつであった。

中央広場から南にのびるメインストリート、グロズカ通りを進むと、古い街並みが途切れて前方の視界が広がると同時に、右手前方の丘とその上の巨大な建物群が視野に飛び込んでくる。ヴァヴェル城だ。

この城は、ポーランドでもっとも美しい城のひとつといわれているが、私たち建築家にとってより興味深いのは、多様な建築様式が混淆するその輻輳性である。九六六年のミエシコ一世によるキリスト教への帰依以来、ポーランド各地に教会堂が建てられていくが、このヴァヴェル城の丘には、十世紀のうちに早くも王室の石造要塞礼拝堂が建造されている。

現在のヴァヴェルの丘の主要建造物は、大聖堂（王室聖堂）と王宮である。このいずれもが長期間にわたってさまざまに増改築が施され、前述の輻輳性を生むことになった。

大聖堂は、大半が十四世紀中頃に建造されたゴシック様式の教会堂である。同じゴシック様式の教会でも、ポーランドのものは、西ヨーロッパで通常見られるような、高い構造物の水平荷重を受けもつフライング・バットレスがない。中央広場に面する同じゴシック様式の聖マリア教会もそうだが、身廊部の垂直の高い壁は袖廊部の外壁を立ち上げて控え壁（バットレス）の役割をさせているようだ。

もともと人造の保塁によって拡大した丘のため、地下の基礎に絡む部分を根こそぎ更新することによる支持強度の低下を恐れたのだろう、ゴシック期のこの大聖堂も、地下部分の大半はそれまでの建造物を活かしている。十二世紀初頭のロマネスク様式で建てられた「聖レオナルドの地下室」（一一一八年頃）などは修復の手が加えられ、この教会の現存するもっとも古い部分として再認することができる。

大聖堂の内庭側（南側）には、三つの礼拝堂がある。ルネサンス期に増改築が施されたものだが、なかでもすばらしいのは、イタリアの建築家バルソロメオ・ベレッチ（Bartholommeo Berrecci）の設計によるジグムントフスカ礼拝堂（Kaplica Zygmuntowska 一五一九—三三年）である。ギリシア古典様式の破風エントランスを中心にした、左右対称的なふたつのドームをもつ建物である。向かって右側のドームの屋根が黄金色に輝いて、大聖堂側壁部の輻輳性をひときわ目立たせている。ピラスターとその間の菱形の浮き彫りが織りなすリズミカルな壁面は、もはやルスティカ（組積工法）の重々しい面影はなく、すでにハイ・ルネサンスの表情を獲得している。

大聖堂の内部は、身廊の幅が予想以上に狭く、またゴシック建築に特有のハイサイドから注ぎ込む光の量が少ない。ノートル・ダム、シャルトル、ケルン、ミラノなどの大聖堂のあの圧倒的なステンドグラスの光の束を知る者には、その対比的な光の存在は、かえって印象的ですらある。ワルシャワに首都が移ってからも、ポーランド国の国王の戴冠式は、この大聖堂の薄暗いとさえいえるような光のなかで行われるのがしきたりだった。

王宮は、今は国立美術館となっていて、王宮建造当時からの武器類やゴブラン織りなど国宝級の美術品が陳列されている。この王宮も創建以来何度も手が加わって、改造を繰り返している。もっとも古い部分は、創建時の十世紀のものであるが、ルネサンス期の大改造が際立っている。とくに、前述のベレッチと同じイタリア人建築家フランチェスコ・フィオレンティノ（Francesco Fiorentino）のふたりが共同で行った内庭側三層のアーケード廊の取付け（一五〇七—三六年）は有名である。下二層がアーチ型、上層が列柱型の三層廊の外観は、王宮の圧倒的な垂直壁の重圧感を解放することに成功して、ポーランドにおけるルネサンス様式の典型となっている。

ヴァヴェル城は、ロマネスク・ゴシック・ルネサンスの建築様式をその混淆状態で可視的にし、ポーランドにおける西欧文化の一連の発露を体現しているのである。そこはクラクフの発祥の地にふさわしく、旧市街地を見下ろす格好の場でもある。とりわけ、大聖堂の一部、鐘楼ジグムントフスカ塔は、ポーランド最大の鐘を誇るのもさることながら、その塔上からの眺めが旧市街のすばらしい景観を与えてくれる。緑地帯と城壁に囲まれたこの市街地は、今なおポーランドの人びとが胸を張る、歴史的な「文化センター」なのである。

図156 ヴァヴェル城中庭

ワルシャワのワジェンキ公園

ワルシャワは、その九五%ほどが破壊され、戦後、国を挙げての復興に取り組んで主要部分を見事に再現した旧市街地スタレ・ミアスト（Stare Miasto）は有名だが、市内に広大なすばらしい公園緑地があることは意外と知られていない。スタレ・ミアストから南へ三キロメートルほどのところに広がるワジェンキ公園（Park Łazienkowski）である。ここでは、この公園を取り上げることにしよう。

比較的無味乾燥なワルシャワ中心部からこの公園に来ると、その豊かな緑と静けさに心が洗われる思いがするものだ。七三ヘクタールの広さは、優に数時間を過ごしても飽きさせない。歴史的にも、近世ポーランド王国の最後の華やかな「舞台装置」となっていることも、この国の複雑な歴史性・文化性を偲ぶにふさわしい場所といえようか。

スタニスワフ・アウグスト・ポニャトフスキ（Stanislaw August Poniatowski 在位一七六四—九五年）は最後の国王だが、彼がその治世下に展開した一大プロジェクトが、この公園と水上宮殿であった。

当時のポーランドは、オーストリア系の文化が色濃く浸透していた。十七世紀末、ハプスブルク家によって擁立されたアウグストゥス二世がポーランド国王の冠を戴いたが、彼は近世サクソニアの選帝侯でもあった。ハプスブルク家の拠点ウィーンの文化はサクソニアに、サクソニアの文化はポーランドにと、水が高みから低みに流れるように伝播した。ウィーン郊外の王宮シェンブルンとその庭園は、ヴェルサイユを強く意識していたマリア・テレジアの「熱意」が完成させたともいわれるが、ヴェルサイユの設計者アンドレ・ル・ノートルに代表される幾

図158　水上宮殿と水上劇場の鳥瞰写真

図157　ワジェンキ公園銅版画平面図
（スタニスワフの軸線が顕著である）

何学的な直線のパターンは、シェンブルンにも採用されたように「バロックの軸線」としてヨーロッパ各地に広まっていった。アウグストゥス二世は、サクソニア人の多くの建築家・都市計画家を登用してワルシャワ郊外の「開発」を行う。ポーランドの都市計画史上「サクソニアの軸線」と呼ばれる軸線によって、現在のウヤズドフスキ公園が造られた。アルミ・ルドウェイ通りとアグリコラ通りに挟まれた三角地帯である。ウヤズドフスキ城を起点に真東に延びる運河は、ポーランド文明の母なるヴィスワ川を意識して造られたのだが、この軸は、いわばこの三角地帯の扇の中央軸として、「サクソニアの軸」をもっとも強く象徴するのである。

約半世紀のち、スタニスワフは、この三角地帯に隣接する地に、同じく軸線による計画によって、その離宮と庭園を建造する（一七八四—九三年）。今日のワジェンキ公園である。設計者は、建築家ドメニコ・メルリーニ（Domenico Merlini）とヤン・クリスチャン・カムセツェル（Jan Chrystian Kamsetzer）だった。「スタニスワフの軸線」と呼ばれるプロジェクト群の代表でもあった。スタニスワフがこのプロジェクトに入れ込んだ思い入れは想像に難くない。彼の時代は、ポーランドの歴史のなかでももっとも厳しい試練を余儀なくされたときともいえた。一七七二年には、隣接するプロイセン・ロシア・オーストリアの三強国による「第一次分割」が行われている。独立国の王としての矜持と政治的・軍事的な脆弱とのディレンマのなかで、スタニスワフは悶々とした日々を過ごさざるを得なかったに違いない。ワジェンキ宮殿とその庭園を一大プロジェクトとして造営したのは、おそらく三国に対する彼の最大の「宣戦布告」だったろう。「武力」ならぬ「文化」という次元での。もちろん彼は、もはやサクソニア人を登用しなかった。生粋のポーランド人建築家が選ばれた。オーストリアの「影」を漂わせる「サクソニアの軸線」に替わる軸を必要ともした。彼のプロジェクトは、意気消沈するポーランド国民を鼓舞するためにも、大々的に喧伝されただろう。それは「スタニスワフの軸線」でなければならず、ポーランド国の国王の離宮にふさわしく華麗でなければならなかった。

私たちは、今、高木が繁る森のなかを真っ直ぐに延びる「スタニスワフの軸線」に沿ってこの公園のなかを心ゆくまで逍遙することができる。五月の新緑のときがもっともすばらしい。社会主義体制下の時代も、ここを訪れるポーランド人は多かった。スタニスワフの矜持は、「社会主義大国」の抑圧を感じていた人びとにとって、ナショナリスティックな精神の救いとしてときを超えて映っていたのかもしれない。

この公園には、南北に細長く延びるヴィスワ川の水を利用した大きな池がある。その池を東西にまたぐようにして造られたのが、夏の離宮ワジェンキ宮殿（Pałac Łazienkowski）である。規模は決して大きくはないが、正面の四本の古典様式のオーダーや屋上バラペット上の彫像など、バロック・ロココの様式を伝えるポーランドの代表的建築である。内部のギャラリー、食堂、サロン、舞踏広間などは、離宮にふさわしく当時のポーランド文化の粋がこめられている。素朴な印象すらある外観に比べて、この内部の意匠の華やかさは、スタニスワフの面目躍如たるものがある。池をまたぐようにして設計され――それはもちろん彼の意図でもあったろう――、あたかも水に浮くように見えるこの離宮は、固有名詞でより「水上宮殿」の名で知られていく。

宮殿の南側、池の左岸に「水上劇場」があって、この庭園と離宮にいっそう興趣を添えている。ステージと半円形客席部の間は池の一部になっており、またステージの両袖部は古典様式の壁と柱で、しかも廃墟のイメージを演出し、なかなか心憎いデザインである。

しかし、歴史はあくまで皮肉だった。スタニスワフがこの離宮でいく夏も過ごさぬうちに、ポーランドは先の三国によって分割併合され（第三次分割、一七九五年）、のちナポレオンの傀儡政権による一時的な「復活」を別にして、二十世紀の第一次大戦直後の真の独立（一九一八年）まで、その国名は地図から消えてしまう。

この公園のなかにはまた、ポーランドが誇るピアノの詩人、ショパンの大きなブロンズ像がある。あの華麗な名曲の数々は、ポーランド王朝のレクイエムででもあろうか、ヴェルサイユ、シェンブルンから脈々と続く華やかな王朝文化の残り香が、ここには漂っている。

図159　水上劇場
図160　水上宮殿ホール内観

17 工芸・陶芸

日本伝統工芸展とアールヌーヴォー・アールデコ展

1　画廊・美術館……展覧会の今日的なあり方

「日本伝統工芸展」と「アールヌーヴォー・アールデコ展」を観た。長い残暑に辟易し、ようやく涼しくなって人心地つくようになると、近ごろはどうも展覧会というものの季節になるらしい。新装なった前川國男の都美術館などは連日盛況だという。もっとも建物が例によって力作なので、彫刻や絵画を飾るのがどうも困るらしい。作家たちの「嘆き」の声も伝え聞いた。（都美術館については、筆者も編集の人たちとオープンの前に見ているが、これは確かに傑作のひとつである）。美術館ばかりでなく画廊もまた展覧会の主役のひとりであることは今も昔も変わらない。多くの「大家」たちがかつて若かりし頃には、それらの画廊はある種の登龍門の役割を果たしていたし、今でもそれは個展のもっとも普遍的な会場として位置していよう。しかし、芸術家たちがもっとも身近にしていたその画廊にも今や新しい波が押し寄せているという。ひとつは、芸術そのものの質的な問題である。彫刻や絵画などの作品が個展か集団展かを問わず、画廊という媒体を通じてかろうじて一般大衆、それも興味を持ち合わせているきわめて少数の好事家たちに知れる、そういう芸術のあり方。自らその作品に値付けをし、好みのあう人に出遭ってはじめて売れていく……。そういうレヴェルに、作品の価値づけと発表の機会を見出している限り、芸術それ自体がどうしようもないマンネリズムに陥るし、ましてや閉塞した状況を打破するような質的革新など期待できない、ということである。もうひとつは、画廊そのもののあり方の問題である。新人たちの登龍門の役割が、盛んに行われる各種展覧会の表彰制度に移行しつつある現在、画廊は作家たちの作品が値札をつけて並べられる「市場」でしかないのかもしれない。作家という売手と、そして近頃は趣味と実益をも目的とした買手との取引の場以外の何ものでもなくなりつつあるのではないか、といったような反省が、画廊を単なる「不動産業」としてではなく芸術活動の重要な担い手として考えてきた心ある主人たちに芽生えてきているという。T画廊などは、その典型的な例として新しいやり方を始めるらしい。デザイナーが自作の商品を売る店を自営し出したことはきわめて興味深いことだが、T画廊の場合はある種の企画に基づいて何人かの作家に制作を依頼し、それを即売していくのだという。これなどは、画廊とそれを媒体としてきた芸術そのもののあり方に一種の変容を迫るものとして大いに注目してよいだろう。

美術館の展覧会のあり方については、すでに多くのことがいわれてきた。新しい都美術館のオープンに先立って、その利用の仕方についてとくに議論が盛んだったのも耳目に新しい。既成の集団や団体の「既得権」があまりに大きすぎる、使用規程がそういう大団体だけに有利にならずに、無名の個人や団体も利用できるように公的な施設としての役割を見直すべきだ、という主張が多かったと思う。ここには単に場の利用の権利をめぐる争いがある、という現象的な次元で判断すべきではなく、既成の団体や表彰制度そのもののあり方に対する根底的な批判があると見るべきであろう。新しい芸術や状況を超えるような質が、実際そういうエスタブリッシュメントから出てきているかどうか？「場」をめぐる論争には、実は画廊ばかりでなく美術館をも含めて、芸術そのものに対する本質的な課題があると見るべきである。

そんな展覧会の「場」のあり方が問われている筈の昨今、表題のふたつの展覧会がデパートで開かれたというのも、何とも示唆的ではあった。デパートのような商業資本が、こうした美術展を催すことは、欧米では考えられないことである。時代の芸術的課題を探り、その糸口を見出しうるような展覧会を開催するのが美術館の当たり前の役割なのである。古美術でも、彼らにとって、自国のものはもちろん、外国のそれでもただ単に歴史のくず籠に捨てられた骨董などといったものではなく、何が本質的で、何処が新しいかをつねに提示するものとしてありつづけている。そして、展覧会もまたそのようなものとして開かれ、活用されている。モノのあり様を的確に見る眼は、一朝一夕では得られないし、学問に王道がないとすれば、「見る眼」にも近道はないであろう。質的にすぐれたものを見続けることによってはじめてモノは見えてくる筈である。

すぐれた展覧会が、その意味で数多く開かれることは大いに歓迎すべきである。商業資本にそのお株を奪われてしまっているのは、美術館をはじめとする公的機関とそれを動かしている文化行政の相も変わらぬ貧困さに起因するのだが……。

2 ふたつの展覧会の相違

それにしても、このふたつの展覧会は、現在の美術の本質的な課題を如実に物語っていて大変興味深かった。

現象そのものが、モノの本質を如実に示している、といったのはフッサールだったが、まずもって、この展覧会の会場の雰囲気は現今の美術状況を語って余りあった。「日本伝統工芸展」は日本橋三越で、「アールヌーヴォー・アールデコ展」は新宿伊勢丹で開かれていた。前者は無料であり、後者は大人は四〇〇円也の有料であった。にも拘わらず、後者の会場は若者たちの人いきれでムンムンするほどで、とても展示品を見るような感じではなかった。展覧会用のカタログも、私が行ったときにはすでに売り切れで、カタログ予約券なるものを購入し、翌日、ようやく手に入れるというあり様であった。「伝統工芸展」のほうは、実に静かで人の入りも他人がほとんど邪魔にならない程度で展覧会らしいものであった。そして、見物人の層はといえば、娘を連れた老夫婦とか初老の人たちが多く、ひとり姿の若者などはほとんど見当たらなかった。

このふたつの展覧会のこのような現象面での相異はどこからくるのだろうか？　日本橋と新宿という立地性の問題？　三越と伊勢丹というそもそものデパートの客層の相違？　これらはもちろん多少は影響していようが、問題はそんなところにはないであろう。「伝統工芸展」も「アールヌーヴォー……」も、ともに陶芸・テキスタイル・金工・木（竹）工・ガラス工などが主要展示品であり（否、アール・ヌーヴォーは、日本伝統工芸なくしてはありえなかったのであるが……）、僅かにポスターの分野の有無ぐらいが違いといえば違いであった。そのほとんど同じ対象の美術展にしてこの違いは何なのか？

それは一言でいえば、人びとの「見る眼」のヴェクトルの違いといえるであろう。さらにいえば、日本の伝統工芸に対する志向性の小ささであり、そして逆説的に彼岸の「景色」に対する興味の大きさの表れなのであろう。そして、このふたつの展覧会の示唆するところは、このヴェクトルの質そのものの吟味を促すことにある。

彼我の志向性の相違を探ること、そして何故彼における大きさとしてあるか？　第一の課題は、「伝統と創造」という古くて新しい点を明解にする必要があるし、第二は、アール・ヌーヴォーによってもっとも象徴的に展開された「装飾」の今日的意味を明らかにすることである。

3　「伝統の継承」＝「錬磨と革新」

「伝統と創造」という大命題は何も「美術論」の大上段を振りかざす必要もない。日本の伝統工芸とアール・ヌーヴォーの関係が、もっともヴィヴィドな姿を示してくれている。この事実性の前には如何なる「論」も無力であろう。アール・ヌーヴォーは周知のように、産業革命の進展という、社会経済的な背景のもとで、芸術を社会生活のなかに位置づけるトータルな芸術運動としてあった。そのような志向性は、もちろん芸術としての個的価値と生産としての社会的価値の一元化を意味するし、そもそもプラス・マイナスの両極性を吸引していかねばならなかった。運動の中心人物たちが、その個的価値においてもっとも注目したのが他ならぬ日本の伝統工芸であった。十九世紀も末のヨーロッパ各地の「新しい」芸術様式の志向は、「アール・ヌーヴォー（新しい芸術）」「ユーゲントシュティル（青春様式）」「モダーン・スタイル（現代様式）」「モデルニスモ（現代主義）」といった表現で唱われていた。そして、これらに共通して強い影響をもっていたのが、日本の建築（主として屏風や家具、民家などのスタイル）や櫛、刀の鍔、印籠、陶磁器などの工芸品であった。たとえば櫛のコレクションに記された次の言葉は彼らの偽らざる心情であったろう。「これらの作例において、形態はいささかも平衡を失うことなく、（中略）、まさしく適切に主題を選んだ文様構成の精緻な感覚がある。ここから新しさが生まれるのだ」（ジェルドゥユ）。

今回の展覧会でも、当時のナンシー派の中心人物だったエミール・ガレの椅子や卓子、ガラスの花瓶などを見ることができたが、その曲り木や彫りの姿は明らかに江戸の文様や和家具の影響が見られるし、金工の巨匠ルネ・ラリックにしても刀の鍔や釘隠し・襖の引手金物といった日本の伝統的な金物を実によく調べていることが判る。確かに、彼らはその日本の伝統的な美術のなかに「新しさ」を発見したといえるだろう。

伝統とは、彼らが見事に示したように、歴史をもつすぐれた感覚を、新しさのなかに開花させるためにこそある。単なる継承は「保存」でこそあれ、それは創造を意味しない。否、むしろ、本質的な「継承」というのは、不変性の保持ではなく、「盗る」べき感覚の絶え間なき錬磨と革新をこそ指すのであろう。アール・ヌーヴォーの旗手たちは、当時の人びとには必ずしも受け入れられなかったにせよ、このように個的価値における新スタイルの形成と、社会的価値としての身の廻り品の生産という両者の一元化の難しい課題に取り組んだのだった。

4 「見る眼」の涵養と拡大

日本の伝統においても、問題はまったく同じである。技術の継承や手法の会得は、それがどんなに歳月を要するものであっても、単なる継承で止まる限りでは、「新しい道」は拓けない。「文化財保存」といった問題として語られるのではなく、あくまでも生き続けるもの、つねに新しいものであるべきであろう。つねに新しい、とは、「ここから新しさが生まれる」(前出、ジェルドゥユ)ような感覚を磨き続けていくことによってはじめて可能になる。その意味で、今回の「日本伝統工芸展」は久々に傑作に恵まれたといえるであろう。NHK会長賞の「練上壺」(松井康成)は、笠間の住人である作者が十数年手がけてきた独自の手法であり、中国の伝統的な型押による練上げではなく、ロクロの回転によって灰色と白色の陶土を流れのように練上げたものであり、今回出色の作品であろう。東京都教育委員会賞の「杉柾合わせ食籠」(中川清司)も私の好きな作品であった。タガオケの製法を追求して、杉柾の年輪を各材の継ぎ目できちっと相互に合わせている美しさは、製法もさることながら、日本の感覚そのものといえる。これらの作品が賞を得たのは、当然といえば当然であるが、反面、たとえば十数点ともっとも多数を誇った備前の壺や茶入れの陶芸は、ほとんど昔ながらの作風の域を出ず、創意工夫が見られなかったのは、もう一度「伝統と創造」の本質に立ち返ってみる必要があるのではなかろうか。

日本の伝統工芸は、今もってすぐれたものである。染色とその文様柄、乾漆などはつねにその独自性を失わないし、またそのジャンルのなかでつねに「新しさ」を追求してもいる。伝統工芸に問題ありとすれば、それがまた本質的なことがらだが、この展覧会の主催団体である日本工芸会に加盟している「エリート」たちだけが守り育てるのではなく、もともと職人・職方であったそれらの無名の担い手たちが時々刻々少なくなってしまっているといった現象に見られるように、底辺からそれを支えることが肝要である。底辺を支えるということ、それは伝統工芸が大衆レヴェルできちんとした評価を受けることが前提だ。われわれ大衆に「見る眼」をもっともっと養わせること。底辺の広さと「見る眼」の確かさとは相互に原因であり、結果である。〈一九〇〇年様式〉とはいっても、一九〇〇年のパリ万国博のときに突如としてアール・ヌーヴォーが生まれたのではなく、何十年にわたる、「見る眼」の鍛錬がそれを生んだ。しかも、日本の伝統工芸を見ることから。ふたつの展覧会の相違は、この「見る眼」のヴェクトルの質の問題であった。

われわれは、われわれ自身の文化をまだ自らの血肉としているとはいえない。

有田・唐津の窯元をめぐる

長雨にたたられた妙な夏の季節もようやく過ぎようとしている。浮いた話も少なく、皆が渋面をしているようなときには季節のほうも調子を狂わせてしまうということなのだろうか。そんな日常性の只中にいると、フト、「竹林の七賢」の故事のようなことを想い出してしまう。人里離れた静かで緑豊かな林のなかに、気の合う仲間たちと読書や詩作や議論に興じ耽けていられたら……、酒でもあれば申し分ないところだろう。そんな白昼夢にかすかな息抜きを見出している図にわれながら苦笑を禁じ得ない。

先日、設計監理中のある建物の内外装のタイルの最終の色決定を行うために、九州有田の地を訪れた。有田はいうまでもなくわが国磁器の発祥の地である。件の某タイルメーカーは、今でこそタイル屋として名が通っているが江戸の昔から、柿右衛門、今右衛、源右衛門などと並ぶ十三代目の老舗の窯元でもある。対山窯《たいざん》といえば知る人ぞ知るところであろう。泉山という磁器の原石——陶石——を採掘している処へ案内してもらった。その昔、豊臣秀吉が朝鮮出兵の折り連れ帰ったといわれる多くの職工のうち李参平という目効きの陶工がこの地をやっと見つけて磁器の生産が本格化したという。薬品用などのガラス瓶の色つけのために金属化合物を混入するのは、昔懐しい高校時代の化学の時間などに教わったものだった。泉山の陶石は元来鉄紛を含んでいるので、そのまま焼けば熱変化によって鉄が色を出す。青磁のあの微妙な青の色合いは自然の為せる妙味でもあった。初代柿右衛門といえば、あの柿色を出すために大変な努力を積み重ねたことは小学校の教科書に出るほど有名な話だが、彼のもうひとつの「発明」は存外知られていない。やきものにうるさい人なら、今でも柿右衛門（十三代）の作るものがほとんど乳白色であることを知っているだろう。「濁《にご》し手」（米のとぎ汁のこと）といわれるこの磁器が、青磁に対して白磁とも呼ばれているのは先刻御承知のとおりである。泉山の陶石を用いて青磁ではなく白磁を作るには鉄分が邪魔であった。彼は、多くの経験から原石を風化させて鉄分を除去することに成功する。そして、あの暖かでしかもどことなく冷ややかな独特の乳白色の色を出すために、天草の陶土を混入する工夫なども試みた。古伊万里や鍋島などを見るとすべてが青磁である。今はじめて、白磁の生産に成功した彼の前にある課題は、この乳白色にもっともよく調和する色付けであった。喜三右衛門という名を柿右衛門に改名させるほどに脚光を浴びたあの熟成した柿の赤味は、むしろ、彼の「濁し手」が生み出したものということができるのである。

オランダの東インド会社のシンボルマークVOCを焼きつけた大皿など、およそ値付けも難しい昔の数々の逸品を見ながら、私は執拗に美を追い続けた陶工たちの寡黙だが不退転の声と意志を眼の当たりにする思いがしたものだった。「柿色」によって彼は、鍋島藩お抱えの絵付師になるのだが、それを導き出すもとになった白磁生産に到る陶石や陶土の改良の積み重ねの作業は、実際は「柿色」の場合の何倍もの歳月を要したといわれ、そこに彼の偉大さがあった。そして彼は「濁し手」の成功に満足せず、それとさらによく調和する赤絵をも探っていったのである。つねに倦むことを知らない創造者の精神《こころ》のみがそれを支えたのであったといえよう。

一昨年のことだが、私はやはりやきもののことについて小文を書いたことがある。ある雑誌の連載時評のうちのひとつだが、「日本伝統工芸展とアール・ヌーヴォー・アールデコ展を見る」というタイトルで、その年に行われたふたつの展覧会にふれたものだった（本書前稿）。私は、そのなかで、NHK会長賞を獲得した笠間の陶芸作家を高く評価した。彼は、「練上げ」という、縄状の陶土をロクロの回転によって成型する独特の手法を開発して実に美しい壷を作り上げたのである。反面、ほとんど旧態依然たる作品をやたらに出品していた多くの肥前焼の作家たちには失望したものだった。伝統というのは墨守すべきものではなく、つねに創造によって支えられるべきものであることを考えないわけにいかない。

十三代柿右衛門の屋敷を今回訪れて、観光バスが何台も入る大きな駐車場や立派な展示場を見たとき、私の脳裏をかすめたのは、計らずもその想いでもあった。展示場で宮内庁御用達の食器類など多くの「柿右衛門様式」を今の作品群に見ることはできたが、私の眼を見晴らせるほどの創造性を見出すことは、正直のところできなかった。

帰路私は、唐津まで足を延ばしてやはりいくつかの窯元を巡った。「また、泳いできたの?」とあとで女房をして見間違わしめたほど、いつの間にか夏の陽ざしに戻っている北九州の地で、私は久しぶりに漫遊漫歩の一日を過したものだった。御茶の水窯というところで私は「白唐津」の壷を買った。秀吉の北九州出陣に従って唐津の先名護屋城に一年半ほど滞在した古田織部が唐津のやきものに注目しない筈はなかった。「きれいさび」の茶の世界を切り開いた利久の第一の弟子織部は、さすがに織部唐津といわれるほどに土着のやきものを美濃風に仕立てたのである。唐津焼の風情がいかにも志野や黄瀬戸などと同じように茶の世界にぴったり符号しているのは、やはり織部ゆえであろう。私の買った「白唐津」は、しかし、それとは違うものであった。白釉を施した色といい、ふっくらと丸味を帯びた胴のふくらみといい、いったん細く絞ってまたわずかに開いている口といい、それは唐津でありながら唐津を超える「何か」をもっていたのである。私のサイフで買えるものだからむろん「名人」の作ではない。しかし、笠間の作家の「練上壷」に出会ったときのような感動をそれは私に与えるのである。

私の想いは、ここでもう少し拡がる。有田の地に陶石を発見したのは確かに李参平であったかもしれない。「濁し手」を発明したのが柿右衛門であり、唐津焼の今日をあらしめたのは織部であったかもしれない。しかし、李参平が来日する以前から有田には多くの窯があったし、白磁は中国や朝鮮のものが入ってもいた。織部が来る以前から倭冦で鳴らした松浦党の指導者たちは多くの窯元を育成し唐津焼の基盤を築き上げていたのである。磁器や「濁し手」や美濃風のものは、ある意味では出るべくして出てきたといえなくもない。李参平も柿右衛門も織部もそのような時節にたまたま合致した歴史の立会人であったとしたらいいすぎだろうか？　本人たちの才能・努力を認めてもなお、そうした時の流れ、勢い、背景を無視することはできなかろう。

文化というのは、そうした時勢と結びついた現象の総称ではなかろうか？　「時が人をつくる」というのはその意味で正鵠を射てもいる。創造というのは、そういう広大な文化現象の底辺のなかから鋭い感性が、あたかも氷山の頂きのようにキラリと己が姿を突出させるものなのであろう。旧聞に属するが、かつて大学闘争で問われた大学をはじめとする今日の文化現象に対する問いかけは、そうした感性と質を同じくする根源的なものであった筈である。いま、はやりハシカなんぞのように、あれは「若気の到りであった」などという者がいるとすれば、それは、創造の美学に連なる感性とは無縁のものといわねばならないであろう。

文化とは、何もやきものや他の伝統芸術だけのものではない。そうしたものを含んだすべての現象を包括するトータルなものであろう。現象の流れのまにまに漂い、その表面的な情況にのみ安住しているのだとしたら、そこに「伝統」の墨守や「形式」への埋没はありえても、鋭い光を投げかける新しさはうかがうことはできないであろう。

モノつくりに従事する、否、われわれの常なる日常性に対する、これは、不変的な自戒のしるべなのであろう。

まず、自らに問うべきか。

18 映画・アニメ

アニメ「メトロポリス」を観る

この文章は、オリジナル・ビデオ・アニメ（ＯＶＡ）を除く劇場アニメでさえもが、いまや日本映画産業の大きな屋台骨を支えつつあるわが国のアニメーション（しばしば「ジャパニメーション」と呼ばれる）についての包括的な評論を書こうとするものではない。それには優に一書を要するだろう。これは、ただひとりの映画好きアニメ好き人間の、戦後史というパースペクティヴにおいてみた、最近の代表的なＳＦアニメ作品「メトロポリス」の印象とそれに触発された断想とを綴った私的で断片的なエッセイである。

1　体験的な日本アニメ前史

戦後開放下に遊ぶ

私たちは、日本アニメの誕生に立ち会い、その後のアニメの歩みとともに成長してきた世代である。日本アニメの誕生には、敗戦後の貧しい社会におけるわが国の文化形成の「準備期」を必要とした。私たちもまた、その時期に幼い子ども時代の精神形成をなしつつ、アニメ受容の「体勢」を整えつつあった。その「準備期」についての私的な回想から始めることにしよう。

その頃、とりわけ夏の夕暮れは、陽が沈んでしまった後もまだ明るさの漂う薄暮のなかで、一日の終わりを前に「まだ遊んでいたい」との諦めのつかない心もちを抱きつつ家路をたどるというのが、私たち男の子の日常だった。私たちは、「二度と戻らぬ時」を本能的に惜しんでいたに違いない。雑草が生い茂る広い原っぱは、トリモチをつけた細竿によるトンボつりの格好の場所であり、大きめの栗の木やブナの雑木林は樹上に廃材で作った小屋を設けたターザンごっこの秘密基地であり、ちょっと遠出をしていく武蔵野市・井の頭の池に発する神田川は、周りは一面ずっと田んぼが拡がって、透き通った流れにゆらゆらとなびく水草が水底いっぱいに拡がる、魚釣りと水遊びの最高の拠点だった。私の子ども時代の東京・杉並は、小学校の隣接地にすら広大な麦畑が拡がり、自動車などがほとんど通ることのない住宅地の道路を含めて家々のまわりすべての都市空間が「遊び場」だった。子供用自転車などなかった時代、徒歩一時間程度の移動距離の範囲は男の子たちの遊び圏域だった。女の子も、男の子ほど行動範囲は広くないとはいえ、石けりやゴム段や手鞠遊びなどに余念がなかった。敗戦後間もない昭和二十年代は、日本中のほとんどすべてが平等に貧しく、家族を養う親たちの懸命な勤労姿をしり目に、子どもたちは、学校が終われば夕食の時間まで真っ黒になるまで遊びに熱中したもので、夏休みでもなければ宿題などない子どもたちにとってはそれが日常の「仕事」だった。時代の風潮に流されいつの間にか「総軍国少年」になっていった前の世代と違って、巡り合わせにより私たちは幸いにも戦後の「開放時代」を生きることができた。ジャン・ジャック・ルソーが『エミール』で記述したような「子どもが子どもらしくその時代を過ごす」ことを、私たちほど謳歌した世代もなかったろう。

手塚治虫がマンガ『メトロポリス』を世に送り出したのは、昭和二十四（一九四九）年、私たちが戸外での文字通り全身を駆使しての遊びに夢中になっていたそんな時代だった。私は、この年の四月に近くの公立の小学校に入学した。だが、その頃の初期に属する手塚のマンガが私たち子どもの間で話題になることはほとんどなかった。控え柱が斜めに添えられた二階建ての木造校舎群が校庭をコの字型に囲んで即席に建てられたが、広大な学校区を抱えたその小学校では教室は圧倒的に足りず、入学した最初の一学期から午前・午後の二部授業が行われた。「進駐軍」拠出の脱脂粉乳によるミルクだけの給食が始まったのは二年生になってからであった。学校教育も食糧確保も、ともかくみな目先のことでいっぱいの毎日であった。社会的にも「ロウ・カルチャー」の認知しかなかったマンガが、私たち子どもの関心を惹くにはもう少し時間を要した。

翌昭和二十五(一九五〇)年の一月、NHKがラジオドラマで「おらあ三太だ」の放送を始めた。書物を買うという物的・精神的な余裕のなかったこの時代に児童文学(それも私たちのすぐ身近にいるような元気はつらつ少年が主人公であるような)の物語が電波に乗って耳から入ってきたのは、まったく画期的な「事件」だった。青木茂原作のとびきり明るい児童文学はすぐに時代の寵児になった。「♪♪さん、さん、さんたの山の子だ。寄って来い、来い。キツネにウサギ、まーるく輪になれ、そら飛べ、ピョンコと。おーい、おーい、おらあ三太だ。山の子だ♪♪」。星野広子が唄うテーマソングは、どんな教科書の文言よりもスーッと心と頭に入って、家のなかはもとより、学校でも休み時間には「合唱」が始まってしまうほどだった。「三つ子の魂百まで」の謂れのごとく、半世紀を経た今もほとんど正確にこの歌が口の端にのぼることに、私自身少々の驚きを禁じえない(もとより、原作者やテーマソングの歌い手が誰であるかは、子どもたちには関心の埒外で知るよしもなかったが)。いま考えれば、私たちの周辺ではすぐれた自然環境の「遊び場」にはこと欠かなかったが、学校教育以外には接する「文化」がなかったのだから、「三太」のドラマが私たちの心を捉えて離さなかったのはしごく自然の成りゆきだった。

「三太」によって「文化」に触れ、物語りの展開にワクワクと想像力を掻き立てることを覚えた私たちには、「新しい」文化を受け容れる用意ができていた。昭和二十六（一九五一）年、私は三年生になっていた。福井英一の「イガグリくん」が雑誌『冒険王』で連載され始めた。柔道少年のイガグリ頭の主人公が、必殺の「巴投げ」を武器に大活躍する柔道のストーリーは、野球の面白さにとりつかれ始めた男の子たちにとっても、きわめて魅力的であった。件の雑誌『冒険王』は誰かが買ったものを学校で回し読みするのがつねだった。本革のグローブを手に入れることがその頃の最大目標だった私は、マンガ雑誌用の小遣いを親にねだることは得策ではないと、「じっと我慢の子」を演じるのだった。その年の暮れ、かねてからスポーツ店の店先で目をつけていたチョコレート色のグローブ（子ども用のグローブでも大卒初任給の三分の一ほどの値段だったから、野球用品はきわめて高価な商品だった）を親に買ってもらった私は、それこそ得意の絶頂だった。スポーツ根性ものの元祖ともいうべき「イガグリくん」と野球は、当時の私の生き甲斐となった。

ディズニー・アニメとの出会い

動くマンガ、つまりアニメーションの世界に私たちが接した最初は、ディズニーの作品群だった。マンガと野球に私たちが夢中になり始めたちょうどその頃だった。街の映画館で「白雪姫」と「バンビ」が相次いで上映された（それぞれ昭和二十五年、二十六年一般公開）。それらは、いままで経験したことのないまったくの驚きの世界だった。童話や児童文学の話が書物を抜け出し、映画という映像のスタイルによりまるで違った表現世界となってそこに現れていたのである。俳優たちがそれぞれの衣装をまとい、しかるべき場面のなかでセリフをいって演技をするという実写映画ではないのである。マンガや挿し絵で見るような、動かないはずの登場人物や背景などすべての「絵」が実になめらかに動くのである。それも全編とびきりの美しいカラーである。その頃はまだ「敵国語」に対する一般の心理的アレルギーなどが抜け切らなかったのか、カラー映画はみな「総天然色」と呼ばれていた。小びとたちや子鹿の表情のすばらしさ、豊かさもさることながら、まるで本物の人間や動物のように行動するそれらの「動き」は、私たち子どもを驚かせ、感心させ、まわりの細かな道具立てともども、まさしく「センス・オブ・ワンダー」に満ち満ちていた。それは、「この動きのリアリゼーションこそ映画の真理であると同時に漫画映画の真理である」と早くからアニメの本質を指摘していた今村太平の言質(1)を理屈抜きに実証するものだったといってよい。

ディズニー作品は、確かに私たちに「衝撃」を与え、まったく新しい映像世界があることを示した。それは、文字通り羨望の対象だった。ただ、子ども心にも、あれらはアメリカのもので、雑誌や新聞などで垣間見る自動車や電気冷蔵庫やプールつき住宅が象徴する発達した文明社会でこそ生み出されるものなのだ、といった足元の日本の貧しい現実と対比した「冷めた」心情があったのも事実である。その頃の「足元」では、夏休みの夜には小学校の校庭が即席の野外映画館となって、多くの老若男女が夏の夜のひとときを、いま思えばきわめてささやかな娯楽で過ごすことがしばしばだった。テレビ放送が始まるのが昭和二十八（一九五三）年、映画は最大級の大衆娯楽だった。「日本ではどうしてディズニーのような動画ができないのか」、風にあおられて歪むスクリーン上のアラカン（嵐寛寿郎）演じる「鞍馬天狗」に惹かれつつも、羨望だけでなくまた悔しさも寂しさもすべてないまぜになった複雑な思いが交錯する時代だった。

(1)「MOVING CARTOON」『漫画映画論』岩波書店　一九九二年

2 日本アニメの離陸と飛翔

カバヤ文庫—活字文化との出会い

私の世代は、小学校高学年（五、六年生）の時期にマンガや動画とは異なる「文化体験」をもっている。『カバヤ文庫』という、少年少女向きの活字の本のシリーズに出会ったことである。それは、キャラメルに入っているカードを集めてお気に入りのシリーズ本を手に入れるという、製菓会社による子ども相手の景品商法としての「児童文学全集」だった。「読み物」に飢えていた当時の子どもたちのニーズをうまく捉えたこの企画は大成功で、私たちはまんまとその虜になった。クラスメート同士カードをやりとりしては、このシリーズ本を入手して読みふけったものだった。『狼少年』『シンドバッドの冒険』『怪人二十面相』『耳なし芳一』『ロビンソン漂流記』『安寿姫』など私たちの周辺からこの文庫が消えることはなかった。活字本を読むことの面白さは、おそらくこの時期、この文庫に負うところが大きいにちがいなく、また四コマ漫画のような短いものでなく、ワクワク、ドキドキ、波乱万丈、長々と続くストーリーものの面白さにも知らずのうちに開眼していったのである。

もうひとつの「文化体験」は、貸本屋の存在だった。昭和三十年代の初期、私たちが中学生の頃がいちばん親しく接したように思う。なにしろ一冊の借り賃は一〇円だったから、子どもの小遣いとしてはまったく安心できる「読書代」だった。貸本屋の棚に並ぶほとんどの本はマンガだったが、私は「まあよくこれだけマンガ本があるものだ」といつも感心していたのを覚えている。料金をとって本を貸すことを生業にし、そしてそれが「子ども文化」に大きな位置を占めるなどというのは、おそらく日本独特のものだったのではないか。一九六〇年代後半にブームを呼んだ白土三平の『忍者武芸帳』は、この貸し本文化の産物であった。

日本アニメの発進と鉄腕アトム

さて、動画の世界である。ディズニー作品を前にして、ふつうの子どもでさえもがもどかしさを感じていたのだから、映画やマンガ関係の専門家たちがそれらの作品を前にただ拱手傍観しているはずもなかった。昭和三十一（一九五六）年東映動画が誕生する。「東洋のディズニー」を目指したこのアニメ制作会社が果たした日本アニメ史における役割は絶大なものであった。虫プロ・手塚プロや東京ムービー、竜の子プロ、シンエイ動画、スタジオ・ジブリなどその後の独立系アニメプロダクションの人材のほとんどはこの東映動画で「修行」を積み、やがて「東洋」を超えて世界に冠たるジャパニメーションの隆盛を誇ることになったのは周知のことである。

東映動画の最初の長編アニメは「白蛇伝」だった。会社設立の二年後に公開されたカラー作品である。私は中学三年生、その年の十月の封切り直後ではなく、高校入試が終わった翌年春休みに観た記憶がある。きれいなカラーと絵の動きのよさに、国産アニメもここまでできるのだという素朴な感動を覚えたものだった。ただ、子ども向きに作ってはいても、蛇と人間の恋愛物語という中国伝来の民話は私たちには馴染みのなかったもので、子どもたちの「反応」はいまひとつだったようだ。しかし、アニメ史的には、この国産劇場アニメ第一作が占めた位置は大きかった。宮崎駿も大きな刺激を受けたそうだし、「この作品を観てアニメーターを志した人が多かった」とのちに山口康男は記している。(2) 東映動画の続作、「少年猿飛佐助」（一九五九年）「西遊記」（一九六〇年）はさらに日本アニメの成立を決定的にした。ストーリーが子供たちにもよく知られているという面もあったが、とりわけ「西遊記」への手塚治虫の「関与」が大きかった。とにかく絵が前二作よりもずっとよくなった。

しかしながら、日本アニメが多くのファンを得て、わが国の文化の一端を担うような位置を

(2)『日本アニメ全史—世界を制した日本アニメの奇跡』テンブックス　二〇〇四年

獲得するには、テレビ・アニメの出現を待たねばならなかった。「鉄腕アトム」「鉄人28号」「狼少年ケン」が相次いでテレビ放映された。昭和三十八（一九六三）年、東京オリンピックの前年である。すでにテレビは一般家庭に広く普及し、それらの漫画は雑誌や本で広範な支持者を得ており、動画としてテレビに登場すれば、視聴率が大いに稼げるであろうことは十分予想された。事実「鉄腕アトム」は、平均三〇％台の視聴率だったという。「鉄人」「狼少年」はこの「アトム」の成功を見て後追いして放映された形だった。まだ、それらのアニメはカラーでなくモノクロだったが、劇場に出かけていって観る一本ものの動画ではなく、毎週家庭にいて家族と一緒に無料で手近に楽しめるのだから、子どもの世界にしっかり入り込んでいったのは当然だった。「♪♪空を越えて、ラララ、星のかなた。ゆくぞ、アトム、ジェットの限り・・・♪♪」谷川俊太郎作詞のこのテーマソングを知らない者はまずいないだろう。アニメがマンガに勝る最大の利点のひとつは、この「音」の効果である。映画がトーキーになって以来獲得してきたその強い「武器」はアニメにも十分活かされていった。テーマソングやバック・ミュージック、声優たちの活き活きしたナマの声は、映像にいっそうの臨場感を与えた。この年は、こうして日本アニメが実際の大衆基盤を確立した年として、「日本アニメ確立年」とでも呼ぶべき年に当たるといってよいだろう。その後「ジャングル大帝」の全面カラー化（一九六五年）を経て以後のテレビ・アニメはすべてカラーの時代になっていく。六〇年代は、日本アニメが一人前の「離陸」をした時代だった。

大学紛争と若者文化の六〇年代

一九六〇年代はさまざまな面において戦後史に大きな足跡を残した。六〇年の日米安保条約改定をめぐる政治的緊張は、岸信介首相率いる与党による条約批准延長の国会強行採決によって「決着」していったんは弛緩したかに見えたが、「大学管理法案」「日韓条約締結」「原子力空母寄港」などの問題に対する学生層における政治的関心は必ずしも低下することはなかった。そして、六七年から六九年にかけて日大や東大で起きた個別的な大学紛争は、折からフランスの若者たちを中心に展開された「五月革命」（一九六八年）を発端に世界各地で盛り上がった「スチューデント・パワー」に呼応するかのように、個別大学問題の域を超えていき、燎原の火が拡がるように日本全国に飛び火して、各地で大学紛争（闘争）の嵐が吹き荒れた。「自己否定」「大学解体」などのスローガンが広く掲げられた。それらの出所はよく判らないが、「自己否定」は、禅僧・道元の説く「悟りを得るための〈身心脱落《しんじんだつらく》〉」、あるいは古代インドのウパニシャッド哲学にいう「自己放棄としての自己実現」と通底するような深い思想的意味が籠められていた。さらには、毛沢東の「清風運動」にも似て不断に足元を糺していく「自己点検」の意味合いももっていたと思われる。学生や研究者の卵としての不断の自己革新と帝国大学以来の古い大学体質の刷新という、大学のあり方を根本的に問う現代的課題は、旧態依然とした「知的生産」と「秩序的制度」に依拠・安住していた当の大半の「大学人」の思想性を超越していたと思われる。結果は周知のように、「大学人」がその思想性や論理の「脱構築」への努力を捨て去り、警察力の導入によって「鎮定」するという、わが国の「知的水準」の実態を内外に露呈する「悲喜劇」に終わったのだった。長崎浩が「大学の内側からこうした本質的な改革の問題提起がなされたことは、百年に一度あるかどうかの画期的なことだ」としていたが、おそらくそのとおりだろう。日本の大学が、大学人自らの内側からの総力により抜本的な「自己改革」を遂げるなどというのは、まず夢物語ではなかろうか。

だが、日本の戦後史において、学生たちが何ごとにも活発で、学問にも文化活動にももっとも積極的に取り組んだのは、おそらくこの時期だったろう。彼らの関心は、単に政治的側面ばかりでなく、あらゆる文化的側面に及び、今日「若者文化」と称される文化の基盤を形成したといってよい。読書領域ではマルクス、エンゲルス、毛沢東、サルトル、ルイ・アルチュセール、ヴァルター・ベンヤミン、ジョルジュ・ルカーチ、メルロポンティや吉本隆明などの「思想的硬派」のものだけでなく、アンドレ・ブルトン、ポール・エリュアール、ジャン・ジュネ、サミュエル・ベケット、モーリス・ブランショ、ポール・ニザン、はては夢野久作などの著作・作品などが広く読まれ、活字文化はきわめて活発で健全だった。音楽界は何といってもジャズの全盛期だった。新宿歌舞伎町には「ピットイン」をはじめいくつかの生演奏のジャズ喫茶があった。私自身は有名店を避けて「タロー」という小さな店に毎週のように通った。ジョージ大塚（ドラム）、佐藤允彦（ピアノ）、高柳昌行（ギター）、日野皓正（トランペット）らの大御所ジャズメンが若々しい演奏を競っていたものだった。当時の歌舞伎町は「うたごえ喫茶」や手ごろで安心できるヤキトリ屋や赤提灯の店も多く、いまと違って若者たちには親しみのもてる繁華街だった。ビートルズの出現は、さらに若者たちが音楽の最大の担い手になる決定的な役割を担った。演劇界では寺山修司の「天井桟敷」、唐十郎の「黒テント」などのアングラ劇が活発な活動を展開した。映画界でも新しい傾向が生まれた。一九五八年に観客動員のピークを記録して退潮していった実写映画の世界に、「非商業的な芸術映画の紹介」という崇高な志をもってアート・シアター・ギルドが生まれ（一九六一年）、商業ベースに乗りにくいベルイマンの作品や勅使河原宏、羽仁進、大島渚、黒木和雄、岡本喜八、熊井啓、吉田喜重などの若手監督による作品が上映され、映画好きの若者層を捉えた。新宿伊勢丹前のＡＴＧ館は、ジャズ喫茶以外のもうひとつの私のお気に入りの場所だった。

マンガの世界も大きく広さと深さを加えていった。白土三平の『忍者武芸帳』『カムイ伝』や梶原一騎作・ちばてつや画の『あしたのジョー』は、独特の「劇画」スタイルをもって若者たちに熱烈に迎えられた。藤子・F・不二雄の『ドラえもん』やスポ根ものといわれた『巨人の星』（梶原作・川崎のぼる画）、『アタックNO・1』（浦野千賀子作・画）が雑誌上に登場したのも、六〇年代後半だった。この頃、マンガ専門週刊誌の『少年マガジン』『少年サンデー』はおのおの発行部数二百万部ともいわれ、最盛期を謳歌する。「大学生も読む『少年サンデー』」の小見出し広告を私自身が目にしたのは大学院生の時期だったが、私たちは苦笑しながら「読んでるのはマンガだけじゃないんだけどね」と呟いたものだった。

こうした六〇年代若者文化の高揚が、アニメの世界に反映されないはずはなかった。六〇年代後半にはさらに多くのテレビ・アニメが生まれた。もとより、大半がマンガで好評を得ていたものである。「ゲゲゲの鬼太郎」（六八年）、「巨人の星」（六八年）、「サイボーグ009」（六八年）、「怪物くん」（六八年）、「サスケ」（六八年）、「ひみつのアッコちゃん」（六九年）、「タイガーマスク」（六九年）、「サザエさん」（六九年）などが集中的に出現する。東映動画も独立系プロもこの時期、テレビ・アニメに精力を注いでいた。

アニメオタクの出現と七〇年代

七〇年代は全国的な大学紛争が「沈静化」した後の特殊な時代だった。学生層を中心とした若者たちの間に一種の虚脱感や諦念の空気が漂い、関心は社会という外にではなく個の周辺や内部に向かっていった。上村一夫の劇画「同棲時代」（『漫画アクション』七二〜七三年。映画化、松竹七三年）やグループ・かぐや姫の歌「神田川」がもてはやされたのは、この頃の時代風潮を反映した象徴的な現象だった。若者たちの関心が拡散するのと平行して、アニメの世界もある種の多様化と分極化が進んだ。

ひとつの傾向は、いわゆる名作アニメの流行である。観客はむしろ幼児からせいぜい中学生までの子どもが対象だった。「ムーミン」（六九年）の成功が引き金になったことはまちがいない。以後、「アルプスの少女ハイジ」（七三年）、「フランダースの犬」（七四年）、「母をたずねて三千里」（七六年）、「あらいぐまラスカル」（七七年）と続き、また七五年に始まった「まんが日本昔ばなし」が市原悦子、常田富士男の巧みな語り口もあって圧倒的な支持を得ていった。私史的には私はこの時期家庭をもち、「母をたずねて」は、保育園に連れていく前の朝のひとときを幼い長男と一緒に楽しんだものだった。その彼が、放映中は幼いながらも画面にじっと集中し、満足に日本語をしゃべれないのに保育園への道すがら「マルコ、マルコ」とつぶやいていたのが、つい昨日のように思い出される。文字どおり、世代をまたがって発展する日本アニメの世界を体験するのだった。

もうひとつのこの時期の特筆すべき傾向は、松本零士による作品が多くの若者を捉えたことである。「宇宙戦艦ヤマト」（七四年）（劇場版七七年）、「銀河鉄道９９９」（七八年）（劇場版七九年）である。両者とも劇場公開の初日には、徹夜の行列ができるという、アニメ史に残るほどのもてはやされぶりであった。「ヤマト」には全国にたくさんのファンクラブができ、七八年にはアニメ雑誌『アニメージュ』が創刊され、「アニメオタク」とでもいうべき若者層がはじめて形成されたのも七〇年代の特徴であった。

ジャパニメーションの時代へ

しかし、日本アニメが、国際的に高い評価を得るようになるのは八〇年代になってからである。いずれも、オリジナルでスケールも大きい劇場アニメが国内外の注目を浴びていく。それらの作品のアニメ作家はいまなお一線で活躍する宮崎駿、押井守、大友克洋らである。宮崎「風の谷のナウシカ」（八四年）、押井「うる星やつら2　ビューティフル・ドリーム」（八四年）、大友「ＡＫＩＲＡ」（八八年）がそれである。周知のようにその後、宮崎はスタジオ・ジブリを設立して次々と名作を作っていく。「天空の城ラピュタ」「となりのトトロ」「魔女の宅急便」「紅の豚」「もののけ姫」「千と千尋の神隠し」「ハウルの動く城」……。彼らの日本製アニメは、依然として子ども向けのサブ・カルチャーの位置しか占めていなかった「本場アニメ」に飽き足りない、ディズニーの故国・アメリカの大人たちに刮目して迎えられた。とりわけ「ＡＫＩＲＡ」の乾いたニヒリズムや奇怪さはそのアニメとしての完成度もあいまって大きな「衝撃」を与え、スーザン・ネイピアをして「ディストピアと終末という大人向けのテーマと、きわめて細密で真に迫る表現スタイルで、欧米の観客の度胆を抜いた」と書かしめるほどであった。(3) さらに押井の「ＧＨＯＳＴ ＩＮ ＴＨＥ ＳＨＥＬＬ 攻殻機動隊」（九五年）は、アメリカでのビデオ売り上げランキングの一位になって大きな反響を呼び、ついに「ジャパニメーション」の呼称が一般化するような契機となった。この間、国内のテレビ・アニメでは「ポケットモンスター」（九七年〜）が幼い子どもたちの、「新世紀エヴァンゲリオン」（九五年〜）が高校・大学生層の圧倒的な人気を得るなど、テレビ・アニメも劇場アニメと同じく引き続き隆盛を誇っていく。そして宮崎の「千と千尋」（二〇〇一年）がベルリン映画祭・金熊賞、七五回アカデミー賞・長篇アニメ部門賞をダブル受賞して、「ジャパニメーション」の国際的評価を決定的なものにしたことは耳目に新しい。

一方、八九年には、わが国の現代マンガの最大の牽引者であり、アニメ制作のパイオニアのひとりであった手塚治虫が、享年六十歳で他界している。マンガへの高い思想性をもち続け、何よりもディズニー・アニメを超えるべく、虫プロの経営難とも苦闘した手塚が、自ら監督・制作する長篇アニメの満足できる作品を世に問うことなく逝ってしまったことは、哀切きわまりないことだった。だが、山口康男もいうように、彼のパイオニアとしてのテレビ・アニメに

(3)『現代日本のアニメ』（神山京子訳）中央公論新社　二〇〇二年

おける「鉄腕アトム」のチャレンジがなかったら、その後の日本アニメの隆盛はなかったにちがいないのである。

いまから振り返れば、制作費の関係から、一秒間に二四コマのフル・アニメができず、一コマで二倍、三倍の「時間かせぎ」を余儀なくされたリミテッド・アニメとしての日本アニメの初期の悪戦苦闘は、もうずっと昔の「笑い話」になってしまった感がある。いや、コマ数不足を補うようなさまざまな創意工夫、つまり背景の処理や絵の精密さ、ストーリーのテーマ性と展開のユニークさなど、初期アニメ制作における先駆者たちのアニメ制作術における努力の蓄積が、今日の日本アニメの地位をもたらしたというべきなのであろう。

さらに、そうした技術的側面だけではなく、広い文化的状況が大いにあずかっていたことも、より本質的な成功要件であったろう。すなわち、私自身の戦後史においてもそうであったように、マンガが、そしてラジオドラマや児童文学、映画、出版、演劇、音楽にわたる進取的で多様な活動が、わが国の文化、とりわけ児童文化・若者文化の形成に大きな役割を果たし、アニメを現代文化の重要な位置を占めるべきものとして作り出し、そして受け入れるための「準備」が十分に整っていたことに因るのだろう。もう、アニメをサブ・カルチャーと呼ぶ者はいない。

3 アニメ「メトロポリス」の妙味

手塚治虫・りんたろう・大友克洋の協作

数ある日本の劇場アニメのなかでどうして「メトロポリス」なのか。あえていえば私の個人的な「興味」と「時代感覚」であるといってよい。もちろん、宮崎や押井や大友の作品も面白い。ではそれらを選ばなかったのはなぜなのか。私的な「興味と時代感覚」を少し掘り下げてみる。第一は、あの手塚治虫のマンガそれも初期に属する作品が原作で、「手塚後世代」を代表するりんたろう、大友克洋というアニメ作家の協同作業によるアニメ作品であること。このことは、手塚と手塚後世代との「人と思想」についての相対的な「現代的解釈」を必須とするという課題に直結することであり、第二に、私自身の建築家・都市デザイナーとしての専門的立場からする、このアニメが描出する「未来都市」の姿に対する関心であり、第三は、このアニメにおける音楽の効果的な使い方への共鳴であり、第四に、このアニメの現代的意味についての関心である。要するに、私にとってこのアニメは、その思想性、表現性、時代性などについてあらためて立ち止まって考えるにふさわしい対象なのである。

この項では、まず、第一の課題について考えたい。

アニメ「メトロポリス」を面白くした大きな要因のひとつは、逆説的に、手塚が監督や脚本などすべてにわたって昔のようにボスとして君臨しなかったことにあるといってよい。監督はりんたろう（林重行）で、脚本は大友克洋だった。つまり、故人となった手塚の原作を「土台」としつつ、りんたろう、大友というすぐれたアニメ作家が軸となって、原作発表時から半世紀を隔てた現代という時代において彼ら「手塚後世代」がその理念と方法によって自由に制作した作品だということである。冷めた時代感覚を漂わせる『童夢』『さよならにっぽん』『Short Peace』などの傑作マンガをものし、『ＡＫＩＲＡ』のアニメ化によってアニメ作家としての地位も不動にした大友が、ここではキャラクターデザインにいっさい関わることなく脚本作りに専念したことが、原作への一方的な追従でなく、新しい「メトロポリス」を産んだより大きな原動力となった。りんたろうがこの作品の企画を立てたときから、脚本を大友にと構想していたそうだが、実に適切な人選だった。そして、そのりんたろう自身は、虫プロ時代にテレビアニメ「鉄腕アトム」などの制作で手塚とともに歩み、東映動画の「銀河鉄道９９９」などの監督も手掛けてきた、手塚のよき理解者であり、また経験豊富なアニメ作家であった。したが

図161　アニメ「メトロポリス」ポスター用原画（カラー）

って、このアニメは、三人の作家の理念と魂と経験が紡ぎ出した作品といってよい。手塚一九二八年生まれ、りんたろう四一年生まれ、大友五四年生まれ、偶然にも三人は十三年ずつの年齢差がある。彼らはそれぞれ戦前・戦中・戦後生まれの異なる世代に属するのだ。当然、人生観も世界観も異なる。このアニメはこの「世代差」を前提として相互を尊重しつつ、それらの「懸隔」に架橋する文字通りのコラボレーションとして成立した。もちろん、既述のように故人の手塚は原作マンガとその理念をもっての「参加」である。したがって、この作品は、【「手塚治虫」＋「りんたろう＋大友克洋」】のように表記すべき、三人の合作「メトロポリス」といえるのである。この世代の異なる三人が「協同」したことが、この絶妙なアニメを生んだのだった。

手塚の科学懐疑とヒューマニズム

手塚治虫については、周知のように大下英治、鈴木光明、小野耕世、桜井哲夫、副島邦彦らの多くの「作家論」がある。ここはそれらを隈無く渉猟して新たな手塚論を目論むというような場ではない。ここでの「手塚論」は、この合作「メトロポリス」を考えるための、手塚治虫についての最低限の共通理解を得るのが目的である。『戦後マンガ50年史』の著者でもある竹内オサムは、手塚マンガの特質を一六のキーワードで整理して見せた。(4) いわく「科学と魔法」「映画的手法」「エロティシズムとグロテスク」「悲劇性」「終末思想・ペシミズム」「ヒューマニズムと悪」「両性具有」「分身の発想」「戦争体験」「昆虫」「物語性」「メタモルフォーゼ」「ナンセンス性」「ロマンティシズム」「風刺精神」「スター・システム」である。手塚マンガの特質を抽出して至妙である。これらはマンガの特質ばかりか、それら用語によって象徴される手塚自身の作家としての人間性・思想性をも示すものだ。もとより、こうしたキーワードのもつ「固

(4) 「手塚マンガのキーワード16」『文藝別冊手塚治虫』河出書房新社 一九九九年

定性」には十分な注意が必要である。手塚がマンガ家を志してから六十歳で逝去するまで、作家としての人間性・思想性や作風がつねに一定で揺るぎも変化もしなかったなどということはありえないからである。竹内自身もこれらのキーワードの解説のなかで、時代の変化とともに手塚の作風も姿勢も変容していったことを指摘している。

いっぽう、長谷川つとむは巷間語られてきた手塚像について「その誤解を解く」という視点から手塚論を語っている。(5) 彼は、「八つの誤解」を解くなかで、「三島由紀夫とは対照的であるという誤解」「科学礼讃であるという誤解」に言及して、手塚のニヒリズムや科学懐疑視といった思想性について喚起を促している。この長谷川の指摘は重要である。

原作『メトロポリス』(一九四九年)の主題は、まさしく人間が科学技術を「乱用」「愚用」して大きなしっぺ返しを喰らうというものであった。手塚には科学や人間の叡智への楽観論はない。『メトロポリス』の冒頭部分で手塚は、ベル博士に「いつかは人間もその発達しすぎた科学のためにかえって自分を滅ぼしてしまうのではないだろうか」と語らせて、読者にこのストーリー・マンガの主題を暗示し、そして最後のコマでもベル博士にまったく同じ言葉を吐かせてエンディングにしている。この主題はこの作品を含めて初期SF三部作といわれた他の二作品『ロスト・ワールド』(一九四八年)、『来るべき世界』(一九五一年)とも共通したものである。

これら三部作を描いた時期、手塚は空襲による焼跡の惨状を見て深い心痛をもったといわれる第二次大戦の終戦後間もない頃で、医学を学ぶ学生でもあった。マンガ制作と学業との二足のワラジを履きつつ、広島・長崎への原爆投下に続く冷戦下での米ソによる核開発競争を目の当たりにしていたのである。しばしば語られるように、若き手塚の「科学への懐疑」は当時の科学と世界の実情が大きく影響していたにちがいない。

(5) 「手塚治虫の真実」『コミック学のみかた』朝日新聞社 一九九七年

しかし、いっぽうで「戦前派」の手塚には、厭うべき戦時体験の後、「これでえんりょなくマンガが描ける」[6]という素朴な「喜び」と未来への「希望」があった。その未来は、愚かしくも哀しく、にも拘わらず生命感にもあふれた矛盾だらけの人間を描き続けるという自らに課した宿命と直結していたのである。いわばそうした両犠牲をもつ人間そのものに対する「慈しみ」の精神こそが、彼の作家活動の原点であった。その作品の特質に「ヒューマニズム」というキーワードが付されるのも当然であった。

原作マンガ『メトロポリス』は、したがって、戦前派手塚が抜きがたくもち続けた「科学への懐疑」と「ヒューマニズム」とが融合した、その時代の作品だったということができる。だから、感情豊かな超性能人造人間＝ロボットの主人公ミッチーが、人間の身勝手に対する他の下級ロボットたちの怒りを代弁するというよりも、むしろアイデンティティを見出しえない己を製造させたレッド公への「私憤」によって都市を破壊し、また自壊するという筋書きを選んでいる。人間の愚かさを告発しつつも、あくまで非人間人工物の自滅で終わっているのである。この作品では、人間そのものに対する深い絶望や諦観は見えない。であるからこそベル博士の最後のセリフは「人間もいつかは滅びるだろう」というものであり、人間の破滅はあくまでも予言的次元にとどめているのである。この時代の手塚のなかでは、ペシミズムの「深さ」は戦後日本の未来への希望の分だけ低減されていた。そこが、この原作の「救い」でもあった。

大友の脚本による創作

比較的単純な原作マンガを前にして、戦中・戦後派のりんたろうと大友が、その原作を超えた新しい「メトロポリス」を創造すべくこのアニメで試みたことは、原作主題の「科学への懐疑」「人間の愚かさ」というテーマの徹底であり、そして何よりもマンガを超えるべきアニメと

(6)『紙の砦』大都社 一九八七年

してのストーリーの深化と表現の「リアリティ」とであった。

大友は脚本において、原作の「要点」は押さえつつも大胆な改変と付加を行っている。それはほとんど独自の創作といってよい。それらの大略を示せば次のような点である。
(1)メトロポリス(以下「都市」)破滅を「ジグラット」の崩壊として象徴化することで「バベルの塔」崩壊を連想させ「人間の不遜・愚かさ」のテーマ性を鮮明にする
(2)都市のリアル化の一環として地上部と三層の地下部の構造を設け、さらに人間集団の階級化と対応させる
(3)人間集団間の支配層と被支配層の対立を作りだし、崩壊を誘引する都市の矛盾を準備する
(4)都市のすべてが超性能コンピュータとそのネットワークによって制御されているという、サイバーパンクの設定により二十一世紀における(原作から半世紀後の)SFに仕立て直している
(5)都市崩壊が超性能ロボット・ティマの損傷とコンピュータ・コントロールの接続機能上の欠陥に起因するものとし、「科学技術の陥穽」を強調する
(6)原作のキャラクターの名称や性情を変えたり、原作になかったキャラクターを加えたりして、ストーリー展開をより複雑に深化させる
(7)都市空間のさらなるリアル化として、国際空港・中央駅・ゲート・センタータワー・「超人の間」など、原作にない多様な都市施設を案出している
こうした改変によって、原作マンガは二十一世紀の作品にふさわしいSFアニメに転生したのである。

そして、この脚本に直接当たってみれば、手塚と大友の哲学・思想の「差異」ははっきりしている。そこがまた、このアニメが現代的な作品としての位置を確保しているゆえんでもある。

一九五四年生まれの大友が二十歳前後の若者時代を過ごした時期は、社会は徹底的に「冷めた」七〇年代だった。一世代前の人たちの「敗北」の後の、すべてが無意味化してしまうような沈潜し、停滞した時代状況だった。「AKIRA」を終止貫いている不気味・無意味・暴力・絶望・破滅といった空気は大友の思想性の反映にちがいなく、それは、彼があの七〇年代にもっとも感じ、思索すべき時代を過ごすことによって形成された心情的・思想的基底であったろう。彼にあっては、ペシミズムは手塚よりもずっと徹底しているのである。

りんたろうの経験と全体統括

既述のように、このアニメの企画段階からりんたろうは、脚本を大友に依頼することを決めていた。漫画家、アニメ作家、キャラクター・デザイナーとしての大友のすべてを知り尽くしたうえでのことである。りんたろう自身、「マンガ家としての大友克洋に脚本を頼んだのでなく、アニメ仲間として」と対談で語っていたように[7]、アニメ作品たりうる物語性と構成（場・キャラクター）が展開されるような脚本への信頼があった。同時に、このアニメの企画書ではすでに「デジタル化」がうたい文句になっていたという。「AKIRA」における「ネオ東京」の都市空間とその破滅のビジュアル表現において早くも試みられていたように、大友流の都市空間とその破壊に対するCGを駆使しての表現手法は、この「メトロポリス」制作においてすでに予定調和的であった。事実、りんたろうが手掛けたという「絵コンテ」には、原作の都市空間の趣とはまったく異なる、複雑な地上空間や地下都市、その崩壊の様子が細かに描かれていて、新たなビジュアル表現への旺盛な意欲を見ることができる。そして、多くのCG機材と人員を動員しての長篇劇場アニメの成立（原画枚数は十五万枚に及んだという）には、りんたろうが、「鉄腕アトム」や「ジャングル大帝」を手掛けた手塚の「直弟子」だったばかりでなく、東映動

(7)「大友克洋×りんたろう」『大友克洋×メトロポリス』角川書店　二〇〇一年

画や角川春樹事務所などに拠って「銀河鉄道999」「カムイの剣」「火の鳥」「迷宮物語」など多様な「制作システム」においてアニメの制作や監督に携わってきた豊富な経験が、大きな意味をもったにちがいない。「メトロポリス」は、ひとつの映画会社やプロダクションのもとでの制作でなく、多くの組織・企業を糾合しての「制作委員会」システムでの制作だったからだ。次項の音楽でも触れるが、りんたろうの「統括力」が、このアニメ成功の大きな原点であることはまちがいない。

かくして、三人の世代の異なる作家による「適材適所」の協同により、すぐれたアニメが成った。この絶妙な組み合わせこそが、半世紀も隔てて原作マンガを劇場アニメの傑作として転生させえたのである。しかも、「原作主題」の理念は活かされ、むしろより徹底さえしていた。

4 アニメ「メトロポリス」の都市空間

アニメにおける「背景」の重み

私たちがかつてディズニーのアニメに感じた「驚き」は、フル・アニメによるキャラクターのスムーズな動きの展開と、それに呼応して映像そのものに臨場感を与える「背景」のリアリティとであった。アニメの背景は通常「美術」部門の担当だが、この背景のビジュアル表現としての「説得力」については、アニメ作家がその表現上の課題としてとりわけこだわりをもつもののようだ。りんたろうも語っている。「アニメーションでの建築物というのは、誰がどこをいちばん最初に使うかというくらい大切なものだ」(8)と。それは、最近の「ジャパニメーション」においてしばしば実写映画の背景よりも精緻で訴求力のあるものが多いことからもうなずける。むしろ、アニメの原点ともいうべき「センス・オブ・ワンダー」の質を、背景そのものでまず獲得してしまおうとさえしている感がある。最近の例でいえば、大友克洋は最新作「スティー

(8) 前出「大友克洋×りんたろう」

ム・ボーイ」の制作に当たり、十九世紀の時代と雰囲気を「背景」に描き込むために、イギリスに渡って都市と建築の「現地ロケ」と資料収集を行っている。ロンドン、マンチェスター、ヨークの町並みや建築が、実に有効にこのアニメの背景を形成していたのは周知のことである。宮崎駿の「魔女の宅急便」や「ハウルの動く城」などでは、中世以来の町並みの風情を残すヨーロッパの都市空間のスタディが実によく施されているのを知るし、「もののけ姫」の「神々の森」の描写では屋久島・白谷雲水峡の苔むした原生林が下敷きになっているという。

こうして見ると、アニメ「メトロポリス」の場合も、そもそも未来都市のストーリーの性格上もっとも重要な「背景」をなす都市空間の表現性については、制作者たちが相当な「こだわり」をもって臨んだにちがいない。また、私たち観客サイドとしても、このアニメでどんな「未来都市」が具体像として示されるかは、大いなる関心事でもあった。

地上世界と地下世界の対比像

結論を先にいえば、このアニメの「背景」としての都市空間は、二十一世紀の今日におけるその「未来性」については考えさせられるところがあったが、総じて、原作の「素朴さ」を超えた時代的センスに溢れた秀作だったといえよう。

冒頭、レッド公の演説場面で「ジグラット」が幻想的な光りに満ちた空中に浮かび上がる象徴的な映像は、月と地球と太陽が一直線に並び、地球の向こう側から太陽が徐々に光彩を放って闇の宇宙空間に昇る、あの「2001年宇宙の旅」のスタンリー・キューブリックによる印象深い冒頭シーンを彷彿とさせた。太陽に黒点を生じさせその電磁波を利用するためのオモテニウム（ウラニウムをもじった手塚のおちゃめぶりはアニメでも健在だ）の発射装置である超高層建築・ジグラットをはじめ、上流階級が安逸のうちに暮らす科学技術の粋を集めた高層建

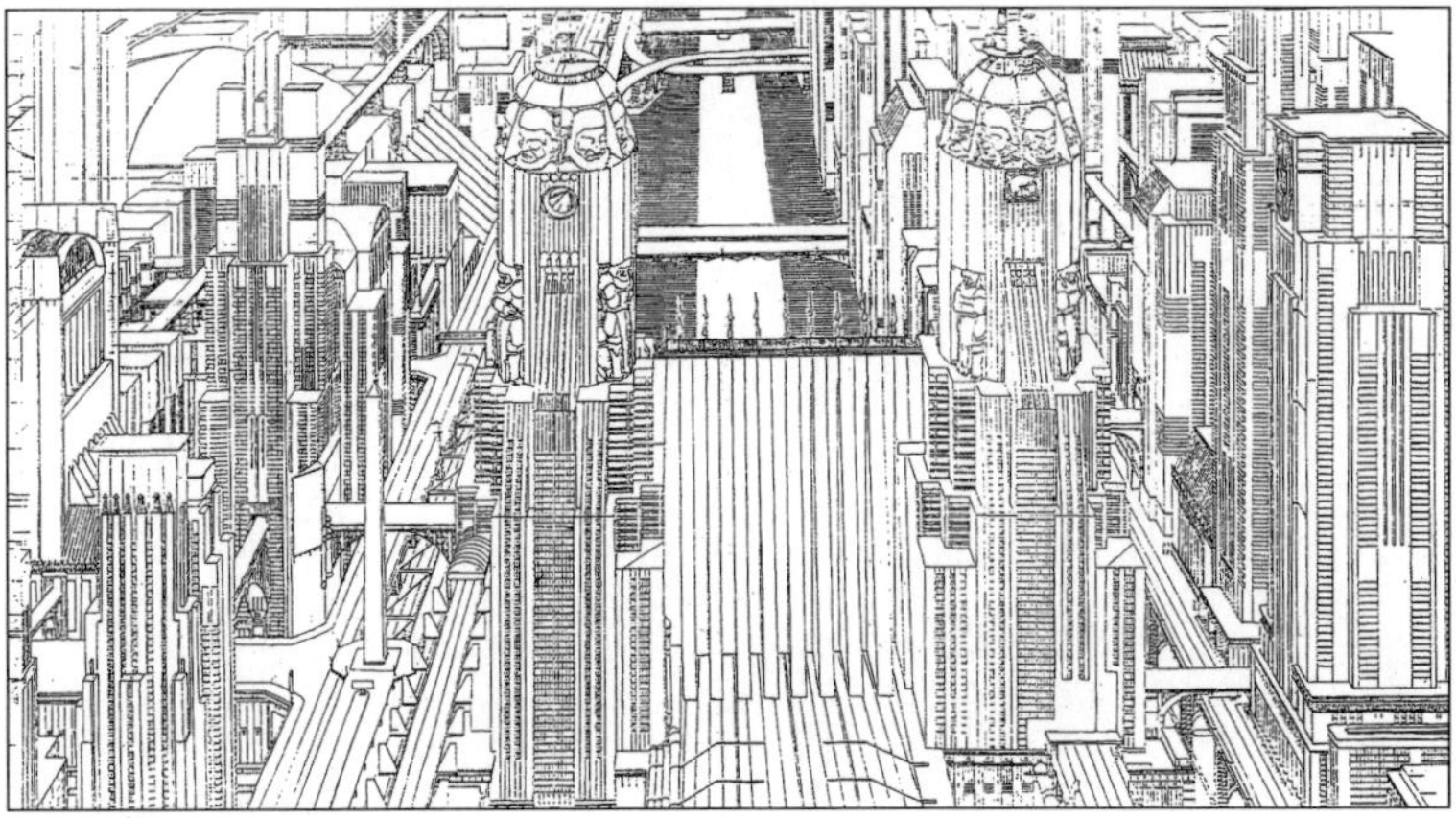

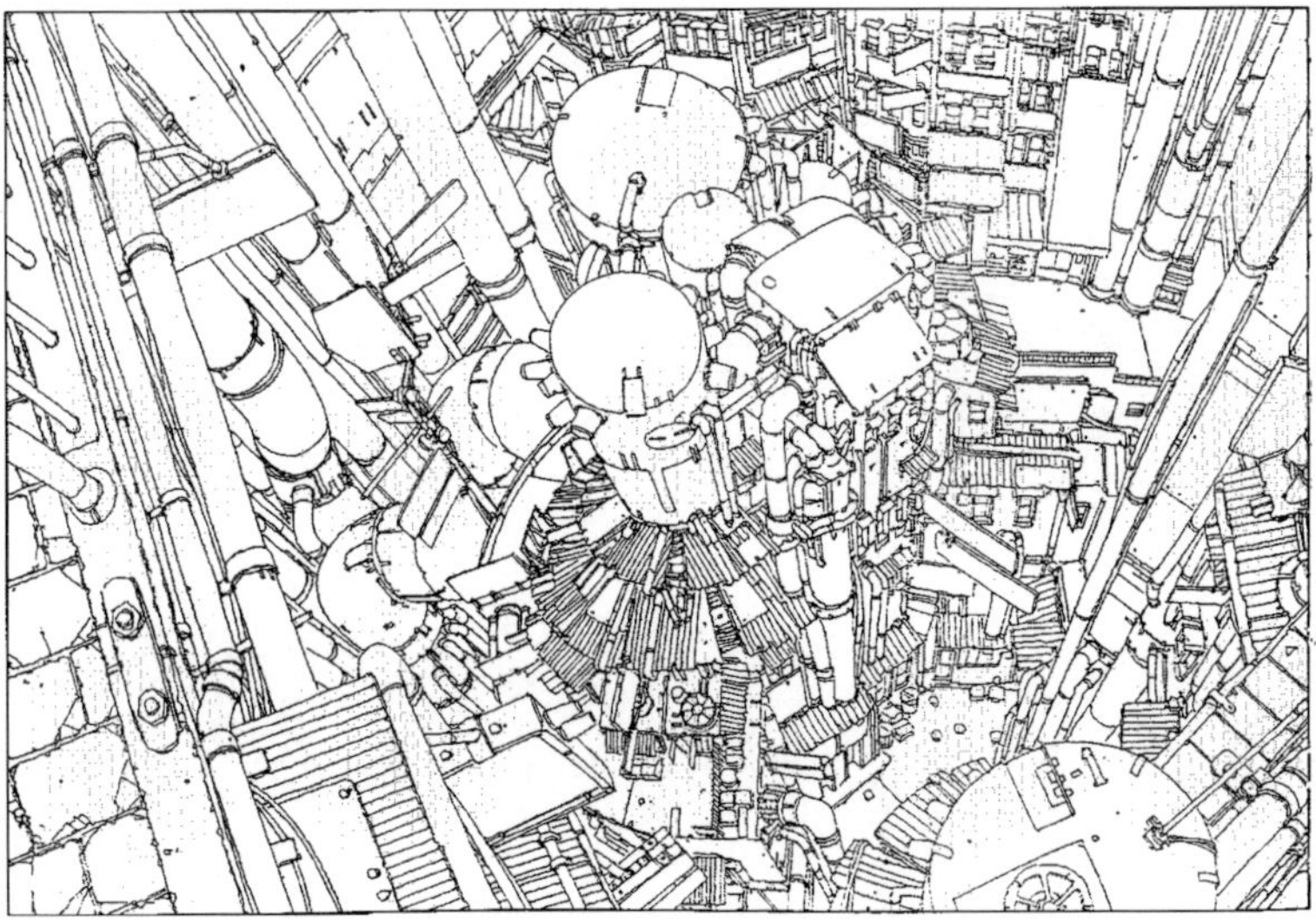

図162 「メトロポリス」地上世界の都市空間
図163 「メトロポリス」地下世界・ゾーン2〈ゲットー〉地区の都市空間

築群と縦横に張り巡らされた情報装置網とが織り成す「地上世界」は、長大な垂直・水平の直線の世界として描写され、あくまでも煌々として力強さに満ちている。いわば、アポロ的といってもよい。

それに比べて、主人公のケンイチと超人ロボット・ティマがレッド公を父として慕うロックに追われて逃げ回った「地下世界」「ゾーン1・2・3」の何とリアルで人間味豊かな稠密空間であることか。長い直線要素はまったくといってよいほどない。線分もそうだが、空間がことごとく分節化されてそれぞれが相互に入れ子状態になって複雑きわまりない。まるでドロドロしたカオスのような雰囲気は猥雑で、むしろディオニソス的でさえある。その「ゾーン」は、一から三まで順に、科学技術の恩恵から取り残された下層階級の生活空間、地上世界を維持するエネルギー・プラントの空間、最終下水処理場のための空間から成っている。ケンイチの叔父ヒゲオヤジこと伴俊作が逗留したホテル・ココナッツは、廃車になった列車のリサイクルであり、反乱青年アトラスたちの居住地は「ゲットー」と呼ばれるスラム街である。こうした空間表現は実に秀逸だった。

既述のように、この地上・地下世界という二項対立的図式は原作にはない大友の発案であり、主題とストーリーに深みを与える重要な要素となっている。それだけに、描かれる「背景」としての未来都市像の役割は重い。

りんたろうと大友は、対談のなかでその「未来都市の情景」をどう描こうとしたのかについて秘話的な裏面を語っている。[9] その対談で大友は「摩天楼という言葉自体にドキドキする」と、その高層建築に対するフェティシズムにも似た心情を屈託なく吐露している。高層建築を高層建築たらしめている視覚的要素は、いうまでもなく天を突く垂直線の圧倒的な集合である。曲線の要素はまずない。このことは、ニューヨーク・マンハッタンのストリートを歩いていると

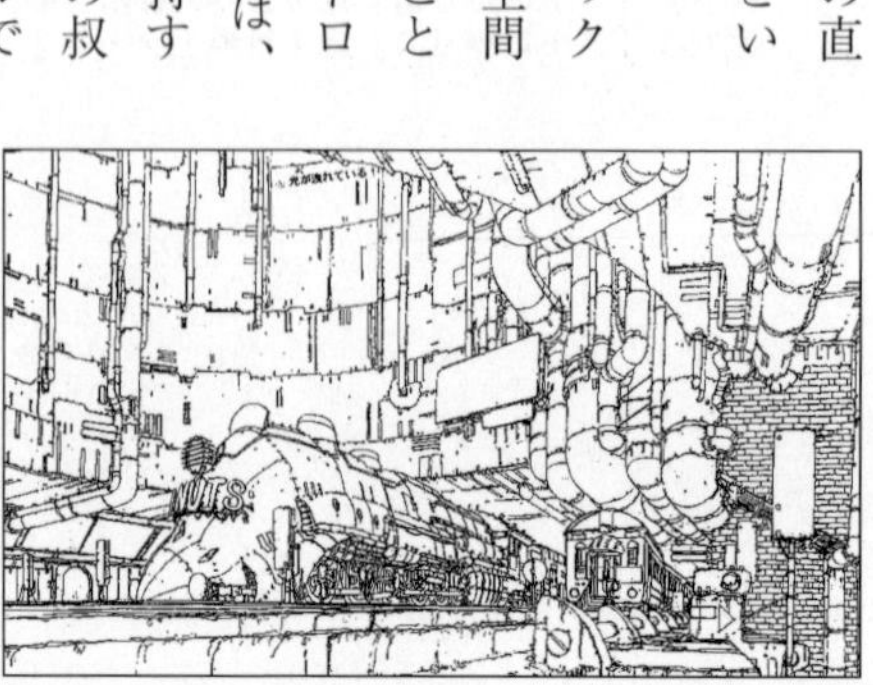

図164 ホテルココナッツ（廃車列車の再生）ヒゲオヤジの逗留先

(9) 既出「大友克洋×りんたろう」

きに感じる感覚、つまり蟻にでもなったように、地の底から「摩天楼」群によって切り取られて残った天空を見上げるときのあの感覚を想起すれば容易に理解されるだろう。「ＡＫＩＲＡ」でもそうだったが、確かに大友の描く未来都市は水平的にも垂直的にも直線の要素が際立っていて、描画そのものが訴える感覚は、きわめて冷徹、峻厳で、排他的、威圧的でさえある。

夏目房之助は、自らマンガを描く立場から多くの漫画家の描線をトレースすることを通して、独特のマンガ論を展開しているが、手塚と大友らとの間のマンガの特質の違いが、描線における前者の「丸み」と後者の「直線」にあることを示した。つまり、手塚には「生」の、大友らには「死」の視線が本質的に備わっているというのである。[10] 私たちは、夏目のようにトレースまではしないが、直感的、感覚的に彼の指摘は首肯できるのである。大友に代表されるこうした「直線志向」のもつ視覚的な意味作用は、意識するしないに拘わらず、また、好むと好まざるとに拘わらず、読者や観客の私たちがマンガやアニメにおいて受容する重要な「作用」のひとつである。

(10)「死の視線」『手塚治虫はどこにいる』筑摩書房　一九九五年

ヒュー・フェリスの『ザ・メトロポリス・オブ・トゥマロウ』

さて、「メトロポリス」の「背景」に戻ろう。りんたろうと大友の二人が新都市を構想する上で大いに参考とした文献名が、先の「対談」で出てくる。大友いわく。「この本があったおかげで僕的には『メトロポリス』といま自分がやっている『Steam Boy』のラインが引けた」と。それは、ヒュー・フェリス（Hugh Ferriss）の『ザ・メトロポリス・オブ・トゥマロウ』（The Metropolis of Tomorrow）という一九二九年に出版された本である。りんたろうがこのオリジナル本を入手するには随分苦労したらしいが、いま幸いに私たちはその復刻本を容易に入手することができる。

絵画のような描画によって現存建築や未来建築を表現するスタイルは、バロックから擬古典様式の時代、十八世紀後半に多くのエッチング画を描いて活躍したイタリアのピラネジ（一七二〇–七八年）（Giovanni Battista Piranesi）がよく知られているが、フェリスもこのピラネジのように描画によって建築像、都市像を探究したひとりである。

ヒュー・フェリス（一八八九～一九六二年）は、セントルイスの大学でボザール的建築教育を受けた建築設計のドラフトマンで、三十歳代には一九一六年から始まったニューヨーク市の「建築形態規制」に関連したスタディを行っていた。その成果がこの書籍であり、フェリス自身の描いた多くの高層建築群の精緻なスケッチが収録されている。件の「形態規制」というのは、高層建築の建設が増えてきた実勢を踏まえ、地上の街路に光と風がよく通るようにという意図で建物をセットバックさせる建築・都市計画上の行政規制だった。その基本的理念はいまでもニューヨーク市の規則として引き継がれているが、わが国の建築基準法の「道路斜線規制」の手本となった。よく知られているように、この規制によってニューヨークの街路に面する「摩天楼」のほとんどは、天空の拡がりをできるだけ確保するために、上部になるほど細くなる形状になった。エンパイアー・ステイト・ビルディングやクライスラー・ビルディングなどのように、最上部が尖塔のような形態になるものも多かった。時代は美術史的にはアール・デコの盛期であり、摩天楼を設計する建築家たちは幾何学的な「直線」を好んで多用したのである。

この本は三部構成になっており、第1部は「今日の都市」（Cities of Today）で当時すでに存在した多くの高層建築が示され、第2部は「予想される傾向」（Projected Trends）で「集中化」「セットバック」「交通処理」を中心課題としたケーススタディ案が例示されている。第3部は「想像上のメトロポリス」（An Imaginary Metropolis）としてひとつの未来都市が提案されている。それは、業務センター、科学センター、芸術センターの三つのセンター部分が正三角形の頂点

図165　ヒュー・フェリス『ザ・メトロポリス・オブ・トゥマロウ』より
図166　同上（ビルを貫通するハイウェイ）

に位置して中心部を構成し、そこから放射状に市街地が拡がる一種の理想都市であった。これらに共通して見られる都市空間は、高密度に集中した高層建築群とそれらを縫い、ときに貫通して走る地上や空中のハイウェイ群とによって特徴づけられている。建築は垂直線を、ハイウェイは水平線を強調して、人工都市に特有の幾何学的な姿が繰り返し展開される。この本のなかで著者はその理想都市を象徴するような詩的な文言を披露する。「水晶のような建物群。透明なガラスの壁。鉄の格子を納める透き通ったガラスブロック。ゴシックのような支持構造体もなく、アーカンサスの葉模様のような装飾もなく、プラント群の再集成体でもない。ミネラルの王国。輝ける石筍。氷のように冷たい形態。数学」。

フェリスは、戦後『パワー・イン・ビルディング』(Power in Buildings)を著して(一九五三年)さらに、一九三〇年以降のアメリカ建築の顕著な実情を紹介している。彼の建築に対する基本的な関心は「科学と芸術の統合」にあるのだが、この本のタイトルにもあるようにマッシヴで力強い建築群こそもっとも強い関心の対象だった。

幾何学的な直線群によって描かれた高密度高層建築群の都市空間こそが、りんたろうや大友たちの未来都市のイメージを刺激して止まなかったのである。まさしく、ガラスと鉄の、輝き聳える、氷のような冷たい形態の建築群が成す都市のイメージなのである。

一九二〇年代のアメリカ都市

なるほど、あの時代の「摩天楼」のイメージだったのか。建築屋、都市屋としては少々複雑な心境になるのを禁じ得ないのである。つまり、なぜこのいまという時代に一九二〇年代都市像なのかということである。

二〇年代は、アメリカ史のなかでは特殊な時代だった。第一次大戦の戦勝国側に位置し、戦争景気と債権国の恩恵のもとに急速な経済的発展をみた時期である。二九年の「大恐慌」に見舞われるまでのこの一時期、アメリカ国民の多くが科学技術の発展による社会の進歩をもっとも楽天的に信奉し、経済的発展の恩恵を謳歌したものだった。マンハッタンばかりかシカゴやセントルイスやデトロイトなどに次々と出現した「摩天楼」は、こうした旺盛な景気と蔓延した楽天主義に基づく「アメリカン・ドリーム」の象徴でもあった。フェリスの『メトロポリス・オブ・トゥマロウ』は、まさしくこうした時代の建築と都市の情勢を端的に反映したものである。天を突き、透明で輝く高層建築は、その冷たい無機的な形状こそが科学技術の端的な成果を示し、進歩・発展への人びとの限りない夢を託すことができる「チカラ」の象徴だったのである。

しかし、いっぽうで建国以後、急速な近代化のなかで進む都市化とその膨張にこそ、都市問題とそれに伴って生起する非人間的な諸々の矛盾や社会問題の発生・進展の根本的原因を見出す議論が、この同じ時期に巻き起こっていた。「都市における高度土地利用、高密度化の急速な進行は、諸々の都市問題を惹起して健全な人間形成を阻害している」。ルイス・マムフォードらは、こうした問題意識をもって「アメリカ地域計画協会」（ＲＰＡＡ）を結成し、アメリカ都市発展史上「第四移住期」と位置づけたこの時代の都市形成の課題に取り組んだ。三〇年代には、緑豊かな低層住宅地を基本としたアメリカ型ニュータウンが、彼らの理念のもとに各地に造られていくのである。

二〇年代アメリカにすでに胚胎した高密度高層建築群都市と低密度田園都市との都市像における対比・対立は、科学技術や人間性をめぐる基本的理念と連なるある種の「現代的課題」をいちはやく先取りするものであった。

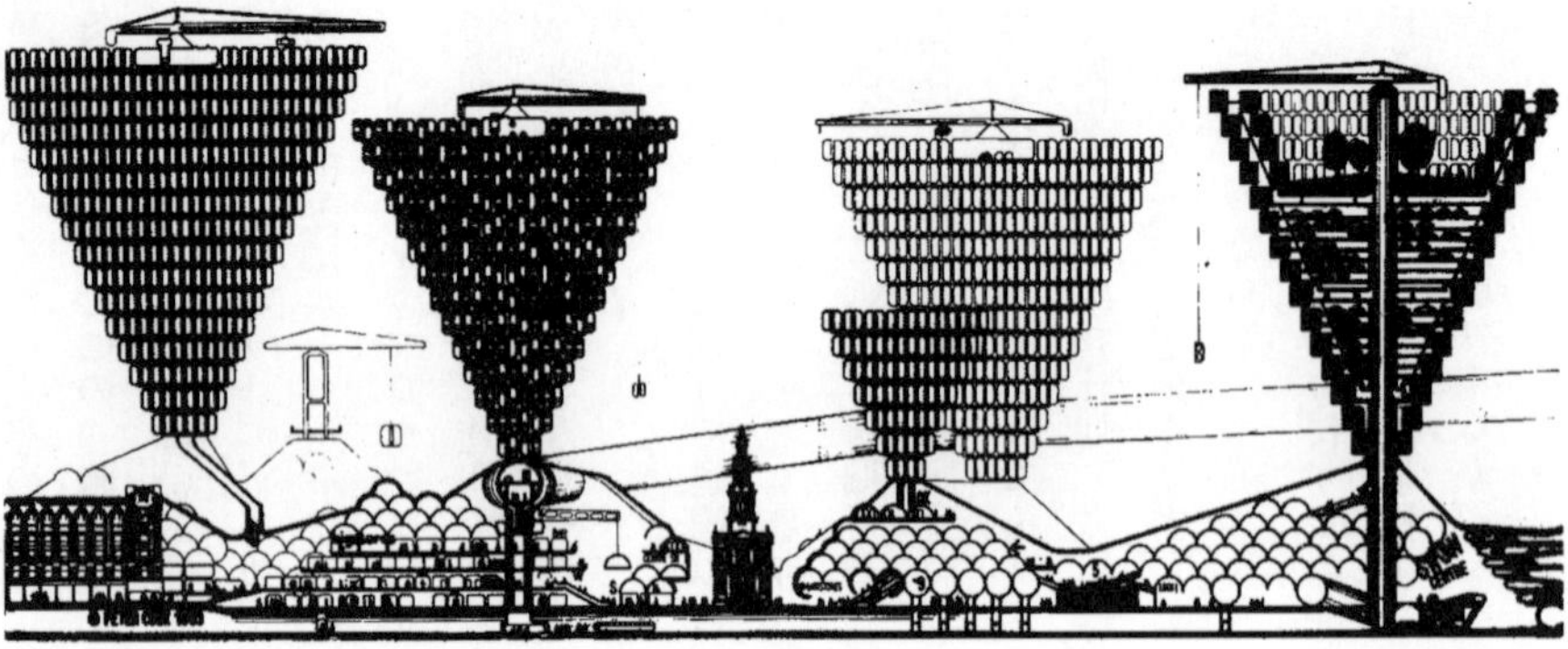

図167　アーキグラム「プラグ・イン・シティ」
図168　アーキグラム「ウォーキング・シティ」

アーキグラムとパオロ・ソレリ

二十一世紀における「未来都市」は、本来、八十年ほど前の対立的議論をも視野に入れた、現代という時代にふさわしい都市像の「回答」としてあるべきなのだろう。もとより、それは実写映画やアニメの制作にあずかる制作者や監督、「美術」部門の本来的な任務ではない。建築や都市の計画・設計に携わるものたちが等しく問われている課題である。

六〇年代は、建築や都市計画の分野でも、ようやく戦前からのパラダイムから脱して独自の理念を展開しはじめた時期である。一九二八年にＣＩＡＭ（近代国際建築会議）によって出された「アテネ憲章」の主張する「機能主義」は、建築や都市の計画・設計の理念に世界的規模で大きな影響を及ぼし続け、ＣＩＡＭが解散する五九年まで三十年もの長期にわたった。機能が形態を決定し、平面的機能分割によって土地利用を固定化するような理念は、形態の自由度と空間のダイナミズムとを欠くという課題に直面することになった。

一九六〇年代、イギリスのピーター・クックを中心とする建築家グループ「アーキグラム」（Archigram）は、ＣＩＡＭ流の既成理念に挑戦し、パーツが個別に取り付いて構造体のヒエラルキーを構成してダイナミックに消長する「増殖型都市」とでもいうべき「プラグ・イン・シティ」（Plug-in City）や、動力装置をもつことによって土地に固定されることなく移動する「ウォーキング・シティ」（Walking City）などの都市プロジェクトを提案する。彼らは実際の建築を建てたり、現実の都市計画を行ったことはなかったが、革命的なその徹底した時代先行的ヴィジョンによって、建築・都市の世界を大いに覚醒させたのだった。[11]

さらに、イタリア出身のパオロ・ソレリは、神学者・哲学者・古生物学者であったティヤール・ド・シャルダンに私淑して自ら形成した独特の物質エネルギー論に基づいて、きわめて多くの驚異的な都市のプロジェクト群を発表する。物質と精神の統合という哲学的理念を基調と

(11) 本書「建築家のスケッチ」の項（三六八―三六九ページ）参照

図169　パオロ・ソレリ「バベルⅡD」

する彼は、物質に分解されたものとしての現存都市を「エキュメノポリー」と名づけ、究極的な精神的合一をなす「アーコロジー」を未来的都市として対比する。Novanoah, Babelnoah, Logology, Arcanyon, Veladiga, Theodiga, Babeldiga, Stonebow, Arcbeam, Arcoindian, Hexahedronなどの提案された未来都市は、いずれもきわめて魅力的であった。数万から数百万の人口を擁するこれらの都市は、規模的には決して大きくはないのだが、時空の複合化、物質のエネルギー化を経た「精神による物質の合一化」という彼の宇宙哲学の過程を具体化したものであり、その稠密に凝縮された空間描写は、私たちを刮目させたのである。(12)

建築や都市の専門家による「未来都市」の提案において、アーキグラムやパオロ・ソレリを凌ぐものを私は知らない。

(12) 本書「パオロ・ソレリ小論」(三〇〇—三〇四ページ)、「建築家のスケッチ」(三六六—三六八ページ)参照

未来都市の空間像

二十一世紀の今日、私たちが構想すべき未来都市の要件は何か。「メトロポリス」に触発されつつもその「未来性」になお疑問を呈した立場上、ささやかな試案をここで述べることにしたい。要件を列記すれば次のようになろう。

(1)「都市的なるもの」が最大限追求され、確保されていること
(2)エントロピーやエネルギーの拡大・飽和が適切に制御されていること
(3)記号化やサイバー化による非可視的コミュニケーションのデメリットが克服されていること
(4)私たち人間が生物種としてある限り、都市空間との関係に「身体性」が確保されていること
(5)空間の形態、空間の質が、支配・非支配により決定されるのでなく、「アメニティ」の理念

のもとに案出・規定されていること

これらのことは、近未来を見通したうえで都市が具備すべき条件である。しかし、よく考えれば、相互に矛盾し、背反するような内容でもあり、これらすべての条件を同時に満たす未来都市を産み出すのは、そう簡単なことではない。

第(1)項は、フランスの哲学者アンリ・ルフェーブルの都市哲学に負うところが大きい。その発生からの歴史的な経緯を見ても、都市は都市であるがゆえにそこに人びとが集中する最大の「効用」がある。モノ・人・情報の集中・集積自体とそれによる富や文化の蓄積。それらに出会い、それらを享受することによって拓けるあらゆる可能性の総体こそ、彼が一言でいい切った「都市的なるもの」(l'urbain)であった。[13] 未来都市においても都市に期待されるポジティヴな「可能性」は、不可欠な要件としてあろう。都市が何の可能性ももちえなくなったら、私たちは都市を廃棄するか、都市から逃避するしかないのだろう。

第(2)項は、(1)項と背反する性質としての条件である。「都市的なるもの」は、つねに楽天的な可能性を用意するとは限らない。モノや情報やエネルギーなどの極度の集中や過剰、浪費は、それらの有用性・効率性を損ねたり、有限性の閾値を超えたり、人間の精神的・肉体的退化・退廃を招くなどして、やがて直接、間接に人間存在そのものを危うくすることになろう。適正な「制御」は不可欠である。

第(3)項は、(2)項と深く関わっている。記号や情報の処理、物質の管理・輸送などがいっそうサイバー化されていくことはまちがいないだろう。もはや資本や貨幣の流通もキャッシュレスで電算上の情報として処理されている。物質の世界はますます「見えない世界」になっていく。私たち人間は、非可視的なモノの世界を認知することは難しい。当然、過誤や錯誤や誤解が生じやすくなる。大勢の人の命が依存しているようなシステムで、そうした過誤があればことは

(13)『都市への権利』La Droit à la Ville(森本和夫訳)筑摩書房 一九六九年

重大である。超低温の液体酸素と液体水素を入れた燃料タンクの断熱材が、ロケット発射の振動によって剥落して僅かに機体の耐熱タイルを損傷した。宇宙からの帰還の途上、スペースシャトル・コロンビアが空中分解して七人の乗組員全員が、無惨にも空に散り帰らぬ人となった。耐熱タイルの損傷ゆえ、一千度を超える空気摩擦熱に耐えられなかったからという。きわめて単純な「物質世界の現実」が、安全確保の情報化の影で「見えなくなってしまった」事例だろう。

第(4)項は、サイバーパンク的な世界がもつもっとも基本的な問題といえよう。人間の肉体や生命が、単純な「情報」としてその生物的な身体性を切り離されて処理されることが秘める本質的な危険性である。情報化された肉体や生命は、即物性を失ってその痛痒も尊厳も他者に伝達され難くなる。一九九一年の湾岸戦争時に戦争当事者によって撮影され、世界に配信された映像は、まるでテレビゲームのような画像として茶の間に流された。後で判ったことだが、まったく無垢の子ども・女性・市民の多くが、そのピンポイントといわれたスカッド・ミサイルの航跡と炸裂の下で、命を失い、肉体を激しく損傷していた。その映像が、「身体性」どころか人間の存在そのものさえ伝えることはなかった。私たちの知覚・認知から「身体性」を失うこと、それは私たち自身を無感覚化して退廃させ、感情や思考を欠落した機械へと自らをおとしめることに繋がる。その結果は、性懲りもない戦争と殺戮の繰り返しである。私たちが目撃したように、愚かにも新千年紀は戦争という大量殺戮で幕を開ける仕儀となった。

私たち日本の足元でも事件は頻発している。小学校の女子生徒が同級生をカッターナイフで刺殺したというニュースは、私たちを震撼させた。親友の命を簡単に奪ってしまうような少女の心性に、多くの人が「身体性の欠如」を感じたのはまちがいない。嬰児殺し、子殺し、親殺し…、同種の事件は後を絶たない。

ケヴィン・リンチが提起したように[14]、都市空間は、人にその「身体性」を適切に自覚させ、促進させるような「適合」（fit）の性能規範をもつべきなのである。エスカレーターや動く歩道などの「利便性」にのみ依拠し続ければ、やがて私たちは自らの肉体の衰退を招くことにもなる。

第(5)項は、私たちがその叡智ゆえに未来永劫洗練された生物種であろうとするならば、「アメニティ」は、人間がその環境において生存をまっとうするためのもっとも枢要な原則でなければならない。ドイツ語の「生きる」「住まう」という意味の言葉（wohnen）の語源は、「快適になる」というものだといわれる。もともと都市用語としてのアメニティは、日本語の「快適性」よりもずっと広く深い意味をもっている。騒音や排気ガスがないこともアメニティであれば、歴史性・文化性、住みやすさゆえに街に感じる「愛着」の心性もアメニティである。居住環境は、五官のすべてにおける一時的な知覚においても「快適」であり、認知や経験の時間経過の持続性においても「快適」でなければならない。垂直な直線の束によって成立する冷徹、峻厳な超高層建築群が生み出す都市空間は、その底で生存する人間にとって、抑圧的ではあっても快適な「心性」を与えるはずはない。都市の形態は空間の質を大きく決定し、空間質は人間の空間感覚を大きく規定する。そして空間感覚は、感性を通して心理に働きかけ、私たちの人間性を形成する。空間形態、空間質におけるアメニティの重要性は強調しすぎることはない。

アニメ「メトロポリス」の制作において、りんたろうも大友も「美術」部門担当者も、地上世界と地下世界との都市空間の表現において、整然／猥雑、冷厳／親密、アポロ的／ディオニソス的といった対比を意図していたであろうことは、その豊かな映像表現により十分に伝わってきた。地上世界のあの空間質は、まさしくレッド公に代表される世界制覇の野望と、階級化とロボット化による支配・圧制という、ファッショ的な都市体質の内実を象徴するものである

(14)『居住環境の計画』（三村翰弘訳）彰国社　一九八四年

にちがいない。そうしたことを承知の上で、なおここでは敢えて現今の「未来都市」のあり方を考えてみたのである。もう、一九二〇年代都市像とは「訣別」すべき時代なのだから。

5　アニメ「メトロポリス」の音楽

映画音楽の効用

いうまでもなく、実写映画やアニメがマンガに対してもつ最大の利点は、映像が動くことと音声が附随することである。つまり、視覚と聴覚の知覚に訴える表現効果である。私たちは、視覚効果とは別に、映画の音楽や音声がきわめて重要な役割を占め、場や情景の雰囲気を効果的に盛り上げて観客の心性にいっそう強く働きかけるという事実を、体験を通してよく知っている。チャップリンなどは、その音楽的才能をもいかんなく発揮して、自作の曲をテーマ・ミュージックとしてよく多用したものだった。彼の最後のサイレント映画である「街の灯」でも、音楽だけは有効に使われた。要所要所で流れるあの哀切な楽の調べは、盲目の花売り娘と貧乏人の主人公チャーリーとの純愛の切なさを訴えて余りあり、セリフがいっさいないパントマイムの実写映画に大きな効果をもたらしていた。流れていた主題曲「ラ・ヴォレテラ」はチャップリンの自作ではなく、イタリアの民謡だという。

映画音楽の楽しみは、その映画用にわざわざ作曲者が作った曲を聴けることがひとつであり、もうひとつは、元来その映画とは関係のない既存の曲や歌が使われて、思いもしなかった効果をあらためて知らされることである。先の「街の灯」の場合は、おそらく後者の事例の嚆矢といえるものではなかろうか。

相聞歌――レイ・チャールズ「愛さずにいられない」

私がアニメ「メトロポリス」を観て感動したことのひとつが、この既成音楽の利用の巧さだった。何といっても、オモテニウム発射装置としての高層塔「ジグラット」の爆発・崩壊によるメトロポリスそのものの自壊場面で流れた、レイ・チャールズのブルース「愛さずにいられない」（I can't stop loving you）である。制作者の意図は、メトロポリスとともに自壊していった美少女超人ロボット・ティマに対する主人公ケンイチの「愛」を訴えることにあったのだろう。何よりも感服したのは、その愛情を表すブルースの曲を、猛烈な都市の崩壊の場面にもってきたことである。ゆったりとしたブルースがすさまじい崩壊の場面に使われるとは！　まったく予想外だった。まさしくここはこのアニメのクライマックスである。場面は実写映画のスローモーションのように進む。ケンイチとともに墜落したティマは、ケンイチが手を掴んで引き上げようとする必死の奮闘の甲斐もなく、破壊して大きな口をあける地下世界に落ちてゆく。レイ・チャールズのキーの高い美声が流れる。

I can't stop loving you
I've made up my mind
To live in memory of the lonesome times
I can't stop wanting you
Yes, it's useless to say
Those happy hours I stand with you
Tho' long ago, still make me blue
……

（君を愛さずにはいられない／心に決めたさ／さびしさの思い出に生きると／君なしで

はいられない／そうさ口に出しても詮ないことさ／君と過ごした幸せな時が／もうずいぶん昔のことだけど／いまもボクをブルーにするんだ／・・・）（筆者訳）

この歌をどこかで聴いたことのある人は多いだろう。私もそうだ。だが、このクライマックス・シーンにこれほどぴったり合うとは、選曲者に脱帽である。

たとえ英語の歌詞が聴き取れなくとも、この哀調を帯びたメロディとレイの声音とは、哀惜の情を聴く者の心に十分に呼び起こす。ティマに対する哀惜であっても、メトロポリスに対する哀惜でも、それは観客の感じ方次第でどちらでもいいのだろう。正直のところ、私は一回目のときは、後者だった。神の怒りに触れて崩壊したバベルの塔のように、人間の愚かさと傲慢さゆえに、自壊してゆく「ジグラット」……。この歌は、崩落するジグラットやメトロポリスを悼みつつ、それらを造り出した者たちへの、そして人間一般への「挽歌」として聴いたのである。そのほうが、手塚の原作の主題に近いと思えた。

だが制作者の意図は違ったようだ。このアニメの絵コンテを見ると、レイ・チャールズの歌は、メトロポリス崩壊場面ではなく、クレディット・タイトルの直前の最後の場面に出るようになっていた。生き残ったケンイチが始めたロボット修理店の店先の映像のところである。「Ray Charles ♪ I can' stop Loving You（ママ）♪」と手書きの書き込みがある。この絵コンテはたぶんりんたろうによるものだろうが、この場面でこの歌を出すのは、やはりティマへの鎮魂歌、挽歌と考えていたのだろう。

オバタによるティマの反歌

そして実際のアニメでは、この絵コンテとも違う結果になった。クレディット・タイトルの前でなく後にロボット修理店が出てきて、クレディット・タイトルのところでは初めから女性

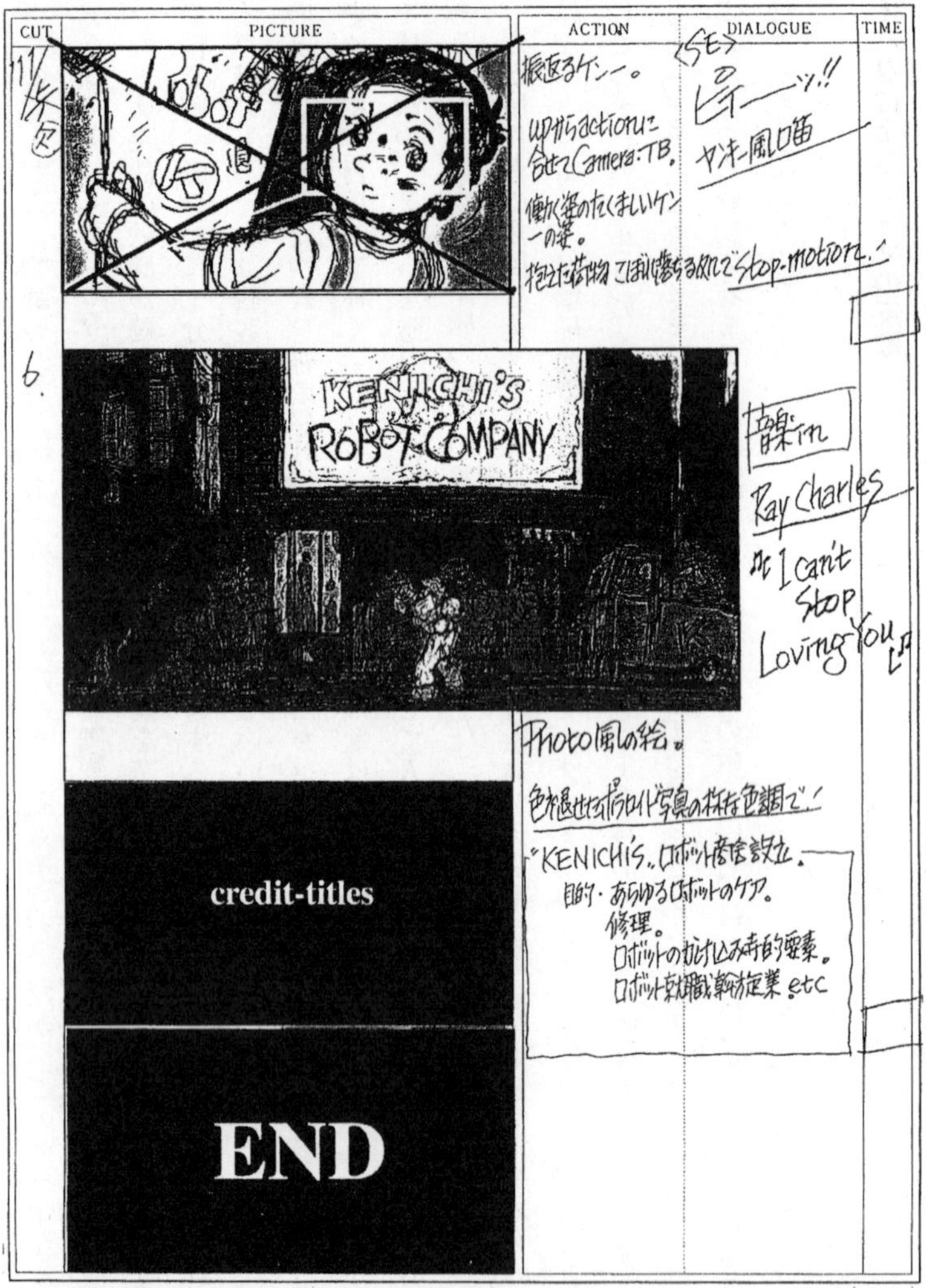

図170 「愛さずにはいられない」(レイ・チャールズ) の指定のある「絵コンテ」最終部分

ソロの歌が流れるのである。初めて聴く歌だ。音楽を担当した本多俊之が語るには、レイ・チャールズの歌がケンイチからティマへの挽歌なら、女性の声のティマからケンイチへの「返歌」があったらいい、と。そして、ミナコ・ムーキー・オバタの作詞・歌となった。まさしくふたつの相聞歌が揃ったのである。オバタの歌を登場させるため、レイの「愛さずに…」は、ロボット修理店のシーンからメトロポリス崩壊のシーンに移された。それがよかった。

オバタの歌もすばらしい。歌詞もいい。

……
I'd have never known if you had never shown
Someday I'd have wings to fly
But who'd ever dream these arms were meant to break
So I must go
Before you see me fall
……
I recall sweet and enchanted days
Your smile chased the clouds away
All fragments of our memory survive
Shining in the moonless night
……

（……あなたが教えてくれなかったら気づかなかった／いつか空飛ぶ翼が生えると／
でも折れてしまうなんて思いもしなかった／だからゆくわ／落ちてゆくのをあなたに
見られないうちに…甘いすてきな日々は忘れない／あなたの微笑みは雨雲を追い

払い／わたしたちの思い出の一つひとつがよみがえり／月のない夜空に輝いている……）（筆者訳）

ただ、惜しむらくは、アニメではせっかくのオバタの歌がよく聴こえない。相聞歌であるならもっと大事に扱い、クレディット・タイトルのＢＧＭではなく、「ロボット修理店」の場面を長くしてそのＢＧＭにするような工夫もあったのではなかろうか。そうすれば、レイ・チャールズの歌の挽歌としての意味もいっそう明快になり、メトロポリス崩壊の場面がより印象深くなったと思われるのである。

映画における音楽の転生

既成の著明な楽曲が映画に選曲されて使われることはよくあることである。オーケストラの生演奏やＣＤなどで、通常それなりの心構えで向き合い耳を傾けるようなクラシック音楽が選ばれて、映画の映像にかぶって流されることも多い。今村太平は「（漫画映画の音楽は）音楽を再び生活と結びつけ、それによってソナタ本来の民衆性を復活する」(15)としていたが、確かにより身近になるという意味では、「大衆化」といえる転換がなされるのも事実だろう。それはむしろ「社会化」という視点である。

私は、それに加えて映画音楽は、音楽それ自体の存在と意味の転換がなされると考える。その音楽の本来の位置から遊離した「効果性」「使用性」としての表現価値の転換である。音楽を記号として見立てたときの「内容」「意味作用部」（Signifié）の変化である。しかも、その変化はそれが利用される映画の映像と分かちがたく結びついていることで、特殊な「表現」「意味指示部」（Signifiant）を取ることになる。もはや演奏会の音楽でもＣＤの音楽でもない、その映像と合体した特別の音楽となるのである。これは音楽自体の表現における形質上の転換・変成を

(15) 既出『漫画映画論』

なすという意味で、その「芸術化」とでも呼ぶべきものであろう。

「2001年宇宙の旅」の冒頭の曲を思い出してみよう。地球と月と太陽が一直線に並ぶ宇宙映像の場面で流れた曲は、リヒャルト・シュトラウスの「ツアラストラはかく語りき」であった。見事な選曲であった。月の位置から地球を遠望し、その地球の向こうから太陽が昇ってくる。この冒頭の場面は、人類誕生を宇宙空間のスケールで暗示する、この映画の重要な「導入部」である。クラシックの名曲が、宇宙という壮大で深遠な空間で展開されるドラマの「効果音」として実に有効に活かされた。演奏会場で聴く場合とはまったく異なる「ツアラストラ…」が出現したのである。作曲者や曲名を知らなくとも、宇宙ドラマの開幕にふさわしい、いやむしろ不可欠の「音響」としてその存在位置が転換されたのである。地球の近くで宇宙空間に浮かぶ宇宙ステーションの場面に使われた、ヨハン・シュトラウスの「美しき青きドナウ」もまったく事情は同じである。この有名なワルツがステーションの巨大円環の緩やかな回転とともに流れて、美しい宇宙映像をいっそう印象深くした。ステーションがじっと静止していたらこの音楽は合わなかった。あの「回転」はむしろワルツに映像のほうを合わせたにちがいない。そして「美しき青きドナウ」は「2001年の曲」になったのである。

名曲が、名場面と合致して新たな音楽に転生した事例は多い。「家族の肖像」のドンジョヴァンニ・アリア（モーツアルト）、「ゴッドファーザー」のカヴァレリア・ルスティカーナ（マスカーニ）、「愛と哀しみの果て」のクラリネット協奏曲（モーツアルト）、「羊たちの沈黙」のゴルトベルク変奏曲・アリア（バッハ）、「ライフ・イズ・ビューティフル」のホフマンの舟歌（オッフェンバック）、「地獄の黙示録」のワルキューレ（ワーグナー）など枚挙にいとまない。

私の脳裏に明確に刻まれるもうひとつの「転生音楽」は、ラヴェルのボレロである。アメリカ映画「10（テン）」（一九七九年、監督ブレイク・エドワーズ）で使われた。のちにフランスのクロード・ルルーシュがフランス現代史をテーマにした「愛と哀しみのボレロ」(一九八一年)でも使用している。もともとボレロは、スペインの伝統舞曲でカスタネットの伴奏を伴う音楽だという。スペイン国境の近くで生まれたラヴェルがその伝統舞曲に想を得て作曲したのが、管弦楽曲・ハ長調(最後二小節はホ長調に転調)で通常いわれる「ボレロ」である。最初から最後までピアニシモで鳴らされる二小節リズムの小太鼓の繰り返し音にのってゆっくりと交替して演奏されてゆく管楽器のソロ。いかにもラテンの素朴さとリズム感と妖艶さとを漂わせる曲ではあった。「テン」では、あのスタイルのすばらしさでは右に出る者はないといわれたボー・デレク演じるデニーの登場場面で流され、実に見事な効果を生んだ。明るい陽射しのもと白い砂浜を走る水着姿のデニーとこのボレロとは、私の記憶のなかで分かちがたく結ばれている。望遠で撮ったデニーのアップ映像は、スローモーションになってかなり長い時間このボレロと同調して映写される。ラヴェルのボレロが美女疾走の伴奏曲になるなど、私の想像力をはるかに超えていた。もはや、ボレロはボレロでなくなった。「テンのボレロ」は、ボー・デレクの美しさと不可分である。

本多俊之とクラシック・ジャズ

ふたたび「メトロポリス」の音楽に戻ろう。レイ・チャールズの「愛さずにはいられない」は、確かにすばらしかった。メトロポリス崩壊のクライマックスを見事に盛り上げた。しかし、「メトロポリス」の音楽の面白さはこれだけではない。すでに述べたが、このアニメの映像でことに秀逸なのは、地下世界の映像である。ゾーン1、ゾーン2、ゾーン3のどの地下世界もきわめて密度の高い描写がなされて、猥雑、渾沌、人間臭、活気といった正負両面の都市の雰囲気をいかんなく表出している。この空気をさらに効果的に表現するために使われたのが、「クラシック・ジャズ」の演奏である。学生の頃しきりに通った生演奏のジャズ喫茶であったが、このアニメの演奏はディキシーランド・ジャズでもなく、私の知らないオールド・スタイルだった。

気になったので、後でこのジャズ演奏について調べてみた。なんと音楽担当の本多俊之を中心とした「メトロポリタン・リズム・キングズ」が、ジャズ発祥の地ニューオーリンズで盛んだった頃のクラシック・スタイルをこのアニメに合わせて作り、演奏していたのである。ゾーン1が初めて登場するシーンに流れた、「ヘロヘロ、ヒョロヒョロ」のなにやら怠惰そうで妖しげな音の響きは、いかにも地下世界の雰囲気にぴったりだった。本多がサックスを、そして監督のりんたろうがバス・クラリネットを吹いていたという。

そうだったのだ、本多の存在ももちろんだが、ジャズに蘊蓄も造詣も深い監督・りんたろうの存在もあって、このアニメの音楽は高い水準を獲得したのだ。絵コンテに、シナリオにもないレイ・チャールズの名と「愛さずに…」の曲名が書き込まれていたことは、こうしてみればよくよく素直に理解されるのである。

アニメのBGMでは音量が小さくよく聞き取れないケースもあったので、オリジナル・サウンドトラックのCDを入手しあらためて聞き直してみた。本多が作曲・アレンジした二十曲のすべてがよかった。とりわけMETROPOLIS, GOING TO ZONE, EL BOMBERO, ZONE, RHAPSODY, SNOW, AFTER ALLなどは独特の雰囲気をもっていて楽しめた。EL BOMBEROなどは、研究所の火災に消防ロボットが出動してくるシーンのBGMだが、ロボットのユーモラスな姿と行動をさらに音楽が巧みに強調していて実に面白い。随所で薬味のように効いている阿部寛のバンジョーがクラシック・ジャズの味を出すのに大いに貢献していたし、木村充揮が歌うST. JAMES INFIRMARYもそのスモーキー・ボイスと併せてすばらしかった。

すぐれたアニメは、既存の楽曲をその固定的な存在から解き放ち、その「芸術性」の探求の結果別種の芸術的価値を生成してまったく新たな楽曲へと「転生」させるものであること、そしてまた、すぐれたアニメは、すぐれた映像とすぐれた音楽との同調によってこそ産み出されるのだということを、私たちはあらためて認識するのである。

6　アニメ「メトロポリス」の彼方に

このエッセイを閉じるに当たり、このアニメによって直接、間接に感じ、また考えさせられたことをいくつか整理したいと思う。これらの直接的、間接的課題の掘り下げは、このアニメが提起するより広い今日的意味を明らかにすることに繋がるにちがいない。第一は、このアニメの主題である「愚昧」と「傲慢」の人間の性（さが）・人間の業に関わることでもあるが、アトラスを中心とした「反乱青年団」の描き方という直接的な問題、第二は実写映画再生・復活の問題、第三は文字・活字文化の復権の問題である。もちろん、第二、三の課題は「メトロポリス」とは直接的には関係はないが、アニメ隆盛との関連で相対的に浮かび上がる今日の文化状況についての問題である。以下、順を追って考えるところを述べたい。

「反乱青年団」の描き方

まず、「メトロポリス」の反乱青年集団の扱い方である。

このアニメの成功の理由のひとつが手塚の初期作品が原作であるからだということは、前に述べた。そこでは、手塚のペシミズムが戦後日本の未来への希望の分だけ低減されていて、それが「救い」である、と。大友のシナリオによって「人間の愚かさ」のテーマは、いっそう複雑でリアルで説得力のあるものになったが、人間そのものへの深い絶望で終わるような終わり方でないところは、原作の精神がそのまま活かされたということだろう。そのことは、崩壊した地下世界のガレキのなかから見つけたティマの心臓パーツの破片をロボット・フィフィがケンイチに手渡し、ウルウルするケンイチを囲んでロボットたちが「ティマ、ティマ」の大合唱をするような終盤のシーンにも端的に現われている。この精神はさらに強調される。すでに記したように、シナリオにはなかった「ロボット修理店」の最後のシーンである。絵コンテの段階で出てくるこのシーンは、りんたろうの発案になるものだろう。それは、実際のアニメでは絵コンテ以上に徹底される。修理店の看板には、絵コンテではティマの名はなかったがアニメでは「KENICHI & TIMA」になっている。そして、さらにかぶせて、絵コンテにもなかったオバタの「相聞歌」である。これは本多の発案だった。「救い」のある終わり方に向けた、それぞれの魂の入ったコラボレーションが、このアニメを観る者たちをもまた救ったのである。

私は、このアニメの最大の価値が、この「救い」のエンディングにあることを繰り返し述べてきた。しかし、一点気になることがある。それは、機械である超人ロボット・ティマの「死」(壊滅)への深い哀悼と比べて、赤い血を出して殺されていった地下世界の抑圧された人間たちの「軽い」扱いだった。ティマとケンイチが主人公であり、彼ら青年たちが脇のまた脇であることは、もとより承知である。だが、原作を超えて支配・非支配、地上世界・地下世界の「二項対立」をストーリーの主軸に据えたのなら、そこでの人間の描き方は重要な課題になるべきものであった。彼ら反乱青年団の根拠地である「ゲットー」の都市空間の映像表現が人間味溢れたすばらしいものであっただけに、いっそう「人間」の描き方の単調さ、軽易さが対照的に浮き立っていたのは否めない。私は、前に今日の「未来都市」の要件のひとつとして、「身体性」の重要性を指摘した。精神はもとより身体の自由をも奪われたり、生命を抹殺されたりすることに対してもつべき感性の欠如が、情報化のなかでいっそう強く進行するであろう予見のゆえであった。「反乱青年団」の描き方の「不十分性」は、この課題に繋がっているようにも思えるのである。

私は、このアニメを観終わってからしばらくして、昔巡ったトルコのカッパドキアの岩窟集落群遺跡のことをフト想い出していた。そして、岩窟跡をたどりながら考えさせられた「テーマ」があらためて蘇ったのである。周知のように、これら岩窟集落は、ローマやトルコの圧制から逃れたキリスト教信者集団の「隠れ部落」だった。彼らは、およそ農業には向きそうもない辺鄙な乾燥地帯の岩場に、手鑿だけであれだけの岩穴を穿ち、深い井戸を掘り、修行場や礼拝堂を設け、美しいイコンの壁画も描いた。地上の岩窟集落だけではない。カイマクリのような地下都市さえある。モグラの穴道を巨大化したような暗闇の迷路が総計何キロメートルにも及び、まだ発掘調査の終わっていないものもあるという。それらはもはや住む者もない無人の、深閑とした闇の空間を晒すだけの廃虚だが、眼前に拡がる人の執念の固まりのような実体の語りかけは強烈であった。あれだけの岩窟集落や地下都市を造らせたのは何だったのか。私は、その圧倒的な空間実体を前に否応なく考えこまされた。

圧制・抑圧に対する苦悩・恐怖・絶望…、彼らを苛んだであろう精神の懊悩。私には、宗教への執着は、彼らの境遇の原因ではなく、結果に思えて仕方なかった。彼らがすがるものは宗教しかなかったのではないか。やがてメシアが現れて彼らを至福の「千年王国」へと導いてくれるという信仰こそが、唯一の希望となって彼らの生を支えたにちがいない。彼らは六世紀から十三世紀まで、延々と子々孫々そんな空間に隠れ、生き続けたのである。

『ヨハネ黙示録』は、カッパドキアに人びとが籠りはじめた時代よりも四百〜五百年ほど遡る頃に書かれたという。ローマ帝国の悪名高い皇帝ネロかドミティアヌスの時代といわれる。帝

図171 カッパドキア・ゼルヴェの岩窟集落跡

国の領土となったトルコの小アジアや中近東地域はもとより足元のローマでも、キリスト者に対する徹底した彼らの弾圧はよく知られている。『黙示録』第二章、エフェソスの教会への書簡はいう。「われ汝の行為と労と忍耐を知る。また汝が悪しき者を忍び得ざることと、…汝は忍耐を保ち、我が名のために忍びて倦まざりき。…耳ある者は御霊の諸教会に言ひ給ふことを聴くべし、勝ちを得る者には、われ神のパラダイスに生命の樹の実を食ふことを許さん」[16]。第二十一章は「千年王国」の描写である。「我また新しき天と新しき地とを見たり。…御使、御霊に感じたる我を携へて大いなる高き山にゆき、聖なる都エルサレムの、神の栄光をもて神の許を出て天より降るを見せたり。その都の光輝はいと貴き玉のごとく、透徹る碧玉のごとし。…都は日月の照らすを要せず、神の栄光これを照らし、羔羊はその燈火なり。諸国の民は都の光のなかを歩み、地の王たちは己が光栄を此処に携へきたる」[17]。カッパドキアの住民たちにも、この『黙示録』が伝わって、聞かされ、読まされたことはまちがいないだろう。

「メトロポリス」の地下世界の若者たちは、もとよりキリスト者ではない。地上世界の圧制により、その艱難辛苦（があったであろう）のどん底から「決起」の意志を固める。だが、単純にも、ブーン大統領側近のアセチレン・ランプ諜報省長官の奸計に乗せられて行動を開始するが、裏切られ、ただ虫ケラのように殲滅される。そこから伝わるメッセージは、彼ら反乱青年たちの単純さ、軽薄さ、愚かさであり、そして「決起行動」（リーダーのアトラスは「革命」だと称していたが）そのものの「茶番劇」の様相である。ティマとケンイチが主軸のストーリーとはいえ、あまりに挿話的、側面的な「軽い」扱いでありすぎて、「地下世界」の住人たちの苦悩・懊悩・絶望の深みが伝わらない。私は、このアニメからは、あらためて設定された「筋書き」にも拘わらず、抑圧された人びとへの眼差しの「確かさ」を感じることはできなかった。だから、支配・被支配の「メトロポリス」の人間社会は、ただ、映像による地上・地下の空間

(16)(17) 「ヨハネ黙示録」『新約聖書』日本聖書協会　一九四九年

図172　カッパドキア・ゼルヴェの岩窟住居跡

表現の相違でしか訴え得ていない、という残念な次元に終わっているように思えるのである。

私は、無宗教であり、宗教学にも神学にも疎い。『黙示録』については、相当古くから宇宙観のような異教の要素が不純に入り込んでいるという神学上の批判があるようだが、そうした神学的な問題は私の興味の埒外である。ただ、神学の外側から、あの『チャタレー夫人の恋人』のD・H・ロレンスが行った批判には、少々立ち止まる意味があるようだ。彼は、この『黙示録』はパトモスのヨハネが著したと見なしつつ、その思想がおよそ「真の福韻書のささやきもない」と徹底的な批判を行う。[18]「黙示録とは、人間のうちにある不滅の権力意志とその聖化、その決定的勝利の黙示にほかならない。たとえいまは殉教の業苦を忍ばねばならないとしても、そして、この目的実現のためには全世界が壊滅されねばならぬとしても、クリスト教徒たちよ、なんの怖れることがあろう、君たちだけは王者としてこの世を統べ治し、かつての暴君たちの首根っこを土足にかけることも出来るというものだ！　これが黙示録の御託宣である」。キリスト教に限らずおよそ宗教というものが、教団・集団としての強大な地歩を固めるにつれて権力志向を強め、政治的権力と癒着し、あるいはそれ自体が権威を借りた権力そのものになってきたという歴史を知るものには、ロレンスの批判は傾聴すべきものがあろう。

だが、仮に、カッパドキアの住人たちが、洞窟に籠ってひたすら『黙示録』に頼りつつその業苦を忍んでいたとしても、そのことを誰が非難し得ようか。彼らの艱難辛苦の重みは、それによって減殺されるわけでも、帳消しになるわけでもない。ましてや、彼らの存在が抹殺されるものでもない。私たちがカッパドキアの洞窟遺跡群や地下都市の前に立ってできる唯一のこと、そしてもっとも重要なことは、彼らが七百年にもわたって忍んだ業苦について「想像力」をめぐらすことである。そして、私たちに要請されることは、そうした想像力の源泉となる感性をもつべきだということだろう。それは、何も安易な「同情」を意味するのではない。眼前

図173　カッパドキア・カイマクリの地下都市空間

(18)『黙示録論』Apocalypse（福田恒存訳）筑摩書房　二〇〇五年

の圧倒的な空間実体を必然化した彼らの「執着」の源泉に最大限の想像力を駆使して迫ることで、空間と彼らの心性との不即不離の関係性を理解し、物体でしかない遺跡からその人間史のリアリティをよりよく感得することである。心すればするほど、遺跡というものは雄弁に語りかけてくるはずである。

圧制に耐えかねて（その実態は見えないのだが）、「メトロポリス」の支配権力を転覆してそれにとって替わろうと目論むアトラスをリーダーとする反乱青年団の発想は、確かに『黙示録』の思想に近似する。ロレンスのようにその「逆権力志向」を指摘するのはたやすいことだ。また、彼らの単純さも否定しようがない。だが、それらの故をもってして、彼らを含む広範な「地下世界」の人間の業苦・艱難辛苦とその生を軽視することはできるのだろうか。

アニメ「メトロポリス」はすばらしい作品であるが、アトラスたち青年団を含めたこの「地下世界」の人間たちそのもののリアリティに迫り、その苦悩・絶望・懊悩といった心性とその生死とについて、もっと深く確かな眼差しをもって描かれたならば、はるかによい作品になっただろうと惜しまれるのである。つまり、「科学技術の発達が人間を解放するとは限らない」「人間はその愚かさゆえに支配・被支配を止揚することさえできない」といった原作の主題に連なる「テーマ」がさらに徹底されただろうと思うのである。

実写映画の復権を

実写映画復権への「望み」について少し述べたい。

皮肉なことに、日本アニメの隆盛と日本実写映画の衰退とは、まったく時期を同じくして始まり、同時並行して進行し、ここしばらくは両者の関係はまったく「反比例」のようであった。このことは、私たち観客の立場でも実感してきたことだが、山口泰男やスーザン・ネイピアのようなアニメの関係者や評論家なども等しく認めている。統計資料を見てもそれは明白である。周知のように日本映画製作者連盟は、一九五五年以降の映画に関するデータを毎年集計して発表している。劇場日本アニメが国内外から高い評価を得たのは、すでに見たように一九八〇年代の半ばである。実写映画のほうは、七〇年代にはすでに「衰退傾向」がいわれていた。データを見ると、興業収入のシェアにおいて、八四年にそれまでの邦画優勢が洋画優勢にはじめて逆転し、八六年以降は今日にいたるまで後者の大きさはますます増大する傾向にある。邦画・洋画の「逆転」の時期こそ、劇場アニメが「飛翔」してゆく時代だった。ジャパニメーションは確かにすばらしいし、世界中から賞賛を博しているのは喜ばしい。だが、その一方で、反比例するように実写映画が衰退してきたという事実を考えると、大騒ぎする気にはなれないのである。

昨今の「韓流」実写映画の隆盛を見るにつけ、この数年間地団駄を踏むような思いをしてきた映画愛好者は少なくないにちがいない。確かに「シュリ」「JSA」「ブラザーフッド」「シルミド」など、朝鮮半島三八度線による「分断」の悲劇を背景とした韓流映画は、どれも迫力満点で見ごたえがあったし、そればかりでなく「カル」や「猟奇的な彼女」のような人間ドラマを描いた作品にも秀作が多い。私のまわりの韓国人留学生たちは、「ハン（韓）ウッド」の映画のほうが「ハリウッド」のそれずっと面白い、と意気軒高である。

日本の実写映画の衰退がいわれて久しい。八〇年代の末に、ポーランドの映画監督アンジェイ・ワイダと雑誌上で話す機会があった。彼は、溝口健二・黒澤明・小津安二郎などの名を挙げて、日本映画は実にすばらしいし多くを学んだ、と過去形で語ったものである。[19]「地下水道」「灰とダイヤモンド」「大理石の男」などの傑作によってわが国にも多くのファンをもつ彼の口から実際に日本映画の監督名を聞くのは、嬉しくないはずはなかった。だが、いわば戦後第一

(19) 本書「アンジェイ・ワイダ氏に聞く映画・演劇・都市・建築」（四一〇―四二二ページ）参照

世代ともいうべき人たちばかりであり、ATGなどで活躍した第二世代以降の名が出なかったのは、寂しい限りであった。第一世代の作品はほぼ六〇年代までで終わっている。戦後日本映画の黄金期であった。ワイダにとっての日本映画も、その黄金期止まりということなのだろう。黒澤の作品「七人の侍」「用心棒」がカウボーイものにリメイクされて「荒野の七人」「荒野の用心棒」が生まれ、それらをまた日本の劇場で観たときに何やら素朴な誇らしげな感情をもったことなど、もうずっと昔のことになってしまった。

もちろん、周知のように、衰退期に入って以降日本映画の世界に何の動きもなかったわけではない。既述のように、ATGの活発な活動があり、多くの優れた若手監督を輩出した。大映・東映・松竹・日活・東宝の「五社体制」から離脱して映画制作を行う独立プロダクションも生まれた。もとより、衰退の内実が、もはや制作・配給・興行を大手会社が一手に支配するブロックブッキング方式を困難なものにし、また、自社所属俳優と制作スタッフ（監督・撮影・照明・録音・美術等）を丸抱えで制作するというスタジオシステムが崩壊していったという厳しい現実が背景にあった。新人監督が結成した「ディレクターズ・カンパニー」やインディーズを中心とした制作と興行を目指した制作者集団「アルゴ・プロジェクト」などの試みもあった。映画館サイドも、ミニシアターを中心としたシネマコンプレックスのスタイルが多くなり、ブロックブッキングから自由な興行を展開する傾向が強まってきた。二十一世紀に踏み込んだ今日、嬉しいことは、こうした映画関係者たちの必死の「闘い」の経緯を経て、ようやく日本の実写映画界に明るい兆しが見えてきたことである。

制作費といった経済ファクターを別にして、実写映画を支える大きな要素は、いうまでもなく俳優と制作スタッフの存在とその持続とである。黒澤も小津も、ほとんど決まった俳優とスタッフによって多くの作品を作り続けた。「黒澤ファミリー」「小津ファミリー」といわれた所以である。映画の隆盛とこうした俳優・スタッフの充実とは、分ち難く結びついている。俳優を取り上げてみる。名画と呼ばれたものには、この人でなければ務まらないという俳優が必ず存在した。「鞍馬天狗」の嵐寛寿郎、「生きる」の志村喬、「赤ひげ」の三船敏郎、「東京物語」の笠智衆・原節子、「怪人二十面相」の片岡千恵蔵、「旗本退屈男」の市川右太衛門、「座頭市」の勝新太郎、「網走番外地」の高倉健、「影武者」の仲代達也、「男はつらいよ」の渥美清、「雨月物語」の田中絹代、「二十四の瞳」の高峰秀子、「楢山節考」の望月優子、「羅生門」の京マチ子…切りがない。そして彼ら・彼女らのヒーロー・ヒロインの脇を固めた得難く渋い脇役たち。観客としては、実写映画の何よりもいい点は、こうした生身の俳優たちの演技を観ることができることである。目の動き、顔の表情、仕種といった細かな演技力やセリフのいい回しはもちろんだが、彼ら・彼女らのスクリーンにおける登場自体がその存在感に満ち満ちていて、映画を映画として楽しめるのである。最近のアニメは、しばしば実写映画の名優たちを「声優」として起用し、かれらの声の演技力の巧さをうまく引き出している。だが、彼らの本来の演技を観ることのできないアニメでは、彼らの本当の「良さ」は伝わらない。俳優は俳優であってこそ、である。もとより、アニメがもつ本質的な限界でもある。

機会は人を育てる、とよくいわれる。実写映画の存続は、名優を育てる。そして彼ら・彼女らの演技がまた名画を生む。関係は相互補完的である。この関係は、もちろん、俳優だけでなく、監督や技術スタッフのすぐれた存続・育成についても同じである。ハリウッドの大制作会社だけでなく、独立プロ系でも実写映画生産の盛んなアメリカが、すぐれた俳優や監督、スタッフを「養成」し、次々と跡を襲う新人たちを「供給」し続けている現実が何よりも雄弁である。そうした良好な「関係」はまた良好な映画を産み出す原動力にもなる。六〇～七〇年代に、ハリウッドの大会社が活劇物だけでなく、アメリカン・ニューシネマと呼ばれた社会性に富んだ作品を次々と生んだことが想起される。「俺たちに明日はない」（67／フェイ・ダナウェイ／WB）、「真夜中のカウボーイ」（69／ダスティン・ホフマン／ジョン・ボイド／UA）、「イージー・ライダー」（70／ピーター・フォンダ／COL）、「カッコウの巣の上で」（75／ジャック・ニコルソン／WB）、「タクシー・ドライバー」（76／ロバート・デニーロ／COL）などの名作は、アメリカ映画史にも燦然とその足跡を残している。

映画が他の表現芸術と異なる点は、しばしばいわれることだが、その「大衆性」である。絵画や彫刻などのファイン・アートの作品は、展覧会に出品されてもその種の作品を好む限られた観客の鑑賞対象になり、その作品と観客との関係は「芸術的」である。だが、映画はより多くの観客を相手にし、すばらしく、面白く、より多くの観客を動員して莫大な制作費を回収しなければならない。だから、作品と観客との関係は、「芸術的」で「娯楽的」で「経済的」であることを同時に満たすことが宿命づけられている。芸術的によい作品が娯楽的とは限らないし、娯楽的なものが芸術的であるとも限らない。「すばらしくて面白く」なければ観客は集まらない。ハリウッドの実写映画の成功は、ちょうどジャパニメーションが国際的に獲得した評価であるこの「すばらしくて面白い」質を徹底的に追求してきた結果といえよう。

たとえば、ハリウッドの制作者や監督は、技術的な次元ではもともと他国に先駆けて発達していたCG（コンピュータ・グラフィックス）の手法を実写映画にも積極的に取り入れて、そもそもアニメの持ち味であった「センス・オブ・ワンダー」の質を高めてきた。「マスク」や「マトリックス」などはそうした傾向の色彩が強い作品であるが、「アポロ13」のような映画でも実写映画では困難な宇宙空間の映像のより効果的な描出に大いに活用された。「ターミネーター」「エイリアン2」「タイタニック」などの監督、ジェームズ・キャメロンなどは、もともとジャパニメーションの礼讃者であったが、自らＳＦＸ会社を設立するなど、コンピュータ・アニメーションの技術をいっそう向上させて実写映画に活用する方向を目論んでいる。

ＣＧを使うか使わないかは、もちろん本質的な問題ではない。要は、「すばらしくて面白い」作品ができればいいのだが、ジャパニメーションが培ってきた技術を使わない手もないように思われる。無声映画のトーキー化のときも、モノクロ映画のカラー化のときも、新しい映画のあり方には当の映画関係者からも否定的な声が多くあったという。だが、歴史は、映画がその技術革新とともに歩んできたことを語っている。わが日本実写映画の再生のカギは、あるいはこの最先端の実績ある「技術」を導入することにあるのかもしれない。だとすれば、ジャパニメーションの隆盛は、実写映画再興に向けて「反比例」どころか「正比例」の牽引的役割を担うことになる。アニメと実写映画との共存共栄、そうなればこれほどめでたいことはない。

幸いにも、ここ十年、わが実写映画界はかつての「どん底」からようやく脱しつつある。統計データによれば、映画館の館数、邦画制作数は一九九三年を底に、入場者数は九六年を底としてそれ以降、確実に上向いている。二〇〇四年は、ついに興行収入（映画館売り上げ）が二二七四億円と過去最高を記録した。もちろん、これらの実績にはアニメの寄与も大きいのだが、実写映画も大いに健闘している。興行収入一〇億円以上を稼ぎ出した最近の実写映画を見ると、二〇〇二年は「千年の恋 ひかる源氏物語」「模倣犯」「たそがれ清兵衛」「突入せよ！あさま山荘事件」、二〇〇三年は「踊る大捜査線 THE MOVIE 2」「黄泉がえり」「座頭市」「陰陽師Ⅱ」「T・R・Y」、二〇〇四年は「世界の中心で愛を叫ぶ」「いま、会いにゆきます」「スウィングガールズ」「半落ち」「海猿」「解夏」と続いている。統計データはまだ集計されていないが、二〇〇五年の作品も、「北の零年」「交渉人 真下正義」「星になった少年」「亡国のイージス」など面白いものが多い。

映画とりわけ実写映画は、脚本、演出、演技、美術、録音、照明、衣装など多くのジャンルを総動員して制作される「総合芸術」である。その好不調はその国の文化の現状を如実に反映するものではないだろうか。アニメが隆盛を誇るいまこそ、私たちは実写映画の再生・再興を強く望み、また微力ながらもその動きを後押しすべきだと思うのである。

ビデオを置いて映画館に行こう！

活字文化の再生を

さまざまな文化ジャンルのなかで育ってきた私には、アニメ隆盛のこの時代に、この国のもうひとつ気になる文化現象がある。「活字文化」の凋落である。

私の専門分野の建築や都市の領域でも、廃刊・休刊になった雑誌は多いし、いい新しい単行本を見かけることも少ない。出版者の人たちはみな異口同音に「何しろ出しても売れない。読まれない」と嘆くのみである。三十年以上も学生たちとつき合ってくると、その事情は私たちが日々痛感している、まったくわが足元のことでもある。彼らは、専門書はもとより小説などもあまり読まない。とにかく「活字離れ」の実態は嘆かわしく深刻である。

アメリカの大学ならどこでも、どの授業でも当たり前のことだが、私はひとつの授業についてその始まりに当たり、イントロダクションと称して全体の授業の構成の解説と、参考文献の解説を行うことにしている。参考文献のリストはまず四〇〜五〇冊は下らない。七十五分単位二コマの時間のなかで、授業内容と、文献のすべてについて一冊ずつ著者と内容についての概説を行う。学期集中の授業が多いのだが、学期末の授業の最終回に、配付した文献リストのうち一冊でも読んだ者がどのくらいいるかを「問う」ことにしている。この二十年間傾向はあまり変わらない。学部学生の二〜三年生で、その比率は二〇分の一から三〇分の一。つまり、二十～三十人に一人で、ほとんど読まれていないのである。そんなとき、「これという学生は十人に一人だ」とよく学生時代に大先生たちが宣っていたことを思い出しては（しかし、本一冊を読むぐらいで「これ」では困ったものだが）、あるいは多くは紙屑に化していくかもしれない文献リストの行く末を思いやるのだった。

ある都内の大学が、十年ほど前に学生の読書事情の調査をした。一番印象に残った調査結果の結論のひとつは、読書をよくする大学生は中学・高校の頃から読書習慣をもち、逆もまた真で、中学・高校時代に読書習慣をもたなかった者は大学生になっても読書をあまりしない、ということだった。ウム、大学では手遅れなのか。問題は、若いうちにどれだけ読書の面白さを身に付けさせることができるか、ということなのだろう。映画評論家の佐藤忠男が、子どもが読書をしない傾向について、それは漫画のせいではなく学校教育の問題だと指摘していたのを思い出す。「今日の学校教育が高度な読書の面白味を教えないということがある。…もし子どもが読書意欲旺盛であれば、数学や物理学や語学など体系的な指導を必要とする課目以外、教師が教えることは大幅に減るだろう[20]」。私も、子どもたちに読書習慣がないということについて、その原因はマンガが跋扈しすぎているからだというふうには思わない。だが、佐藤忠男がいうのも一理あるが、私はすべての原因を「学校教育」に求めるのは首肯できない。マンガは、いまでもサブ・カルチャーだとか、ましてや子どもの健全な成長に害になるなどという親はもういないだろう。まったく、今時のマンガをバカにしてはいけない。『三国志』や『項羽と劉邦』『日本の歴史』、はては『日本経済入門』『資本論』にいたるまで、かつては歴史文学や硬い専門書が扱った対象すら、画像の訴求力によって実にわかりやすいマンガ本となって流布しているのである。重要なことは、子どもたちの身近な周辺にどれだけ「読書環境」があるかということであろう。つまり、学校教育とは別次元において、親たちが子どもの教育に当たって、学校

(20)「現代児童漫画の思想」『大衆文化の原像』岩波書店一九九三年

に委ねる以前も以後も「本に接する面白さ」についてどれだけ心遣いをしているかということである。指導要領と教科書に依存した学校教育の画一的な内容は、およそ想像がつこうというものである。子どもの読書癖は、まずもって家庭の読書環境の反映としてあるのではないか。幼児のうちに祖父母や親が絵本を読み聞かせれば、その子どもは自然と読書好きになるはずだ。『カバヤ文庫』は必ずしもなくてもいい。児童書をしきりと買い与える前に、大人自身が読書をすることだ。書棚に大人が読み終えた文庫本や新書本などが溢れるように積まれていれば、自然と子どもたちは読書が日常生活の一部であることを理解し、またそれらの本に手も伸びるにちがいない。サルトルの「サ」の字も知らないうちに、『シジフォスの神話』が何か面白そうだと、高校一年生のときに家の書棚から無断で手にしたのが、私がサルトルに出会った最初だった。

「文学はなぜマンガに負けたか!?」という特集が、評論誌で組まれたことがあった。[21] 座談会では、里中満智子と永井豪の二人の漫画家のほうが、むしろ表現の仕方の違いが根本にあること、「文学」の範囲が広すぎて一概に論じられないことなどを挙げ、「勝ち負け」の議論はあまり意味がないということを冷静に指摘していたのが印象深かった。いま私は、ここで「文学論」を展開するつもりはない。それは、純文学から歴史、SF、ミステリー、ノンフィクションなどの多領域にわたる「文学」をどう見るのかから始まらざるを得ないだろう。「文学者」でもない私にそんなそもそも論をやる資格もないし、ここはその場でもない。

しかし、「活字本」と「マンガ本」との比較についてその一般的傾向を考えよという課題であれば、いうべきことは私なりにある。まず、両者への接近の量的なされ方については、立派に「勝負」はついている。それは、まるで実写映画とアニメとの関係に似て、まったく「反比例」の関係である。右肩上がり、右肩下がりの「クロス・ポイント」の時期は映画の場合と同じよ

(21)『木野評論』一九九八 臨時増刊 京都精華大学情報館 一九九八年

うな時期であったかもしれない。「大学生も読む週間マンガ」が話題になった六〇年代末期は、停滞・沈潜の七〇年代を先駆けして「活字本を読まない大学生」の時代を準備したのだろうか。見たように、現在、活字文化については、かつて実写映画の大制作会社やプロダクションが苦心惨澹だったように、出版社はどこも青息吐息である。活字文化の衰退は、文化の質の発展・継承を考えれば、おそらく実写映画の衰退よりも深刻な問題ではないだろうか。

私たちは、なぜ「活字文化」にこだわるのか。「活字文化」は活字のなかった時代も考慮すれば、「文字文化」と置き換えてもいい。

理由のひとつは、その文字文化の長い歴史性にあるだろう。口伝や口承の領域は別にして、わが国が中国伝来の漢字によって公的・私的な記録と表現を始めて一千数百年のこの方、『古事記』『萬葉集』を筆頭に「文字文化」は連綿と続いてきた。その文字文化の持続性、継続性における歴史的・文化的意義は、そうそうたやすく消滅すべきものではないだろう。いまなお私たちが、それぞれの時代時代に生まれた「書かれた記録」や「書かれた文学」から多くを学んでいることが何よりの証である。そしてそれと並行して絵巻や障壁画などの形態をとりながら、「画像文化」も存続してきた。「文字文化」と「画像文化」の両者の関係は、決して相互に排他的なものではなかった。「源氏物語絵巻」のように「画像」がその題材を「文字」に求めたとしても、表現形式の相違は決定的であり、両者は、むしろそれぞれが方法や手法を探究しつつ自律的に展開・発展してきたといえる。しかし、この「文字文化」の課題は、日本文学に限らず、その未来への伝達・継承の問題として世界規模で考えるべき共通課題であろう。その意義はきわめて大きく、デジタル化などの情報化の問題も含めてそれぞれの領域で追求されていくべきものであろう。

もうひとつの理由は、想像力や感性の錬磨の課題である。私が、個人的に「文字文化」に肩入れするのは、自らの専門領域における経験からも、この課題と強く関係すると思うからである。ふたたび卑近な例を挙げる。建築や都市の研究に励む学生たちに接して感じる重大なことのひとつが、その構想力・展開力と読書習慣との関係である。私の三十年を超える経験からすると、両者の関係はほとんど正比例的である。つまり、研究（卒論や修論、博論など多岐のケースで）や設計・計画の構想や展開の能力に秀でる者は、読書習慣をしっかりと持っている場合が圧倒的に多い。この場合の読書は、専門書よりもむしろ小説などの一般的な文学書や教養書が対象となっている。

私見によれば、それは文字文化と画像文化に対する読者・鑑賞者の側の情報受容の「姿勢」に決定的な相違があることに起因すると思われるのである。文字世界は、それに接する場合、文字言語によってしか「情報」を得ることはできない。作者が文字によって伝えようとする起承転結の論旨や状況、人物像、人間関係、その場の情景や資料の扱いなどをより正確に理解しようとすれば、読者はあらゆる「想像力」を駆使・構築しつつその文字材料の対象に臨まねばならない。一見、文字材料（専門書、小説等のジャンルは問わない）に追随するかのような想像力行使であるが、現前しない「行間」の読解も含めて自らの内側で自己固有の内的世界を築くという意味において、その行為はすぐれて能動的、主体的である。そこでは、文字情報という抽象的な世界が自らの具象的な世界に転換・昇華されるのである。

一方、画像材料の場合は、そこに提示された「情報」は、作者がすでに選定・決定したひとつの決定的な具象的世界である。具象的であるからそのインパクトはより強烈である。だから、読者の側は、もっぱら「鑑賞者」の立場になりがちである。経験のなかで浮かぶ類似の、あるいは逆にまったく異種の前例との「連想」を巡らすような想像力の行使がないはずはないが、眼前の具象性の圧倒的な存在ゆえに、あらためて独自の別種の具象像を構築するということはまずない。「連想」以上に想像力を行使するということはほとんどなく、現前する全具象像はそのまま受容されてゆく。したがって、読者が画像材料に接する姿勢は、むしろ受動的、客体的になる。

この「能動的・受動的」「主体的・客体的」な姿勢の相違が長い時間習慣的に続くとすれば、読者の側にどのような違いを生むだろうか。能動的・主体的に想像力を行使する機会が多いほど、豊かな想像力が培われるのは当然である。文字材料に接する動機に、想像力を豊かにしたいからという理由を挙げるものはまずいないだろう。それは、あくまで結果的な「効用」である。いや、もう少し正確にいえば、「小説などの文字材料を読むのは面白い」という習慣的な指向は、想像力と生起される内的世界との「揺れ動き」の面白さを知るゆえであろう。そのような揺れ動く柔らかな想像力は、それを促す豊かな感性に支えられているはずである。そうした感性がまた、新たな文字材料との接点を求めるのである。文字材料と豊かな感性や想像力との関係は、螺旋構造的である。鋭く豊かになった感性と想像力が次の文字材料への接近を促し、その文字材料がさらに感性と想像力を磨き、豊かにするという、上昇的な螺旋の関係を構築していくのである。断面的に見れば、文字材料と感性・想像力との関係は相互に結果的でもあれば原因的でもある。想像力の涵養ということがあるとすれば、文字材料こそは重要な役割を担っているというのが、私の確信である。

この文章を書き終えたあとで、「文字・活字文化」振興についての法律ができたので、補正的に若干触れておきたい。件の法律は二〇〇五年七月二十九日に公布された「文字・活字文化振興法」である。超党派議員二八六人による「活字文化議員連盟」による法案準備の結果という。

法の第一条の「目的」に、「知的で心豊かな国民生活及び活力ある社会の実現に寄与する」と謳い、三条「基本理念」では、読む力、書く力とそれらを基礎とする言語に関する能力全体を「言語力」と定め、その涵養を学校教育の重要な役割としている。そして、振興施策の主な内容は、地方自治体・学校における図書館の充実、司書等の職員の配置、資料整備、翻訳による国際交流の促進、学術出版の普及などが挙げられている。目的や施策など、この法の主旨に表立って反対する者はまずいないだろう。あまり知られていないが、子どもを対象とした同様の法律はすでに存在している。「子どもの読書活動の推進に関する法律」（二〇〇一年十二月十二日公布）である。同法では、都道府県、市町村は「読書活動推進基本計画」を策定・実施しなければならないことになっている。その結果のひとつの動向として、全国の小中高の学校で、朝の授業開始前一〇分間の「朝の読書」という時間帯が設けられすでに二万校に達しているという。

社会の現実と要求がまずあって法律は後から作られるとよくいわれるが、確かに「文字・活字文化」の凋落は「危機的」ではある。しかし、この問題の解決は、国家が法律によって強制的に国民や自治体に責務を負わせることで追求すべき性質のものであろうか。確かに図書館や司書が増えることはよいことにちがいない。図書館協会によれば、わが国の公立図書館の人口当たり設置数はG7諸国平均の三分の一という。それは、そもそも文化施設（美術館・音楽ホール等も含めて）の整備とその運営に相応の税収を投入しないというわが国文化行政の貧困さの問題であろう。そういう基本的課題を置き去りにしたままで、「文字・活字文化振興」について法的措置を講じるというのであろうか。そして何より気になるのは、法的施策による「読書」が、本当の読書の面白さを知り、読書欲や読書習慣を身につけることに繋がるのかということである。二万を超える学校で毎朝決まった時間帯に、しかもたった一〇分間、何十万人もの子どもたちがいっせいに読書をしている光景を想像してみたらいい。「右へならえ」「バスに乗り遅れるな」という壮大な「画一性」ばかりが見えてくる。読書の醍醐味や愉しみからはおよそかけ離れた、ある種のうす気味悪い「集団主義」を感じるのは私だけであろうか。十数年前、小学校で朝の授業開始前に「朝の計算」という名の教育プロジェクトで、一〇分間の算数の計算練習がいっせいに行われていた。その後の国際比較で日本の児童の算数能力が上がったという話しは聞かない。昔の「朝の計算」にとって替わって「朝の読書」が安易に設定されたという印象は拭えない。学校で本当に読書の面白さや習慣性を「涵養する」ということを教育の一環として取り組もうというなら、「授業前一〇分間」などという小手先の方法ではなく、もっときちんと本腰を入れてやるべきだろう。たとえば、特殊養護施設の重度障害者や特殊老人ホームの高齢者を訪ねて「朗読」のグループ活動をすることで、読書とボランティア活動の融合を図るなど、地域の事情にふさわしい学校個別の創意工夫がいくらでもありうる。そもそも、読書の課題を学校教育に一義的に委ねることが問題である。文字・活字文化の再生は、教育関係者の如何に拘わらず、一人ひとりの「大人」の自覚と自発性からしか為しえないだろう。

「文字文化」「活字文化」へのこだわりについて紙幅を割いてきた。だが、私は、「画像文化」の排斥論者では決してない。画像表現は、里中や永井などがいっていたように、文字表現とはそもそも表現形式が違うのである。画像作者が提示する具象的な世界は、それはそれでひとつの「決定解」として文字が表現できない像を切り結んで大きな存在となりうる。文字材料の難解さゆえに容易な想像力行使が難しい場合や、表現する対象事象が内在的な困難を抱える場合などは、むしろ画像化することはひとつの有力な方途ともなる。『日本経済入門』や『資本論』などは前者の事例だし、被爆女性を主人公とする最近の『夕凪の街』（こうの史代）などは後者の事例である。あるいは、アメリカで現に盛んなように、実写映画やアニメに対応した「文字資料」を作ることも文字・活字文化再生への方途のひとつになるだろう。実写映画「2001年宇宙の旅」は、そもそも映画監督のS・キューブリックの求めに応じて、SF作家のA・クラークが物語を作ったものである。映画が先にありき、であったが、クラーク自身が整理したSF小説としての『2001年宇宙の旅』は、りっぱに活字文化の一端を担っていて映画とは違う読み物の面白さを味わうことができる。

実写映画とアニメがそうあるべきであるように、活字文化と画像・映像文化は、ぜひ共存共栄の関係であってほしいと思うのである。勝敗の問題なんかではない。後者の隆盛にだけ眼を奪われているようでは、後で大きな後悔をするにちがいない。わが国ほど活字文化が凋落している国もめずらしい。文化という、より大きな世界においてそもそも比重の大きかった活字文化の衰退は、文化そのものの欠陥として近いうちに私たちの上に重くのしかかってくるにちがいない。ちょうど科学技術への盲目的・楽観的依存が人間に重大な問題を惹起してきたのと同じように。その徴候は、とりわけ若者たちの生きざまに、すでに現れている。アニメやマンガが隆盛を誇る一方でのこの活字文化の退潮現象は、いかにもアンバランスである。しかし、だからといって法的制度に委ねるのは、あまりに惨めではないか。実写映画が衰退したからといって「実写映画文化振興法」を制定しただろうか。仮にアニメやマンガが衰退したら、「画像・映像文化振興法」を作ってくれと議員や政党に働きかけるのだろうか。国家に依存する前に、私たちが足元から自助努力することは多々あるはずである。活字文化の再生は、私たちの日常的課題である。

街から戻ったら書を読もう！

アニメ「メトロポリス」は、それ自体すばらしい作品で十分楽しむことができたが、こうして多くのことを考えさせてくれた。原作の手塚治虫、監督のりんたろう、脚本の大友克洋、音楽の本多俊之などすべての関係者にあらためて感謝したい。

アニメ「メトロポリス」は、断然オシャレな作品である。

図版クレディット（版権が出版社以外の場合はⓒで明記）

図2	井上洋介『井上洋介漫画集ナンセンス展』思潮社, 1966　ⓒ井上洋介
図39,40	Giuseppe Marchini, The Baptistery and the Cathedral of Florence, Beccoci Editore, 1972 ⓒSCALA
図41~50	Jurgen Joedicke und Christian Path, Die Weissenhofsiedlung, Karl Kramer Verlag Stuttgart, 1977
図51	Lara-Vinca Masini, Art Nouveau, Aldo Martello-Giunti Editore, 1976
図52	Wolfgang Pehnt, Die Architektur des Expressionismus, Verlag Gerd Hatje, 1973
図53	Kurt Junghanns, Der Deutche Werkbund, Henschelverlag Kunst und Gesselschaft, 1982
図54	Werner J. Schweiger, Wiener Werkstaette; Kunst unt Handwerk 1903－1932, Christian Brandstaetter, Verlag & Edition, 1982
図55	図53に同じ。
図56	同上
図57	Christina Lodder, Russian Constructivism, Yale University Press, 1983
図58	図51に同じ。
図59	Boston Society of Architects, Architecture Boston, Barre Publishing, 1980
図60	Jane Holtz Kay, Lost Boston, Houghton Miffilin Company, 1980
図61	David King Gleason, Over Boston, Louisiana State University Press, 1985
図69	Leonaldo Benevolo, Storia dell'architettura moderna, Giuseppe Laterza & Figli, 1960
図83	Robert Cameron and Pierre Salinger, Above Paris, Cameron and Company, 1984
図84	図69に同じ。
図98	August Heckshcer, Open Spaces, Harper & Row, 1977
図99	Julius Gy. Fabos et. al., Frederick Law Olmsted, Sr., The University of Massachusetts Press, 1968
図103	David Macaulay, Cathedral, William Collins Sons & Co Ltd, 1974
図104	David Macaulay, Pyramid, William Collins sons & Co Ltd, 1975
図105	Roger Billcliffe, Architectural Sketches and Flower Drawings by Charles Rennie Mackintosh, Academy Editions, 1977
図106	図69に同じ
図107	Wolfgang Pehnt, Die Architektur des Expressionismus, Verlag Gerd Hatje, 1973
図108	Bruno Taut, Alpine Architektur, Hagen, 1919
図109	図107に同じ
図110	Arther Drexler, The Drawings of Frank Lloyd Wright, Bramhall House, 1962
図111	Frank Lloyd Wright, A Testament, Bramhall House, 1957
図112	Le Corbusier et Pierre Jeanneret, Le Corbusier et Pierre Janneret. 1910―1929, Oeuvre complete;1, Zurich, 1964
図113	同上
図114	図69に同じ

図115　Alvar Aalto, Band 1, Artemis Zurich, 1963
図116　Heinz Ronner et.al., Louis I. Kahn Complete Work 1935—74, The Swiss Federal Institute of Technology, 1977
図117　同上
図118　Paul Rudolph, The Architecture of Paul Rudolph, Thames & Hudson, 1970
図119　Paolo Soleri, Arcology, The MIT Press, 1969
図120　Peter Cook, Archigram, Praeger Paperbacks, 1973
図121　栗田勇監修『現代日本建築家全集２』三一書房, 1975
図122　同上
図123　同上『３』, 1974
図124　同上『４』, 1975
図125　『建築画報』1931年6月号
図126　『建築新潮』1927年3月号
図127　『建築』1961年6月号
図128　同上
図129　栗田勇監修『現代日本建築家全集９』三一書房, 1970
図131　Don Mets, New Architecture in New Haven, The MIT Press, 1966
図135　斎藤真一『絵日記　瞽女を訪ねて』日本放送出版協会, 1978　ⓒShinichi Saito
図136　John Willett, Art and Politics in the Weimar Period, Pantheon Books, 1978
図152　映画「闇の中の魑魅魍魎」(松竹, 1971)（ポスター）
図153　絵金芝居絵屏風、展覧会図録『絵金』(東急百貨店, 1971)
図154　芝居装置図「平家女護島」(萩原勝美) 戸坂康二ほか監修『名作歌舞伎全集第１巻 近松門左衛門集』東京創元新社, 1969
図157　（部分）E.D.Gutkind, Urban Development in East-Central Europe, International History of City Development vol.Ⅶ, The Free Press. 1972
図161　「アニメ・メトロポリス」ポスター原画　（株）バンダイビジュアル 2001　ⓒ手塚プロダクション／メトロポリス制作委員会
図162　『METROPOLIS, The Movie Memoir』 角川書店, 2001　ⓒ手塚プロダクション／メトロポリス制作委員会
図163　同上
図164　同上
図165　Hugh Ferris, The Metropolis of Tomorrow, Ives Washburn, 1929
図166　同上
図167　Peter Cook, Archigram, Praeger Paperbacks, 1973
図168　同上
図169　図119に同じ
図170　大友克洋『大友克洋×メトロポリス』角川書店, 2001　ⓒ手塚プロダクション／メトロポリス制作委員会

他の図版はすべて著者の作成・撮影による。

初出掲載誌紙一覧

「建築論」

1．自作プロジェクトを語る

ぼく自身のための住宅あるいは〈母〉の内なる彫膨空間
「建築」　1972年８月号

設計言語のメッセージ　「新建築」1978年６月号

庶民住宅考　「住宅建築」1978年８月号

画期的なプロジェクトの実現を！―〈国際競作〉に参加して
「ＳＤ」1994年12月号

和風の郷――現代建築の超克へ向けて――
「住宅建築」1995年12月号

2．建築家の職能

建築家とその職能　「ＳＡ」　1975年１月号

公正取引委員会の「審決」を糺す（原題：家協会の奮闘に敬意――公取問題の意味するもの，日本建築家協会に対する審決に寄せて――）
「日刊建設通信」1979年11月５日

3．建築の考察

扉考　「商店建築」1978年11月号

ヴァイセンホーフ・ジードルンクと1920年代（原題：Weissenhofsiedlung 考―1920年代再考のひとつの試み）　「筑波大学芸術研究報」第１号　1980年3月

建築の再生（原題：建築を再生したファネウィル・ホール・マーケット）
「商店建築」1981年増刊号（８月）

スモール・イズ・ビューティフル　「89木曜会記念誌」（1997年11月）

4．他ジャンルに学ぶ

ヴィトゲンシュタインに学ぶ（原題：ある方法による建築世界の論理的構築――ヴィトゲンシュタインの方法に学ぶ）　「商店建築」1976年３月号

四畳半裁判と建築の世界　「ＳＡ」　1976年５月号

「都市論」

5．コンペでの都市構想

出遭いの場の復権！　「商店建築」1972年１月号

6．都市空間の原像

外空間の日常的な獲得を　「SIPOREX」1975年夏季号

「住宅」から「都市」への視座を（原題：共同思想を欠落させた都市）
「日本読書新聞」1976年10月11日号

都市と日照権（原題：日照権について考える）
「商店建築」1978年９月号

場の精神　「89木葉会記念誌」1987年９月
都市軸の記号性（原題：都市軸の記号性―平城外京考余論―）
「筑波大学芸術20周年記念誌」1995年３月
7．都市空間整備の新視点
子どもと環境　「子どもの本だな」No.182
臨時増刊　'84（1984年６月）
環境質の向上（原題：社会福祉と環境保全による環境質の向上）
「月刊不動産」2000年５月号
8．都市へのオマージュ
盛り場の都市空間―「無名性」なるもの（原題：ビヨンド・ザ・コモンセンス！もしくは〈無名性〉なるものへの共鳴）　「商店建築」1972年３月号
「廃市」(原題：「廃市」をめぐって)　「筑波大学芸術年報」1985号（1985年10月）

「作家・作品論」

9．建築家・デザイナー・プランナー
磯崎新論（原題：磯崎新論―その観相学的エセイあるいは来たるべき〈パラ・シーニュ〉のために）　「建築」1972年10月号
村野藤吾小論　「ＳＡ」1974年11月号
川喜田煉七郎の復権を！　「ＳＡ」1976年７月号
秋岡芳夫小論（原題：あらゆる立場に文化の再点検を問う好著）
「ＳＤ」1978年２月号
ブルーノ・タウト小論（原題：今なお新鮮な第三日本への警鐘）
「ＳＤ」1978年12月号
パオロ･・ソレリ小論（原題：パオロ・ソレリのアーコロジー）
「美術手帖」1980年９月号
フレデリック・オルムステッド・シニア小論（原題：Frederick Law Olmsted, Sr. 再考）
「筑波大学芸術年報」1981年号(1982年２月)

ケヴィン・リンチ小論（原題：ケヴィン・リンチ頌）
「筑波大学芸術年報」1984年号(1984年９月)
イアン・マクハーグ小論（原題：エコロジカル・プランニング――アメリカの強靱な知性の産物）　「マクハーグ教授日本国国際賞受賞記念特別講演会報告書」(2000年７月)
10．思想家・評論家
コリン・ウィルソン小論（原題：現代の超克は可能か）
「建築」　1973年６月号
宮内嘉久・宮内康小論（原題：語り部とアジテーターとしての現代都市論）
「ＳＤ」1977年５月号
ジャン・ボードリヤールを読む（原題：消費社会への根底的批判――ジャン・ボード

リヤールを読む――)　「筑波学生新聞」1983年12月号

11. 絵本作家

デビッド・マコーレー小論（原題：デビッド・マコーレーの世界――「絵解き」によるすぐれた文化・文明論）　「筑波大学新聞」1980年５月号、６月号

12. 作品論

建築家のスケッチ（原題：パース・スケッチ考―建築家のパース―）

「商店建築」1979年６月号

槇文彦・藤沢市秋葉台文化体育館（原題：槇文彦の近作について）

「建築文化」1984年12月号

愛知万博・ポーランド館（原題：Elaborate Jewel Box Keeping Polish Nature, Culture and Pride）　Architektura（Poland）2005年７月号

「文化論」

13. 文化一般・文化史

物語性（原題：物語性について〈土着的文化論・その１〉）

「ＳＡ」1975年５月号

ワイマールの芸術と政治　「美術手帖」1981年５月号

ポーランドの建築――特集に寄せて（原題：ポーランド建築の特集に寄せて）

「ＳＤ」1989年11月号

アンジェイ・ワイダ氏に聞く映画・演劇・都市・建築

「ＳＤ」1989年11月号

14. 祭り

御柱祭を訪う　書き下ろし(2004年11月)

15. 芝居絵・謡曲・浄瑠璃

燃焼と怨念の美学　「ＳＤ」1971年10月号

16. デザイン

手の味の継承（原題：手の味の継承〈土着的文化論・その２〉）

「ＳＡ」1975年９月号

装飾（原題：装飾について〈土着的文化論・その４〉）

「ＳＡ」1976年１月号

クラクフのヴァヴェル城（原題：西欧文化の発露たる建築様式の輻輳）

「ＳＤ」1992年７月号

ワルシャワのワジェンキ公園（原題：歴史に翻弄された王朝文化の余香）

「ＳＤ」1992年７月号

17. 工芸・陶芸

日本伝統工芸展とアールヌーヴォー・アールデコ展（原題：日本伝統工芸展とアールヌーヴォー・アールデコ展について〈土着的文化論・その３〉）

「ＳＡ」1975年11月号

有田・唐津の窯元をめぐる（原題：伝統芸術雑感――やきものにふれて）

「89木葉会記念誌」1977年９月

18. 映画・アニメ

アニメ「メトロポリス」を観る　書き下ろし（2005年７月）

Architecture, City and Culture - Kan Mimura's Writings Collection -

Contents

あとがき

この三十数年にわたって書き散らしてきた評論やエッセイの類いを集めて、一冊の本にまとめた。少々時間の幅が長すぎる。実は、十五年ほど前に一度「評論集」の出版を考えたのだが、携わっていた実施プロジェクトの忙しさと重なって断念した。ちょうどその頃から、大学人間としての「研究者魂（!?）」がまたフツフツと湧き出し、自身の興味もあって「古代都市」の立地についての研究に没頭する日々を過ごすようになった。難波京・平城京・平安京・伊勢斎宮・アンコール都市群のそれぞれについて立地根拠を解明した長大な論文数編として結実したが、さらに外国の古代都市を中心としてこのシリーズの研究は今も続いている。そうこうするうちに「評論集」の出版計画はいつしか遠のいてしまった。

今回、収録した文章は私がものした評論・エッセイ類全体のおよそ五分の三程度であり、紙幅の都合で割愛した文章も少なくない。たとえば、都市環境のアメニティ確保の課題として捉えた「騒音基準改定」の問題や、東京湾に残された貴重な干潟・三番瀬の「埋立て計画」の問題に対する建築家・環境デザイナーとしての私見を綴った文章などは、都市を生態学的視点で捉え直すという今日的関心からすれば意味あるものと思われたのだが……。

環境デザインという大学の専門分野に在籍する「研究者」の責務としても、設計・計画の実務のほかに先の古代都市の立地研究や、都市環境の記号論・意味論的研究、街路空間快適化の研究などに少なからず時間も労力も割いてきた。そうしたなかで設計・計画の実務も学術的な研究も、実は同じようにいちばん重要なのは、出発点での問題意識の鮮明化と過程での具体化・深化の「力」とをトータルに統《す》べる〈想像力〉であるということをつねに感じてきた。とりわけ、長年学生たちと接してきて昨今ますますそれを強く考えさせられている。「アニメ・メトロポリスを観る」の最終部でも述べたのだが、その〈想像力〉の涵養には、文字・活字文化の果たす役割は依然としてきわめて大きいと思われるのである。「文字・活字離れ」がいつまでも続いていていいはずがない。それに気づいた者たちが、率先して文字・活字による「語り」をいろいろな形で投げかけてゆく以外に特効薬などないのだろう。この本がその一端になればと念じるのである。

いま、世間は低成長の時代、「構造改革」の御旗が大きく振られている。国立大学もあれよ、あれよという間に独立行政法人という名の「法人」になり、大学も社会も隅々で「効率化」が叫ばれる御時世となってしまった。しかしながら、工学や経営学などの実学を除けば、「効率」ほど学問や芸術と縁遠いものはないのではなかろうか。ヨーロッパの都市や田園地帯を旅するときいつも強く思わされるのは、古い街並みや緑濃い森や昔ながらの職人たちが、ドンと眼に見える姿でそこここに活き続けていて、そして時間がゆったりと流れているということである。ドイツでは大工のマイスターになるための、中世以来の「放浪職人」(ヴァルツ)の制度などがいまも生きていて、建築の伝統的な技術や構法が継承され、結果として伝統的建造物の保存・保全が日常的に行われている。永い時間に裏打ちされた「文化の厚み」を感得するのは、ひとり私だけではないだろう。そこには、「前近代」から連綿と伝わる確固とした文化哲理が流れていて、近代合理主義の単なる一側面にしかすぎない「効率」が、文化総体の基底をなすそうした哲理にとって替わるなどという「未成熟さ」はまったくといっていいほど見られない。

政治・経済の舵取りの過誤は、まずきびしく政治・経済の領域のなかでこそ解決されるべきであろう。だが、私たちの社会の「未成熟さ」は、学問や芸術の世界においてもまっ先にその過誤による負債の返済を迫り（大学だけでなく美術館や博物館の法人化を想起すれば解りやすい）、結果として私たちは「効率」「利益」という名の呪文に喘ぎはじめるという仕儀にいたっている。

現在横行する「構造改革」なるものは、「民営化」という名の市場原理主義にその基本を据える経済至上主義の専横にほかならない。真摯な経済学者や経済評論家がツトに警告しているが、「キャピタル・ゲイン」や「マネー・ゲーム」に象徴されるように、「幻の価値」の再生産を繰り返すことはあってもそうした市場原理主義が「価値ある財」を産み出す可能性はほとんどない。「国立科学博物館」が、歳入増大を図った財政的苦心とはいえ、ハリウッド製の娯楽フィクション映画の装置やグッズの展覧会を開催するなどというのは、「悲喜劇」という以外になかろう。「民営化」がすべてであるかのような社会はほとんど正常ではない。「公」が「公」としてやるべきことは時代を問わず変わらない。「文化」や「学問」こそはその最たるものではなかろうか。この「理（ことわり）」を国民レベルで共有できることそのことが、文化そのものであるだろう。ところが、少数の例外を除けば、昨今、文化や学問に携わる者たちの真摯な懊悩や憂慮をあまり感じることができないということが、私にとって最近の大きな吃驚となっている。よし、流れに棹をさすことの難しさ、厳しさは措くとしよう。だが、ただ流れに身を任せるような「安逸」や、ましてや流れを助長するような「迎合」「阿諛追従」が横行するところには、「文化」ましてやその「厚み」が形成されることなど期待できそうもないことを肝に銘じるべきではなかろうか。哀しいことだが、憂患や警世の「声」を身近に聞くこともほとんどない。コンフォーミズム（久野収に倣えば「頂点同調主義」）やオポチュニズムが、社会全体に蔓延する「あやうい」「おぞましい」時代を、また私たちは迎えつつあるのだろうか。

人生の達人であった兼好は達意の人でもあった。最近、しきりと『徒然草』での兼好の箴言が浮かぶのである。

「人は、己れをつづまやかにし、奢りを退けて、財を持たず、世を貪らんぞ、いみじかるべき」（第十八段）

「名利に使はれて、閑かなる暇なく、一生を苦しむるこそ、愚かなれ」（第三十八段）

「蟻の如くに集まりて、東西に急ぎ、南北に走る人、高きあり、賤しきあり。……生を貪り、利を求めて、止む時なし」（第七十四段）

「万の事は頼むべからず。愚かなる人は、深く物を頼む故に、恨み、怒る事あり。勢ひありとて、頼むべからず。こはき者先づ滅ぶ」（第二百十一段）

兼好の言の葉が二十一世紀のいまも生彩を放つのは、いかにも寂しい。建築や都市の領域はもとより、あらゆる文化・学問の領野における真の創造は、「名利を求め、世を貪り、勢いを頼む」ようなところから生じることはないのだろう。私たちは、まず己の足元を見据えて、ひたすら「自らを頼む」確かな歩を歩む以外にないのである。そうした志向こそが、「効率」や「利益」という尺度とはまったく異次元の「価値」（使用価値といってもよい）という本性による文化の形成を促すのではなかろうか。しかも、私たちはその着実な歩みのなかで「意識する」ことを怠ってはならないだろう。後生を担う若者たちの視線がいつも背中にあるということを。

幸い、私たちには美醜を見分け哀しみに涙する感性もあれば、理非曲直を見抜く直観と知性に、不条理を糺そうとする意志力もあるし、さらに価値あるものを創出し、有意の前途を構想する想像力もある。私たちの行方は、ほかならぬ私たち自身が作り出すものでもある。かつて私たちがそうであったように、いまの若者たちが少しでも希望のもてる未来につながるように「いま」を生きるべきは、言わずもがな、私たちの務めでもあろう。

本書掲載の文章の原文は、ほとんどが多くの先達や畏友の好意で「依頼原稿」として成ったものである。建築ジャーナリズムなどの第一線で活躍されていた編集者や評論家の人たちである。彼らによって場を与えられ、彼らに育てられた。なかにはすでに故人になられた方もいる。本書をこうして上梓するもうひとつの目的は、彼らへのささやかな感謝のしるしとしてもある。すべての名を挙げることは不可能だが、とりわけそのお蔭で私自身が大いなる飛躍のできた諸氏の名を、ここに明記することを許していただきたい。

平良敬一氏、宮内嘉久氏、宮嶋圀夫氏、故藤井正一郎氏、故立松久昌氏、本多美昭氏、生田目武久氏の諸賢である（順不同）。

故吉武泰水先生にも謝意を捧げたい。先生は東京大学を辞して筑波大学副学長に就任されるとき、「バウハウスのようなデザイン・芸術に関するまったく新たな教育・研究組織を国立大学において創りたい」という構想を実現するために、私を誘ってくれた。独立独歩で「わが道をゆく」私は、先生からすれば不肖の弟子だったにちがいない。だが、私自身は、お蔭で世の利害得失から少々離れて、「世界」を広く深く観て考えるには比較的ふさわしい「場」に身を置くことができた。そして、時はいつしか移ろい、世紀も変わった。安逸を貪ったつもりはないが、三十五年間はいま、あたかも幻のように過ぎようとしている。読書好きの先生だったが、専門的な学問的世界から少々「翔んでいる」この本にはいったいどんな「反応」をされただろうかと、フト想像する。そして、先生への学恩には、いずれきっと別の形で報いることにしたいと思うのである。

本書の編集には私の周辺の人たちの尽力も大いに与っている。渡和由（筑波大学助教授）、李錫賢（筑波大学大学院）、長瀬大輔（元筑波大学大学院）、三友奈々（同）、岡部諭紀（筑波大学大学院）、山本礼美（筑波大学芸術専門学群）、前野逸美（同）の諸氏である。

また、井上書院編集・制作部の鈴木泰彦氏には、企画段階から編集・出版まで終始お世話になった。大勢の人たちの助力で本書は成った。ここに記してあらためて謝意を表したい。

最後に、初期の頃からの私の文章の読者でありまた批評者でもあり続けてきた、わが連れ合いにも謝辞を献じたい。もし私の文章の姿勢に「ブレ」がないとしたら、それはいつも背後にあって「清貧の思想」を地で行くような、鈍ることのない眼力をもった彼女の存在ゆえでもあったろう。

二〇〇五年十二月

著者記す

著者略歴

三村《みむら》　翰《かん》（本名　**三村翰弘《みむらみきひろ》**）
建築家・環境デザイナー・大学教授

出　生　一九四二年、東京に生まれる。
経　歴　東京大学工学部建築学科卒業。同大学院修士課程修了
東京教育大学芸術学科助手、筑波大学芸術学系講師、助教授を経て
現在同大学教授
この間、マサチューセッツ工科大学客員研究者（一九八〇—八一）、
ポーランド・クラクフ工科大学客員教授（一九八九）等歴任
主作品　ジャパンライン六本木クラブ
三崎商事本社ビル
雁行の家
ポーランド・オシヴィエンチム孤児院
和風の郷（やすらぎの里・小川）など
主　著　Man-Environment: Qualitative Aspect（共著　バルセロナ大学出版部）
Polish Town-planning and Architecture in the Years 1945—1995（共著　クラクフ工科大学）
建築外環境設計（共著　中国建築工業出版社）
居住環境の計画（訳書　原著者ケヴィン・リンチ）（彰国社）など
受　賞　JCD創立10周年記念競技設計最優秀賞（一九七一）
ポーランド建築家協会最優秀賞（一九九二）など

三村翰評論集—建築 都市 文化
二〇〇六年二月二十五日　第一版第一刷発行
著者　三村　翰

発行者　関谷　勉
発行所　株式会社　井上書院
東京都文京区湯島二-十七-十五　斎藤ビル
電話　〇三-五六八九-五四八一
FAX　〇三-五六八九-五四八三
振替東京　一-一〇〇五三五
http://www.inoueshoin.co.jp/
印刷所　秋元印刷所

ISBN　4-7530-2286-2　C3052　Printed in Japan